Teoria da Cidadania e Direitos Fundamentais

PEDRO MIRON DE VASCONCELOS DIAS NETO – Doutorando e Mestre em Direito pela UFCE. Especialista em Direito Público pela UnB. Professor do curso de Direito da Fanor/Devry e de diversos cursos de pós-graduação. Procurador Federal da Advocacia-Geral da União (AGU).

EMMANUEL TEÓFILO FURTADO – Mestre (UFC) e doutor (UFPE) em direito, há 25 anos leciona na Faculdade de Direito da Universidade Federal do Ceará, vinculado à graduação e à pós-graduação (mestrado - doutorado), ministrando disciplinas de Direito Civil, Recuperação e Falência e Teoria da Cidadania, sendo pós-doutor em Direito pela Faculdade de Direito de Salamanca/Espanha e Professor Visitante da Universidade de Le Havre/França. É professor pesquisador do CNPQ e do CONPEDI (Conselho Nacional de Pesquisa em Direito). Autor dos Livros *Alteração do Contrato de Trabalho, Terminação do Contrato de Trabalho, Procedimento Sumaríssimo – Comissão de Conciliação Prévia, Preconceito no Trabalho e a Discriminação por Idade*, todos publicados pela LTr Editora, de São Paulo e do livro *Teoria e Prática da Sentença Trabalhista*, pela editora mineira Leiditathi. Aprovado em 1º lugar no concurso de juiz do direito do Tribunal de Justiça do Ceará, foi juiz estadual no ano de 1993 na Comarca de Beberibe/Ce. Aprovado em 1º lugar no concurso de juiz do trabalho do Tribunal Regional do Trabalho da 21ª Região/RN, foi juiz trabalhista em Mossoró, durante os anos de 1993 e 1994. É Desembargador do Trabalho no Tribunal Regional do Trabalho da 7ª Região/CE, onde é conselheiro da Escola Judicial do Magistrados Trabalhistas. Membro de várias academias e institutos, dentre eles o Instituto Brasileiro de Direitos Humanos, Academia Cearense de Retórica, Academia Cearense de Ciências Sociais, Academia Cearense de Direito do Trabalho. É palestrante a nível regional, nacional e internacional.

Emmanuel Teófilo Furtado
Pedro Miron de Vasconcelos Dias Neto
(Organizadores)

Teoria da Cidadania e Direitos Fundamentais

LTr 80

EDITORA LTDA.
© Todos os direitos reservados

Rua Jaguaribe, 571
CEP 01224-003
São Paulo, SP – Brasil
Fone (11) 2167-1101
www.ltr.com.br
Agosto, 2016

Versão impressa: LTr 5583.5 — ISBN: 978-85-361-8970-3

Versão digital: LTr 9015.2 — ISBN: 978-85-361-8978-9

Dados Internacionais de Catalogação na Publicação (CIP)
(Câmara Brasileira do Livro, SP, Brasil)

Teoria da cidadania e direitos fundamentais /Emmanuel Teófilo Furtado, Pedro Miron de Vasconcelos Dias Neto (organizadores). -- São Paulo : LTr, 2016.

Vários autores.

Bibliografia

1. Cidadania 2. Direitos fundamentais 3. Direitos humanos I. Furtado, Emmanuel Teófilo. II. Dias Neto, Pedro Miron de Vasconcelos.

16-03057   CDU-342.7

Índice para catálogo sistemático:

1. Cidadania e direitos fundamentais : Direito constitucional 342.7

*Ao meu pai Mauro Abner Barreira Furtado,
com gratidão, reconhecimento e sincero amor.*
Emmanuel Teófilo Furtado

*"Ao acendermos as luzes da cidadania,
damos liberdade aos nossos olhos
de enxergarem os acontecimentos,
então vemos os ratos e ratazanas
saírem correndo em grande quantidade e
notamos o quanto roerão a democracia da nossa nação."*

Guilherme Câmara

*"Nunca a alheia vontade, inda que grata,
Cumpras por própria. Manda no que fazes,
Nem de ti mesmo servo.
Ninguém te dá quem és. Nada te mude.
Teu íntimo destino involuntário
Cumpre alto. Sê teu filho."*

Fernando Pessoa

Sumário

Apresentação 13

Ação Popular e Cidadania: Reflexões Necessárias
Luísa Elisabeth Timbó Corrêa Furtado 17

A cidadania como pressuposto de concessão do Benefício Assistencial de Prestação Continuada da LOAS
André Studart Leitão e Augusto Grieco Sant'Anna Meirinho 41

A Construção Histórica da Cidadania Mediante o Acesso ao Trabalho e à Previdência
Duílio Lima Rocha 53

A Dimensão da Cidadania e o Estado Socioambiental de Direito
Pedro Miron de Vasconcelos Dias Neto 77

Cidadania e o Acesso à Educação, ao Ensino e ao Desporto
Arthur Nogueira Feijó 87

Cidadania e o Acesso à Informação
Arthur Nogueira Feijó 101

Cidadania e o Direito à Moradia
Fernanda Sousa Vasconcelos 115

Cidadania e o Direito à Saúde
Fernanda Sousa Vasconcelos 129

Cidadania, Sociedade e Cultura
Joyceane Bezerra de Menezes 143

Noções de Cidadania, Dignidade da Pessoa Humana e Direitos Fundamentais
Emmanuel Teófilo Furtado 153

Por Uma Nova Concepção Jurídica de Cidadania
Christianny Diógenes Maia 171

Cidadania, Igualdade e Direitos Humanos: Uma Abordagem Histórica da Proteção Internacional e Nacional do Direito das Pessoas com Deficiência
Luiz Rogério da Silva Damasceno 179

Apresentação

É com orgulho que se apresenta o livro *Teoria da Cidadania e Direitos fundamentais*. Trata-se de seleta obra coletiva que se lança pela renomada LTr Editora, nascida por meio da reunião de artigos de professores, convidados e alunos do Programa de Pós-Graduação da Faculdade de Direito da Universidade Federal do Estado do Ceará (UFC), revestindo-se, ainda, de algumas peculiaridades que devem ser destacadas.

Ao apresentar esta obra sobre a Teoria da Cidadania, deve-se, inicialmente, ressaltar que tal empreendimento, ao qual foi dedicada incontáveis horas de estudo, reflexão e produção é, talvez, excessivamente inquietante.

Diz-se isto, pois, ao se debruçar sobre temáticas tão vibrantes no seio social, objetiva-se não só construir, mas também, efetivar uma Teoria da Cidadania condizente com o atual paradigma Constitucional e Democrático, sem olvidar as necessidades daqueles que titularizam o poder do Estado, ou seja, o povo brasileiro.

É cediço que não faltam autores – sobretudo no âmbito dos estudos constitucionais – que trabalhem a temática da Teoria da Cidadania. Contudo, esta obra traz como diferencial o fruto do empenho acadêmico e intelectual de seus autores para, além de escreverem assentados em bases teóricas muito bem consolidadas, a proposição de estudos que dialogam com o corpo social, possibilitando valiosas e efetivas melhorias na vida do cidadão, não se limitando – nem se satisfazendo – ao âmbito puramente acadêmico.

São muitas as razões que levaram os autores a optar por tal esforço. Inicialmente, merece destaque que o tema da obra é expressão do eixo temático que envolve a área de concentração e linhas de pesquisa do Programa, qual seja a implementação dos direitos fundamentais. Deste modo, resta evidente que o exercício da cidadania é uma das formas mais efetivas de se alcançar e de promover a implementação de tais direitos. Por esse motivo, os professores e alunos têm dispendido esforços para enquadrar a sua produção acadêmica no âmbito do eixo temático, o que foi, efetivamente, alcançado na presente obra.

Ademais, merece destaque a troca de experiências que o magistério possibilita, ao longo de vários anos, sobretudo, neste momento, que se está colhendo os frutos das pesquisas acadêmicas desenvolvidas no âmbito da disciplina do Programa denominado de "Teoria da Cidadania", cuja ementa é desenvolvida com rigor nas diversas temáticas dos artigos ora colecionados. As abordagens que foram trabalhadas no curso dessa disciplina constituem o núcleo do presente trabalho e refletem o caminho de amadurecimento percorrido, o que torna óbvia a conclusão de que dar-lhes a forma de livro é uma consequência natural.

Da mesma maneira, insta referir-se aos muitos diálogos travados com outros pesquisadores – tanto professores, quanto alunos do Programa de Pós Graduação – já que a temática da Teoria da Cidadania perpassa uma infinidade de ramos do direito.

Desta forma, destacam-se: as influências inovadoras do neoconstitucionalismo na Teoria da Cidadania, polemizando sobre as novas vertentes participativas; as discussões sobre preocupações crescentes como: abuso de poder, perda da autenticidade representativa e evasão de sua legitimidade democrática; as críticas ao critério da maioria como sinônimo de sociedade justa: buscando o fortalecimento da cidadania das minorias; a noção de cidadania e de dignidade da pessoa humana; dentre outros.

Neste trabalho, portanto, se procurou, por meio do diálogo acadêmico, debater perspectivas e dar atenção equânime, na medida do possível, a cada uma das vertentes particulares adotadas em cada um dos trabalhos.

De outra parte, muitas vezes se observou nas obras dedicadas à Teoria da Cidadania, que a análise da relevância concreta de tal estudo se mantém em plano quase secundário, concentrada em poucas e sucintas páginas, apesar de a ciência jurídica contemporânea enfatizar sua importância, arrimada nos trabalhos de Bonavides, Canotilho e Bobbio, entre outros tantos, ao estudo dos aspectos práticos foi consagrado parte substancial deste trabalho, portanto.

Urge salientar, ainda, a constatação da dificuldade que o estudante de graduação tem de estabelecer um contato mais íntimo com os textos dos principais estudiosos – estrangeiros, notadamente, mas também nacionais, em certos casos – cuja referência frequente, na bibliografia das obras de que dispõe, lhe soa remota e inacessível. Não se hesitou, portanto, em trazer sempre que necessário, as palavras dos grandes mestres e, a cada vez em que assim ocorreu, se teve o cuidado de contextualizar a citação e de comentá-la, para oportunizar ao estudante um primeiro contato imediato com a fonte citada.

E com esse espírito sempre aberto e de diálogo conclama-se a todos que se juntem, sem tréguas, nessa incessante tarefa de defender a cidadania; moralizar a administração pública; promover os direitos sociais; tutelar o meio ambiente; garantir o acesso à educação, ao ensino, ao desporto, à cultura e à informação; e, sobretudo, tornar, cada vez mais efetivo o princípio da dignidade da pessoa humana e os direitos fundamentais.

Inicialmente, ao analisar os artigos que compõem esta obra, em uma brevíssima síntese, torna-se possível observar que dentre eles há a preocupação com o estudo da Ação Popular, um dos mais eficazes instrumentos jurídicos de participação ativa dos cidadãos em prol do controle e proteção do patrimônio público em face de atos ilegais praticados por agentes públicos, apresenta regulamentação específica na Lei n. 4.717, de 29 de junho de 1965. Ademais, observa-se, igualmente, que por meio desse instituto há a criação de um vínculo com efeito mediador entre o indivíduo e a Administração Pública, qual seja, a cidadania. Há uma relação palpável entre esta e a atividade administrativa, surgindo, neste contexto, a Ação Popular como um dos mecanismos previstos constitucionalmente para o controle de tal administração.

No que se refere à proteção e promoção dos direitos sociais, merece destaque a perspectiva de estudo propositivo também desenvolvida ao longo deste livro sobre o conceito de cidadania, para fins de concessão do benefício assistencial de prestação continuada, sob a ótica que este deve ser estendido aos estrangeiros que foram recebidos pelo Estado Brasileiro e aqui estabeleceram a sua residência e domicílio, passando a participar ativamente da vida em sociedade.

Prosseguindo na problemática dos chamados direitos de segunda geração, foi abordada temática relativa ao reconhecimento do Direito Fundamental à Previdência Social como exigência para a efetivação da dignidade da pessoa humana e da cidadania. Deste modo, o trabalho mostra-se como o meio mais expressivo de se obter uma existência digna e a Previdência Social entendida como o seguro coletivo que substitui a renda do trabalhador quando ele perde sua capacidade laborativa. Ambos atuam como instrumentos sociais legitimadores das garantias dos trabalhadores (formais ou informais) diante de situações contemporâneas vitimadoras de mudanças e implícitos à noção de cidadania.

A noção dos direitos prestacionais permeia outras discussões traçadas no curso da obra, demonstrando uma visão ampla e difusa do conceito de cidadania, cuja ideia permeia para além de simples noções estáticas e formais, alcançando searas outras de influência, ao que se destacou a relação de tal fundamento do Estado Democrático de Direito brasileiro com a educação, com a cultura, com o desporto, com o acesso à informação, com o direito à moradia e com o direito à saúde.

Dito isso, resta evidenciar que a compreensão da interrelação da cidadania com os demais direitos constitucionalmente assegurados mostra-se seara rica a ser explorada e aprofundada, o que se incentiva sempre com o intuito de fortalecer as bases da democracia, em seu caráter participativo alcançado a partir do senso de pertencimento do povo perante o todo social.

Valendo-se uma vez mais da divisão de dimensões de direitos fundamentais, insta salientar ainda outra abordagem desenvolvida ao longo desta obra coletiva, que é a preocupação com os conhecidos direitos de terceira geração. Nesse contexto, vale notar que o direito precisa ser compreendido como um fenômeno social inserido nos processos históricos, culturais e econômicos das diversas sociedades. As formas atuais de regulação da vida social representam apenas uma das múltiplas formas utilizadas pelos homens ao longo da história. Mesmo nos dias atuais, países, grupo étnicos ou comunidades indígenas ainda utilizam maneiras diversificadas de ordenar juridicamente suas vidas, devendo tais relações serem não só conhecidas pelo direitos, mas, principalmente, por ele albergadas.

Nesse mesmo contexto de direitos metaindividuais, merece destaque a existência de um direito humano fundamental ao meio ambiente do trabalho sadio e ecologicamente equilibrado, consubstanciado, expressamente, no art. 225, da CF/1988, possuindo ainda vários corolários no texto constitucional, o que deve conduzir, inclusive, a interpretação de toda legislação infraconstitucional (principalmente a CLT e toda a legislação ambiental) à luz do espírito ético, social, trabalhista e ecológico da Constituição (interpretação conforme).

Além da tutela ambiental, por fim, também são abordadas questões ligadas à própria conceituação da cidadania e à integração da pessoa com deficiência, esta ligada a um cenário onde sempre se deve ter em mente o imperativo transcultural formulado por Boaventura de Souza Santos, no sentido de que se tem o direito à igualdade, quando a diferença inferioriza; e se tem o direito à diferença, quando a igualdade descaracteriza, assim, todos, pessoas com ou sem deficiência, têm o direito de ser iguais e, ao mesmo tempo, diferentes, enquanto aquela sugere a potencialização dos mecanismos de Democracia Direta como forma de fuga às acomodações do cidadão perante o assistencialismo estatal e aos "vícios" da representatividade, possibilitando, a partir daí, a consolidação do significado atual e ampliado do termo cidadania, desatrelando-o do conceito tradicional e eminentemente político.

Com efeito, todas as publicações acadêmicas merecem ser enaltecidas, principalmente quando celebram o encontro de docentes e discentes. Trata-se, portanto, de uma valiosa contribuição para o debate acadêmico, do que devem se orgulhar os autores, docentes e discentes, tanto pela sua atualidade como pela qualidade.

A crítica – imprescindível, sempre – é esperada e será bem aceita.

Ao leitor, o melhor da inquietação.

Fortaleza, 13 de abril de 2016.

Prof. Dr. Emmanuel Teófilo Furtado
Doutor em Direito pela UFPE e Mestre em Direito pela UFCE.
Professor do Programa de Pós-Graduação em Direito da Universidade Federal do Ceará.
Desembargador do TRT da 7ª Região.

AÇÃO POPULAR E CIDADANIA: REFLEXÕES NECESSÁRIAS

LUÍSA ELISABETH TIMBÓ CORRÊA FURTADO
Pós-Graduada em Ordem jurídica constitucional pela UFC. Bacharel em Direito (UFC) e Serviço Social (UECE). Servidora do TRT 7ª Região.

1. AÇÃO POPULAR COMO MECANISMO DEMOCRÁTICO DE CONTROLE JURISDICIONAL DA ATIVIDADE ADMINISTRATIVA

Observa-se à luz da Carta Magna um vínculo criado com efeito mediador entre o indivíduo e a Administração Pública, qual seja, o da cidadania. Há uma relação palpável entre esta e a atividade administrativa, surgindo, neste contexto, a Ação Popular como um dos mecanismos previstos constitucionalmente para o controle de tal administração.

Por administração pública, proclamou o Professor José Cretella Júnior ser "a atividade que o Estado desenvolve mediante atos concretos e executórios para a consecução direta, ininterrupta e imediata dos diferentes fins públicos"[1].

Constitucionalmente, a administração pública abrange tanto a administração direta como a indireta, sendo esta qualquer órgão ou entidade que se encontre no âmbito de atuação do Estado ou que esteja na gestão de serviços públicos, ou ainda, que receba auxílio financeiro e seja por ele controlado.

O atingimento do escopo da administração pública materializa-se na plena consecução dos princípios constitucionais da administração, a saber, publicidade, legalidade, impessoalidade, moralidade e eficiência.

Nesse passo, faz-se mister a demonstração dos diversos meios de controle da atividade da Administração Pública, dentre eles o que se constitui por demais eficiente mecanismo de controle jurisdicional da mesma, a ação popular.

1.1. Princípios constitucionais da administração pública

Aborda-se inicialmente, por oportuno, a questão dos princípios norteadores da administração pública, pois que são estes fundamentos de ordem universal, base sobre a qual deverão ser erguidas as estruturas das ações administrativas.

Nesse sentido, qualquer menção à matéria de direito público sem a necessária tangência a seus princípios constitucionais norteadores, estaria prejudicada, tal a sua importância, dado que a violação de um princípio jurídico é tão grave que implica em agressão a todo o sistema.

Assim, sobre o assunto, ensina o conceituado mestre Celso Antônio Bandeira de Mello:

> Princípio é, por definição, mandamento nuclear de um sistema, verdadeiro alicerce dele, disposição fundamental que se irradia sobre diferentes normas compondo-lhes o espírito e servindo de

---

[1] José Cretelia Júnior, *upuct* José Guilherme de Souza. *A Proteção Jurisdicional Constituição*. São Paulo: Editora Revista dos Tribunais, vol. 645/228.

critério para sua exata compreensão e inteligência, exatamente por definir a lógica e a racionalidade do sistema normativo, no que lhe confere a tônica e lhe dá sentido harmônico. É o conhecimento dos princípios que preside a intelecção das diferentes partes componentes do todo unitário que há por nome sistema jurídico-positivo[2].

E ainda:

> Violar um princípio é muito mais grave que transgredir uma norma. A desatenção é um específico mandamento não apenas a um específico mandamento obrigatório, mas a todo o sistema de comandos. É a mais grave forma conforme o escalão do princípio atingido, porque representa insurgência contra todo o sistema, subversão de seus valores fundamentais, contumélia irreversível a seu arcabouço lógico e corrosão de sua estrutura mestra[3].

A Constituição Federal de 1988 refere-se à Administração Pública no Capitulo VII, dispondo sobre os princípios que a norteiam, quais sejam, *legalidade, impessoalidade, moralidade e publicidade*.

No que tange ao princípio da *legalidade*, entende-se que a atividade administrativa deve desenvolver-se somente mediante autorização da lei, dentro do alcance e limites do texto legal, sob pena de invalidade e sanções diversas ao administrador responsável, no campo disciplinar, civil ou criminal. Através deste preceito, percebe-se que a atividade administrativa como um todo tem que ser sempre subordinada a lei, incluindo-se, neste prisma, seus agentes nos diversos níveis, além de toda sua atividade.

Assim orienta Hely Lopes Meirelles:

> Na Administração Pública, não há liberdade nem vontade pessoal. Enquanto na Administração Particular é lícito fazer tudo que a lei não proíbe, na Administração Pública só é permitido fazer o que a lei autoriza. A lei para o particular significa "pode fazer assim", para o administrador público significa "deve fazer assim"[4], observando sempre o interesse público.

Pelo princípio da *impessoalidade*, tem-se assegurado que a atuação da Administração Pública deve ser definitivamente distanciada dos benefícios às pretensões de particulares, principalmente aquelas que sempre estão mascarados de interesse público. O que a atuação administrativa deve buscar é a propiciação do real interesse público, impessoal, e não o beneficiamento de interesses privados. Tal princípio está imanentemente ligado à finalidade administrativa, pois, atendendo a interesses pessoais em detrimento dos públicos, desviada se encontra a finalidade administrativa, consumando-se o desvio de poder.

Em relação ao princípio da *moralidade* é de se mencionar que se constitui um requisito peculiar, devendo estar presente em todas as etapas formadoras da atividade administrativa. Além de ter formação válida, o ato terá que não contrariar o interesse coletivo, obedecendo aos preceitos da moralidade. Há de ser analisada esta questão quando da apreciação dos efeitos produzidos pelo exercício da atividade administrativa. Não basta, portanto, o ato ser legal ou legítimo, há que estar em conformação com a ética administrativa, consequentemente, com o interesse da coletividade.

O princípio da *publicidade*, intrinsecamente jungido a moralidade administrativa, funciona como pedra angular, tendo em vista o controle jurisdicional da administração a ser exercido pela coletividade. Relaciona-se à propagação que o Poder Público deve fazer, oficialmente, de seus atos administrativos, divulgando-os à sociedade.

A Carta Política de 1988, além destes princípios mencionados explicitamente, contém outros implícitos, relevantes para a Administração, como o princípio da indisponibilidade do interesse público e o da eficiência.

A atividade administrativa tem sempre que ser regida sob o império da lei. No entanto, devido à complexidade e natureza das funções do *estado,* algumas práticas administrativas podem ser realizadas com certa margem de liberdade, podendo a Administração escolher o momento oportuno para agir ou, ainda, dispor da faculdade de optar pela providência a ser tomada para o caso concreto, dentro de um elenco de ofertas presente na lei.

A atividade administrativa, em suma, poderá ser "vinculada", quando o agente público encontra-se totalmente preso ao que a lei preceitua em todas as suas especificações, ou "discricionária", quando lhe é conferido uma margem de liberdade sobre a conveniência, sobre a oportunidade ou, ainda, sobre o conteúdo da ação administrativa a ser realizada, embora, restrita aos limites legais.

Portanto, a liberdade de ação para praticar determinados atos, a *discricionariedade* da Administração Pública, somente terá fundamentos de legalidade e

---

(2) Celso Antônio Bandeira do Mello. *Elementos de Direito Administrativo.* 1. ed. São Paulo: Editora Revisia dos Tribunais, 1988. p. 230.
(3) Celso Antônio Bandeira de Mello. *cp. e p. cits.*
(4) Hely Lopes Meirelles. *Direito Administrativo Brasileira.* 12. ed. São Paulo: Editora Revista dos Tribunais, 1986. p. 61.

validade se se nortear no ordenamento jurídico e respeitar os limites por este impostos. Se agir além dos limites legais, a administração pública estará sendo arbitrária e não discricionária.

Quando a lei autoriza ao administrador atuar com certa margem de liberdade, o faz acreditando que este possua, atributos de discrição, discernimento e sensatez no trato com a *rés publica*, promovendo da melhor forma possível a finalidade da lei.

Oportuno ressaltar que, quando a atuação discricionária é praticada em desacordo com o que prescreve a lei, como desacato à forma legal, falta de competência para o ato, desatendimento à finalidade legal, insere-se nos mesmos casos de invalidez dos atos vinculados.

O que dificulta o "julgamento" de atos discricionários praticados pela administração pública são os conhecidos conceitos jurídicos indeterminados, que têm significação e alcance relativos, variando no tempo e no espaço, além do que, hodiernamente, são extremamente complexas as funções estatais, em razão da crescente multiplicação de interesses e transformações da sociedade moderna. Pode-se, por oportuno, mencionar que os conceitos de necessidade coletiva, segurança nacional, interesse público, dentre outros, são conceitos que, por imprecisos, tornam vulneráveis sua apreciação, necessitando a administração pública, ao desempenhar fielmente suas funções, seguir um referencial valorativo em face a realidade concreta, devendo ser avaliada sempre sob a ótica da razoabilidade.

No exercício do poder discricionário, cabe ao agente público decidir sobre o chamado "mérito" administrativo, dentro do limite jurídico, claro.

1.2. Formas de controle da administração pública

A administração pública não pode se exceder da competência e dos limites demarcados pela lei, isto é, pelas normas relativas a cada caso que se apresente, sob pena de expor à anulação os atos por ela emanados.

Em quaisquer de suas manifestações a Administração Pública deve agir segundo as normas previstas para a situação e, ainda, de acordo com a finalidade e o interesse público previstos em lei. Destarte, todas as atividades administrativas – discricionárias ou vinculadas – estão subordinadas à Constituição Federal e às demais normas, expostas à anulação pela própria Administração ou pelo Judiciário em ação pertinente, no caso de afrontar a constitucionalidade ou legalidade, assim como a finalidade e as exigências do bem comum.

O interesse público necessita de que seja eficiente e útil a atividade da Administração Pública. Por atividade administrativa, como visto, entende-se a gestão, de acordo com a lei e com a moralidade administrativa de bens, de interesses e, ainda, de serviços públicos, visando o bem comum, compreendendo a guarda, conservação e aprimoramento destes bens, interesses e serviços. Em razão disso é que qualquer ente ou ato de tal administração, se considerado ineficiente e desnecessário, inoportuno ou inconveniente ao interesse do povo, devem ser suprimidos se impossível de se transmudar para eficiente e útil, ou modificados se possível esta mudança.

Dai o surgimento de mecanismos de controle e submissão da Administração Pública à legalidade e à eficiência administrativa. A par disso, encontram-se previstos mecanismos ou sistema de controles tanto da própria Administração Pública quanto dos direitos e garantias dos administrados.

De acordo com o pensar do saudoso administrativista *Hely Lopes Meirelles*, "controle, em tema de administração pública, é a faculdade de vigilância, orientação e correção que um poder, órgão ou autoridade exerce sobre a conduta funcional do outro"[5]. Comungando na mesma linha, *Diógenes Gaspanni* entende como sendo o controle da Administração Pública "a atribuição de vigilância, orientação e correção de certo órgão ou agente público sobre a atuação de outro ou de sua própria atuação, visando confirmá-la ou desfazê-la, conforme seja ou não legal, conveniente, oportuna e eficiente"[6].

Em vista disso, o controle da Administração Pública, de acordo com o órgão que o exercita, pode ser: Administrativo ou Executivo (autocontrole), legislativo e judiciário (heterocontrole).

O controle administrativo ou executivo é o controle da própria administração sobre seus atos e seus agentes em relação a legalidade, bem como ao mérito das atividades administrativas. Situa-se num âmbito interno, uma vez que tanto o órgão controlador como o controlado fazem parte da mesma organização.

Por intermédio desse controle, a administração pode anular, revogar ou alterar os seus próprios atos, e também punir os seus agentes, no entanto, só poderá anular o ato ilegal. Em relação a revogação ou alteração, só se este ato for legal, porém inoportuno, ineficiente ou inconveniente ao interesse público. Daí a Súmula n. 473 do Supremo Tribunal Federal, *in verbis*: "A administração pode anular seus próprios atos, quando eivados de vícios que os tornem ilegais, porque deles não se originam direitos; ou revogá-los,

---

(5) Hely Lopes Meirelles. *Direito Administrativo Brasileiro*. 16. ed. São Paulo: Editora Revista dos Tribunais, 1990. p. 562.
(6) Diógenes Gasparini. *Direito Administrativo*. São Paulo: Editora Saraiva. 1989. p. 375/370.

por motivo de conveniência ou oportunidade, respeitados os direitos adquiridos e ressalvada, em todos os casos, a apreciação judicial".

Vê-se que neste entendimento, a revogação de ato administrativo só poderá ser feita pela própria administração, não a podendo proceder, o Poder Judiciário, pois que na revogação não se cogita de legalidade formal, mas de conveniência e oportunidade da própria administração (exclusivo). Isso porque a revogação é a retirada de um ato administrativo legítimo e eficaz, feita pela administração porque não lhe convém mais a existência do mesmo. Assim, em toda revogação, imagina-se um ato que seja legal e perfeito, porém, que esteja sendo inconveniente ao interesse público, ferindo, muitas vezes, sua finalidade precípua, qual seja, o bem comum.

Já no que pertine ao anulamento de ato administrativo, este pode ser declarado nulo tanto pela própria administração como pelo Poder Judiciário (como se vai colocar oportunamente), pois cogita-se de ilegalidade. Só ato contrário ao direito é que pode ser anulado. Vale ressaltar que, a anulação não se constitui uma faculdade da administração que pratica o ato, mas um dever, podendo agir *ex officio* ou por provocação do interessado. Pode ainda ser pleiteada a anulação do ato ilegal, via Poder Judiciário.

Funda-se este controle interno no dever-poder de autotutela que a Administração Pública exerce sobre suas atividades, atos e agentes, através de instrumentos, tais como, direito de petição, pedido de reconsideração, reclamação administrativa e recurso administrativo.

Em relação ao controle legislativo ou parlamentar, trata-se de um heterocontrole exercido pelo Poder Legislativo em relação a certos atos da Administração Pública. É exercido pelo Congresso Nacional, Assembleias Legislativas e Câmaras de Vereadores ou, ainda, por Comissões Parlamentares, num controle eminentemente político, onde a realização de determinados atos pelo Executivo, ou mesmo a eficácia desses atos estão a depender de autorização ou aprovação do Legislativo, buscando a conformidade de atuação da Administração Pública com os interesses relevantes do Estado e da Comunidade. Daí que a Constituição atual no art. 49, V, ampliou este controle ao Congresso Nacional dando competência a este para "sustar os atos normativos do Poder Executivo que exorbitem do poder regulamentar ou dos limites de delegação legislativa".

Os mecanismos utilizados pelo Poder Parlamentar de controle de certos atos da Administração são vários, a saber: Comissões Parlamentares de Inquérito, pedidos de informação, convocação de autoridade, participação na função administrativa, função jurisdicional, fiscalização financeira e orçamentária.

O controle jurisdicional é exercido de modo privado pelos órgãos do Poder Judiciário sobre atos administrativos dos Poderes Executivo, Legislativo e do próprio Judiciário, quando estão realizando atividade administrativa. Reitere-se a um controle de legalidade, pois verifica a conformidade do ato com a norma. Possui caráter repressivo, pois incide sobre determinada medida que já produziu ou ainda está produzindo efeitos. Pode, em vista disso, ser preventivo, quando se previne a atuação da Administração pública que possa ser ilegal. Não pode ser objeto desse controle o exame do mérito do ato da atividade administrativa, escapando-lhe os aspectos de conveniência e oportunidade.

Ficam, dessa forma, sujeitos ao devido processo legal, à apreciação do Poder Judiciário, à atividade administrativa, justificada pelo próprio exercício da função jurisdicional, que é de determinar o direito aplicável ao caso concreto. A competência do Judiciário está restrita à revisão de atos administrativos no que se refere ao controle da legalidade do ato impugnado. Esta legalidade esta ligada a conformação do ato com a lei e também com a moral administrativa e com o interesse coletivo, elementos inafastáveis de toda a atividade pública. Entende-se que, tanto o ato que viola frontalmente a lei como o que atenta contra a moral da instituição e se desvia do interesse público para servir a outros interesses são atos ilegais.

Como dito anteriormente, o administrador público, exercendo o poder discricionário, não é árbitro do que é e do que não pode ser do interesse público, tendo que se nortear nos limites e princípios anteriormente mencionados, ainda se sujeitando ao devido controle.

Nos casos de discricionariedade, o agente público dispõe de capacidade para fazer surgir situações jurídicas novas, decorrentes da "valoração subjetiva" dada por ele ao caso concreto. A esta valoração subjetiva, dá-se o nome de "mérito administrativo".

No pensar de Seabra Fagundes acerca da questão do mérito administrativo, tem-se:

> O mérito está no sentido político do ato administrativo. É o sentido dele em função das normas da boa administração. Ou, noutras palavras: é o sentido como procedimento que atende ao interesse público e, ao mesmo tempo, o ajusta aos interesses privados que toda medida administrativa tem de levar em conta[7].

---

(7) Seabra Fagundes. *O Controle dos Atos Administrativos pelo Poder Judiciário*. Rio de Janeiro: Forense, 1979. p. 146.

E complementou em nota a essa afirmação:

> Pressupondo o mérito do ato administrativo a possibilidade de opção por parte do administrador, no que respeita ao sentido do ato que poderá inspirar-se em diferentes razões de sorte a ter lugar num momento ou noutro, como poderá apresentar-se com este ou aquele objetivo – constitui fator apenas pertinente aos atos discricionários[8].

Assim, tendo o agente público capacidade para conduzir os serviços públicos no âmbito da "liberdade administrativa" que lhe foi conferida, observa-se que realmente não pode ser delegada permissão ao Poder Judiciário para apreciar ou controlar os aspectos de conveniência e oportunidade, advindos do exercício da discricionariedade, pois tornar-se-iam muito frágeis as realizações e decisões administrativas.

No entanto, compreende-se que esta restrição revisional do Judiciário na área da discricionariedade não é absoluta, justamente baseando-se no princípio constitucional de que nenhuma lesão, ou ameaça a direito poderá ser subtraída ao conhecimento do Poder Judiciário (CF, art. 5º, XXXV).

Ora, o Judiciário é um meio de proteção que encontra o cidadão contra atos de improbidade administrativa. Nessa ótica, salienta-se que, muitas vezes, no uso da "margem de liberdade" que possui o agente público, atos são praticados sob a égide da discricionariedade, mas que na realidade são os mais agressivos à moralidade administrativa, merecendo completa revisão judicial. Muitas vezes, a ação administrativa zela por interesses escusos ao da coletividade, mascarados por atos de alto relevo social.

Sobre isso leciona *Caio Tácito* nos seguintes termos:

> A ilegalidade mais grave é a que se oculta sob a aparência de legitimidade. A violação maliciosa encobre os abusos de direito com a capa de virtual pureza[9].

Compreende-se, dessa forma, que a atuação administrativa discricionária deve receber tutela jurisdicional, como um modo de proteger os interesses da Administração Pública.

Passeando neste raciocínio, indaga-se que, se o Judiciário não puder apreciar o *merecimento dos* atos administrativos discricionários, como poderá, então, proibir e cassar os abusos praticados sob o manto da discricionariedade?

Os conhecidos conceitos jurídicos indeterminados – expressões jurídicas que se referem a "significados" que não têm sentido preciso ou objetivo, os quais podem ser apreciados pelo administrador diferentemente, de acordo com o caso concreto –, podem, muitas vezes, constituir-se em disfarces para ações arbitrárias, ou com desvio de poder.

Nesse sentido, a possibilidade de revisão judicial sobre ações discricionárias seria uma garantia para o cidadão, pois que a função precípua deste poder é a de interpretar o alcance das normas jurídicas para viabilizar uma aplicação justa, obstaculizando, neste caso, a realização de condutas administrativas que busquem finalidades alheias às da norma.

Em relação a esta questão, busca-se na ideia da "lógica do razoável", teoria de interpretação desenvolvida pelo jurista *Luís Hecasens Siches,* uma luz para a solução deste impasse. Nela, o método interpretativo da norma há de ser realizado, respeitando a "lógica" das circunstâncias temporais. Estas circunstâncias devem ser apreciadas, levando-se em consideração as valorações adaptadas a realidade concreta, considerando-se primordialmente, a existência humana.

Assim ensina o citado jurista mexicano:

> La lógica tradicional no le sirve al jurista para compreender e interpretar de modo justo los contenidos de las disposiciones jurídicas; no le sirve para crear Ia norma individualizada de la sentencia judicial o de la decisión administrativa; como tampouco le sirve la legislador para a sua tarea de sentar regras generales. Para esos menesteres que tratam con los contenidos, de las normas jurídicas, sea para elaborar esos contenidos en términos generales mediante la legislación, sea para interpretar las leyes en relación con los casos concretos y singulares, sea para elaborar normas individualizadas, es necesario yercitar el logos de lo humano, la lógica de lo razonable, y la razón vital e histórica[10].

Os limites da discricionariedade devem ser mensurados sob o referencial do ideal do bem comum. Um bom meio para orientar a medição dos valores que refletem este ideal, tais como interesse público e social, igualdade e proporcionalidade, conveniência administrativa, é a "lógica razoável". Assim, haverá possibilidades de apreciação da conduta administrativa discricionária, considerando-se a correlação lógica existente entre o ato praticado e as peculiaridades da

---

(8) Seabra Fagundes, op. e p. cits.
(9) Caio Tácito *apud* Celso António Bandeira de Mello. Desvio de Poder, *Revista de Direito Administrativo*, n. 172. Fundação Getúlio Vargas, 1988. p. 9.
(10) Lyis Recnsens Sichez. *Tratado General de Filosofia del Derecho*. México: Edit. Forma, 1975. p. 664.

situação e o objeto pretendido. Constatada a ausência desse nexo de correlação, tem-se que o interesse público não foi administrado de forma correta, necessitando de uma correção do ato praticado.

Compreende-se, em suma, que a apreciação jurisdicional deve respeitar o âmbito de competência exclusiva da Administração, não questionando o mérito, porém, devendo questionar a "razoabilidade" da conduta discricionária perante a realidade social posta e o interesse público vigente.

Também o princípio da proporcionalidade, de construção mais recente que a "lógica do razoável", serviria de instrumento para a contemporização entre a intocabilidade do ato administrativo discricionário e a possibilidade de interferência do judiciário, não só na observância da legalidade de referido ato, mas, outrossim, na prescrutação da razoabilidade e proporcionalidade, que não encontradas daria ensanchas à anulação do ato administrativo pelo julgador.

Nesse contexto, os meios através dos quais o Poder Judiciário lança mão para atacar os atos administrativos de qualquer um dos poderes são trâmites processuais de procedimento ordinário, sumário ou especial de que disporá o ente titular do direito lesado ou ameaçado de lesão para a obtenção da anulação do ato ilegal, por intermédio de determinada ação contra a Administração pública (art. 272 e parágrafo único da Lei n. 8.952, de 13.12.1994).

Assim, o controle de legalidade da atividade administrativa exercido pelo Poder Judiciário é, além de tudo, um modo de serem preservados e conservados os direitos individuais, pois tem por escopo impor a observância da lei em cada situação concreta, quando reclamada por seus beneficiários. Estes direitos serão públicos ou privados, mas sempre subjetivos e próprios de quem reclama pela correção via judiciário do ato administrativo, com exceção da ação popular, em que o autor popular defende o patrimônio coletivo e não puramente individual, lesado pela Administração Pública. Em geral, o uso do processo judiciário contra ato da administração pública é exercido pelo próprio titular do direito lesado ou ameaçado. Isto não ocorre, pois, no caso da ação popular, onde o autor não defende direito próprio mas, interesses da coletividade, eventualmente lesada em seu patrimônio.

Daí que são previstos inúmeros meios de controle jurisdicional à Administração pública, onde, dependendo do interesse protegido, da sua natureza jurídica, legitimidade ativa e passiva, recebem da Constituição Federal e das leis infraconstitucionais denominações e tratamentos especiais. São os instrumentos de controle: Mandado de Segurança (individual e coletivo). Mandado de Injunção, *Habeas Data*, Medida Cautelar, Ação Civil Pública, outras ações específicas e, por fim, a *ação popular*, a qual se configura em objeto precípuo deste estudo.

Assim, deter-se-á este labor à análise da ação popular como um mecanismo jurisdicional de controle da atividade administrativa, ao alcance de qualquer cidadão, para invalidar atos e outras medidas da Administração Pública e de suas autarquias, das entidades da administração indireta ou daquelas subvencionadas pelos cofres públicos, ilegais e lesivos aos respectivos patrimônio histórico e cultural.

Todo indivíduo é possuidor de direito subjetivo público, fazendo jus a regular e efetiva prestação de serviço público. Hoje são reconhecidos tais direitos relativos à administração e efetivação do serviço público pelo Estado, onde o usuário pode exigir estas prestações de modo regular e em igualdade de condições com os demais, através do órgão jurisdicional. Aqui encontra-se a ação popular como instrumento do *cidadão*, de fiscalização e controle da atividade administrativa.

Neste prisma, o administrador não deve ser encarado como o *dominus* dos bens e dos interesses que estão sob sua gerência. Sua função é meramente de gerenciar, não se confundindo com o titular da *rés publica*, que é o povo, e que tem na Constituição Federal o respaldo de sua vontade.

Do que foi exposto é de se concluir que, o Estado contemporâneo não pode, em razão de sua complexidade, prescindir de um poder discricionário que, por sua vez, está vinculado à "competência", "forma" e "finalidade", onde sua motivação deve ter na razoabilidade o critério de seu limite.

Daí que, pela fundamentação ou motivação do ato administrativo discricionário, poderá haver o controle interno e externo da razoabilidade, através da mensuração do motivo apresentado, se este é razoável, conveniente e legítimo para a sociedade, confrontando-o com a situação concreta para o qual se dirige.

Qualquer cidadão pode estar atento e fiscalizar a atividade administrativa, e se necessário, insurgir-se contra a mesma através do remédio jurídico da ação popular.

Analisar-se-á, a seguir, o aspecto democrático do instituto, como instrumento de controle jurisdicional da administração pública ao alcance de qualquer cidadão.

2. AÇÃO POPULAR COMO GARANTIA CONSTITUCIONAL DE INTERESSES PÚBLICOS, COLETIVOS E DIFUSOS

2.1. Noções gerais da ação popular e interesses protegidos

A fonte da ação popular remota ao direito romano: *Eam popularem actionem dicimus, quae suum ius po-*

puli tuertus. ação utilizada pelo povo romano para a defesa de interesses próprios do povo. Desde a antiguidade, procurou-se proteger em Juízo interesses que não fossem restritos aos indivíduos, legitimando pessoas não titulares do interesse lesado ou ameaçado, ao uso de interditos, pelo entendimento de que tal demanda transcendia o interesse daquele relacionado materialmente com o litígio, ainda que não sofresse dano direto.

O próprio significado do nome ação popular decorre do fato de ser atribuído ao próprio povo, ou a apenas uma parcela deste, legitimidade para requerer a protoção jurisdicional de determinado interesse que não seja seu, *ut singutis*, mas que pertença a coletividade. Assim, o legitimado ativo para esta ação, através da tutela jurisdicional, faz valer um interesse *ut universis*, por isso lhe cabe como parte integrante de determinada comunidade, pois que está agindo *pró populo*.

Em vista disso, o que confere à ação popular uma característica especial, é a natureza impessoal do interesse por ela defendido, ou seja, o interesse da coletividade, o interesse público. O vocábulo popular refere-se justamente a isto: defesa da coisa pública, da coisa pertencente ao povo.

Desta forma, este instituto confere a faculdade de que qualquer membro da coletividade invoque a tutela jurisdicional na proteção de interesses públicos, coletivos e difusos relativos ao exercício da administração pública.

A regra geral é que, os interesses públicos sejam da responsabilidade da atuação do Poder Público, respeitando o princípio da legalidade, e que, os interesses individuais fiquem por conta do próprio titular do interesse, que com o direito de ação pleiteia a tutela do Estado-juiz.

O Estado atual, no entanto, passou a ser o maior prestador de serviços e, assim sendo, sujeito passivo principal nas relações jurídicas indispensáveis para a coletividade. A sua atuação não é mais essencialmente omissa, de abstenção, mas se exige cada vez mais atuações positivas estatais.

Dessa forma, qualquer pessoa tem interesse na regular prestação de serviço público, justamente por ser público, pertencente ao próprio povo, interessando desta feita a todos. Assim é que "o interesse no regular funcionamento do serviço não é só do Estado, mas é difuso em toda a sociedade, qualquer que seja o serviço, atinja diretamente, ou não, a pessoa, esteja ou não colocando à sua disposição"[11].

Nesta perspectiva, pronunciou-se *Barbosa Moreira*, em seu valioso ensaio sobre o tema, que "a ação popular seria um instrumento que dentro de certos limites pode servir e tem servido à proteção jurisdicional dos chamados interesses difusos, no Direito brasileiro"[12].

Ainda nessa visão, encontra-se o mestre *Canotilho*, quando ressalta que ação popular "tem potencialidades muito mais ricas ao que aquelas que atualmente lhe confere a lei em vigor, podendo alargar-se às ações coletivas para a defesa de interesses difusos, isto é, os interesses referíveis não a um sujeito, individualmente considerado, mas como membro de uma comunidade, mais ou menos ampla"[13].

Atualmente os interesses difusos vêm sendo diferenciados de forma conceitual de outros interesses coletivos, em face da não existência de um vínculo jurídico que ligue seus titulares. Mesmo em se tratando de interesses transindividuais, a doutrina denomina coletivos aqueles que são comuns a categoria de pessoas, unidas entre si por pontos comuns, tais como sociedade comercial, condomínio, família, entes profissionais, sindicatos, o direito ao transporte coletivo, à energia, ao saneamento básico. O vínculo jurídico existente permite identificar os componentes do grupo, pois seria determinável o número de pessoas.

Os interesses difusos, por seu turno, são aqueles que não se fundam em um vínculo jurídico necessariamente individual, mas que se relacionam a dados frequentemente genéricos, contingentes, acidentais e mutáveis, como: morar numa mesma região, consumir o mesmo produto, viver sob determinadas circunstâncias socioeconômicas, etc. Nesse aspecto, como se pode perceber, seus titulares são uma pluralidade de pessoas, em número indeterminado e, ainda, indeterminável, onde a satisfação de um bem dos titulares, reflete-se, necessariamente, na satisfação de todo o grupo, da mesma forma que uma lesão a um deles corresponde ofensa à grande maioria dos membros da coletividade.

Tem-se, portanto, a ação popular como garantia processual constitucional aos interesses públicos – coletivos e difusos – de uma comunidade, quando estes interesses se voltam para proteção do patrimônio público ou de entidade em que o Estado participe,

---

(11) Nagib Slaib Filho. *Ação Popular Mandatária*. 2. ed. Rio de Janeiro: Editora Forense, 1990. p. 43.
(12) José Carlos Barbosa Moreira. A Ação Popular do Direito Brasileiro como Instrumento de Tutela Jurisdicional dos chamados interesses difusos, in *Revista de Processo*, n. 20, ano 7. jul./dez./82, p. 9.
(13) José Joaquim Gomes Canotilho. *op. cit., p.* 509.

bem como proteção à moralidade administrativa, ao meio ambiente e ao patrimônio histórico e cultural.

2.2. Conceito e natureza jurídica do instituto

A ação popular na Constituição Brasileira prevista no art. 5º, LXXIII dispõe: "Qualquer cidadão é parte legítima para propor ação popular que vise a anular ato lesivo ao patrimônio público ou entidade de que o Estado participe, à moralidade administrativa, ao meio ambiente e ao patrimônio histórico e cultural, ficando o autor, salvo comprovada má-fé, isento de custas judiciais e do ônus da sucumbência".

Portanto, com este conteúdo a ação popular representa um remédio constitucional, através do qual qualquer cidadão se investe de legitimidade para exercer um poder potencialmente político, decorrente da soberania popular preconizada no art. 1º, parágrafo único, onde diz que todo o poder emana do povo, que o exerce ou por meio de seus representantes eleitos ou diretamente.

Configura-se, pois, este instrumento, numa das formas de participação do cidadão na vida pública, decorrente de princípios democráticos, onde este poder lhe é concedido originariamente. Assim, corresponde a ação popular a uma garantia constitucional política, vez que favorece ao cidadão a oportunidade de fiscalizar o desempenho das entidades em que o Estado participe e/ou atos lesivos ao patrimônio público, sendo em regra feita esta Função Fiscalizadora pelos representantes das Casas Legislativas que fiscalizam a aplicação do dinheiro público por meio de controle externo, além de interno, determinado por lei (art. 70 e ss. da CF).

E, portanto, a ação popular, ação judicial, pois, materializa-se em meio através do qual o cidadão invoca a tutela jurisdicional, com o fito de corrigir a adoção de ato lesivo ao patrimônio público (genericamente considerado), ou de entidade que o Estado participe; à moralidade administrativa; ao meio ambiente e ao patrimônio histórico e cultural. É, portanto, uma garantia coletiva à proporção que o autor popular provoca a jurisdição para a tutela e defesa da *rés publica*, buscando a proteção de interesses coletivos e não pessoais. Corretiva é a sua finalidade e não preventiva, muito embora a lei tenha dado a possibilidade de suspensão liminar do ato impugnado para evitar a lesão do mesmo. Por outra ótica, entendem doutrinadores outros que a ação popular tem um teor também preventivo e corretivo, pois que o texto constitucional não traz expresso o momento exato de seu cabimento.

A ação popular tem influências do princípio republicano (*rés pública*), pois sendo a coisa do povo este deve fiscalizar o que é seu. O patrimônio do Estado (os bens e direitos, de valor econômico, artístico, estético ou histórico), pertence ao povo e por isso é público. Daí que o constituinte estendeu a fiscalização popular a qualquer cidadão brasileiro, que como titular da coisa pública possa, individualmente protegê-la, configurando-se em defensor do patrimônio público, agindo em nome próprio, e no exercício de um direito seu, assegurado constitucionalmente, embora o interesse diga respeito a coletividade como um todo.

Percebe-se que há com a sacramentalização do instituto, a solidificação de um direito político, de democracia direta, pois o cidadão passa a ser controlador da legalidade administrativa, que o faz em nome e por direito próprio, defendendo, sobremaneira, direito imanente, qual seja o da sua participação na vida política estatal, em ato de fiscalização da gestão do patrimônio público para que a mesma corresponda aos princípios da legalidade e moralidade. Embora diretamente o interesse defendido é do cidadão, enquanto membro da coletividade.

Daí que o conceito adotado da ação popular por *José Afonso da Silva*, bem expressa o teor do instituto: "Instituto processual civil, outorgado a qualquer cidadão como garantia político-constitucional (ou remédio constitucional), para a defesa do interesse da coletividade, mediante provocação do controle jurisdicional corretivo de atos lesivos do patrimônio público, da moralidade administrativa, do meio ambiente e do patrimônio histórico e cultural"[14].

Quanto à natureza da Ação Popular, na visão de *Nagíb Slaib Filho* é uma ação mandamental, à semelhança do *habeas corpus* e do mandado de segurança, pois que se nos apresenta como meio de acesso ao Judiciário, onde a decisão judicial se configura em uma ordem, em mandamento ao administrador para regularizar a prestação do serviço público, em prazo designado pelo juiz, dependendo do caso concreto (do vulto da obra ou da atividade, o custo e outros elementos), sob pena de ser responsabilizado civil, disciplinar-administrativa e criminalmente pela desobediência ao comando do juiz, podendo, ainda, o magistrado decretar a prisão de ofício ou a requerimento do Ministério Público. Esta prisão tem caráter puramente civil, de coação, e é necessária ao mau administrador que se recusa a qualquer controle, agindo como se fosse dono. Na área penal, o desacato à ordem judicial constitui-se em crime de prevaricação

---
(14) José Afonso da Silva, *op. cit.*, p. 399.

com tipificação duvidosa (art. 319 do CP), vez que exige o elemento subjetivo de satisfazer interesse ou sentimento pessoal e a pena é insignificante.

Não seria, desta feita, uma ação declaratória, pois já há previsão legal, não tendo nada de duvidoso a ser acatado por este tipo de ação.

Não se constituiria em ação condenatória, pois não condena as prestações de dar, fazer ou não fazer, haja vista que o dever da administração pública prescinde de título judicial para tal!(15).

Caracterizada como este quarto tipo de ação (mandamental) no Direito brasileiro, não encontra respaldo em todos os doutrinadores. *Rodolfo de Camargo Mancuso* aborda, outra vertente acerca da natureza jurídica deste instituto.

Seria, neste prisma, a ação popular uma ação que tem "necessariamente o cunho condenatório/desconstitutivo, por sua própria natureza e finalidade... mas nos parece que o fato de toda sentença ter algum conteúdo declaratório não legitima a conclusão de que uma ação popular possa ter conteúdo só declaratório"(16).

Assim, resta descartada, neste pensar, a ação popular unicamente declaratória. Concernente à sua natureza, tem-se podido afirmar que a ação popular é uma ação (dês) constitutiva ou, em outras palavras, constitutiva-negativa, pois que tem por objetivo a anulação do ato imputado de lesivo ao patrimônio público. Considera-se, também, condenatória, visto que existe a previsão legal (art. 6º da Lei n. 4.717/1965) de responsabilização do(s) agente(s) implicados no ato lesivo, inclusive terceiros que venham a ser beneficiados diretamente. E, em decorrência da sentença que decrete a invalidade do ato lesivo ao patrimônio, deverá haver condenação dos responsáveis em perdas e danos.

Convém consignar que ação popular desconstitutiva e condenatória é vinculada em um processo de conhecimento, onde a cognição deva ser ampla e consiga exaurir todo o mérito, analisando a extensão da controvérsia (sentido horizontal), bem como dirimindo todos os pontos que compõem a lide (sentido vertical).

Comunga-se, pois, que no estudo da ação popular há sempre que ser examinado o mérito da causa, condição para formação da coisa julgada material e para que possam operar os efeitos desconstitutivos do ato lesivo ao patrimônio público e a condenação à reparação e/ou recomposição do estado anterior à ação.

2.3. Evolução histórico-romana da ação popular

A embriogênese da ação popular remonta a história do Direito Romano, dada a estrutura e organização do Estado Gentílico e as marcantes relações entre Estado-cidadão romano da época de suas origens.

As *actiones populares* emergiram no sistema societário de então, e seu estudo concorre para a explicação de questões do instituto no direito moderno.

O princípio da legitimidade *ad causam* do autor no Direito Romano foi sempre mantido com extremo rigor, outorgando-lhes ações que à primeira vista, em nada tinham de interesse pessoal.

Ora, os bens das *gens* pertenciam, em conjunto, a todos os cidadãos, constituindo-se em direito extra-individual, mas indiviso e inalienável, com vínculo de indissolubilidade a quem fosse membro da coletividade gentílica.

A ideia originária da ação popular se liga ao fato de que é destinada a proteger a comunidade indivisa do direito. Individualmente, cada membro pode iniciar a ação, contanto que o interesse público envolva o seu interesse pessoal também.

Com o tempo, a abrangência deste instituto desenvolveu-se e alargou-se para autorizar os particulares a agirem mesmo nas hipóteses em que não tinham qualquer interesse próprio.

Era natural o nascimento e a evolução deste instituto, por conta das peculiares relações existentes entre Estado e Indivíduo. Os cidadãos são o Estado que não está fora nem acima dos mesmos. O Estado e povo se confundem, são equivalentes.

Em razão do exposto, definia-se a *actiones populares* como *Eam popularem actionsm dicimus, auae suum tus populi tuetur*, ou seja, ação que se prestava para o povo defender direito público, do próprio povo. Ampara o direito do próprio povo.

Observe-se, por oportuno, a relação de dependência entre o vocábulo "público" com a palavra "povo": público = *publicum* que advém de *populicum*, de *populum* = povo.

Tem, pois, a ação popular no Direito Romano a conotação de um instrumento colocado a serviço dos romanos, da coletividade, para um controle popular da legitimidade extrínseca/intrínseca do modo de proceder da administração. Curioso é que hodiernamente este aspecto da ação popular romana constitui

---

(15) Nagib Slaib Filho, *op. cit.*, p. 60.
(16) Rodolfo de Camargo Mancuso. *Ação Popular* – Proteção do Erário Público. Rio Patrimônio Cultural e Natural do Meio Ambiente. São Paulo: Editora Revista dos Tribunais, 1994. p. 53/54.

ponto nuclear de seu conceito, além da outra preocupação e ingerência do instituto em epígrafe que é a de proporcionar legitimidade *ad causam* a qualquer do povo – *cuivis e populo* marcando tanto no Direito à época, como no moderno, sua essência que é de defini-la como remédio de direito público.

No direito romano havia ações populares penais e civis. O que imperavam eram as ações populares de natureza penal, culminando, muitas vezes, com pena pecuniária. Outras ações assemelhavam-se, hoje, às modernas ações cominatórias ou mesmo aos interditos proibitórios, já tendendo para o âmbito civil.

Ao utilizar estas ações, o cidadão romano exercia um tipo de poder de policia jurisdicional, pois acionava a justiça para averiguar transgressões na segurança pública, na moralidade administrativa e no patrimônio Estatal e também sobre o patrimônio daqueles que eram administrados em razão de uma função pública, como é o caso dos tutores, através da *accusatio tutoris*.

Dessa forma, já se percebe que havia um leque considerável de ações populares romanas, iniciando-se principalmente de questões de interesses gerais, estendidas posteriormente pela iniciativa pretoriana.

Havia em Roma uma diversidade de ações populares, sobre as quais não se propõe este trabalho examiná-las de *per si*, mas enfocar a existência das mesmas desde a época gentílica.

Rodolfo de Camargo Mancuso cita o renomado *José Afonso da Silva*, apresentando "uma boa resenha das ações populares romanas, permitindo avaliar que elas visavam, basicamente a tutela judicial de um interesse público relevante: *sepulchro violato,* de base pretoriana, contra o violador de sepultura ou outra res sacrae; de *effusis et deiectis,* contra quem atirasse objetos sobre a via pública; de *positis et suspensis,* contra quem mantivesse, perigosamente, objetos em sacada ou beira de telhado; de *ato corrupto,* contra quem adulterasse o álbum (edito de pretor), prevendo-se pena de quinhentos áureos; de *aedilitio edicío et redhibltlone et quanti minorís,* que tomava caráter popular quando instrumentado pelo edito de *bestiis,* objetivando impedir que animais perigosos fossem levados a lugares frequentados perto público: *de termino moto,* contra os que deslocassem as pedras demarcadoras das propriedades privadas; *de tcibulis,* para impedir que o herdeiro abrisse a sucessão em caso de morta violenta do autor da herança, sem primeiro apurar a responsabilidade dos servos do falecido, a quem se reconhecia o dever de defendê-lo; *asserlio in libertatem,* para se obter a liberdade de um escravo; *interdito de homine libero exhibendo,* semelhante ao nosso *habeas corpus;* de *collusione detegenda,* promovível em caso de conluio entre escravos e seus antigos donos, quando estes declarassem que haviam nascidos livres; *acusatio suspecti tutoris, vel cu-ratoribus,* para proteção de tutelados e curatelados; havia ainda uma ação popular para proteção dos *legados ad pias causas* para restituição de somas perdidas em jogo"[17].

Diante do estudo sobre a evolução da *actio populare romana*, vislumbra-se que teve origem na comunidade gentílica, chegando a evoluir na fase mais avançada da organização política de Roma, época das Cidades-Estado, devendo o autor popular agir sempre que houvesse um interesse público mesclado ou até mesmo confundido com interesse privado, ou ainda, que fosse simplesmente público.

Sabe-se que até enquanto durou a influência do Direito Romano, a ação popular foi observada e utilizada. O direito bárbaro não conheceu deste instrumento, tampouco o direito feudal, que foi assumindo caráter de absolutismo e de despotismo.

Ora, são pressupostos socioculturais para a existência da ação popular a comunhão entre sociedade e Estado, ainda que seja em relação a um mínimo de participação do povo na formação do poder político. Donde se conclui que no Estado absolutista estes requisitos faltam totalmente. Há uma cisão marcante entre a vida pública e a privada, de um lado encontra-se o Estado-sujeito ativo da política e do outro está o povo – objeto passivo.

Com a queda de absolutismo/despotismo político e com o aparecimento do Estado liberal, aliado ao princípio da legalidade desses atos administrativos e ao conceito de que a coisa pública é um patrimônio do povo, ressurge a ação popular no Direito Moderno, como instituto de caráter democrático.

Surgiu, apôs períodos de latência, em 1936, na Bélgica, em 1937, na França, em seguida na Inglaterra e Itália.

Verifica-se que só com o retorno ao sistema de participação do povo na vida pública, poder-se-ia criar um terreno fértil para o ressurgimento deste instituto democrático, matéria sobre a qual se debruça este trabalho.

2.4. Evolução da ação popular nas constituições brasileiras

A Constituição Federal de 1824 previa a ação popular.

Art. 157 "Por suborno, peita, peculato e concussão, haverá contra eles a ação popular que poderá ser in-

---

(17) Rodolfo de Camargo Mancuso, *op. cit.*, p. 29.

tentada dentro de ano e dia pelo próprio queixoso ou por qualquer do povo, guardada a ordem do processo estabelecido na lei".

Já no que pertine à Constituição Federal de 1891, pode-se afirmar que não cuidou em seu texto deste instrumento. A Carta Magna de 1934: voltou a ação popular para a proteção patrimonial no sentido em que até hoje permanece (só que agora foi acrescida como se verá). Art. 113, XXXVIII, limitou seu objeto à proteção patrimonial da União, dos estados e dos municípios. Com o advento da Constituição Federal de 1937, novamente não houve o acolhimento deste remédio. Porém, com a Carta de 1946 reapareceu a demanda popular com objeto mais amplo em seu art. 141, § 38, ampliando o alcance da ação, além da proteção ao patrimônio das pessoas políticas, também à proteção patrimonial das entidades autárquicas e das sociedades de economia mista.

Em nível infraconstitucional, esse dispositivo foi e encontra-se regulamentado pela Lei n. 4.717, de 29.06.1965, que lhe confere rito ordinário, certo que com algumas alterações, em busca de uma melhor adequação aos objetivos constitucionais da legalidade administrativa. É válido lembrar que essa lei foi elaborada sob a égide da Constituição de 1946, embora 20 anos mais tarde e que é anterior à Constituição de 1967 e também da Emenda de 1969, devendo dessa forma ser entendida à luz da Constituição Brasileira de 1988, haja vista que sofreu algumas alterações no decorrer do tempo.

A Constituição de 1967, por seu turno, previu a ação popular em seu art. 150, § 31º, mantendo ainda a finalidade específica de proteção patrimonial, generalizando o alcance de seu objetivo, não especificando as pessoas por ela protegidas em relação à defesa aos atos lesivos do patrimônio de entidades públicas. A Emenda Constitucional de 1969 abordou no art. 153, § 31º com idêntica redação à CF de 1967.

Com o surgimento da Lei n. 6.513, de 20.12.1977 foi introduzida a atual redação do § 1º, art. 1º da Lei n. 4.717, englobando no conceito de patrimônio público a proteção do cidadão aos bens e direitos de valor econômico, artístico, estético, histórico e turístico.

A Carta Política brasileira reporta-se à ação popular com sensíveis alterações no alcance do seu objeto, no que tange à legitimidade passiva e, ainda, em relação à questão controvertida do ônus da sucumbência, como analisaremos nos itens seguintes.

Acolheu a Constituição Federal este remédio popular como direito/garantia do cidadão no título II reservado aos Direitos e Garantias Fundamentais, no Capítulo I, art. 5º, LXXIII, destinados aos Direitos e Deveres individuais e coletivos. *In verbis*: "Qualquer cidadão é parte legítima para propor a ação popular que vise a anular ato lesivo ao patrimônio público ou de entidade em que o Estado participe, à moralidade administrativa, ao meio ambiente e ao patrimônio histórico e cultural, ficando o autor, salvo comprovada má-fé, isento de custas judiciais e do ônus da sucumbência".

Nos itens seguintes, tentar-se-á analisar mais pormenorizadamente as implicações deste instituto à luz da atual Constituição Brasileira, como instrumento de defesa democrático-constitucional do cidadão dos interesses públicos, coletivos e difusos.

2.5. Ação popular como garantia processual constitucional

2.5.1. Garantias fundamentais

Os princípios que se assentam na presente Constituição Federal Brasileira, calcada no Estado Democrático de Direito, refletem-se notoriamente nos princípios dos Direitos Fundamentais, derivando, dentre outros, os princípios garantias, os quais segundo *Canotilho* "visam instituir direta e imediatamente uma garantia dos cidadãos. É-lhes atribuída a densidade de autêntica norma jurídica e uma força determinante negativa e positiva"[18].

Torna-se imperioso ressaltar neste contexto que as expressões direitos dos homens e direitos fundamentais, muito embora utilizadas inúmeras vezes como sinônimas, na realidade possuem uma distinção definida. Ora, nos primeiros estão compreendidos os direitos válidos para todos os povos e em todos os tempos, com caráter de universalidade herdado pelos jusnaturalistas, situados num plano ético-político. Os direitos fundamentais por seu turno, são os direitos do homem garantidos de forma jurídico-constitucional, limitados que se encontram pelo espaço e pelo tempo. Seriam, destarte, os direitos consagrados em uma ordem constitucional positiva, pois dela recebem sua fundamentação.

As normas jurídico-materiais constitucionais dos direitos fundamentais são todos aqueles preceitos constitucionais que se orientam no sentido de reconhecerem, garantirem e constituírem os direitos fundamentais de liberdades e garantias, onde haja a proibição de agressões no âmbito Jurídico-constitucional aos cidadãos, sendo que as garantias constitucionais

---
(18) José Joaquim Gomes Canotilho, *op.* e *p. cits.*

contribuem precipuamente para uma efetividade dos direitos fundamentais.

Inclusos nos direitos fundamentais protegidos pela Constituição, têm-se os direitos, liberdades e garantias individuais, os quais não podem ser exercidos em detrimento dos direitos sociais e coletivos. Frente àqueles direitos há um abster-se por parte do Estado, freio de seu poder frente ao cidadão, derivando-se num menor intervencionismo estatal na esfera privada, pois que se defende a vida imediata do arbítrio do poder, garantindo de forma eficaz a liberdade atual.

No entanto, no tocante aos direitos sociais também situados na esfera dos direitos fundamentais, tem-se a ideia de existência de desigualdades sociais, intervindo o Estado como responsável em manter o equilíbrio social, suprindo as desigualdades e necessidades prementes da coletividade. Daí que os anseios coletivos como saúde, trabalho, educação e outros serão mais efetivados quanto maior for a intervenção estatal. Nos direitos sociais, o que se pretende alcançar "é a esperança numa vida melhor que se afirma... e a liberdade futura que se começa a realizar"[19].

Paralelamente aos direitos individuais, que se caracterizam, primordialmente, pela imposição de um *non lacere* ou de um abster-se por parte do Estado, estão consagradas na Constituição Brasileira imposições aos Poderes Públicos à prestação de inúmeras atividades, com o intuito de proporcionar o pleno desenvolvimento da personalidade humana, principalmente nas ocasiões que se nos apresentam mais carente de recursos e com um mínimo de possibilidade de serem conquistados pelo seu trabalho. Assim, tornam-se deveres do Estado a assistência à velhice, aos desempregados, à infância, aos doentes, aos deficientes, ao transporte coletivo, à energia, ao saneamento básico, ao meio ambiente, à previdência e outros que em face do princípio da igualdade de tratamento – fundamento democrático –, devem ser acessíveis a todos os indivíduos.

A Lei das Leis de 1988 com seu art. 3º, III, declara que seu objetivo primeiro é a erradicação da pobreza e da marginalização, daí que "agora o que se quer do Estado é que seja intervencionista, assistencial, prestador de serviços que se dirijam à coletividade e a cada indivíduo"[20]. Por isso é que os direitos sociais (de conteúdo positivo), são mais importantes que os direitos liberais (de conteúdo negativo), pois que representam áreas de interdição a atuação do Estado.

Os direitos transindividuais têm o condão de assegurar o atendimento às necessidades básicas, diárias e permanentes dos indivíduos, através de programas de equilíbrio das desigualdades da sociedade política. Quanto mais necessitado for o indivíduo, mais precisará dos serviços públicos de saúde, previdência, moradia, educação, saneamento, abastecimento público, segurança, justiça, etc.

Percebe-se, dentro do explanado, que os direitos fundamentais, mesmo quando se referem ao indivíduo na sua esfera particular, estão dotados na realidade, de um valor que transcende o homem isolado e afeta toda a sociedade. A lesão destes direitos fere a todos e a cada um do meio social.

A Lei Maior tenta equilibrar interesses individuais e transindividuais quando há choque destes, viabilizando a harmonia social. Daí a proposta do princípio da proporcionalidade em casos de coalisão de direitos, já mencionado neste trabalho.

Portanto, o Estado Democrático de Direito possui uma característica inconfundível com os demais que é justamente a preocupação e exigência de uma concreção (eficácia) dos direitos fundamentais, a qual ocorre com a provocação da jurisdição constitucional, garantia estabelecida através do processo, pois que "a via adequada para o usuário exigir o serviço que lhe for negado pelo Poder Público ou por seus delegados, sob qualquer modalidade, é a cominatória com base no art. 287 do Código de Processo Civil. O essencial é que a prestação objetivada se consubstanciasse num direito de fruição individual do serviço pelo autor, ainda que extensivo a uma categoria de beneficiários[21].

Este tema referente à proteção jurisdicional constitucional dos direitos fundamentais, será abordado com maior propriedade nos parágrafos que se seguem ao serem analisados os direitos e garantias constitucionais.

São, pois, hodiernamente reconhecidos os direitos do usuário em toda e qualquer utilidade pública, fundamentando a exigibilidade de sua prestação em condições regulares e em igualdade com os demais. Estes direitos públicos subjetivos dão margem a ações correspondentes, dentre elas, a ação popular, mandado de segurança etc.

Os direitos fundamentais constituem-se em direitos constitucionais à proporção que estão inseridos no texto constitucional ou ainda constem de simples declaração solene fixada pelo poder constituinte. São,

---

(19) Jorge Miranda, *op. cit.*, p. 98.
(20) Nagib Slaib Filho,, *op. cit.*, p. 31.
(21) Hely Lopes Meirelles. *Direito Administrativo Brasileiro*. 7. ed. Editora Revista dos Tribunais, 1979. p. 310.

portanto, situações jurídicas em um prisma objetivo e subjetivo que estão elencados no direito positivo (explícita e implicitamente) em razão da dignidade, liberdade e igualdade da pessoa humana. Permitem nesta abordagem a realização das páscoas e se inserem de forma direta e imediata na esfera jurídica.

Torna-se de inestimável valor a observação de que não é suficiente que um direito seja pelo texto constitucional, de modo implícito ou explícito, reconhecido e declarado. É, por conseguinte, necessário que seja garantido, pois circunstâncias virão em que serão discutidos e violados. Do que adiantariam inúmeros direitos previstos sem um mínimo de aplicabilidade prática, de efetividade?

Daí o surgimento das *garantias* como meio assecuratório de fruição destes direitos, inserindo-se na esfera jurídica pelo nexo que possuem com os direitos que protegem, limitando o poder do Estado e de seus órgãos. No entanto, não são nítidas e muito menos estanques as linhas limítrofes entre direitos e garantias. Pode-se afirmar em cada medida, que a atual Constituição Brasileira, não aparta as duas categorias quando em seu título 11 ressalta: Dos Direitos e Garantias Fundamentais, daí por que não ser correto afirmar que, os direitos são declaratórios e as garantias puramente assecuratórias, vez que estas em muito surgem declaratórias e os direitos aparecem de norma assecuratória.

Este item sobre Direitos e Garantias não pretende fornecer a esta última o caráter de generalidade como meio de assegurar todo um determinado ordenamento constitucional, mas nos interessa ressaltar aqui o que pertine à garantia dos direitos fundamentais.

Vistas de um modo geral, as garantias são destinadas a assegurar o exercício dos direitos fundamentais, a sua existência, eficácia social e jurídica, dentro de uma estrutura democrática inserida num Estado Democrático de Direito.

No que pertine às garantias constitucionais propriamente ditas, ou sejam, instituições, determinações e procedimentos através dos quais a Constituição impõe, de modo positivo ou negativo, aos órgãos do Poder Público, limitando suas condutas, assegurando a observância, ou, no caso de alguma violação, a reintegração dos direitos fundamentais, verifica-se a preocupação da Carta Magna na preservação dos direitos individuais e sociais.

Os direitos por seu turno, representam certos e determinados bens; as garantias asseguram a função de tais direitos, constituindo-se em acessórias e aqueles em principais. Os direitos destinam-se à realização pessoal e coletiva, daí estarem inseridos de forma incontinente na esfera jurídica. As garantias projetam-se neste ângulo pelo nexo que mantém com os direitos.

As garantias constitucionais protegem concretamente os direitos inerentes à pessoa humana através de procedimento e determinações. Assim, consubstanciam-se em normas constitucionais que oferecem aos titulares dos direitos fundamentais, instrumentos, meios, técnicas e procedimentos para fazer valer seus direitos. Estão, nesse raciocínio, a serviço dos direitos fundamentais como instrumentos garantidores das vantagens e benefícios destes. E assegurada a prestação de assistência religiosa (art. 5º, VII), é assegurado o direito de resposta (art. 5º, V), é garantido o direito de propriedade (art. 5º, XXII).

Por essa razão, as normas constitucionais de garantia podem também ser entendidas como direitos, em relação direta e imediata com os fundamentais, pelo fato de se constituírem em permissões do Direito Constitucional objetivo "aos particulares para exigir o respeito, a observância, o cumprimento dos direitos fundamentais em concreto, importando, aí sim, imposições do Poder Público de atuações ou vedações destinadas a fazer valer os direitos garantidos"[22].

As garantias que são constitucionalmente protegidas, contribuem, em prevalência, para a efetividade dos direitos fundamentais.

Nesse passo, as garantias constituem remédios jurídicos processuais destinados a reintegrar os preceitos constitucionais violados ou prestes a sê-los. Têm, portanto, os cidadãos afetados, meios de utilizar, de provocar os Poderes Públicos para obter a proteção jurisdicional de seu direito, através do processo. Nas palavras de *Cappelleiti*, "e concepto estricto de garantia constitucional, se estima como tal el método procesa/para hacer efectivas las disposiciones fundamentales, con lo que se distingue con claridad entre el derecho subjetivo público constitucional y el médio de hacerlo efetivo"[23].

Em suma, quando se fala de direitos fundamentais estão sendo abrangidas as duas espécies, direitos e garantias, pois que englobam a materialidade e o processo.

A meta de todo ordenamento jurídico moderno é garantir uma efetividade plena dos direitos fundamentais. Nesta medida há a preocupação de criação de meios processuais de tutela jurisdicional junto a estes preceitos constitucionais.

---

(22) José Afonso da Silva, *op. cit.*, p. 159.
(23) Mauro Cappelletti. *La Jurisclicción Constitucional de la Liberdad*. México: Imprenta Universitária, 1961. p. 139/140.

Nos tempos atuais a Constituição não mais se destina a uma pura abstenção do Estado frente à sociedade civil com base em pensamentos de um Estado Liberal, mas os anseios desta nova era são que a mesma se destine a traçar linhas genéricas para conduzir a atividade estatal e social, buscando um bem-estar da coletividade e dos seus indivíduos.

Com a presença na Constituição de normas e de princípios fundamentais, também estes dotados de validade positiva com dimensões éticas e políticas, há a necessidade para a solução de questões emergentes, de serem adotados procedimentos para que as decisões se fundamentem mais objetivamente.

A partir dos anos cinquenta, os processualistas voltaram suas atenções para o lado juridico-constitucional como produto das forças sociopolíticas em determinado momento histórico. Destarte, o processo não mais foi entendido como mero instrumento técnico, mas transformou-se em um instrumento ético e político de atuação da justiça e da garantia dos direitos fundamentais de liberdade. Aqui apresenta-se preponderante a necessidade de o processo possuir uma plena e total aderência à realidade sociojurídica, desempenhando, dentre outras, a sua função precípua, qual seja, a de servir como instrumento voltado à efetiva realização dos direitos, com ênfase no problema da efetividade que, dentre outros aspectos, tem em realce o fator acesso à justiça.

Ora, o próprio acesso à justiça configura-se como uma garantia constitucional, onde se nos apresenta o direito de defesa, assegurando a todos a mesma possibilidade de tutelar jurisdicionalmente seus interesses, necessitando, pois, da adequação do processo ao caso concreto.

Afirma, neste contexto o Prol. *Willis Santiago Guerra Filho* que "proliferam, então, as análises da conexão do processo com a constituição, ao ponto de se poder encarar o direito processual como uma espécie de "direito constitucional aplicado... que leva à estreita associação entre constituição e processo hoje em dia, quando se torna instrumento imprescindível na consecução daquela"[24], bem como das leis ordinárias.

Assim, através do processo há uma possibilidade de proteção jurisdicional, tendo em vista a viabilização do direito material tutelado, pois que para cada pretensão existe uma ação correspondente que o assegura, via processo. As formalidades processuais são, pois, garantias de participação, onde o que prevalece é o que resultado processo, o qual tem força de sintonizar a Constituição com o momento atual.

Tanto isso é verdade que a Constituição Brasileira atual, quando da declaração dos direitos e deveres coletivos e individuais, catalogou várias garantias processuais, a saber, a ampla defesa em qualquer processo judicial ou administrativo; a exigência de publicidade dos atos processuais; a presunção de inocência até o trânsito em julgado da sentença penal condenatória, a inadmissibílidade de aceitação de provas ilícitas e tantas outras, afastando o exercício arbitrário e ilegítimo do poder.

Em relação ao processo como garantia constitucional, retraia com propriedade a Profa. *Ada Pellegríni Grinover,* quando diz ser o mesmo "garantias das partes e do próprio processo: eis o enfoque completo e harmonioso do conteúdo da cláusula do devido processo legal, que não se limita ao perfil subjetivo da ação e da defesa como direitos, mas que acentue, também e especialmente, seu perfil objetivo [...] garantias não apenas das partes, mas sobretudo da jurisdição porque se, de um lado, é interesse dos litigantes a efetiva e plena possibilidade de sustentarem suas razões, de produzirem suas provas, de influírem concretamente sobre a formação do convencimento do juiz, do outro lado essa efetiva e plena possibilidade constitui a própria garantia da regularidade do processo, da imparcialidade do juiz, da justiça e das decisões"[25].

Assim, toda pessoa pode recorrer à justiça para fazer valer seus direitos violados, principalmente em se tratando de direitos fundamentais reconhecidos pela Constituição e pela Lei. Em vista disso, são abertos espaços para a atuação da sociedade civil, inserida no Estado democrático de direito, pela sua participação e pela forte influência que tem exercido sobre os organismos públicos. Sociedade civil aqui entendida como um conjunto de indivíduos, forças sociais e grupos atuantes e desenvolvidos extrarrelações de poder, mas que o influenciam, consubstanciando-se como mecanismos e instrumentos para a efetivação das normas e princípios constitucionais.

Tem-se, pois, uma faceta do controle da efetividade do direito por via informal, social e política que se configura na mobilidade e reivindicação da sociedade civil de seus interesses. Daí por que Luís *Roberto Barroso* admite que "não há efetividade possível da Constituição, sobretudo quanto a sua parte dogmática, sem uma cidadania participativa"[26].

---

(24) Willis Santiago Guerra Filho. *Ensaios da Teoria Constitucional*. Fortaleza: Imprensa Universitária da Universidade Federal do Ceará, 1989. p. 10.
(25) Ada Pellegrini Grinover. As Garantias Constitucionais do Processo nas Ações Coletivas. in *Revista de Processo*, ano II, jul./set./86, p. 21. (16) Luís Roberto Barroso, *op. e p. cits*.
(26) Luís Roberto Barroso, *op. e p. cits*.

No que tange à eficácia jurídica das normas constitucionais relativas aos direitos fundamentais previstos no art. 5º, da Constituição Federal, têm estas aplicação imediata de acordo com o aludido no seu § 1º. Em sendo assim, dos princípios fundamentais, poder-se-ão lançar mão em toda a sua plenitude, até que protubere legislação que os regulamente no caso de suas utilizações, o qual virá para viabilizar suas aplicações.

Como foi abordado anteriormente, tem-se como garantia do cumprimento das normas constitucionais e das normas em geral do ordenamento, o direito à tutela jurisdicional, em que o Estado submete *a sua imperatividade* às condutas disfuncionais, fazendo valer sua vontade e; o devido processo legal, no qual toda e qualquer pessoa pode requerer para a garantia de um direito o pronunciamento do judiciário, por meio do direito de ação, do acesso à justiça, implementado através do processo.

No Direito brasileiro, para a tutela das variadas situações de caráter subjetivo, existe no âmbito constitucional um leque de remédios processuais de ações, que poderão ser utilizadas pelos jurisdicionados. Porém, de acordo com os interesses que protegem, com suas naturezas e legitimidade recebem estas ações, do corpo constitucional, um tratamento especial, a partir de sua previsão legal. São elas: *habeas corpus,* mandado de segurança individual e coletivo, mandado de injunção... e ação popular.

No Direito atual brasileiro como foi vislumbrado, o Estado se apresenta como o maior prestador de serviços (prestações positivas), através da prática de atos para atender necessidades inafastáveis da coletividade, tais como: educação, saúde, transporte, saneamento, energia elétrica, benefícios previdenciários, cuidados com o meio ambiente, e outros, a fim de que estes serviços sejam *acessíveis* a todo o povo.

Daí hoje serem reconhecidos direitos públicos subjetivos de conotação social, relativos à administração e efetivação desses serviços públicos prestados pelo Estado, onde o usuário pode exigir estas prestações de modo regular e em igualdade com os demais, através da ação popular, mediante o órgão jurisdicional, garantindo estes pleitos.

Assim, dentro deste contexto é que se encontra catalogada no art. 5º, LXXIII, da Constituição atual a Ação Popular, *in verbis* "qualquer cidadão é parte legítima para propor ação popular que vise a anular ato lesivo ao patrimônio público ou de entidade de que o Estado participe, à moralidade administrativa, ao meio ambiente e ao patrimônio histórico e cultural, ficando o autor, salvo comprovada má-fé, isento de custas judiciais e do ônus da sucumbência".

E será este instituto que, à medida do possível, abordar-se-á nos itens seguintes como um dos instrumentos de garantia processual do cidadão a fazer valer interesses públicos, coletivos e difusos, ou seja, aqueles que não privilegiam a esfera puramente individual, isto é, os interesses da comunidade (transindividuais).

2.5.2. Fins, efeitos e objeto da ação popular

A ação popular como remédio processual constitucional tem caráter preventivo, repressivo e corretivo.

Terá feições preventivas quando for ajuizada antes da consumação dos efeitos lesivos do ato, prevenindo lesão ao patrimônio público. Por outro lado, se proposta superveniente à lesão, com intuito de reparar o dano, será instrumento repressivo. Isto pode ocorrer porque o próprio texto constitucional não estabelece o momento exato para sua propositura. No entanto, só explicita que a medida é cabível contra atos que causem lesão ao patrimônio público ou de entidade em que o Estado participe, à moralidade administrativa, ao meio ambiente e ao patrimônio histórico e cultural.

A destinação corretiva da atividade administrativa deste remédio relaciona-se ao fato de o cidadão provocar a jurisdição, alegando atividade *omissiva* da administração, quando esta *omissão* recaia em lesão aos objetos da ação popular, patrimônio público e demais pontos abarcados.

Desta forma, tem a ação popular o objetivo de controle da administração, da atividade governamental, através da intervenção do cidadão, que poderá, via judiciário, invalidar atos que lesem o patrimônio público-econômico, administrativo, artístico, ambiental ou histórico da coletividade. Tem, pois, por finalidade, a defesa destes patrimônios, de bens do domínio público. Em relevo, os efeitos da ação popular se refletem tanto na anulação do ato praticado, na sua sustação, caso iminente à sua consumação, bem como na ordenação da sua prática, se omissivo.

Quanto ao objeto da ação popular, a condição objetiva para seu exercício, matéria de mérito sobre a qual irá incidir a sentença e a qualidade de imutabilidade dos seus efeitos, é que o ato a ser invalidado seja lesivo ao patrimônio público, entendendo-se este como bens e direitos de valor econômico, artístico, estético, histórico ou turístico; meio ambiente, patrimônio histórico e cultural e à moralidade pública. Assim soa claro, no texto constitucional, quando ressalta que se trata de ação que procura anular atos lesivos ao patrimônio de entidades em que o Estado participe, no âmbito da administração direta ou indireta como as autarquias, as sociedades de economia mista, as empresas públicas, as fundações instituídas pelo poder público e os serviços sociais autônomos.

Nessa senda, deve-se consignar um dissenso sobre a questão de se saber se o ato administrativo que está fundamentando a causa de pedir da ação popular fora ilegal/ilegítimo e também *lesivo*, ou se seria suficiente a característica última.

Há na doutrina e em decisões múltiplas a tese de que existe um requisito duplo para a propositura da *actio populare*, isto é, para que haja a possibilidade jurídica do pedido torna-se necessário o binômio ilegalidade/lesividade.

Assim, constituem-se pressupostos da ação em relevo, a lesividade ao patrimônio público da União, do Distrito Federal, dos Estados, dos Municípios, de entidades autárquicas etc., salientando que este ato seja contaminado de vício, defeito de nulidade ou anulabilidade, ou seja, tenha presente a ilegalidade.

Há quem perceba a Questão, levantando a tese de que a só a existência da lesividade já implicaria em vício do ato, pois que um ato lesivo é sempre um ato viciado. Nesse pensamento, tem-se que lesividade pressupõe a ilegalidade do ato administrativo.

Compreende-se, nessa seara, que a causa de pedir da ação popular arguida na atual Carta Brasileira, reclama o binômio ilegalidade/lesividade, pois que a só alegativa de lesividade poderia colocar o judiciário, em certos momentos, a avançar na questão do mérito ou da discricionariedade administrativa em busca da lesividade do ato, se não tivesse o autor popular arguido ilegalidade. Nenhuma lesividade aparece no cenário jurídico desacompanhada de vícios de nulidade ou anulabilidade, quais sejam, erro, dolo, coação, simulação, falta de causa, excesso ou desvio de poder etc., sem que possam deixar de ser considerados ilegais e lesivos.

Destarte, a lesividade pressupõe diretamente a ilegalidade. Ora, a administração pública não está autorizada por lei a desfalcar o patrimônio público, mesmo com seu poder discricionário. Portanto, qualquer ato praticado em detrimento do patrimônio e interesse público é ilegal.

Ainda nesse prisma, o ato lesivo pode ser praticado por autoridade legalmente constituída, porém, a sua finalidade pode ser outra que não a pública. Como exemplo, tem-se o caso de uma desapropriação, a qual ocorre de forma legal e por autoridade competente. No entanto, este imóvel desapropriado, assim o foi porque o governador queria que o mesmo ruísse, vez que fora construído na gestão anterior, por seu adversário. Houve, aí, um desvio de finalidade e a lesividade trouxe ao lado a ilegalidade, que, embora não explicitada no texto sempre encontra-se presente. O ato foi eivado de vício. Existe a ilegalidade no aspecto extrínseco quando se refere à forma do ato; e a ilegalidade de forma intrínseca quando há ausência de causa ou motivo. Ferindo a finalidade, o ato incorre na ilegalidade intrínseca que diz respeito à finalidade, estando a ilegalidade embutida, presumida no ato lesivo.

A ilegalidade deverá ser examinada pelo Judiciário, pois pode localizar-se em aspectos internos do ato.

O objeto da ação popular em nível constitucional foi ampliado, trazendo para o âmbito da Constituição o avanço da legislação comum, que se constitui ampliadora no que concerne à legitimidade passiva e à introdução do aspecto da moralidade administrativa como um dos valores que deva ser protegido pelo remédio em baila. Também fora ressaltada a proteção ao meio ambiente e do patrimônio histórico e cultural em seu aspecto público. Este último já era contemplado na lei que regula todo o processo popular. Quanto ao meio ambiente, tem seu conceito no art. 225, da Constituição Federal.

Em relação ao patrimônio histórico e cultural, pode-se ressaltar que, o poder normativo do Estado desenvolve-se não só sobre os bens de seu domínio patrimonial, mas também sobre locais e coisas que mesmo sendo particulares, são de interesse público. Daí que as obras, monumentos, documentos e recantos naturais, mesmo sendo da esfera privada passam a constituir o patrimônio histórico e artístico do país, já que se enquadram como bens de interesse da coletividade, os quais se sujeitam ao domínio eminente do Estado, por intermédio do tombamento. Assim, quando o Poder Público quer preservar determinado bem, seja ele público ou particular, em razão de seu valor histórico, artístico, paisagístico, cultural, científico e arqueológico o faz através do tombamento. Este constitui-se na atribuição exercida pela administração pública que declara o valor histórico, artístico, paisagístico, turístico, cultural e até mesmo científico de certas coisas e determinados locais que devam ser preservados pelo seu valor para a comunidade. Dessa forma, o poder público impõe restrições necessárias à utilização e conservação do bem por conta do interesse público que representa, instituindo um regime especial de uso, gozo e disposição do mesmo. O bem tombado continua no domínio e na posse do proprietário, obedecidas as imposições legais.

No entender de *Celso Antônio Bandeira de Mello* "no tombamento, quer-se sacar do imóvel um proveito coletivo, mantendo-o incólume, para garantir a persistência do valor nele encarnado, valor que é tido como um bem prezável para toda a sociedade"[27], o tombamen-

---

(27) Celso Antônio Bandeira de Mello. Tombamento e Dever de Indenizar. Doutrina. *in Revista de Direito Público*, n. 81, p. 70.

to transforma os bens em bens servientes à sociedade, conservando a memória da coletividade, de um povo.

Segundo Hely Lopes Meireles:

> O conceito de patrimônio histórico e artístico nacional abrange todos os bens, móveis e imóveis, existentes no país, cuja conservação seja de interesse público, por sua vinculação a fatos memoráveis da história da pátria, ou por seu excepcional valor artístico, arqueológico, etnográfico, bibliográfico ou ambiental[28].

Com o tombamento deverá haver a preservação e conservação de bens que constituem memória nacional, dai se configurando em poder-dever ao Estado de salvaguardar tais bens. Assim, caso haja ato lesivo a este patrimônio histórico e cultural, cabe ao cidadão intentar uma ação popular em prol da preservação do bem que representa a memória nacional, pois alguém deverá ser responsabilizado pelo dano ao patrimônio nacional.

Vale pôr em relevo que o tombamento exige que sejam definidas responsabilidades tanto do proprietário do bem, quanto do próprio Poder Público no que se refere ao asseguramento de medidas concretas, buscando a conservação do bem, assim como a aplicação de sanções pelo não cumprimento de obrigações de ambas as partes. Na ótica de *Adilson Abreu Dallarí*, o tombamento "é uma fonte de direitos, deveres e responsabilidades, afetando tanto o particular comei o Poder Público". E continua: "Positivamente não tem qualquer sentido, agride a ordem jurídica, é evidente absurdo o tombamento de um bem para assistir passivamente a sua deterioração"[29].

Dessa forma, defende-se aqui a presteza da ação popular como instrumento utilizável por qualquer cidadão para defender o patrimônio cultural brasileiro, chamando a responsabilidade tanto o Poder Público quanto o particular (se for o caso).

No que tange ao meio ambiente, é imperioso abordar que o Estado tem o dever de preservar e conservar a natureza e todos os elementos que são essenciais à vida humana, bem como a manutenção do equilíbrio ecológico, já que o direito ao meio ambiente situa-se em direitos de terceira geração, necessário à sobrevivência do homem atual e à preservação da sua linhagem futura. Daí a tarefa do Poder Público em preservar, conservar, regulamentar o uso racional, fiscalizar e controlar os recursos renováveis, realizando-o através do controle da poluição, preservação dos recursos naturais e restauração de elementos destruídos.

Nessa realidade, com a instituição da ação popular, é legítimo a qualquer cidadão propô-la para a proteção ambiental, já que este *writ* constitucional surge também para a defesa de interesses difusos na sociedade e não qualquer direito individual.

A moralidade administrativa constitui-se num dos princípios da administração pública, sendo, portanto, a imoralidade administrativa fundamento de nulidade de ato lesivo ao patrimônio público.

A Constituição atual colocou a moralidade administrativa como fundamento "autônomo" para a ação popular, onde o administrador poderá praticar o ato, obedecendo as formalidades legais, sem, contudo, impedir que seja imoral.

Aceita-se a questão da moralidade administrativa como situada numa zona limite entre o Direito e a Moral, ambos espécies do gênero Ética. Defende-se, neste âmbito, o comportamento ético de uma administração que é submetida ao direito e que visa o bem comum.

A "moralidade administrativa" como base para uma ação popular é aquela que se distingue da moralidade comum. Volta-se para a obediência a regras de boa administração, onde deverá haver a distinção entre o bem e o mal, a ideia geral de administração e, ainda, a ideia de função administrativa.

É imoral em relação à administração pública o ato que, mesmo sem encerrar violência direta a um preceito legal, é imoral em relação à finalidade do mesmo, que deve ser observada pela administração pública.

A lei pode ser cumprida moral ou imoralmente. Quando sua aplicação está se processando com a intenção de favorecer ou de prejudicar alguém, o ato é formalmente legal, porém, materialmente ligado à imoralidade administrativa, pois que houve desvio da finalidade administrativa, mesmo não violando a forma do ato.

Dentro da moralidade administrativa há que a mesma ser analisada não apenas sob o enfoque técnico-jurídico, mas observando-se pontos, tais como o abuso do direito, o desvio de poder e a razoabilidade do ato, este último já mencionado anteriormente.

Quando há abuso do direito por parte do administrador, há perturbação na ordem jurídica, atingindo sua finalidade derradeira. Com o desvio de poder há a utilização de uma competência desarmônica com a finalidade. Dá-se quando, por exemplo, o legislativo extingue cargos públicos com o escopo de frustrar decisão judicial que ordenara a reintegração dos antigos ocupantes dos cargos. E, por fim, quanto à razoabilidade, há que se pautar o ato, ainda que motivado na lógica do razoável, cabendo ao juiz apreciar a razoabilidade com que o ato foi praticado.

---

(28) Hely Lopes Meireles, *op. cit.*, p. 470.
(29) Adilson Abreu Dallari, "Tombamento". Revista de Direito Público, n. 81, p. 40.

Alerta-se, por oportuno, que a ação popular, na opinião de renomados estudiosos do assunto, alcança atos que ferem a moralidade administrativa, sem, no entanto, causarem lesão ao patrimônio público. Ou seja, podem ser atacados via ação popular, atos que causem lesão somente à moralidade administrativa, sem contudo, haverem causado lesão ao patrimônio público, bastando para isto serem imorais e ilegais. Agora, os atos que não lesam o patrimônio público, mas que são irregulares, tais como de suborno, imorais, dentre outros estão compreendidos no preceito constitucional.

É o caso de administradores que com a pretensão de se esquivarem da *actio populare,* obtém gratuitamente, junto a órgãos de comunicação, publicidades de cunho promocional, não causando dano ao erário, mas sendo ato imoral. Hoje, tal atitude está no âmbito de alcance da ação popular, pois que a Constituição Federal introduziu como um de seus objetos a moralidade administrativa, preservando, desse modo, princípios éticos da Administração. O servidor deve auxiliar a administração com honestidade, não se aproveitando, no exercício de suas funções, dos poderes e facilidades advindas do cargo, em proveito próprio ou de outrem.

Comunga-se do pensamento de que a imoralidade administrativa trará, no mais das vezes, uma afronta a um dispositivo legal. Todo ato lesivo agride a moralidade pública, pois que há desvio da finalidade legal.

Considerar-se-á ocorrida a imoralidade administrativa no caso de ilegalidade extrínseca ou intrínseca.

Há certa dificuldade na anulação de um ato produzido legalmente sob a alegativa de *imoralidade,* porém, tal nulidade pode ocorrer, pois esta imoralidade não é meramente subjetiva, tem conteúdo jurídico a partir de regras da administração.

Como exemplo, pode-se citar o caso da venda de um bem público desnecessária e por preço vil. É este ato anulavel por ação popular mesmo que atenda aos trâmites procedimentais (formais). A ausência de uma contraprestação, o desvio de finalidade (legalidade intrínseca) priva o ato de causa. Ou, por outro lado, se um Prefeito ainda no mandato perde a eleição e congela ou não atualiza determinado imposto com o fito de prejudicar a administração vindoura, comete, assim, uma imoralidade administrativa causando desfalque no patrimônio.

O exemplo oferecido anteriormente sobre a propaganda oficial feita com recursos de terceiro, afronta a moralidade administrativa, bem como dispositivo constitucional, qual seja, o de exigir que se paute a administração pública pela impessoalidade, vedando que a publicidade oficial traga "nome, símbolos ou imagens que caracterizem promoção pessoal de autoridades ou servidores públicos" (art. 37, § 1º, CF).

Conclui-se, portanto, que a moralidade administrativa está ligada à formalidade intrínseca da norma legal, no que tange à finalidade do ato a ser praticado, podendo a primeira vista achar que não houve ilegalidade formal do ato. Porém, com um exame mais profundo pode-se detectar a ilegalidade intrínseca do ato administrativo.

Assim, a lesão levada em conta na Carta Constitucional de 1988 não se refere com exclusividade ao patrimônio público ou de entidade em que o Estado participe, ao meio ambiente e ao patrimônio histórico e cultural, mas à moralidade administrativa, dando oportunidade ao cabimento da ação popular de modo democrático.

Como visto, pode-se hoje recorrer a este *remedium júris* para anular qualquer ato lesivo aos seus objetos. Há, neste passo, controvérsias acerca dos efeitos causados pela sentença da ação popular, defendida por muitos ser portadora de caráter condenatório/(des)constitutivo, com teor declaratório. É condenatória porque a sentença traz em seu bojo a determinação de "prestação", submetendo a um *facere* prestações positivas ou, a uma abstenção, uma tolerância, um *non facere,* por parte da autoridade pública, constituindo-se em um título executivo, o qual senão líquido, certo e exigível, aparelhará a execução forçada. "A sentença que, julgando procedente a ação popular, decretar a invalidade do ato impugnado, condenará ao pagamento de perdas e danos os responsáveis pela sua prática e os beneficiários dele..." (Lei n. 4.717/1965, art. 11).

Abordou-se anteriormente que, a ilegalidade e lesividade levam à (des)constituição do ato impugnado, promovendo sua criação, modificação ou extinção, bem como o devido ressarcimento. Caso não acate a pretensão do autor, a sentença terá efeito declaratório-negativo.

Há autores que enquadram a ação popular como ação civil mandamental – onde o comando da sentença é dirigido à autoridade que apenas irá cumprir o mandado –, e, ainda, "executivas *lato sensu* – no mesmo patamar das ações de despejo, que não obstante a condenação, não comportam processo executivo, sendo auto-executórias.

A natureza do processo a trilhar a ação em baila há que ser o de conhecimento, dada a necessidade de uma cognição da extensão da controvérsia (horizontal) e da resolução de todos os pontos da lide (vertical). Admitindo a tese de o efeito da sentença ser condenatório-desconstitutivo, deve-se utilizar o processo cognitivo para que, analisando o mérito da causa e fazendo *rés judicata material,* desconstituir o ato administrativo lesivo ao patrimônio público, condenando os responsáveis à reparação/recomposição do *status quo ante*, assim, preservando o patrimônio público.

3. ASPECTOS PROCESSUAIS DA AÇÃO POPULAR

3.1. Competência do Órgão Jurisdicional

Encontra-se a competência para processar e julgar a ação popular vinculada à origem do ato a ser anulado. Para atender à demanda da atividade estatal por meio da ação popular não foi preciso reforçar verba orçamentaria, mas, em alguns anos será preciso em certas Varas ou Comarcas, prover meios para enfrentar o aumento das ações.

O Órgão Jurisdicional competente para atender à ação popular será aquele a que a Constituição lhe atribuir, bem como as leis de organização judiciária de cada Estado-Membro.

A Constituição Federal permite que a lei preveja os órgãos federais que respondem perante a Justiça Estadual.

> Art. 105. Aos juízes federais compete processar e julgar. § 3º (...) Serão processadas e julgadas na justiça estadual, no foro do domicílio dos segurados ou beneficiários, as causas em que forem parte instituição de previdência social e segurado, sempre que a comarca não seja sede de juízo federal, e, se verificada essa condição, a lei poderá permitir que outras causas sejam também processadas e julgadas pela justiça estadual.

3.2. Legitimidade na Ação Popular

3.2.1. Legitimidade Ativa – Instrumento de Controle por parte do Cidadão da Atividade Administrativa

De acordo com a nova Constituição Federal Brasileira, qualquer cidadão pode propor a ação popular. Cidadão é o titular do direito de cidadania, a qual se constitui no conjunto de obrigações e direitos que regem e definem a situação dos habitantes de um Estado. Envolve faculdades jurídicas, quais sejam, votar, ser eleito, ocupar função pública, fiscalizar a atuação do Estado, exigir as prestações de serviços etc. Seria a cidadania em sentido restrito, não enfatizando o fato da cidadania por ser nacional (*lato sensu*).

Por outras palavras, o exercício da ação popular pede a concomitância da dupla condição de brasileiro e eleitor. Compreende-se que assim seja, porque é ao entrar no gozo dos direitos políticos que o brasileiro passa a fruir da condição de fiscalizador dos representantes que elege para o Parlamento, e, por extensão, de todos os demais agentes encarregados da gestão da coisa pública, cuja conduta deve pautar-se pelas diretrizes estabelecidas no art. 37 da CF[30].

A Lei n. 4.717/1965, em seu art. 1º, § 3º ressalta que "a prova da cidadania, para ingresso em juízo, será feita com o título eleitoral, ou com documento que a ele corresponda".

Então, para o autor popular não basta a qualidade de nacional, mas tem que estar na posse e gozo dos direitos políticos. Assim, se a pessoa física não está na fruição das suas prerrogativas cívicas não pode impetrar esta garantia constitucional. De fato, só aquelas pessoas físicas participantes ativa dos negócios do Estado é que podem postular em defesa do patrimônio público; aquelas que podem escolher seus dirigentes ou serem escolhidas para dirigir. Significa ressaltar que os estrangeiros, o menor de 16 anos, os demais incapazes ou os que não estão no gozo dos direitos políticos não podem propor ação popular. Entende-se, no entanto, que, quanto ao menor de 18 anos e maior de 16 anos, eleitor, preenchendo o requisito da cidadania e não tendo capacidade processual, pode intentar a ação popular por ser cidadão, porém assistido por não preencher os requisitos da capacidade civil processual.

Na ação há necessidade de habilitação profissional específica, sendo preciso que o autor popular seja representado em juízo por advogado (Novo CPC, arts. 103 a 107 e CF, art. 133), o que dificulta o uso deste remédio, pois que decorrem ônus com os honorários advocatícios, os quais serão enfrentados pelo sujeito ativo da ação.

Nesse quadro, não podem propor ação popular por não serem cidadãos *stricto sensu*, as pessoas jurídicas e entre estas os sindicatos. Ainda porque a ideia deste remédio está relacionada à noção de discernimento, de convicção íntima, de juízo próprio, de apreciação individual. Existe Súmula do STF (n. 365), neste sentido: "pessoa jurídica não tem legitimidade para propor ação popular".

Porém, há na doutrina correntes que entendem que estas pessoas deveriam ter sido incluídas no rol dos legitimados ativos, por muitas vezes um sindicato ou uma associação, encontrarem-se com melhores aparelhos para este tipo de iniciativa, atribuindo, ainda que a impessoalidade destes entes sirva para diluir a responsabilidade da medida. Esta opinião de

---

(30) Rodolfo de Camargo Mancuso, *op. cit.*, p. 103.

Luís Roberto Barroso é comungada também por *José Carlos Barbosa Moreira* quando comenta que a luta de um cidadão isolado contra os responsáveis pelos atos lesivos seria semelhante com a que travaria contra um gigante, pois muitos fatos o desencorajariam a propô-la, a saber, as questões complexas, a força política e econômica dos adversários, a carência de conhecimentos técnicos e, ainda, o fato de precisar ser representado por advogado. Assim, se as pessoas jurídicas pudessem ter a iniciativa deste remédio, ofereceriam uma boa garantia em representar o conjunto de interessados de forma eficiente e adequada. Nesse aspecto, ressalta *Nagib Slaib Filho* que "a democracia, como processo de organização da sociedade brasileira, passa necessariamente pela atuação das entidades de sociedade civil, como os sindicatos, corporações profissionais, grupos confessionais, e até mesmo entidades com base territorial de atuação, como as associações de moradores. Integra tais entidades no processo decisório estatal é uma premente necessidade para legitimar a própria atividade estatal, o que pode ter seu início com o reconhecimento de sua capacidade de ingresso em juízo"[31].

Isso porque o espírito liberal e democrático que criou a ação popular e a lei que a regulamenta não deve ser interpretado rigorosamente, ao pé da letra. Não se pode ignorar as bases sociais e democráticas de sua origem.

Daí que a legitimidade *ad causam* da ação popular deveria se estender às pessoas jurídicas, mesmo porque atendem ao requisito da cidadania *lato sensu*, pois, embora não usem *e* gozem dos direitos políticos, são *nacionais*.

A lei que regulamenta a ação civil pública em defesa do patrimônio público, meio ambiente e consumidores (Lei n. 7.347/1985) e, ainda a Lei n. 6.073/1990, que disciplina as ações coletivas em defesa dos consumidores, colocaram como legitimados ativos, inclusive, as associações. A própria Constituição Federal de 1988 legitimou as associações, sindicatos, entidades de classe e partidos políticos para iniciarem o mandado de segurança coletivo, conferindo aos mesmos reforço na legitimação para agir e no poder de representação (arts. 5º, XXI e 8º, III, da CF).

Concebe-se, aqui, um avanço que deverá, cedo ou tarde, desaguar na ação popular. Ressalte-se que já é dada às pessoas jurídicas de direito público ou privado a opção de assistir ao autor popular, sendo citados para a ação (art. 6º, § 3º, da LAP).

Ocorrendo a contumácia do autor, se necessário, poderá ser substituído por outro cidadão, ou pelo Ministério Público, posto que, uma vez intentada a ação, torna-se indisponível. Há, ainda, conforme o caso, sendo raríssima a hipótese, a figura do litisconsorte ativo facultativo, originário, com outro(s) cidadão(s). O art. 6º, § 5º, da LAP admite o litisconsórcio facultativo ulterior e também a assistência.

Ainda em relação à cidadania, analisando etimologicamente o vocábulo "cidadania" em português, vê-se que deriva de cidadão, do latim *civis*, palavra definidora da condição daqueles que residiam na cidade romana. No entanto, sabe-se que a cidadania não se limita apenas à qualidade daquele que mora na cidade, mas está relacionada a um vínculo político que une o indivíduo à sua cidade, condição que favorece a possibilidade de participação nos destinos políticos da cidade.

A doutrina jurídica brasileira, como reflexo da postura positivista-legalista-normativista, tem compreendido a *cidadania* como uma simples relação legal que se cristaliza entre o indivíduo e o seu país nacional. Estaria, assim, o conceito de *cidadania* identificado com aquele indivíduo que está no uso e gozo de seus direitos políticos, em pleno cumprimento de deveres pátrios. A compreensão fornecida ao conceito de cidadania vem se alargando dada a contribuição de filósofos políticos do porte de *T.H. Marshall, Hannah Arendt* e *Claude Lefort*.

Na ciência de *Marshall*, a cidadania seria formada pelo conjunto de direitos civis (cidadania civil), sociais (cidadania social) e políticos (cidadania política). Na primeira, estão elencados os direitos imprescindíveis à própria liberdade individual e o direito à justiça; na terceira forma de cidadania, está o direito à participação no exercício do poder político, seja nas eleições, seja participando diretamente da vida política da nação através do plebiscito, referendo, iniciativa popular e outros (sentido restrito pelo qual é entendida a cidadania hoje). A social, por seu turno, abrangeria desde o direito a um mínimo de bem-estar social e econômico, à segurança, à educação, até o direito à prestação de serviços assistenciais e previdenciários[32]. No entender, da tríade doutrinária mencionada, a cidadania seria um direito a ter direitos, nas inúmeras vertentes da vida humana, sendo o cidadão o agente reivindicante e, portanto, propiciador do nascimento de novos direitos.

Conclui-se, portanto, que hodiernamente a expressão *cidadania* não deveria ser entendida em seu

---

(31) Nagib Slaib Filho, *op. cit.*, p. 65/66.
(32) T.H. Mcrshrll. *Cidadania, Classes Socais e* Status. São Paulo: Zahar Editores, 1967. p. 63/64.

sentido restrito, como simples expressão daquelas pessoas que, por serem detentoras de direitos políticos, podem exercê-los, mas em sentido lato, compreendendo as perspectivas civil, social e política, englobando no ser cidadão o sujeito dialético, responsável pela história, reivindicante, batalhador e comprometido com a sociedade e com o seu tempo.

Não se concebe, pois, a cidadania como mero reflexo de uma democracia representativa, onde o indivíduo só se manifesta, de tempos em tempos, por meio de eleições, para a escolha de representantes nas casas legislativas e no executivo.

No Estado Democrático de Direito há um excessivo apego à Constituição, admitindo-se uma democracia representativa, participativa e pluralista que favorece a garantia geral da vigência e eficácia dos direitos fundamentais.

Assim, o conceito de cidadania vem exigindo mais e mais a própria reformulação do que seja democracia, conduzindo-a à adoção de técnicas diretas de participação democrática, tanto na vida política quanto em nível da administração pública.

Já que hoje vive-se um momento em que se busca adicionar a técnica necessária da democracia representativa às vantagens da democracia direta, deveriam ser abertas ao cidadão *lato sensu* (e não só *stricto sensu*), *atuar* de forma direta e indireta no controle da administração pública, e, em sendo assim, o instrumento ação popular seria bem mais do povo: bem mais *popular.*

3.2.2. Legitimidade Passiva – Questão da Responsabilidade

A Lei n. 4.717/1965 (LAP) no seu art. 1º, estende a sujeição passiva deste instituto a "quaisquer pessoas jurídicas ou entidades subvencionadas pelos cofres públicos", ponto que o texto atual da Constituição encampou quando acrescentou: "as entidades em que o Estado participe". Assim, a destinatária da ação popular é determinada pelo fato de estar ou não na gestão de bens expressivos do patrimônio público.

São, pois, atacáveis por ação popular os atos que lesionem o patrimônio público de entidades da Administração direta e mesmo as empresas públicas, as sociedades de economia mista e fundações de natureza pública, haja vista que há parcela do patrimônio público nelas, daí fazendo nascer o interesse popular na adequada aplicação e gestão do patrimônio público.

Ainda, se for o caso, o juiz aplicará o disposto no art. 47 do Código de Processo Civil relacionado ao litisconsórcio necessário, primando pela sentença para que seja eficaz, subjetiva e material. Dá-se o litisconsórcio necessário quando a decisão da causa tende a acarretar obrigação direta para um terceiro, podendo prejudicá-lo ou vir a afetar seu direito subjetivo. Portanto, são chamados em juízo como corréus, tanto a pessoa que praticou o ato questionado quanto a que dele extraiu proventos.

Destarte, como sujeito passivo da relação processual na ação popular está o órgão público legalmente encarregado do serviço, dado que a Lei Federal, Estadual ou Municipal é que institui o serviço público divisível e específico. É o órgão encarregado do serviço, da pessoa administrativa que detém o caráter passivo neste remédio. Não estará no pólo passivo a própria pessoa jurídica de Direito Público da União, Estado, Distrito Federal, Município, entidades concessionárias de serviços ou de direitos privados, empresa pública, sociedade de economia mista e fundações mantidas pelo Poder Público, porém, assim se encontrará o órgão encarregado pela lei da prestação do serviço público específico e divisível em determinado território. Neste passo, o sujeito passivo não será propriamente a pessoa jurídica de direito público no âmbito federal, estadual ou municipal, mas sim, figurarão neste polo órgãos imanentes à União, aos Estados Federados e aos Municípios que prestam serviços à comunidade.

A unidade mínima de competência estadual, o órgão público encarregado de prestar o serviço estatal, deverá exibir na contestação, os regulamentos internos que interessem ao esclarecimento da causa, o título funcional do respectivo chefe, o qual será o futuro responsável pelo cumprimento ou não da ordem judicial.

Atrelado a esse assunto, encontra-se a responsabilidade civil do Estado, que no dizer da Profª *Germana Moraes* "é a obrigação imposta ao Estado ou quem lhe faça às vezes de recompor os danos causados a terceiros por atos de agentes públicos, nesta qualidade"[33]. Daí que ao exercer funções administrativas, estará o órgão responsável sujeito à norma constitucional se a sua conduta for lesiva a terceiros, ensejando responsabilidade objetiva para o Estado e subjetiva para os mesmos. Assim é que relata a Constituição Federal em seu art. 37, *in verbis*: "as pessoas jurídicas de direito público e as de direito privado prestadoras de serviços públicos responderão pelos danos que seus agentes, nesta qualidade, causarem a terceiros, assegurado o direito de regresso contra o responsável nos casos de dolo ou culpa".

---

(33) Germana de Oliveira Morsas. Responsabilidade Civil do Estado por Atos de seus Agentes. In *Revista da Faculdade de Direito*, n. 30, jul./dez./89, Fortaleza, p. 165 a 170.

3.3. Posição do Ministério Público na Ação Popular

O *Parquet* na ação popular é qualificado pela doutrina como sendo parte pública autônoma. Mesmo não possuindo legitimidade ativa originária para iniciar o *remedium iuris* como Ministério Público pode fazê-lo enquanto cidadão, que é o ocupante da função de Parquet.

A Lei n. 7.347, de 24.07.1985 que regulamenta a ação civil pública traz o Ministério Público como legitimado ativo.

No que concerne à ação popular, possui o citado órgão atividades diversificadas, quais sejam, *custos legis* e agente impulsionador da fase probatória, conforme preceitua o art. 6º, § 4º da LAP.

Quando a ação popular é iniciada, passa a ter caráter de indisponibilidade. Então, se houver desistência do autor popular, o *Parquet* encarna a condição de legitimado ativo subsidiário do autor (art. 9º da Lei). No momento da execução, se for o caso, assume-a como um exequente subsidiário ulterior, caso haja negligência do autor originário em não iniciá-la nos 60 dias do trânsito em julgado da sentença (art. 16 da Lei).

Há construções doutrinárias no sentido de conferir ao citado § 4º do art. 6º da LAP, uma interpretação ampliada, pois que, sendo o Ministério Público "fiscal da lei", agindo sempre como defensor da comunidade, pode, ao final da fase probatória, entender que o ato sindicado, onde houve a alegação de ilegalidade/lesividade, restou duvidoso, vindo, em nome de sua função de *custos legis,* a opinar pela improcedência da ação. Ainda em casos em que houver falha nas condições da ação popular, deve o Ministério Público levantá-las, ainda que contrárias ao autor.

O *Parquet* atuará no processo da ação popular, não defendendo o autor, mas, sobremaneira, preservando o interesse público.

Em suma, as funções do Ministério Público na ação popular são multifárias, conforme atestam os arts. 6º, § 4º; 7º, § 1º; 9º/16 e 19º § 2º. Assim, tem-se como atribuições deste órgão, as de prestar-se como oficiante necessário enquanto fiscal da lei, a de órgão ativador e agilizador da prova; o de sucessor processual do autor, e, ainda, o de titular da ação popular, enquanto cidadão no gozo de seus direitos políticos.

3.4. Procedimento

A Lei n. 4.717/1965 que regulamenta a Ação Popular traz em seu bojo um procedimento ordinário um tanto diferenciado, pois que seu curso vai depender, dentre outros, de como se vai processar o momento *probandi*. Se houver pedido de prova testemunhal e/ou pericial, o rito será o ordinário com direito ao saneamento e audiências nos moldes da Lei n. 8.952. de 13.12.1994 e § 7º, V, da Lei da Ação Popular. No entanto, se não houver interesse naquela modalidade de prova, abreviar-se-á o rito, nos parâmetros de um julgamento antecipado da lide (art. 355 do Novo CPC).

Nesse contexto, convém lembrar a previsão de prazo especial para a defesa, de vinte dias, prorrogáveis por idêntico interregno, conforme preceitua o art. 7º, IV da LAP e, ainda, três opções de comportamento conferidas à entidade pública no prazo eleito para a resposta (art. 6º, § 3º), o que é *sui generis* no processo civil brasileiro.

No raciocínio de *Nagib Slaib Filho,* "a regra para a ação popular mandatória é o rito sumaríssimo, devendo o autor, em sua inicial, atender ao disposto no art. 275 da lei processual comum: o juiz no despacho liminar positivo, designará a audiência, deferindo provas, determinando a intimação do órgão do Ministério Público e adotando as medidas cabíveis"[34].

Já *Rodolfo de Camargo Mancuso* obtempera: "mesmo com peculiaridades como essas, cremos que o rito da ação popular segue sendo ordinário (enquanto espécie, juntamente com o sumaríssimo, do gênero procedimento comum), qualificação aquela de resto expressamente declarada no art. 7º, *caput* da LAP"[35].

Compreende-se que contra a pessoa jurídica de direito público ou privado não se aplica a revelia, vez que há uma autorização legal (art. 6º, § 6º da LAP) facultando àquela abster-se de contestar o pedido e, ainda, em razão do art. 345 do Novo CPC, dispondo, que não se dará a revelia "se havendo pluralidade de réus, algum deles contesta a ação..." e "se o litígio versar sobre direitos indisponíveis", o que se entende ser o caso. O órgão público é o administrador do interesse público e não o titular, que é o povo.

No entanto, aceita-se que quanto aos demais corréus, quais sejam, autoridades, funcionários, beneficiários e avaliadores, a revelia poderá ocorrer de forma normal, baseado na responsabilidade pessoal existente, não se podendo alegar direitos indisponíveis em relação àqueles.

3.5. Efeitos da Sentença

Terá a sentença que julga a ação popular eficácia de coisa julgada *erga ommes*. A exceção prevista é no

---

(34) Nagib Slaib Filho, *op. cit., p.* 88.
(35) Rodolfo de Camargo Mancuso, *op. cit., p.* 145.

caso de a ação popular ter sido julgada improcedente por deficiência de prova. Assim, qualquer cidadão poderá intentar novamente outra ação com o mesmo fundamento, no caso de nova prova.

Salienta-se que, na defesa do patrimônio público caberá a suspensão liminar do ato lesivo ou impugnativo.

Vale ressaltar que a sentença que concluir pela carência ou, ainda, pela improcedência da ação se sujeitar-se-á ao duplo grau de jurisdição, só produzindo efeito depois de confirmada pelo tribunal. No entanto, para aquela julgar a ação procedente caberá apelação contemplada com seus dois efeitos: devolutivo e suspensivo. De decisões interlocutórias é cabível o agravo de instrumento.

Outras questiúnculas pertinentes à sentença da ação popular já foram enfrentadas no Capítulo 111, itens 2 e 5.2, aos quais remete-se o leitor.

3.6. Isenção de Ônus – Estímulo para o Exercício da Ação Democrática Popular

O ideal na sociedade brasileira seria que a Justiça fosse um serviço público, acessível a todos, independente da condição socioeconômica do cidadão.

À viabilidade na busca da tutela jurisdicional do Estado está incluso o caráter da gratuidade de forma absoluta, pois, os altos custos processuais são obstáculos para o ajuizamento de qualquer ação, principalmente para os menos favorecidos.

Assim é que, por razão da própria natureza e características *sui generis* do instituto da ação popular, o demandante é isento de toda e qualquer despesa referente a custas e taxas do serviço judiciário, com a ressalva de que, provocando o poder jurisdicional por abuso, o cidadão-demandante arcará com todo o ônus.

Isso porque o interesse protegido – como anteriormente fora abordado – não é só do demandante, mas de toda a coletividade. Daí que autor popular não será "condenado a custas, a não ser se utilizar o instituto para outros fins que não o da pronta defesa ao patrimônio público"

REFERÊNCIAS

ARENDT, Hannah. *A Condição Humana*. Rio de Janeiro: Editora Forense Universitária, 1983.

BARROSO, Luís Roberto. *Direito Constitucional e a Efetividade de suas Normas* – Limites e Possibilidades da Constituição Brasileira. Rio de Janeiro: Editora Renovar, 1990.

BASTOS, Celso Ribeiro. *Curso de Direito Constitucional*. 11. ed. São Paulo: Editora Saraiva, 1989.

BEZNOS, Clóvis. *Ação Popular e Ação Civil Pública*. São Paulo: Editora Revista dos Tribunais, 1989.

BONAVIDES, Paulo. *Direito Constitucional*. 6. ed. São Paulo: Editora Malheiros, 1996.

_____. *A Nova Universalidade dos Direitos Fundamentais*. Texto-base de palestra proferida no IV Congresso Brasileiro de Filosofia do Direito em homenagem a Miguel Reale, João Pessoa, dez./90.

CANOTILHO, José Joaquim Gomes. *Direito Constitucional*. 4. ed. Coimbra, Livraria Almedina, 1989.

_____. *O Círculo e a Linha* – Da 'Liberdade dos Antigos' à 'Liberdade dos Modernos' na terra republicana dos Direitos Fundamentais. Separata da Revista de Vitória das Ideias, Faculdade de Letras, Coimbra, vol. y, 1987. Tomemos a Sério dos Direitos Econômicos, Sociais e Culturais. Separata do Número Especial do Boletim da Faculdade de Direito de Coimbra, Coimbra, 1988.

CAPPELLETTI, Mauro. *La Jurisdicción Constitucional de la Líbertad*. México: Imprenta Universitária, 1961.

CÉSAR, Raquel. Direitos Humanos: dos Fundamentos Filosóficos à Prática Política. In *Nomos – Revista do Curso de Mestrado de Direito da UFC*, n. 2, vols. 7/8, Fortaleza, Edições Universidade Federal do Ceará, 1988/1989.

CINTRA, PELLEGRINI GRINOVER & DINAMARCO. *Teoria Geral do Processo*. 9. ed. São Paulo: Editora Malheiros, 1993.

A CIDADANIA COMO PRESSUPOSTO DE CONCESSÃO DO BENEFÍCIO ASSISTENCIAL DE PRESTAÇÃO CONTINUADA DA LOAS

André Studart Leitão
Mestre e Doutor em Direito Previdenciário pela PUC-SP. Procurador Federal da Advocacia-Geral da União. Professor Universitário. Autor de diversas obras de Direito Previdenciário.

Augusto Grieco Sant'Anna Meirinho
Mestre em Direito Previdenciário pela Pontifícia Universidade Católica de São Paulo. Doutorando em Direito pela PUC-SP. Especialista em Direito e Processo do Trabalho pela USP. Especialista em Relações Internacionais pela UCAM-RJ. Professor Universitário. Ex-Procurador Federal da Advocacia-Geral da União. Procurador do Trabalho do Ministério Público da União.

1. INTRODUÇÃO

De acordo com o art. 203 da Constituição da República Federativa do Brasil de 1988 (CRFB/1988), a assistência social será prestada a quem dela necessitar, independentemente de contribuição e tem por objetivos, entre outros, a garantia de um salário mínimo de benefício mensal à pessoa portadora de deficiência e ao idoso que comprovem não possuir meios de prover à própria manutenção ou de tê-la provida por sua família, conforme dispuser a lei.

Este dispositivo impõe ao Estado a criação de um benefício no **âmbito** da seguridade social para proteger grupo vulnerável de pessoas (pessoas idosas e pessoas com deficiência) que não apresentam condições de se manterem pelo trabalho próprio ou de sua família.

Aguardaram-se longos cinco anos até que o legislador infraconstitucional se desincumbisse do seu ônus, e produzisse a norma necessária para o exercício do direito fundamental por parte dessas pessoas hipossuficientes.

A Lei Orgânica da Assistência Social (Lei n. 8.742/1993), em seu art. 20, disciplinou o benefício assistencial de prestação continuada, estabelecendo os pressupostos a serem aferidos no plano fenomênico para a concessão do benefício aos idosos e pessoas com deficiência.

Logo no art. 1º da Lei n. 8.742/1993, constou que a assistência social é direito do cidadão e dever do Estado, passando a União Federal a interpretar os sujeitos a serem protegidos de forma restritiva, conferindo amplitude limitada à expressão cidadão.

O Poder Executivo Federal, ao regulamentar o dispositivo legal, estabeleceu que o benefício assistencial de prestação continuada é devido ao brasileiro, naturalizado ou nato, que comprove domicílio e residência no Brasil.

O presente artigo tem como objeto de investigação a amplitude da expressão cidadão constante da Lei n. 8.742/1993 como pressuposto de concessão do benefício assistencial de prestação continuada previsto no art. 203, inciso V, da CRFB/1988.

Pretende-se, com o estudo, verificar a compatibilidade da restrição de concessão do benefício assistencial de prestação continuada apenas aos nacionais, com os princípios constitucionais, sobretudo com o valor da dignidade da pessoa humana, na medida em que tal benefício está diretamente relacionado ao mínimo existencial do indivíduo.

2. ASSISTÊNCIA SOCIAL

A assistência social é o subsistema da seguridade social vocacionado preferencialmente à proteção dos setores marginalizados e empobrecidos da sociedade, quer em termos de rendimento disponível, quer em termos de exclusão social[1]. A sua essência

---

(1) NEVES, Ilídio das. *Direito da segurança social*. Coimbra: Coimbra Editora, 1996. p. 244.

é proteger o seu escopo é incluir, independentemente de contribuição.

> Vitor Pinto Chaves destaca que a assistência social não é filantropia nem favor estatal, mas um direito que objetiva viabilizar, de forma equânime, a autonomia individual necessária ao exercício qualificado da cidadania de pessoas que, apesar de materialmente excluídas, devem ser reconhecidas, a todo o momento, como livres e iguais[2].

No mesmo sentido, Carlos Gustavo Moimaz Marques ressalta que o Texto Constitucional de 1988 constitui um marco histórico para a assistência social, "uma vez que a inscreve no elenco dos direitos sociais constitutivos da cidadania, levando-se o seu enfrentamento não mais como concessão de favores, mas sim como prestação de serviço devido aos cidadãos"[3].

A assistência social intervém na sociedade por intermédio de medidas assistencialistas de caráter subsidiário ou complementar. A subsidiariedade, indispensável para o equilíbrio protetivo da seguridade social, significa que a assistência somente protege aqueles que não são amparados pela previdência social[4].

De outro lado, fala-se em proteção complementar não sob a ótica do indivíduo, mas do sistema. A intervenção assistencial não acrescenta proteção à cobertura garantida pelo sistema previdenciário aos seus segurados. Objetiva, isto sim, complementar a proteção social para torná-la universal, afinal existem políticas assistenciais que não mantêm relação de subsidiariedade com a previdência social, como é o caso da proteção à deficiência física congênita.

Um sistema de proteção social eficiente não pode se limitar a administrar recursos derivados de contribuição para devolvê-los em forma de prestações, especialmente em um país ainda fortemente marcado pelo desnivelamento socioeconômico da população. Para além da proteção sinalagmática (em que a contribuição é necessária como pressuposto da proteção), impõe-se a articulação de políticas públicas e de mecanismos normativos focados precipuamente na inclusão social, na garantia da vida, na redução de danos e na prevenção de incidência de riscos. Nesse sentido, dispõe o parágrafo único do art. 2º da Lei n. 8.742/1993[5]: "Para o enfrentamento da pobreza, a assistência social realiza-se de forma integrada às políticas setoriais, garantindo mínimos sociais e provimento de condições para atender contingências sociais e promovendo a universalização dos direitos sociais".

Em convergência, o art. 6º da Lei n. 8.742/1993 dispõe sobre os tipos de proteção que emanam da assistência social: *a) proteção social básica*: conjunto de serviços, programas, projetos e benefícios da assistência social que visa a prevenir situações de vulnerabilidade e risco social por meio do desenvolvimento de potencialidades e aquisições e do fortalecimento de vínculos familiares e comunitários; b) *proteção social especial*: conjunto de serviços, programas e projetos que tem por objetivo contribuir para a reconstrução de vínculos familiares e comunitários, a defesa de direito, o fortalecimento das potencialidades e aquisições e a proteção de famílias e indivíduos para o enfrentamento das situações de violação de direitos[6].

Falemos sobre os *objetivos*, as *diretrizes* e os *princípios* da assistência social. Em primeiro lugar, não há unanimidade na doutrina sobre a diferença entre os termos, sendo certo que o esforço interpretativo acaba sendo ainda mais entravado em virtude da deficiência técnica do legislador pátrio, o qual, mui amiúde, utiliza tais expressões indistintamente e sem nenhum rigor semântico.

Patrícia Helena Massa Arzabe salienta que o legislador pátrio de políticas sociais costuma empregar a expressão 'diretriz' para estabelecer parâmetros de operacionalização da política, como a descentralização político-administrativa, a participação da sociedade civil organizada, por meio de conselhos, na formulação das políticas e no controle das ações, a primazia da responsabilidade do Estado na condição da política[7]. Em sentido análogo, nas palavras de José Afonso da Silva, as diretrizes enquadram-se como normas constitucionais de princípio institutivo, cuja função primordial é esquematizar a organização, criação ou instituições de entidades ou órgãos.

---

(2) CHAVES, Vitor Pinto. *O Direito à Assistência Social no Brasil*. Rio de Janeiro: Elsevier, 2013. p. 1.
(3) MARQUES, Carlos Gustavo Moimaz. *O Benefício Assistencial de Prestação Continuada*. Reflexões sobre o trabalho do Poder Judiciário na concretização dos direitos à seguridade social. São Paulo: LTr, 2009. p. 35.
(4) Assim, a previdência social se revela como o principal subsistema protetivo de nosso ordenamento jurídico, centrado no trabalho e subordinado à ideia de contributividade do segurado.
(5) A Lei n. 8.742/1993 é denominada de Leio Orgânica da Assistência Social – LOAS.
(6) O parágrafo único ainda prevê a vigilância socioassistencial como um dos instrumentos das proteções da assistência social que identifica e previne as situações de risco e vulnerabilidade social e seus agravos no território.
(7) MASSA ARZABE, Patrícia Helena. Dimensão jurídica das políticas públicas. In: BUCCI, Maria Paula Dallari. *Políticas Públicas. Reflexões sobre o conceito jurídico*. Saraiva: São Paulo, 2006. p. 65.

No caso da assistência social, o critério de definição semântica defendido pelos autores encontra respaldo no art. 204 da CF/1988. Esse preceito, além de vincular as despesas decorrentes das ações governamentais assistencialistas basicamente ao orçamento da seguridade social, estabelece algumas *diretrizes organizacionais:* I – descentralização político-administrativa, cabendo a coordenação e as normas gerais à esfera federal e a coordenação e a execução dos respectivos programas às esferas estadual e municipal, bem como a entidades beneficentes e de assistência social; II – participação da população, por meio de organizações representativas, na formulação das políticas e no controle das ações em todos os níveis.

O parágrafo único do art. 204, por sua vez, faculta aos Estados e ao Distrito Federal a possibilidade de eles financiarem programas de apoio à inclusão e promoção social, desde que comprometam, no máximo, até cinco décimos por cento de sua receita tributária líquida, vedada a aplicação desses recursos no pagamento de: I – despesas com pessoal e encargos sociais; II – serviço da dívida; III – qualquer outra despesa corrente não vinculada diretamente aos investimentos ou ações apoiadas.

Os objetivos, via de regra, caracterizam normas de *conteúdo programático* por apontarem programas a serem implementados pelo Estado. No plano constitucional, trata-se de normas através das quais o constituinte, em vez de regular, direta e imediatamente, determinados interesses, limitou-se a traçar-lhes os princípios para serem cumpridos pelos seus órgãos (legislativos, executivos, jurisdicionais e administrativos), como programas das respectivas atividades, visando à realização dos fins sociais do Estado[8].

O programa assistencial insculpido no art. 203 da Constituição revela-se através dos seguintes *objetivos:* I – a proteção à família, à maternidade, à infância, à adolescência e à velhice; II – o amparo às crianças e adolescentes carentes; III – a promoção da integração ao mercado de trabalho; IV – a habilitação e reabilitação das pessoas portadoras de deficiência e a promoção de sua integração à vida comunitária; V – a garantia de um salário mínimo de benefício mensal à pessoa portadora de deficiência e ao idoso que comprovem não possuir meios de prover à própria manutenção ou de tê-la provida por sua família, conforme dispuser a lei.

O art. 2º da Lei n. 8.742/1993, além de replicar os *objetivos constitucionais previstos no art. 203 da CF/1988, acrescenta duas obrigações estatais: 1º) o dever de vigilância socioassistencial, com o propósito de aproximar o Estado da realidade social; 2º) a garantia do pleno acesso aos direitos no conjunto das provisões socioassistenciais.*

Note-se que os dispositivos citados claramente se prestam a dois propósitos institucionais: 1º) provocar a veiculação de políticas públicas protetivas; 2º) definir e delimitar o cenário de atuação da assistência social, afinal a norma indica os destinatários e as situações selecionadas pelo sistema.

Dentre os objetivos constitucionais da assistência social, destaca-se o inserido no inciso V do art. 203, que destoa dos demais por revelar um comando específico, bem definido, direcionado ao legislador ordinário: o de instituir a prestação assistencial segundo a moldura constitucional.

Foram necessários aproximadamente cinco anos para o imperativo constitucional ser atendido através da publicação da Lei n. 8.742/1993. Note-se que a edição da lei integrativa (Lei n. 8.742/1993 – Lei Orgânica da Assistência Social – LOAS) e o subsecutivo cumprimento do mandamento constitucional pertinente não esvaziaram a potência normativa do art. 203, V, da CF/1988. Na verdade, a transição entre o vácuo legislativo (antes da Lei n. 8.742/1993) e o cenário pós-regulamentação (depois da Lei n. 8.742/1993) apenas modificou o impacto e a ingerência constitucional sobre o legislador ordinário. Antes, a norma constitucional em comento tinha caráter prescritivo, no sentido de impor ao legislador uma obrigação de caráter positivo (caberia ao legislador regulamentar o direito). Depois da regulamentação, a norma constitucional passou a ter caráter limitador, restringindo eventuais restrições[9] ordinárias que possam veicular alguma espécie de retrocesso social (*efeito cliquet*[10] dos direitos fundamentais).

Percebe-se que o destinatário central do programa assistencialista previsto na CF/1988 é o Estado, especialmente o *legislador* (responsável pela pesqui-

---

(8) SILVA, Jose Afonso da. *Aplicabilidade das normas constitucionais*. São Paulo: Malheiros Editores, 2004. p. 138.
(9) Pertinente a passagem de Robert Alexy: "Uma restrição a um direito fundamental somente é admissível se, no caso concreto, aos princípios colidentes for atribuído peso maior que aquele atribuído ao princípio de direito fundamental em questão. Por isso, afirmar que os direitos fundamentais, enquanto tais, são restrições à sua própria restrição e restringibilidade" (ALEXY, Robert. *Teoria dos direitos fundamentais*. Tradução de Virgílio Afonso da Silva. São Paulo: Malheiros, 2008. p. 296).
(10) A vedação ao retrocesso social também pode ser reconhecida na expressão francesa *effet cliquet*. O efeito *cliquet* é uma expressão utilizada no alpinismo para representar o movimento de ascensão que só permite ao alpinista subir.

sa pura do direito e elaboração de novas normas[11]). O ponto é que nenhum dos objetivos listados aproxima-se da realidade. São comandos genéricos, vagos e de reduzida aplicabilidade concreta. Conquanto eventualmente sirvam como fundamento para uma decisão judicial, não são suficientemente fortes para sozinhos afastarem um regramento legal de conteúdo contrário, havendo a necessidade de o magistrado desenvolver outros argumentos de maior vigor jurídico para a solução de *hard cases*. Exemplificando: dificilmente, um juiz determinará a concessão de um benefício assistencial apenas com fundamento no dever do Estado de proteger a família (um dos objetivos da assistência social). Por outro lado, não são incomuns decisões que descartam restrições legais e determinam a concessão do benefício exclusivamente com baldrame no princípio da dignidade humana.

Enfim, passemos à compreensão dos *princípios*. Miguel Reale conceitua princípios gerais do direito como enunciações normativas de valor genérico, que condicionam e orientam a compreensão do ordenamento jurídico, quer para a sua aplicação e integração, quer para a elaboração de novas normas. Cobrem, desse modo, tanto o campo da pesquisa pura do Direito quanto o de sua atualização prática[12]. Consideram-se pontos de partida para a construção, a interpretação e a aplicação do Direito.

Raúl Canosa Usera, citado por Celso Ribeiro Bastos, ressalta a absoluta preponderância com que os princípios atuam no curso do processo hermenêutico constitucional, tanto quanto são eles que selecionam os métodos, guiam seu desenvolvimento e atribuem o significado constitucionalmente correto a um enunciado normativo. Em resumo, os princípios cumprem duas funções: a primeira, instrumental, que compreende a seleção e orientação no emprego adequado dos cânones hermenêuticos; a segunda, material, de ajustar os conteúdos do interpretado e do interpretável, dos princípios e do objeto concreto do caso específico[13].

Para Robert Alexy, enquanto as regras caracterizam comandos definitivos, que exigem simplesmente que determinada conduta seja praticada, os princípios são mandamentos de otimização, imperativos de que o direito seja realizado da melhor maneira possível, observadas as circunstâncias fáticas e jurídicas[14].

Destarte, é evidente a maior *aproximação* que os princípios têm com os fatos e a aplicação do direito. Eles guiam, ajustam, integram, calibram e até mesmo justificam, excepcionalmente, o descarte de regras. Por essa razão, o bom intérprete não pode abandoná-los durante todo o processo hermenêutico.

Logicamente, em virtude da enorme diversificação temática do Direito, tornou-se indispensável a ramificação da ciência jurídica[15], afinal a melhor interpretação precisa acomodar-se às peculiaridades intrínsecas de cada porção do Direito. Um dos consectários de tal ramificação foi o reconhecimento de que os princípios têm amplitudes diferentes. Há os princípios gerais do Direito em sua plenitude, os princípios gerais do direito público, os princípios gerais da seguridade social e, finalmente, os princípios gerais da assistência social[16][17].

De acordo com o art. 4º da Lei n. 8.742/1993, a assistência social rege-se pelos seguintes princípios: I – supremacia do atendimento às necessidades sociais sobre as exigências de rentabilidade econômica; II – universalização dos direitos sociais, a fim de tornar o destinatário da ação assistencial alcançável pelas demais políticas públicas; III – respeito à dignidade do cidadão, à sua autonomia e ao seu direito a benefícios e serviços de qualidade, bem como à convivência familiar e comunitária, vedando-se qualquer comprovação vexatória de necessidade; IV – igualdade de direitos no acesso ao atendimento, sem discriminação de qualquer natureza, garantindo-se equivalência às populações urbanas e rurais; V – divulgação ampla dos benefícios, serviços, programas e projetos assistenciais, bem como dos recursos oferecidos pelo Poder Público e dos critérios para sua concessão.

Com base no *critério de aproximação entre a norma e a realidade, pode-se dizer nem todos os incisos do 4º da Lei n. 8.742/1993 podem ser considerados, verdadeiramente, princípios. Alguns deles caracterizam objetivos, por caracterizarem comandos prescritivos. Existe ainda um inciso que revela não um princípio ou um objetivo ou uma diretriz, mas uma simples opção legislativa.*

---

(11) REALE, Miguel. *Lições preliminares de direito*. São Paulo: Saraiva, 1998. p. 306.
(12) REALE, Miguel, *Op. cit.*, p. 306.
(13) BASTOS, Celso Ribeiro. *Hermenêutica e interpretação constitucional*. São Paulo: Celso Bastos Editor, 2002. p. 215.
(14) ALEXY, Robert. *Teoria discursiva do direito*. Organização, tradução e estudo introdutório de Alexandre Travessoni Gomes Trivisonno. Rio de Janeiro: Forense Universitária, 2014. p. 13.
(15) A começar pela clássica dicotomia "direito público x direito privado"
(16) REALE, Miguel. *Op. cit.*, p. 306.
(17) MAXIMILIANO, Carlos. *Hermenêutica e aplicação do direito*. Rio de Janeiro: Forense, 2003. p. 241.

Com esses esclarecimentos semânticos, passemos aos próximos tópicos.

3. RESPEITO À DIGNIDADE DO CIDADÃO

O art. 4º, inciso III, da Lei n. 8.742/1993 prescreve o respeito à dignidade do cidadão, conforme se verifica da transcrição do dispositivo.

> Art. 4º. (...) III – respeito à dignidade do cidadão, à sua autonomia e ao seu direito a benefícios e serviços de qualidade, bem como à convivência familiar e comunitária, vedando-se qualquer comprovação vexatória de necessidade;

De acordo com Alexandre de Moraes, a dignidade da pessoa humana é

> um valor espiritual e moral inerente à pessoa, que se manifesta singularmente na autodeterminação consciente e responsável da própria vida e que traz consigo a pretensão ao respeito por parte das demais pessoas, constituindo-se um mínimo invulnerável que todo estatuto jurídico deve assegurar, de modo que, somente excepcionalmente, possam ser feitas limitações ao exercício dos direitos fundamentais, mas sempre sem menosprezar a necessária estima que merecem todas as pessoas enquanto seres humanos.[18]

Como lembra Ana Paula de Barcellos, o efeito pretendido pelo princípio da dignidade da pessoa humana consiste em que as pessoas tenham uma vida digna, preservando-se um conteúdo básico, sem o qual se pode afirmar que o princípio foi violado e que assume caráter de regra[19].

Norma de máxima importância por revelar os fundamentos da República, o art. 1º, III, da CF/1988 eleva a essa categoria normativa a dignidade da pessoa humana. Trata-se de verdadeiro vetor deontológico de providência do Estado, atuando simultaneamente como limite dos direitos e limite dos limites, isto é, uma barreira **última** contra a atividade restritiva dos direitos fundamentais.

Na atual ordem constitucional brasileira, portanto, o foco central da atuação do Estado é o ser humano, portanto, antropocêntrica, sendo valor máximo do Estado Democrático de Direito a dignidade da pessoa humana[20].

Não obstante se reconheça seu elevado grau de destaque num sistema democrático, é preciso advertir, mais uma vez, que a dignidade da pessoa humana não é um princípio absoluto[21]. Como salientado por Alexy, se existem princípios absolutos, então, a definição de princípios deve ser modificada, pois se um princípio tem precedência em relação a todos os outros em casos de colisão, até mesmo em relação ao princípio que estabelece que as regras devem ser seguidas, nesse caso, isso significa que sua realização não conhece nenhum limite jurídico, apenas limites fáticos[22].

Sem dúvida, o programa protetor da assistência social, destinado aos hipossuficientes, tem como força motriz a dignidade da pessoa humana, princípio que serve como fundamento para a prevalência apriorística do atendimento em relação às manifestações públicas emanadas do legislador e da administração. Quanto ao Judiciário, conforme já salientamos, a dignidade da pessoa humana, conquanto funcione como argumento apriorístico em quaisquer discussões jurídicas relativas aos direitos sociais, não serve como alicerce para a prevalência apriorística da interpretação *pro misero*, isto é, da interpretação apriorística favorável aos interesses do hipossuficiente.

Por óbvio, o princípio do respeito à dignidade do cidadão, tratado na Lei n. 8.742/1993, não apresenta variação de conteúdo material em relação ao postulado da dignidade da pessoa humana. A única diferença está no aspecto literal da redação, pois a lei aplicou a ideia de seletividade e elegeu como destinatário da norma exclusivamente o cidadão. Por ser oportuno, façamos a transcrição de seu art. 1º: "A assistência social, *direito do cidadão* e dever do Estado, é Política de Seguridade Social não contributiva, que provê os mínimos sociais, realizada através de um conjunto integrado de ações de iniciativa pública e da sociedade, para garantir o atendimento às necessidades básicas".

Sobre o tema, há dúvida sobre o significado do vocábulo "cidadão" constante da Lei n. 8.742/1993.

Especificamente em relação ao destinatário do benefício assistencial, para a Administração Pública, trata-se de prestação devida exclusivamente ao brasileiro, naturalizado ou nato, que comprove domicílio e residência no Brasil e atenda a todos os demais

---

(18) MORAES, Alexandre de. *Direitos Humanos Fundamentais*. São Paulo: Atlas, 2013. p. 48.
(19) BARCELLOS, Ana Paula. *A Eficácia Jurídica dos Princípios Constitucionais. O princípio da dignidade da pessoa humana*. Rio de Janeiro: Renovar, 2002. p. 304-305.
(20) MEIRINHO, Augusto Grieco Sant'Anna. A Convenção n. 178 e o Trabalho Aquaviário Decente a Bordo dos Navios Mercantes de Bandeira Nacional. In: SABINO, João Filipe Moreira Lacerda e PORTO, Lorena Vasconcelos. *Direitos Fundamentais do Trabalho na Visão de Procuradores do Trabalho*. São Paulo: LTr, 2012. p. 117.
(21) ALEXY, Robert. *Teoria dos direitos fundamentais*. Tradução de Virgílio Afonso da Silva. São Paulo: Malheiros, 2008. p. 114.
(22) ALEXY, Robert. *Op. cit.*, p. 111.

critérios estabelecidos no Regulamento (Decreto n. 6.214/2007[23]).

Voltaremos a essa questão quando examinarmos os sujeitos da relação jurídica protetiva.

4. SUJEITOS DA RELAÇÃO JURÍDICA PROTETIVA

O art. 203, V, da CRFB/1988 prevê a garantia de prestação pecuniária mensal, no valor de um salário mínimo, à pessoa portadora de deficiência[24] e ao idoso, desde que comprovem não possuir meios de prover à própria manutenção ou de tê-la provida por sua família, *conforme dispuser a lei.*

Tratando-se de norma constitucional de eficácia limitada, o exercício do direito subjetivo por parte da pessoa com deficiência ou do idoso no sentido de obter o benefício assistencial ficava em estado de latência até a intervenção do legislador ordinário, embora a própria Constituição da República de 1988 deixe bem claro que as normas definidoras dos direitos e garantias fundamentais têm aplicação imediata (art. 5º, § 1º, da CRFB/1988)[25].

Coube então à legislação ordinária (Lei n. 8.742/1993), dentro da moldura constitucional, selecionar: 1º) a pessoa jurídica responsável pela execução e manutenção do benefício; 2º) os destinatários na norma protetora; e 3º) um critério objetivo de vulnerabilidade socioeconômica.

O parágrafo único do art. 29 da Lei n. 8.742/1993, por questão de eficiência administrativa, delegou ao Instituto Nacional do Seguro Social (INSS) a competência para executar e manter o benefício assistencial de prestação continuada.

Essa delegação justifica-se por economia e eficiência, afinal o INSS, além de contar com estrutura de abrangência nacional (agências espalhadas em todo o território nacional), tem acesso a uma base de dados necessária para a apuração do direito ao benefício assistencial (CNIS[26], sistema que viabiliza pesquisa sobre a renda dos interessados e de seus familiares).[27]

Em relação ao sujeito ativo da relação jurídica protetora, a Lei Orgânica da Assistência Social aplicou a máxima da seletividade e elegeu como destinatários da norma exclusivamente os *cidadãos*, idosos ou com deficiência.

Cidadania é um vocábulo de conteúdo multifário, com variações conceituais que tornam a sua abrangência praticamente inesgotável, tantas lhes são as possibilidades de pertinência contextual (social, social-inclusivo, político, jurídico, ecológico, educacional e filosófico).

Segundo o Dicionário Aurélio, cidadania é a qualidade de cidadão, esse entendido como o membro de um Estado, considerado do ponto de vista de seus deveres para com a pátria e de seus direitos políticos. Por essa interpretação, a cidadania pode ser definida como a capacidade para o exercício de direitos políticos e o preenchimento pleno das condições de elegibilidade como pressupostos sucessivos para a participação completa na formação da vontade e na condução da vida política do Estado.

Na definição de Thomas H. Marshall[28], cidadania é uma situação social baseada em três direitos em relação ao Estado: 1) direitos civis, que incluem o direito de livre expressão, de ser informado sobre o que está acontecendo, de reunir-se, organizar-se, locomover-se sem restrição indevida e receber igual tratamento perante a lei; 2) direitos políticos, que incluem o direito de votar e disputar cargos em eleições livres; e 3) direitos socioeconômicos, que incluem o direito ao bem-estar e à segurança social, a sindicalizar-se e participar de negociações coletivas, com empregadores e mesmo o de ter um emprego.

No plano constitucional, o vocábulo "cidadania" aparece de forma juridicamente relevante como um

---

(23) O Decreto n. 6.214, de 26 de setembro de 2014, regulamenta o benefício de prestação continuada da assistência social devido à pessoa com deficiência e ao idoso de que trata a Lei n. 8.742/1993 e a Lei n. 10.741/2003 (que é o Estatuto do Idoso).

(24) Os movimentos sociais relacionados ao tema entendem que a expressão mais adequada para se referir a essas pessoas é "pessoa com deficiência", na medida em que a expressão portadora estaria associada a coisas que o indivíduo carrega consigo e que poderia se desfazer a qualquer momento. Desta forma, expressões que procuram ser "politicamente corretas" desviam a centralidade da pessoa para se focar na própria deficiência. O centro deve ser sempre a pessoa, sujeito de direito, portanto, pessoa com deficiência.

(25) Dirley da Cunha Júnior explica que, sobre a problemática da eficácia dos direitos fundamentais, no âmbito de uma dogmática constitucional transformadora e emancipatória, "a questão não está mais em discutir se há ou não aplicação imediata dos direitos fundamentais, que é pressuposta, mas, sim, em como realizar e tornar efetiva essa aplicação imediata. Assim, o problema real que temos de enfrentar é o das medidas imaginadas e imagináveis para a efetivação e concretização imediata desses direitos" (JÚNIOR, Dirley da Cunha. A Efetividade dos Direitos Fundamentais Sociais e a Reserva do Possível. In: CAMARGO, Marcelo Novelino (Org.). *Leituras Complementares de Constitucional. Direitos Fundamentais.* Salvador: JusPodivm, 2007. p. 407).

(26) CNIS – Cadastro Nacional de Informações Sociais.

(27) LEITÃO, André Studart e MEIRINHO, Augusto Grieco Sant'Anna. *Manual de Direito Previdenciário.* São Paulo: Saraiva, 2015. p. 859.

(28) JOHNSON, Allan G. – Dicionário de Sociologia Guia Prático da Linguagem Sociológica, p. 34.

dos fundamentos da República Federativa do Brasil (art. 1º, II) e como um dos fins da política educacional pátria (art. 205 da CRFB/1988).

Para José Afonso da Silva, a cidadania qualifica os participantes da vida do Estado, sendo atributo das pessoas integradas na sociedade estatal, atributo político decorrente do direito de participar no governo e direito de ser ouvido pela representação política, concluindo ser a nacionalidade pressuposto da cidadania, "uma vez que só o titular da nacionalidade brasileira pode ser cidadão"[29].

No mesmo sentido são os ensinamentos de Pedro Lenza que diz que a cidadania tem por pressuposto a nacionalidade (que é mais ampla que a cidadania), caracterizando-se como a titularidade de direitos políticos de votar e ser votado, sendo que o cidadão nada mais seria do que o nacional que goza de direitos políticos[30].

Seria razoável a restrição do conceito de cidadão ao nacional com capacidade eleitoral ativa e passiva diante do conjunto de direitos fundamentais prescrito na Constituição? Em outros termos, a limitação do exercício de determinados direitos fundamentais ligados diretamente ao conceito de mínimo existencial ao cidadão, conforme a conceituação acima, ofenderia o espírito dignificante da Constituição de 1988?

Afinal, à luz da Constituição Federal, o que significa "*ser um cidadão*", ou seja, o que significa "*exercer a cidadania*"?

Para Kildare Gonçalves Carvalho, a Constituição da República considera o estágio atual de evolução da vida dos povos, para admitir que a ideia de cidadania não se acha restrita ao cidadão eleitor, mas se projeta em vários instrumentos jurídico-político imprescindíveis para viabilizá-la. Cidadania significa, nessa perspectiva, participação no Estado Democrático de Direito[31].

Nesse contexto, parece claro que o voto é apenas uma das possíveis manifestações do exercício da cidadania. Com efeito, sempre que um indivíduo se posiciona pacificamente frente ao agir estatal, manifestando a sua opinião, ele pratica cidadania e aprimora o ideal democrático. Vale dizer: ser cidadão vai muito além do direito potencial de votar e ser votado.

Ademais, analisando a questão com foco no benefício assistencial de prestação continuada, não há lógica em limitar o destinatário da norma protetora às pessoas em pleno exercício de direitos políticos. Aliás, a própria legislação infraconstitucional, fiel e atenta ao objetivo previsto no inciso I do art. 203 da CRFB/1988 (proteção à infância e à adolescência), admite a possibilidade de concessão do benefício para crianças e adolescentes menores de dezesseis anos, senão vejamos o disposto no Regulamento do benefício assistencial:

> Decreto n. 6.214/2007: Art. 4º. § 1º. Para fins de reconhecimento do direito ao Benefício de Prestação Continuada às crianças e adolescentes menores de dezesseis anos de idade, deve ser avaliada a existência da deficiência e o seu impacto na limitação do desempenho de atividade e restrição da participação social, compatível com a idade.

Destarte, restringir o destinatário do benefício assistencial ao cidadão-eleitor seria um contrassenso dentro de um sistema protetor instituído para amparar a família, a deficiência, a infância, a idade avançada e a adolescência, com foco no bem-estar e na justiça social.

Ao referir-se ao cidadão como titular do direito à assistência social, o escopo da Lei n. 8.742/1993, na verdade, foi sinalizar a possibilidade de limitação de sua abrangência subjetiva exclusivamente para os brasileiros. É o que prescreve o art. 7º do Decreto n. 6.214/2007: "Art. 7º É devido o Benefício de Prestação Continuada ao brasileiro, naturalizado ou nato, que comprove domicílio e residência no Brasil e atenda a todos os demais critérios estabelecidos neste Regulamento". Passa-se então a outro questionamento: seria legítima a exclusão dos estrangeiros como destinatários da prestação?

De um lado, com fundamento nos arts. 3º, IV, 5º, 203 da CF/1988, art. 1º do Pacto de São José da Costa Rica e art. 4º, IV, da Lei n. 8.742/1993[32], argumenta-

---

(29) SILVA, José Afonso da. *Curso de Direito Constitucional Positivo*. São Paulo: Malheiros Editores, 2015. p. 350.
(30) LENZA, Pedro. *Direito Constitucional Esquematizado*. São Paulo: Saraiva, 2012. p. 1128.
(31) CARVALHO, Kildare Gonçalves. *Direito Constitucional. Teoria do Estado e da Constituição. Direito Constitucional Positiva*. Belo Horizonte: Del Rey, 2006. p. 462.
(32) CF/1988: "Art. 3º. Constituem objetivos fundamentais da República Federativa do Brasil: (...) IV – promover o bem de todos, sem preconceitos de origem, raça, sexo, cor, idade e quaisquer outras formas de discriminação".
"Art. 5º Todos são iguais perante a lei, sem distinção de qualquer natureza, garantindo-se aos brasileiros e aos estrangeiros residentes no País a inviolabilidade do direito à vida, à liberdade, à igualdade, à segurança e à propriedade, nos termos seguintes: (...)".
Pacto São Jose da Costa Rica: Artigo primeiro. "Os Estados-partes nesta Convenção comprometem-se a respeitar os direitos e liberdades nela reconhecidos e a garantir seu livre e pleno exercício a toda pessoa que esteja sujeita à sua jurisdição, sem discriminação alguma, por motivo de raça, cor, sexo, idioma, religião, opiniões políticas ou de qualquer natureza, origem nacional ou social, posição econômica, nascimento ou qualquer outra condição social".

-se que os direitos fundamentais decorrem da condição de pessoa humana, e não da nacionalidade. Em acréscimo, pode-se ainda citar o disposto no art. 95 do Estatuto do Estrangeiro, segundo o qual o estrangeiro residente no Brasil goza de todos os direitos reconhecidos aos brasileiros, nos termos da Constituição e das leis. Vale dizer: segundo essa posição, somente seria possível discriminar os estrangeiros residentes no país dos nacionais se houvesse disposição constitucional e/ou legal expressa(s) quanto à obtenção e ao exercício de direitos fundamentais, como acontece, por exemplo, em relação aos direitos políticos. Nesse diapasão, seguem alguns precedentes dos Tribunais Regionais Federais:

> APELAÇÃO EM MANDADO DE SEGURANÇA. PREVIDENCIÁRIO. AMPARO ASSISTENCIAL AO IDOSO E À PESSOA PORTADORA DE DEFICIÊNCIA. ESTRANGEIRO. POSSIBILIDADE. CONSTITUIÇÃO FEDERAL. PRINCÍPIO DA IGUALDADE. PRECEDENTES. SENTENÇA MANTIDA. 1. O fato de a impetrante ser estrangeira não obsta a percepção do benefício assistencial, tendo em vista não existir esta vedação no ordenamento jurídico brasileiro, longe disso, a Constituição Federal em seu art. 5º, *caput*, assegura igualdade de condições entre o estrangeiro e o nacional. 2. Apelação e remessa oficial a que se nega provimento.
> (AMS 200939000093450, DESEMBARGADORA FEDERAL ÂNGELA CATÃO, TRF1 – PRIMEIRA TURMA, e-DJF1 DATA:05/11/2013 PAGINA:83.)

> PREVIDENCIÁRIO. CONCESSÃO DE BENEFÍCIO ASSISTENCIAL DE PRESTAÇÃO CONTINUADA À ESTRANGEIRO RESIDENTE NO PAÍS. POSSIBILIDADE. RENDA PER CAPITA FAMILIAR SUPERIOR A 1/4 DO SALÁRIO MÍNIMO. INEXISTÊNCIA DE PROVA DA CONDIÇÃO DE MISERABILIDADE POR OUTROS MEIOS LEGÍTIMOS. 1. A condição de estrangeira não representa óbice à concessão do benefício assistencial de prestação continuada, consoante o disposto no art. 5º, caput e 203, V, da Constituição Federal, que assegura ao estrangeiro, residente no país, o gozo dos direitos e garantias individuais, em igualdade de condições com o nacional. 2. O Legislador Constituinte determinou como um dos objetivos da assistência social a garantia de um salário mínimo de benefício à pessoa idosa ou portadora de deficiência que comprove não possuir meios de prover a própria manutenção ou de tê-la provida pela sua família (art. 203, V, CF88). 3. O art. 20 e parágrafos, da lei 8742/93, estabelece dois requisitos cumulativos para a concessão do benefício em questão, quais sejam 1. A comprovação da idade avançada ou da incapacidade decorrente de a pessoa ser portadora de deficiência; e 2. O estado de miserabilidade familiar. 4. A requerente integra o núcleo familiar de seu filho e família. A única renda fixa constatada provém do filho que, segundo as informações colhidas no Cadastro Nacional de Informações Sociais, recebeu em abril de 2013 o salário de R$ 1.057,57, sendo a renda familiar per capita de R$264,14, o que não atende o critério objetivo constante do § 3º do art. 20 da Lei n. 8.742/1993, segundo o qual "considera-se incapaz de prover a manutenção da pessoa portadora de deficiência ou idosa a família cuja renda mensal per capita seja inferior a 1/4 (um quarto) do salário mínimo". 5. É cediço que a jurisprudência do STJ pacificou entendimento no sentido de que "A limitação do valor da renda per capita familiar não deve ser considerada a única forma de se comprovar que a pessoa não possui outros meios para prover a própria manutenção ou de tê-la provida por sua família, pois é apenas um elemento objetivo para se aferir a necessidade, ou seja, presume-se absolutamente a miserabilidade quando comprovada a renda per capita inferior a 1/4 do salário mínimo." (REsp 1.112.557/MG, Rel. Min. NAPOLEÃO NUNES MAIA FILHO, 3ª Seção, DJe 20/11/2009). Todavia, em que pese o baixo padrão financeiro para enfrentar o custeio das despesas da família, não há nos autos outros meios de prova aptos a embasar a hipossuficiência, nem mesmo atestados médicos que comprovem o diagnóstico das doenças declaradas ou estudo social para levantamento das reais condições de todos os integrantes do núcleo familiar, o que nesta fase de cognição inviabiliza a concessão da tutela antecipada. 6. Agravo de Instrumento provido.
> (AG 201302010074640, Desembargadora Federal SIMONE SCHREIBER, TRF2 – SEGUNDA TURMA ESPECIALIZADA, E-DJF2R – Data: 05/05/2014.)

> ASSISTENCIAL E CONSTITUCIONAL. AGRAVO LEGAL. ART. 557, § 1º, DO CPC. BENEFÍCIO DE ASSISTÊNCIA SOCIAL. ART. 203, V, DA CF. ESTRANGEIRO RESIDENTE NO PAÍS. IGUALDADE DE CONDIÇÕES. ART. 5º DA CONSTITUIÇÃO FEDERAL. POSSIBILIDADE. REQUISITOS LEGAIS PREENCHIDOS. 1. Para a concessão do benefício de assistência social (LOAS) faz-se necessário o preenchimento dos seguintes requisitos: 1) ser pessoa portadora de deficiência ou idoso com 65 (sessenta e cinco) anos ou mais (art. 34 do Estatuto do Idoso – Lei n. 10.741 de 01.10.2003); 2) não possuir meios de subsistência próprios ou de tê-la provida por sua família, cuja renda mensal per capita seja inferior a ¼ do salário mínimo (art. 203, V, da CF; art. 20, § 3º, e art. 38 da Lei n. 8.742 de 07.12.1993). 2. A condição

---

Lei n. 8.742/1993: Art. 4º. A assistência social rege-se pelos seguintes princípios: (...)
IV – igualdade de direitos no acesso ao atendimento, sem discriminação de qualquer natureza, garantindo-se equivalência às populações urbanas e rurais; (...)".

de estrangeiro da parte Autora não a impede de usufruir os benefícios previstos pela Seguridade Social, desde que preenchidos os requisitos para tanto. Isto, pois, de acordo com o caput do art. 5º da Constituição Federal, é assegurado ao estrangeiro, residente no país, o gozo dos direitos e garantias individuais, em igualdade de condições com o nacional. 3. Sendo a assistência social um direito fundamental, os estrangeiros, residentes no país, e que preenchem os requisitos, também devem ser amparados com o benefício assistencial, pois qualquer distinção fulminaria a universalidade deste direito. 4. Preenchidos os requisitos legais ensejadores à concessão do benefício. 5. Agravo Legal a que se nega provimento.
(AC 00120721920134039999, DESEMBARGADOR FEDERAL FAUSTO DE SANCTIS, TRF3 – SÉTIMA TURMA, e-DJF3 Judicial 1 DATA:18/09/2013.)
PREVIDENCIÁRIO. MANDADO DE SEGURANÇA. BENEFÍCIO ASSISTENCIAL. ESTRANGEIRO. AUSÊNCIA DE PROVA PRÉ-CONSTITUÍDA. INDEFERIMENTO DA INICIAL. 1. A condição de estrangeiro não impede a concessão de benefício assistencial ao idoso ou deficiente, eis que a Constituição Federal, em seu art. 5º, assegura ao estrangeiro residente no país o gozo dos direitos e garantias individuais em igualdade de condição com o nacional. 2. Se a inicial não vem acompanhada da prova pré-constituída que permite a conclusão segura sobre os fatos e o respectivo juízo conclusivo a respeito do direito perseguido, impossível a análise do pleito na via eleita. 3. O rito célere do Mandado de Segurança não permite a dilação probatória, impondo-se o indeferimento da inicial. (AC 200870010062258, MARIA ISABEL PEZZI KLEIN, TRF4 – QUINTA TURMA, D.E. 28/09/2009.)

Em que pese a alegada ofensa ao vetor constitucional da isonomia, deve-se ponderar, em primeiro lugar, que a concessão do benefício assistencial para o estrangeiro oneraria o Estado, sem a devida garantia de reciprocidade de tratamento para os brasileiros em outros países. E, quando se fala em reciprocidade de tratamento, fala-se em isonomia, afinal é indispensável aferir se os comandos internacionais legitimam essa proteção.

Carlos Gustavo Moimaz Marques, em artigo publicado na Revista Internacional de Direito e Cidadania, n. 12, em fevereiro de 2012, depois de analisar o Pacto Internacional de Direitos Econômicos, Sociais e Culturais[33], a Convenção n. 102 da OIT[34] e os Pactos e Tratados Internacionais assinados pelo Brasil o âmbito do Mercosul e da comunidade Ibero-Americana[35], conclui que inexiste igualdade fática a ser protegida quando se sabe que o arranjo internacional não alberga a proteção uniforme para estrangeiros. Isto é, como defender o tratamento isonômico entre o estrangeiro e o brasileiro à luz do direito pátrio se a situação inversa (brasileiro que reside no exterior) não encontra respaldo no ordenamento jurídico alienígena? Como justificar o viés isonômico para proteger o estrangeiro e impor ônus à coletividade brasileira sem a garantia de reciprocidade entre os Estados[36]? A ideia de "repartição dos bens partilháveis" só vale em solo brasileiro?

A propósito, conforme disposto no § 2º do art. 3º da Portaria Conjunta SNAS/SPPS/INSS n. 2/14, a partir de 1º de maio de 2013, em razão do Acordo Adicional que alterou o Acordo de Seguridade Social ou Segurança Social entre a República Federativa do Brasil e a República Portuguesa é devida a concessão do benefício de prestação continuada para a pessoa com deficiência ou para a pessoa idosa de nacionalidade portuguesa, que comprovem domicílio e residência no território brasileiro[37]. Em síntese: se houver reciprocidade de tratamento formalizada através de acordo internacional, admite-se a concessão do benefício para estrangeiro.

Além do mais, a solidariedade é uma via de mão dupla, assim como o princípio da cooperação entre os povos para o progresso da humanidade (art. 4º, IX, da CF/1988). A lógica de qualquer mecanismo jurídico de cooperação é dar e receber, proteger e ser protegido.

---

(33) Art. 2º. (...) § 3. *Os países em desenvolvimento, levando devidamente em consideração os direitos humanos e a situação econômica nacional, poderão determinar em que medida garantirão os direitos econômicos reconhecidos no presente Pacto àqueles que não sejam seus nacionais.*
(34) Art. 68 – 1. Os residentes não nacionais devem gozar dos mesmos direitos que os residentes nacionais. Todavia, no que diz respeito às prestações ou às frações de prestações financiadas exclusivamente ou em sua maior parte pelos cofres públicos e, no que se refere aos regimes transitórios, podem ser prescritas disposições especiais relativamente aos estrangeiros e aos nacionais nascidos fora do território do Estado-Membro.
(35) Acordo Multilateral do Mercosul (Decreto Legislativo n. 541/2001) Art. 3: O presente Acordo será aplicado em conformidade com a legislação de seguridade social referente às prestações contributivas pecuniárias e de saúde existentes nos Estados Partes, na forma, condições e extensão aqui estabelecidas Convenção Multilateral Ibero-Americana de Segurança Social Item 4: a presente Convenção não se aplica aos regimes não contributivos, nem à assistência social, nem aos regimes de prestações a favor das vítimas de guerra ou das suas consequências" (in http://www.inss.gov.br/arquivos/office/3_110318-142609-692.pdf).
(36) MARQUES, Carlos Gustavo Moimaz. *O direito do estrangeiro residente no país ao benefício assistencial de prestação continuada*. Artigo publicado na Revista Internacional de Direito e Cidadania, n. 12, p. 09-18, fevereiro/2012. <http://www.reid.org.br/arquivos/00000304-01-carlos_reid-12.pdf>. Acesso em: 23 dez. 2014.
(37) Portaria Conjunta SNAS/SPPS/INSS n. 2/14: Art. 20. Para identificação e comprovação da idade da requerente pessoa de nacionalidade portuguesa, deve ser apresentado documento de identificação de estrangeiro ou Carteira de Trabalho e Previdência Social – CTPS.

Amparado firmemente na construção semântica de solidariedade, Carlos Gustavo Moimaz Marques questiona se seria possível a concessão do benefício assistencial para portugueses residentes no Brasil caso o Estado Português desautorizasse o deferimento de benefício análogo aos brasileiros que lá residem[38]. A resposta é negativa, pois, de acordo com o § 1º do art. 12 da CRFB/1988, aos portugueses com residência permanente no País, se houver reciprocidade em favor de brasileiros, serão atribuídos os direitos inerentes ao brasileiro, salvo os casos previstos nesta Constituição. Ora, se a exigência de reciprocidade fosse irrelevante aos olhos do constituinte, não haveria razão para incluir referido dispositivo.

A reciprocidade, portanto, funciona como vetor extensivo ou limitador da igualdade jurídica entre brasileiros e portugueses.

Não só isso, atualmente, no Brasil, não há nível de desenvolvimento econômico e financeiro suficiente capaz de suportar a demanda de nacionais e estrangeiros por um sistema protetor integral. Com efeito, se prevalecer o entendimento de que o benefício assistencial é devido aos estrangeiros, outros direitos da seguridade social de titularidade restrita, por lógica de arrastamento, acabariam sendo estendidos, pois não haveria fundamento jurídico plausível que justificasse a concessão da prestação em comento e a negativa de outros direitos que emanam do mesmo sistema de seguridade social. É o caso, por exemplo, de dispendiosos tratamentos seletivos de saúde e de outros benefícios pecuniários de caráter assistencial. O Brasil acabaria tornando-se um segurador universal da comunidade internacional.

Além do mais, de acordo com o art. 112 do Estatuto do Estrangeiro (Lei n. 6.815/1980), uma das condições para a concessão da naturalização é o exercício de profissão ou posse de bens suficientes à manutenção própria e da família. Ora, se o Estado condiciona o deferimento da naturalização a pessoas com recursos suficientes para garantir a própria manutenção, qual seria a lógica de o Estado Brasileiro assumir a obrigação de proteger os estrangeiros vulneráveis do ponto de vista socioeconômico? No final das contas, qual seria a vantagem de alguém naturalizar-se brasileiro? Votar e ser votado?

Não bastassem esses entraves argumentativos, em prevalecendo a tese protetora, seria necessário estabelecer critérios objetivos mínimos de seletividade que definissem os estrangeiros passíveis de proteção? O benefício poderia ser concedido para estrangeiros ilegais e temporários? Se o direito ficar restrito aos estrangeiros com visto de permanência, seria possível a concessão do benefício à pessoa com deficiência imediatamente depois da obtenção do visto?

A doutrina majoritária tem se inclinado pela possibilidade de concessão do benefício assistencial ao estrangeiro.

Sérgio Pinto Martins entende que são beneficiários do benefício assistencial de prestação continuada os idosos e as pessoas com deficiência estrangeiras naturalizadas[39] e domiciliadas no Brasil, desde que não aparadas pelo sistema previdenciário do país de origem. Afirma, sem fazer maiores considerações, que o benefício assistencial é devido a pessoas residentes no país, tanto nacionais como estrangeiros, diante do princípio da universalidade[40].

Marisa Ferreira dos Santos entende que a exigência da naturalização para que o estrangeiro tenha direito a receber o benefício assistencial é inconstitucional por duas razões:

> primeiro, porque a CF não fez essa distinção, uma vez que garante a assistência social a quem dela necessitar; segundo, porque, mesmo que tal distinção pudesse ser feita, o Decreto não seria o veículo apropriado[41].

Fábio Zambitte Ibrahim, sempre ponderado em suas análises, entende ser possível a concessão do benefício assistencial ao estrangeiro acolhido pelo Brasil (ou seja, os estrangeiros residentes), na medida em que participam indiretamente do custeio da seguridade social (contribuições sociais nos produtos que consomem e nos rendimentos que auferem), embora não fundamente o seu entendimento no princípio da universalidade.

> (...) dentro da realidade nacional, acredito que a exclusão de estrangeiros legalmente residentes no país não seria também proporcional, especialmente por vulnerar a abrangência necessária do sistema, fragilizando possível grupo carente

---

(38) MARQUES, Carlos Gustavo Moimaz. *O direito do estrangeiro residente no país ao benefício assistencial de prestação continuada*. Artigo publicado na Revista Internacional de Direito e Cidadania, n. 12, p. 09-18, fevereiro/2012. <http://www.reid.org.br/arquivos/00000304-01-carlos_reid-12.pdf>. Acesso em: 23 dez. 2014.

(39) Cabe destacar que estrangeiro naturalizado é, no fundo, brasileiro, não havendo que se falar, a partir da naturalização, de estrangeiro.

(40) MARTINS, Sérgio Pinto. *Direito da Seguridade Social*. São Paulo: Atlas, 2015. p. 535.

(41) SANTOS, Marisa Ferreira dos. *Direito Previdenciário Esquematizado*. São Paulo: Saraiva, 2012. p. 123-124.

somente motivado pela nacionalidade, grupo este formado, com frequência, pelos mais necessitados da seguridade social como que os colocando em situação de inferioridade frente aos nacionais. A exclusão somente poderia ser admitida se houvesse comprovação cabal, por parte da União, de flagrante falência do sistema (e não simples alegações), não havendo, hoje, qualquer motivação sustentável para a não extensão da prestação a estrangeiros legalmente residentes. Não há razoabilidade para tamanha discriminação, ainda mais ao se tratar de prestação necessária ao mínimo existencial.[42]

O certo é o seguinte: se os direitos fundamentais decorrem da condição humana, seria um contrassenso condicionar o deferimento da proteção assistencial pátria à situação jurídica do estrangeiro no país. Isso fortalece ainda mais a impossibilidade de a assistência social brasileira proteger os estrangeiros, independentemente de seu vínculo com o Brasil. Deveras, se, de um lado, há fundamento robusto que restrinja o direito a este benefício apenas aos brasileiros (natos ou naturalizados), o mesmo não se pode dizer em relação aos estrangeiros residentes em território nacional. Em resumo: não é razoável defender que o benefício é devido apenas aos brasileiros, mas é razoável defender que o benefício é devido apenas aos estrangeiros com visto permanente (e não aos estrangeiros temporários)?

Em junho de 2009, o STF, nos autos do RE 587970, reconheceu a existência de repercussão geral da questão constitucional. Na oportunidade, o Relator, Ministro Marco Aurélio, ressaltou que a decisão recorrida ganhava contornos a extravasar os limites subjetivos do próprio processo, seja por conta do grande número de estrangeiros residentes no País, seja porque a matéria acaba repercutindo no interesse dos cidadãos brasileiros.

> ASSISTÊNCIA SOCIAL – GARANTIA DE SALÁRIO MÍNIMO A MENOS AFORTUNADO – ESTRANGEIRO RESIDENTE NO PAÍS – DIREITO RECONHECIDO NA ORIGEM – Possui repercussão geral a controvérsia sobre a possibilidade de conceder a estrangeiros residentes no país o benefício assistencial previsto no art. 203, inciso V, da Carta da República. (RE 587970 RG, Relator (a): Min. MARCO AURÉLIO, julgado em 25/06/2009, DJe-186 DIVULG 01-10-2009 PUBLIC 02-10-2009 EMENT VOL-02376-04 PP-00742).

Reconhecendo a relevância da questão, há um projeto de lei (Projeto de Lei n. 1.438/2011, apresentado no dia 25 de maio de 2011 na Câmara dos Deputados), com o objetivo de estender o direito ao benefício assistencial de prestação continuada ao estrangeiro domiciliado no Brasil.

A partir do que ficou consignado acima, voltamos nossa atenção ao texto constitucional, fazendo a leitura semelhante àquela feita por Luiz Alberto David Araújo[43], que identifica o comando principiológico que consta do Título da CRFB/1988 como ponto de partida: art. 3º, inciso IV: promover o bem de todos, sem preconceitos de origem, raça, sexo, cor, idade e quaisquer outras formas de discriminação. Na sequência, anota o autor a regra geral da igualdade, constante do *caput* do art. 5º que afirma serem todos iguais perante a lei, sem distinção de qualquer natureza, garantindo-se aos brasileiros e aos estrangeiros residentes no País a inviolabilidade do direito à vida, à liberdade, à igualdade, à segurança e à propriedade, nos termos seguintes (partindo a CRFB/1988 a enumerar extenso rol de direitos e garantias fundamentais).

Portanto, deve-se buscar a máxima efetividade da norma constitucional protetiva, sem descurar da realidade fática de limitação dos recursos do Estado brasileiro. A proteção assistencial não deve ser conferida com a máxima universalidade a todo e qualquer estrangeiro, mas apenas àqueles que participam efetivamente da vida em sociedade, conforme conceito de cidadania amplificado.

5. CONSIDERAÇÕES FINAIS

O presente estudo teve como objetivo analisar o conceito de cidadania como pressuposto de concessão do benefício assistencial de prestação continuada previsto no art. 203, inciso V, da CRFB/1988.

Como visto acima, o Poder Executivo Federal, ao regulamentar a Lei Orgânica da Assistência Social, conferiu à expressão "cidadão" um contorno limitador, na medida em que a associou à nacionalidade, originária ou derivada.

Para a União Federal, portanto, o benefício assistencial de prestação continuada somente pode ser concedido ao brasileiro nato ou naturalizado, desde que residente e domiciliado ao Brasil, deixando de lado da proteção assistencial os estrangeiros, mesmo que residentes em território nacional.

---

(42) IBRAHIM, Fábio Zambitte. *Curso de Direito Previdenciário*. Rio de Janeiro: Impetus, 2012. p. 25.
(43) ARAÚJO, Luiz Alberto David. Painel sobre os Direitos das Pessoas com Deficiência no Sistema Constitucional Brasileiro. In: CAVALCANTI, Ana Elizabeth Lapa Wanderley, LEITE, Flávia Piva Almeida e LISBOA, Roberto Senise (Coord.). *Direito da Infância, Juventude, Idoso e Pessoas com Deficiência*. São Paulo: Atlas, 2014. p. 286.

Os direitos fundamentais em geral, e as prestações da assistência social em especial, são direitos diferenciados em nosso ordenamento jurídico na medida em que conformam o valor da dignidade da pessoa humana estabelecido como fundamento da República Federativa do Brasil, conferindo, ainda, meios de pleno exercício da cidadania àqueles desprovidos de condições de plena integração social por si sós.

Assim, conclui-se não ser razoável condicionar a concessão do benefício assistencial de prestação continuada ao idoso ou a pessoa com deficiência, portanto grupos fragilizados por natureza, à condição de serem brasileiros, natos ou naturalizados.

Também não se revela adequada a concessão irrestrita do benefício de prestação continuada a todo e qualquer estrangeiro, sem parametrização na reciprocidade, sob o risco de desestabilização do equilíbrio financeiro e atuarial da seguridade social, ao transformar o Brasil em um Estado protetor universal.

Concluindo, parece adequada uma postura intermediária: o conceito de cidadania, para fins de concessão do benefício assistencial de prestação continuada, deve ser estendido aos estrangeiros que foram recebidos pelo Estado Brasileiro e aqui estabeleceram a sua residência e domicílio, passando a participar ativamente da vida em sociedade.

6. REFERÊNCIAS BIBLIOGRÁFICAS

ALEXY, Robert. *Teoria dos direitos fundamentais*. Tradução de Virgílio Afonso da Silva. São Paulo: Malheiros, 2008.

_____. *Teoria discursiva do direito*. Organização, tradução e estudo introdutório de Alexandre Travessoni Gomes Trivisonno. Rio de Janeiro: Forense Universitária, 2014.

ARAÚJO, Luiz Alberto David. Painel sobre os Direitos das Pessoas com Deficiência no Sistema Constitucional Brasileiro. In: CAVALCANTI, Ana Elizabeth Lapa Wanderley, LEITE, Flávia Piva Almeida e LISBOA, Roberto Senise (Coord.). *Direito da Infância, Juventude, Idoso e Pessoas com Deficiência*. São Paulo: Atlas, 2014.

BARCELLOS, Ana Paula. *A Eficácia Jurídica dos Princípios Constitucionais*. O princípio da dignidade da pessoa humana. Rio de Janeiro: Renovar, 2002.

BASTOS, Celso Ribeiro. *Hermenêutica e interpretação constitucional*. São Paulo: Celso Bastos Editor, 2002.

CARVALHO, Kildare Gonçalves. *Direito Constitucional*. Teoria do Estado e da Constituição. Direito Constitucional Positiva. Belo Horizonte: Del Rey, 2006.

CHAVES, Vitor Pinto. *O Direito à Assistência Social no Brasil*. Rio de Janeiro: Elsevier, 2013.

CUNHA JÚNIOR, Dirley da. A Efetividade dos Direitos Fundamentais Sociais e a Reserva do Possível. In: CAMARGO, Marcelo Novelino (Org.). *Leituras Complementares de Constitucional*. Direitos Fundamentais. Salvador: JusPodium, 2007.

IBRAHIM, Fábio Zambitte. *Curso de Direito Previdenciário*. Rio de Janeiro: Impetus, 2012.

LEITÃO, André Studart e MEIRINHO, Augusto Grieco Sant'Anna. *Manual de Direito Previdenciário*. São Paulo: Saraiva, 2015.

LENZA, Pedro. *Direito Constitucional Esquematizado*. São Paulo: Saraiva, 2012.

MARQUES, Carlos Gustavo Moimaz. *O Benefício Assistencial de Prestação Continuada*. Reflexões sobre o trabalho do Poder Judiciário na concretização dos direitos à seguridade social. São Paulo: LTr, 2009.

_____. *O direito do estrangeiro residente no país ao benefício assistencial de prestação continuada*. Artigo publicado na Revista Internacional de Direito e Cidadania, n. 12, p. 09-18, fevereiro/2012.

MARTINS, Sérgio Pinto. *Direito da Seguridade Social*. São Paulo: Atlas, 2015.

MASSA ARZABE, Patrícia Helena. Dimensão jurídica das políticas públicas. *In:* BUCCI, Maria Paula Dallari. *Políticas Públicas. Reflexões sobre o conceito jurídico*. Saraiva: São Paulo, 2006.

MAXIMILIANO, Carlos. Hermenêutica e aplicação do direito. Rio de Janeiro: Forense, 2003.

MEIRINHO, Augusto Grieco Sant'Anna. A Convenção n. 178 e o Trabalho Aquaviário Decente a Bordo dos Navios Mercantes de Bandeira Nacional. In: SABINO, João Filipe Moreira Lacerda e PORTO, Lorena Vasconcelos. *Direitos Fundamentais do Trabalho na Visão de Procuradores do Trabalho*. São Paulo: LTr, 2012.

MORAES, Alexandre de. *Direitos Humanos Fundamentais*. São Paulo: Atlas, 2013.

NEVES, Ilídio das. *Direito da segurança social*. Coimbra: Coimbra Editora, 1996.

REALE, Miguel. *Lições preliminares de direito*. São Paulo: Saraiva, 1998.

SANTOS, Marisa Ferreira dos. *Direito Previdenciário Esquematizado*. São Paulo: Saraiva, 2012.

SILVA, Jose Afonso da. *Aplicabilidade das normas constitucionais*. São Paulo: Malheiros Editores, 2004.

_____. *Curso de Direito Constitucional Positivo*. São Paulo: Malheiros Editores, 2015.

A Construção Histórica da Cidadania Mediante o Acesso ao Trabalho e à Previdência

Duílio Lima Rocha
Mestre em Direito pela Universidade Federal do Ceará (UFC). Professor Universitário.

1. INTRODUÇÃO

Partindo da palavra em latim *civitas* (cidade) temos a formação atual da palavra cidadania, que na sua essência quer dizer simplesmente "aquele que habita na cidade". Muito utilizada na Roma antiga para indicar tanto a situação política de uma pessoa como também os direitos que essa pessoa tinha ou podia exercer, o conceito de cidadania passou por um longo percurso histórico que caracterizou seu lento e sempre contínuo processo de evolução. Encontramos a cidadania presente desde os Hebreus (concepção de um deus cidadão), passando pela civilização Grega (e sua ideia de uma associação à comunidade e ao fracionamento da gestão da *polis*), a civilização romana e seus institutos, pelo longo período medieval e seu pusilânime conceito, chegando às revoluções burguesas da idade moderna e sua cidadania liberal.

Cidadania não é um conceito estanque, mas sim construído historicamente e com sentido variável no tempo e espaço. Sua evolução, ao longo dos séculos, tem sido marcada por avanços e recuos. Do conceito de pessoa plenamente integrada como homem livre à sua cidade, passou-se admitir uma definição mais ampla, ideológica e inserida em um contexto sócio temporal. É muito diferente ser cidadão no Brasil, na Alemanha ou nos Estados Unidos, não somente pelas regras definidoras de titularidade de cidadania, mas também pelo espaço temporal da aplicação do conceito de cidadania dentro de um mesmo país e ainda pela distinção dos direitos e deveres que caracterizariam o cidadão em cada um dos Estados-nacionais.

Diversos conceitos de cidadania foram desenvolvidos ao longo dos tempos, muitos inclusive conflitando-se com outros, mas desde já adiantamos que mais importante do que sua conceituação é a tentativa de entender seu significado ao longo dos tempos, um significado lentamente construído e sempre envolvendo a participação dos indivíduos em seu contexto social, quer em maior ou menor grau a depender do contexto histórico envolvido. Podemos seguramente afirmar que o denominador comum presente em todos os conceitos de cidadania é ideia de envolvimento, participação, ação com objetivo de construir um destino próprio.

Dedicamos especial atenção para a importância da relação entre o processo de construção da cidadania e a presença dos Direitos Humanos bem como em seus reflexos nos Direitos Fundamentais em sua ampla e crescente construção doutrinária mundial.

Percebemos assim a forte ligação entre Cidadania e Direitos Humanos.

Abordaremos no presente trabalho temos a temática do conflito para compreendermos a evolução do conceito de cidadania. Tomamos como corte epistemológico a literatura de Georg Simmel para adentrar na temática da cidadania e dos direitos sociais. Sob esta perspectiva serão abordados os seguintes temas: conceitos filosófico e jurídico da cidadania, a importância sociológica do conflito para a construção da cidadania, o papel das revoluções burguesas como formadoras dos alicerces da cidadania, a importância da Declaração Universal dos Direitos Humanos (DUDH), a inter-relação entre cidadania, direitos humanos e direitos fundamentais para finalmente adentrarmos na temática dos direitos sociais e acesso à cidadania mediante o trabalho e previdência.

1. A CONSTRUÇÃO DA CIDADANIA

1.1. Evolução Histórica do conceito de Cidadania

A palavra cidadania, assim como cidade, se originou da palavra latina *civitas* que por sua vez é tradução latina da palavra grega *polis*. Na Roma antiga, tal palavra era usada para descrever a situação política de uma pessoa e os direitos que ela tinha ou podia exercer, sendo denominado de cidadão aquele que gozava de direitos e deveres e tinha reconhecidamente uma participação dentro da cidade, sob o ponto de vista de seus deveres para com a pátria e de seus direitos políticos.

Modernamente conhecemos a cidadania genericamente como um conjunto de práticas políticas, econômicas, jurídicas e culturais que definem uma pessoa como membro da sociedade. Já o dicionário Aurélio Buarque de Holanda, definir Cidadania como a "qualidade ou estado de um cidadão", que por sua vez é definido como "o indivíduo no gozo dos direitos civis ou políticos de um Estado, ou no desempenho de seus deveres para com este", defendemos que qualquer definição peca pelo engessamento de sentidos, pela inobservância do contexto em que a palavra é envolvida.

Ocorre que tal conceito foi paulatinamente construído ao longo da história mundial, ou seja, a cidadania conhecida na antiguidade clássica não é a mesma cidadania da época contemporânea, uma vez que cidadania não é um conceito estanque, mas sim histórico e ainda com sentido variável no tempo e espaço.

Estando sempre presente a ideia de participação, do atuar, do agir com a finalidade de construir um destino próprio, a palavra cidadania tem tido, ao longo dos séculos, uma evolução marcada por avanços e recuos. Do conceito de pessoa plenamente integrada como homem livre à sua cidade, passou-se admitir uma definição mais ampla, ideológica e inserida em um contexto sócio temporal. É muito diferente ser cidadão no Brasil, na Alemanha ou nos Estados Unidos, não somente pelas regras definidoras de titularidade de cidadania, mas também pelo espaço temporal da aplicação do conceito de cidadania dentro de um mesmo país e ainda pela distinção dos direitos e deveres que caracterizariam o cidadão em cada Estados-nacionais.

Partindo do modelo grego, a *polis* era entendida, ao mesmo tempo, como cidade e também como comunidade política, sendo este último sentido responsável pelas ideias basilares de cidadania, já que, nas cidades-estados gregas, eram os próprios membros das comunidades políticas que estabeleciam suas leis e escolhiam seus governantes. Sob este aspecto, a cidadania se concretizava a partir da participação ativa na vida e nas decisões da cidade.

O modelo grego de cidadania influenciou muitas outras cidades-estados, mesmo limitando a participação ao conjunto da população masculina ativa, mantendo a democracia por quase dois séculos[1]. As restrições gregas reduziam a um pequeno número de homens o direito de ser considerado cidadão. Tal privilégio praticamente era concebido para os proprietários de terras (homens livres para os negócios públicos) sendo assim, a exemplo de Roma, excluídos as mulheres, escravos, crianças, velhos, comerciantes, artesãos e estrangeiros.

Norberto Guarinello[2] ressalta que mesmo a democracia ateniense não sendo absolutamente inclusiva, uma vez que dizia respeito somente aos cidadãos masculinos, excluindo as mulheres, os imigrantes e os escravos, ainda assim representou uma experiência notável de participação direta no poder de todas as camadas sociais, independentemente da riqueza ou posição social.

É inegável a contribuição dos gregos para nossa organização política atual, por todos citamos Marilena Chauí, afirmando:

> Os gregos criaram o espaço político ou espaço público – a assembleia grega –, no qual os que possuem direitos iguais de cidadania discutem suas opiniões, defendem seus interesses, deliberam em conjunto e decidem por meio do voto, podendo, também pelo voto, revogar uma decisão tomada. É esse o coração da invenção política.

Em termos históricos, a associação do conceito de cidadania a um território específico, passou a existir

---

(1) Guarinello, Norberto Luiz. Cidades-estados na Antiguidade clássica. In PINSKY, Jaime e PINSKY, Carla Bassanezi (orgs). História da Cidadania. 2. ed. São Paulo: Contexto, 2003. p.40.
(2) *Ibid.*, p. 25.

somente em Roma, quando surgiu a necessidade de distinguir os romanos dos habitantes dos territórios conquistados e incorporados. Conforme o Império Romano crescia, passou-se a conceder gradualmente a cidadania (*civitas*) a moradores de outras Províncias. No ano 212, ela foi estendida a todos os habitantes do Império.

O significado da palavra cidadania em Roma era utilizado para indicar a situação política de uma pessoa e os direitos que ela tinha ou podia exercer, sendo considerado cidadão aquele que gozava de direitos e deveres e tinha participação ativa dentro da cidade. Considerado sob o ponto de vista de seus deveres para com a pátria e de seus direitos políticos, o cidadão era minoria, já que se excluía de tal conceito as mulheres, as crianças, os escravos e os estrangeiros.

Importante destacar, ainda com Norberto Guarinello[3] que:

> A cidadania nos Estados-nacionais contemporâneos é um fenômeno único na História. Não podemos falar de continuidade do mundo antigo, de repetição de uma experiência passada e nem mesmo de um desenvolvimento progressivo que unisse o mundo contemporâneo ao antigo. São mundos diferentes, com sociedades distintas, nas quais pertencimento, participação e direitos têm sentidos diversos.

Associado à ideia de Cidadania temos o conceito de Direitos Naturais, também na Grécia Antiga, baseado na crença da existência de um "direito natural permanente e eternamente válido, independente de legislação, convenção ou qualquer outro expediente imaginado pelo homem".

Aristóteles foi o primeiro filósofo conhecido que falou da divisão do direito natural e positivo, muito embora a expressão "direito natural" já tenha sido utilizada pelos sofistas[4]. De acordo com Javier Hervada, na visão aristotélica, o direito natural possuía duas características principais: não se baseia nas opiniões humanas e em qualquer lugar tem a mesma força. Junto com o direito natural aparece a noção de justo legal (direito positivo). É próprio desse direito provir da convenção humana, tendo como característica própria ser variável[5].

Sobre Aristóteles, comenta Javier Hervada[6]:

> Assim, entende-se o Direito Natural como precursor dos Direitos Humanos, tendo levantado a questão da existência de princípios superiores a normas específicas, válidos para todos os povos, em todas as épocas. Seu desenvolvimento é progressivo e constante ao longo dos tempos. Teve origem na natureza racional do homem e se caracteriza por ser um direito universal, acima da razão e das ações humanas.

Enquanto isso, em Roma, o *ius civile*, inaugurava um direito rígido e formalista aplicável exclusivamente aos cidadãos romanos, situação que começou a apresentar problemas na consolidação do Império Romano diante da conquista de novos territórios. A partir deste fato, tornou-se necessário um novo direito aplicável também aos estrangeiros, surgindo assim a necessidade de adaptar o *ius civile* às novas necessidades, recorrendo-se dessa forma ao direito natural[7].

Nesse contexto histórico, o direito natural era o direito comum (*ius commune*), que a razão natural implanta entre todos os homens e entre todos os povos, devendo tal direito, ser respeitado pelo *ius civile*. Ao longo da história, o direito natural funcionou como humanizador do direito positivo, seu elemento civilizador, de modo que o direto positivo não pode alterar os direitos naturais. Percebemos nesse contexto, a noção de cidadania associada à situação política de uma pessoa diante de um Estado politicamente organizado e aos direitos que ela tinha ou podia exercer, sendo considerado cidadão aquele que gozava de direitos e deveres e tinha participação ativa dentro da cidade.

Com a Idade Média vieram mudanças significativas a partir do advento do Feudalismo e posteriormente com a queda do Império Romano. Nesse contexto, o aspecto religioso foi erigido a primeiro plano deixando a questão da cidadania em sono latente. A preocupação política cede espaço à questão religiosa.

Ainda na Idade Média percebemos que a concepção de Direito Natural foi vinculada diretamente à vontade de Deus, passando a Igreja Católica a assumir o "então legítimo" papel de controlador da propriedade privada, defendendo a ideia de uma forma ideal de sociedade onde reinaria um Direito Natural Absoluto, situação em que todos os homens seriam iguais e possuiriam as

---

(3) *Ibid.*, p. 29.
(4) Hervada, Javier. Lições propedêuticas de filosofia do direito. Tradução Elza Maria Gasparotto. Revisão técnica Gilberto Callado de Oliveira. São Paulo. WMF Martins Fontes. 2008. p. 337.
(5) *Ibid.*, p. 338.
(6) *Ibidem*.
(7) *Ibidem*.

mesmas coisas em comum, em um ambiente em que ainda não existiria governo dos homens sobre homens ou domínio de senhores sobre escravos.

Destacamos que tal ideal de igualdade da Igreja Católica permaneceu muito distante da realidade, uma vez que só era considerado cidadão aquele que detinha riquezas e poder, ou seja, apenas estamentos restritos, ligados ao clero e à nobreza, excluindo grande parcela "do povo".

Tal contexto somente foi modificado durante a Baixa Idade Média, após o surgimento dos Estados Nacionais que originou a noção de estado centralizado e da clássica visão da cidadania, ligada aos direitos políticos.

Nessa época, na Inglaterra, os barões impuseram ao rei a Magna Carta, limitando o poder do Estado, o que vai ser o primeiro passo em direção ao fim da Monarquia Absolutista e início da Monarquia Constitucional.

No ambiente histórico das Monarquias Absolutistas, a noção de cidadania possuía relação com a necessidade de superação da condição de súdito. Surge então o Iluminismo dividindo a Igreja Católica com a Reforma Protestante, momento em que a realidade social passa a ser vista de forma mais racional, sendo objeto de diversas reflexões e questionamentos. Com a Reforma Protestante, novas ideias e atitudes intelectuais passaram a influenciar o conceito de cidadão, momento em que o cidadão passa a ser entendido como um indivíduo livre e não apenas como um ente da comunidade política.

As ideias dos filósofos contratualistas contratualistas como Hobbes, Locke e Rousseau passaram a complementar a nova visão de cidadania. Ato contínuo foi a ampliação dos direitos políticos agora considerados imprescindíveis para a constituição da cidadania a igualdade de direitos, oriunda da natureza humana comum e nela baseada.

Os Direitos Políticos ampliam-se progressivamente, ao longo do século XIX, alcançando-se o voto secreto, direto, universal e periódico. O conceito de cidadania ainda se encontrava bastante restrito à limitada ideia de participação no poder do Estado através do sufrágio, ideia essa que logo seria superada pelo advento do século XX e seus novos ideais.

A partir de então, a igualdade de direitos torna-se imprescindível para a formação da cidadania, juntamente com a liberdade em todas as dimensões, envolvendo inclusive a proteção contra arbitrariedades do Estado em relação a indivíduos, seu patrimônio, direito de ir e vir, de pensamento, de reunião e outros.

Com a ascensão da burguesia tivemos a consequente ruptura de estruturas antigas, em torno de novos direitos tais como igualdade, liberdade e propriedade. Surgem necessidades de livre iniciativa, economia privada, economia de mercado e principalmente transação de bens baseados na livre concorrência. O Estado passa a policiar e manter figurando como mantenedor dessa estrutura.

O cidadão passa a ser, então, o indivíduo portador, não apenas de seus direitos políticos, os quais, paulatinamente, vão-se incrementando, como também detentor de seus direitos individuais e, agora, sociais e econômicos.

Em um primeiro momento do Estado Social, este assume feição paternalista, assistencialista, em que as camadas populares menos favorecidas obtinham as conquistas escolhidas pelo governo. E a classe dominante minoritária continuou mantendo sua posição de destaque e superioridade. Isso não poderá ser chamado de Estado Social Democrático.

A cidadania passou a se aliar-se à Democracia como um macrossistema de adoção de decisões que fomentam a liberdade, onde as decisões cabem a maioria do grupo. Um importante passo na conquista dos direitos pelas classes menos abastadas, conforme veremos adiante, foi classificar as Constituições como normas programáticas, pois estas não têm prazo de vigência. Com isso, satisfazem-se os interesses daqueles que lutam pela normatização de seus Direitos Fundamentais, ao passo em que se assegura a manutenção do *status quo*, benéfico aos detentores do poder econômico e político.

2. A IMPORTÂNCIA SOCIAL DO CONFLITO PARA A AFIRMAÇÃO DA CIDADANIA

Por Sociedade entendemos, em sentido lato, como sendo a reunião de seres que predominantemente vivem em grupo. Já em sentido restrito, é entendida como todo conjunto de pessoas que vive em determinada faixa de tempo e de espaço – seguindo normas comuns – e que são unidas pelo sentimento de consciência do grupo[8].

É definitivamente na sociedade que o homem encontra o ambiente propício ao seu pleno desenvolvimento e onde as pessoas e os grupos sociais se relacionam estreitamente, na busca de seus objetivos. Tais interações sociais decorrem de processos de mútua influência, de relações interindividuais (interpessoais) e intergrupais que se formam sob a força de variados interesses, ou seja, a afirmação da Cidadania

---

(8) GONÇALVES, Maria H.B e WISE, Nely. Ética e trabalho. Rio de Janeiro: Senac Nacional. 2005. p 80.

indubitavelmente ocorre no seio da sociedade, onde são indispensáveis as interações entre indivíduos mediante o desenvolvimento de ações recíprocas, de forma que à ação de uns correspondam ações correlatas de outros, na busca de seus objetivos, são os denominados Processos Sociais.

No desenvolvimento dos Processos Sociais é muito frequente o surgimento de conflitos, que por sua vez acaba gerando mudanças e transformações nessa mesma sociedade.

De acordo com Georg Simmel[9] os indivíduos além de viverem em relações de cooperação, também vivem de relações de oposição. Para Simmel os conflitos são partes inerentes à própria constituição da sociedade, e por consequente da sua cidadania, representando momentos de crise ou mesmo um intervalo entre dois momentos de harmonia, vistos, portanto, numa função positiva de superação das divergências, o que Simmel denominou de fator de expansão da sociedade.

2.1. Os Processos Sociais, Origem e Formação

Max Webber (1864-1920) foi o primeiro sociólogo a explicar a interação entre os indivíduos por meio de ação e reação (ação social), entendida como um ato de comunicar e relacionar com base em alguma orientação ou comportamento dos outros membros dessa mesma sociedade. Para ele a sociedade existe concretamente, mas não é algo externo e alheio às pessoas que a compõem, mas sim o conjunto das ações desses indivíduos relacionados reciprocamente.

O conceito de Processo Social é explicado como quaisquer mudanças e/ou transformações que ocorrem de forma contínua e que entre outras coisas, refletem determinados tipos de relações sociais, ou ainda qualquer mudança proveniente dos contatos e da interação social entre os membros de uma determinada sociedade constitui, um processo social.

Agerson Tabosa Pinto[10] definiu Processos Sociais como sendo "tipos de relações sociais, interligando pessoas nas mais diferentes situações". Já LAKATOS e MARCONI[11] definiram como sendo as "relações sociais, compreendidas em seus aspectos dinâmicos. Os indivíduos, através das relações sociais, podem aproximar-se ou afastar-se, dando origem a formas de associação ou dissociação. A este aspecto dinâmico damos o nome de processo social".

Importante destacar ainda de acordo com Agerson Tabosa Pinto[12] que: "é condição *sine qua non* para a realização de um processo social, qualquer que seja ele, a existência do contato, assim como entre as pessoas e grupos em isolamento não pode haver processo". Destaca-se assim a necessária exigência do contato para a formação dos processos sociais, contato este que poderá acontecer quer seja de forma direta ou indireta, física ou mental, primária[13] ou secundária[14], mas sempre deverá acontecer para a efetiva formação do processo social.

Em relação à dinâmica dos processos sociais, SOUTO e SOUTO[15] assim se expressam:

> Desse modo, o fato social é sempre dinâmico, ou seja, constitui sempre um fato de mudança social, esta última entendida em sentido largo. Por isso mesmo todo fato social é um processo social. Não raro, também, ao longo da história, o fato social é um fato de mudança social em sentido estrito, ou seja, de alteração básica ou profunda das sociedades.

E ainda:

> O processo social mais geral é o de interação social (...). Todos os outros processos sociais são apenas modalidades ou tipos de interação social. Pois processo social e processo de interação social é a mesma coisa[16].

Seguindo a especificidade do tema, podemos ainda, com base em Agerson Tabosa[17], subdividir os grupos de Processos Sociais em Processos Coesivos e Processos Dispersivos. Os Processos Coesivos seriam:

a) **Cooperação**: tipo particular de processo social em que dois ou mais indivíduos ou grupos atuam em conjunto para a consecução de um

---

(9) SIMMEL, Georg. *El Conflito, sociología del antagonismo*. Ediciones Sequitur, Madrid, 2010.
(10) PINTO, Agerson Tabosa. Sociologia Geral e jurídica, Fortaleza: Qualygraf Editora e Gráfica, 2005. p. 447.
(11) LAKATOS, Eva Maria. MARCONI, Marina de Andrade. Sociologia Geral. São Paulo: Atlas, 2006. p.123.
(12) PINTO, Agerson Tabosa, *op. cit.*, p. 113.
(13) É o contato íntimo, natural, espontâneo, pessoal, emocional, completo. (PINTO, Agerson Tabosa, *op. cit.*, p. 116).
(14) É o contato convencional, racional, artificial, impessoal, calculado, fracionário. (PINTO, Agerson Tabosa, *op. cit.*, p. 117).
(15) SOUTO, Cláudio; SOUTO, Solange. Sociologia do direito, uma visão substantiva. 3a. ed. revista e ampliada. Sergio Antônio Fabris Editor: Porto Alegre 2003. p. 37.
(16) SOUTO; SOUTO, *op. cit.*, p 261.
(17) TABOSA, Agerson. *Op. cit.*, p. 447

objetivo comum. É requisito especial e indispensável para a manutenção e continuidade dos grupos e sociedades.

b) **Acomodação**: é um processo social com o objetivo de diminuir o conflito entre indivíduos ou grupos, reduzindo-o e encontrando um novo *modus vivendi*. E um ajustamento formal e externo, aparecendo apenas nos aspectos externos do comportamento, sendo pequena ou nula a mudança interna, relativa a valores, atitudes e significados.

c) **Assimilação**: processo social em virtude do qual indivíduos e grupos diferentes aceitam e adquirem padrões comportamentais, tradição, sentimentos e atitudes da outra parte. É um indício da integração sociocultural e ocorre principalmente nas populações que reúnem grupos diferentes. Os indivíduos assimilam-se entre si, partilham sua experiência e sua história, e participam de uma vida cultural comum.

Já os Processos Dispersivos, ainda de acordo com Agerson Tabosa, seriam:

a) **Competição**: "*considerada como uma espécie de jogo... e que se deve jogar limpamente*"[18], ou ainda: "consiste em esforços de indivíduos ou grupos para obter melhores condições de vida. Quando uma pessoa se interpõe no caminho da satisfação ou dos desejos da outra, surgem os choques, no sentido de uma das partes eliminar os obstáculos levantados pela outra. A **luta**, então, torna-se pessoal. Cada um dos contendores tem a consciência de que, para alcançar os próprios propósitos, precisa fazer com que o outro não atinja os seus. Aí surge a **hostilidade**, que comumente reforça a energia necessária aos esforços de suplantação[19].

b) **Conflito**: "competição conscientizada e voltada contra as pessoas"[20], ou também "tipo de luta, consciente e pessoal, dá-se o nome de conflito. A conceituação mais aceita de conflito é, pois, uma contenda entre indivíduos ou grupos, em que cada qual dos contendores almeja uma solução que exclui a desejada pelo adversário"[21].

De acordo com SOUTO e SOUTO[22] o movimento de aproximação ou de afastamento entre polos da interação social explica-se básica e respectivamente pela semelhança (aproximação) ou dessemelhança (afastamento) na relação de que se trate, dos polos de interação. Devendo lembrar apenas que objetivamente considerada, nem sempre a semelhança atrai e nem sempre a dessemelhança afasta, sendo possíveis erros subjetivos nas avaliações de semelhanças ou de dessemelhança.

2.2. Processos Sociais e Conflitos na Formação da Cidadania.

Os conflitos sociais, de acordo com Simmel[23], são formas prevalecentes nas interações de convivência social sendo indubitável afirmar que o conflito possua fundamental relevância sociológica, gerando ou modificando grupos de interesse, unificações, organizações e ousamos acrescentar, na formação da cidadania. Partindo da ideia de que toda interação entre os homens seja socialização, Simmel[24] afirma que o conflito é forma de socialização e das mais intensas, chegando a ser classificado como uma força mais construtiva do que destrutiva e acreditando que harmonia e conflito não são duas situações necessariamente distintas, mas sim dois aspectos da mesma realidade e que o próprio conflito se reproduz junto às ações interativas e relacionais sociais produzidas no interior da sociedade[25].

As causas do conflito representariam um esforço do organismo para livrar-se de seus desajustes e dores e o conflito em si mesmo já seria uma resolução da tensão entre os contrários. Quando considerado enquanto uma forma social, o conflito pode possibilitar momentos de construções e destruições, quer sob as instituições, estruturas, arranjos, processos, relações e interações sociais. É um tempo socialmente espaçado e promotor de indeterminadas formas sociais, e uma expressão das relações existente entre formas e conteúdo.

Sob o aspecto de construção da cidadania, percebemos a importância do conflito uma vez que novas visões de mundo são inseridas gradativamente ao longo da história mediante embates de diversas matrizes.

---

(18) FICHTER, *apud* TABOSA, Agerson. *Op. cit.*, p. 450.
(19) LAKATOS, Eva Maria. MARCONI, Marina de Andrade. *Op. cit.*, p. 125.
(20) PINTO, Agerson Tabosa. *Op. cit.*, p. 451.
(21) LAKATOS, Eva Maria. MARCONI, Marina de Andrade. Sociologia Geral. São Paulo: Atlas, 2006.
(22) SOUTO; SOUTO. *Op. cit.*, p 262.
(23) SIMMEL, G. A natureza sociológica do conflito. In: E. Morais (Org.). Simmel: sociologia. São Paulo: Editora Ática, 1983. p.28.
(24) SIMMEL. *Op. cit.*, p 17.
(25) Simmel ultrapassa o entendimento contido na máxima *vis pacem si para bellum* (se você quiser a paz, prepare-se para a guerra), para designar o atributo positivo do conflito.

Os próprios avanços irresistíveis da modernidade foram emoldurados por acontecimentos que se desenrolaram de forma positivamente conflituosa entre a crise da sociedade feudal no século XIV e as revoluções burguesas dos séculos XVII e XVIII, que deram azo à afirmação histórica da cidadania.

Sob o ponto de vista dessa *positividade sociológica do conflito*, Georg Simmel chega a desenvolver o Princípio da Unidade, chegando a afirmar[26]:

> Para que el individuo logre la unidad de su personalidad, no basta con que los contenidos de la misma se armonicen conforme a unas normas específicas, ya sean religiosas o *éticas;* la contradiccion y el conflicto también intervienen, no ya sólo precediendo la unidad sino em cada momento de la vida del indivíduo. Del mismo modo, los movimentos convergentes de la unidad social están inseparablemente entrelazados con los divergentes. Un grupo exclusivamente centrípeto y armónico, una pura y sencilla "reunion", no sólo no existe em los hechos sino que no encarnaría ningun autentico proceso vital.

Percebemos que em SIMMEL, a pluralidade de pensamentos e contraposição de ideias são os fatores que permitem o nascimento de toda a vivacidade e coesão orgânica da reunião de pessoas, ou seja, tais binômios de modo algum seriam passivos sociológicos ou fatores negativos que a sociedade haveria de superar para poder existir[27], muito pelo contrário, pois como já afirmado, as causas do conflito representariam um esforço do organismo para livrar-se de seus desajustes e dores sendo o conflito uma resolução da tensão entre os contrários.

Partindo da premissa de que o conflito se reproduz junto às ações interativas e relacionais sociais (em todas aquelas produzidas no interior da sociedade) quando considerado enquanto uma forma social, o conflito pode possibilitar momentos de construções e destruições, quer sob as instituições, estruturas, arranjos, processos, relações e ainda interações sociais. O conflito possui seu tempo socialmente contextualizado e ainda como promotor de indeterminadas formas sociais sendo uma expressão das relações existente entre formas e conteúdo.

Sob esta ótica, Georg Simmel aponta uma das virtudes do conflito, chamando-o de atributo positivo, pelo fato de ser criador de um patamar ou tablado social à semelhança de um palco teatral onde as partes podem encontrar-se em um mesmo plano situacional e, desta maneira, forçadamente, impõe-se o nivelamento, ou seja, o conflito possui a capacidade de constituir-se num espaço social, em que o próprio confronto é um ato de reconhecimento e, ao mesmo tempo, produtor de um metamorfismo entre as interações e as relações sociais daí resultantes.

Uma outra característica positiva atribuída, residiria no fato do conflito superar os hiatos e os limites socialmente estabelecidos, ou mesmo, as desigualdades sociais produzidas e estruturadas pelos resultados dos entrelaçamentos ocorridos na sociedade. Para Simmel, o conflito é a substância existente nas mais diversas relações entre os indivíduos na sociedade, destacando-se uma outra dimensão, a de ser ele um encontro social, com a capacidade de produzir resultados e, em virtude disso, considerado como algo socialmente construtivo, na medida em que:

> O próprio conflito resolve a tensão entre contrastes. [...]. Essa natureza aparece de modo mais claro quando se compreende que ambas as formas de relação – a antitética e a convergente – são fundamentalmente diferentes da mera indiferença entre dois ou mais indivíduos ou grupos. (...) o conflito contém algo de positivo[28].

Importante destacar a importância da ambiguidade inerente ao conceito de unidade, pois de acordo com SIMMEL[29]:

> [...] pero la unidad tambien es la síntesis de las personas, de las energías y las formas constitutivas del grupo consideradas en su globalidad final, es decir, incluyendo los factores tanto unitrios como dualistas. Solemos considerar que la unidad del grupo depende exclusivamente de sus elementos específicamente unitarios, y así excluimos el outro sentido, más amplo, de la palabra.

De acordo com José Alcântara Junior[30]:

> A visão de unidade é fundamentada como um eixo explicativo mais complexo. Ao associarmos as lutas aos referenciais negativos, talvez estejamos sendo induzidos a uma determinada "visão social de mundo". É problemático atribuir valor negativo aos processos decorrentes do conflito,

---

(26) SIMMEL. *Op. cit.*, p. 18.
(27) SIMMEL. *Op. cit.*, p. 19.
(28) SIMMEL. *Op. cit.*, p. 17.
(29) SIMMEL. *Op. cit.*, p. 19.
(30) ALCÂNTARA Júnior, José O. Caderno Pós Ciências Sociais – São Luís, v. 2, n. 3, jan./jun. 2005. Disponível em: <http://www.periodicoseletronicos.ufma.br/index.php/rpcsoc/article/view/222/154>. Acesso em: 24 jun. 2014.

em razão de que estaríamos desconhecendo que ele é um dos componentes do processo civilizatório. Esse não somente aniquila antigas ou novas estruturas, ele (re) cria novas formas, ou, as mantém sob determinadas condições.

Diante dessa nova perspectiva de "unidade", o conceito de "conflito" interessante à cidadania não mais trataria a noção de "luta" no seu sentido restrito à labuta humana, mas sim no sentido de que tal conceito contém um "rico cabedal de elementos", à primeira vista psicológicos, mas que a sociologia limitou, com certo desprezo, exclusivamente como uma "dimensão reguladora da vida social", deixando de perceber que trata-se de algo vinculado à substância predominantemente importante nas relações e interações sociais rotineiras.

De acordo com Souto e Souto[31]:

> [...] em qualquer tipo de sociedade, em todos os tempos, a mudança existiu como algo inerente ao sistema social. A sociedade humana tem as características essenciais daqueles que a formam. Ela é então um constante ser (controle) sendo (mudança) para garantir a sua permanência em algum equilíbrio. Pelo fato de a sociedade ser resultante de um número bastante variável de indivíduos interagentes distintos, isto é, diferentes em inteligência, aptidões, forças, interesses etc., as respostas dela levam em consideração essas variações no elaborarem-se as regras adaptáveis à vida em conjunto.

A complexidade do conceito de unidade é ainda esclarecida por Simmel explicando que cada indivíduo acaba contribuindo para a formação do coletivo com seus fatos individuais, seus sentimentos mesclados pela justaposição de várias pulsões individuais que convergirão para a formação da efetiva unidade do coletivo, pois de acordo com Simmel[32], "os momentos da vida psíquica de cada indivíduo não estão vinculados entre si por um só fio, embora tenda-se a representá-los pelo pensamento analítico para poder aproximar a compreensão da impenetrável unidade da alma".

Diversas passagens abordam o conceito de complexidade da unidade mediante suas energias criadoras internas, surgidas com o advento da vida coletiva para a formação dos processos sociais, vejamos:

> Si, por lo tanto, las relaciones conflictivas no producen por si solas una forma social sino que operan siempre en conjunción con energías creadoras de unidad, cabe concluir que para constituir una unidad viva se necessitan ambos tipos de tendencia y, tanbién, que las de tipo antagónico no son muy distintas de aquellas que la sociologia acostumbra a subrayar em el estudio de la complejidad de la existencia real[33].

> Estas energías se limitany modifican mutuamente hasta formar la imagen de la realidad que la misma realidad ha generado de una manera más sencilla y unitaria pero que nuestro entendimiento no puede comprender directamente[34].

> Todo esto, próprio de la vida psíquica, suelen ser hechos unitarios, pero, al no ser capaces de definirlos directamente como tales, recurrimos a todo tipo de analogías, de motivos previos o consecuencias externas para representarnos el conjunto de los multiples elementos psicológicos[35].

> No es cierto que la vida colectiva sería más rica y plena si se eliminaran las energías repulsivas que, consideradas aisladamente, son también destructivas: el resultado sería tan distorsionado e irrealizable como el que resultaría de pretender eliminar las energias cooperativas, la simpatía, la solidaridad o la convergência de interesses[36].

> Toda la organización de la vida urbana descansa en una gradación extremadamente variada de simpatias, indiferencias y aversiones, tanto momentáneas como duraderas. Lo que puede parecer como un elemento de dissociación es, en realidad, una de las formas elemntales de socialización en la ciudad[37].

Em síntese, podemos afirmar com base em Simmel, que a realidade social é caracterizada por uma complexidade de sub-realidades individuais em permanentes interações onde o todo não é igual à soma das partes. Cada parte individual interage significativamente com outras partes individuais que por fim caracterizam a complexidade da sociedade, compa-

---

(31) SOUTO e SOUTO. Op. cit., p. 336.
(32) SIMMEL. Op. cit., p. 23.
(33) SIMMEL, Ibid., p 22
(34) SIMMEL, Ibid., p 22 e 23.
(35) SIMMEL, Ibid., p 23.
(36) SIMMEL. Ibid., p. 20.
(37) SIMMEL. Ibid., p. 22.

rando tal conceito com o de força resultante da física vetorial clássica[38].

Surge assim uma nova concepção de cidadania. Uma visão que não seja antropocêntrica, a qual julga que homem deve ter uma função única ou central nesse sistema vivo. Percebemos que o conceito de cidadania é construído pela ação dos indivíduos que a compõe e dentro de grupos sociais organizados. Mostrando que além dos direitos políticos herdados dos gregos, desenvolvemos nossos próprios deveres políticos de forma sempre dinâmica e sistêmica. Deveres construídos com base na noção sistêmica de cidadania e sempre manifestando a importância do coletivo para os indivíduos.

2.3. A Expansão Social Originada pelo Conflito

De acordo com Simmel[39] a positividade sociológica do conflito em uma sociedade decorre do fato de que toda unidade conhecida contém, além dos fatores que a unem, outros que trabalham contra sua unidade, assim sendo:

> los movimentos convergentes de la unidad social están inseparablemente entrelazados com los divergentes. Un grupo exclusivamente centrípeto y armónico, una pura y sencilla "reunión", no sólo no existe en los hechos sino que no encarnaría ningun auténtico processo vital (...) Al igual que el cosmos, para tener forma, necessita "amor y odio", fuerzas de atracción y de repulsión, la sociedad necessita un combinado de armonía y disonancia, de asociación y lucha, de simpatía y antipatía para definir su forma.

Visto dessa forma, em uma sociedade, os movimentos sociais possuem força para através do conflito promover a sua expansão social, já que um movimento social é uma ação coletiva em busca de mudanças (sociais, políticas, religiosas, culturais etc.) dentro de um contexto específico e cercado por tensões sociais. Dessa forma, os movimentos sociais adquirem um ponto de vista diferente quando visto sob o ângulo do caráter sociologicamente positivo do conflito, ou como afirmou Simmel para promover a expansão da sociedade.

De acordo com Mauro e Pericás[40]:

> Os movimentos sociais, na prática, são a representação da sociedade como organização, que os utiliza como instrumentos de ação num contexto histórico específico. O conflito de classe e os acordos políticos são consequentemente, canais dos movimentos para atingir seus fins.

Dessa forma, a ocorrência de movimentos sociais como forma de manifestação e reivindicação é de fundamental importância para a própria expansão de determinada sociedade e a afirmação dos seus aspectos de cidadania uma vez que, de acordo com Simmel: "*a sociedade não resulta apenas de forças sociais que lhes são positivas, e apenas na medida em que fatores negativos não as impeçam*".

Os movimentos sociais mundiais funcionariam então como movimentos de afirmação da cidadania, não fugindo às perspectivas simmelianas de ser o conflito uma força mais construtiva do que destrutiva e de sua fundamental relevância sociológica, gerando ou modificando grupos de interesse, unificações, organizações ou pontos de vistas.

Independentemente dos aspectos axiológicos diretamente envolvidos em cada específico conflito, podemos afirmar que ao longo da história as manifestações ou protestos realizados em determinado país representaram uma reação de caráter público onde os manifestantes se organizaram com o objetivo de terem suas opiniões ouvidas, quer seja tentando influenciar indiretamente a política de governo, quer seja modificando diretamente as estruturas vigentes, mas sempre deixando claro que harmonia e conflito não são realidades distintas mas apenas dois aspectos da mesma realidade e que o próprio conflito já representaria uma resolução em si da tensão entre os contrário, representando um esforço do organismo para livrar-se de seus desajustes e dores.

Percebemos dessa forma a importância do conflito para a conquista de relevantes aspectos de cidadania considerando que o surgimento de tais conflitos representa verdadeiros esforços dos respectivos organismos para pacificação interna através da resolução da tensão entre os polos contrários. Geralmente são as partes que mais se sentem necessitadas ou desprivilegiadas que dão azo ao surgimento do conflito para resolver a tensão e livrar-se de seus desajustes e dores.

De acordo com Marco Mondaini[41]:

> Uma nova visão de mundo exige, pois, o severo questionamento dos princípios embasadores do sistema estamental de privilégios, a mudança

---

(38) Quando várias forças atuam num corpo ao mesmo tempo, a melhor forma de estudar o comportamento do corpo quando sujeito a essas forças é determinar a Força Resultante que nele atua.
(39) SIMMEL. *Op. cit.*, p 18 e 19.
(40) MAURO, Gilmar e PERICÁS, Luiz B. *Capitalismo e Luta Política no Brasil na virada do milênio*. São Paulo: Ed. Xamã, 2001. p. 54.
(41) MONDAINI, Marco. O Respeito aos Direitos dos Indivíduos, *in* PINSKY, Jaime; PINSKY, Carla Bassanezi (orgs). História da Cidadania. 2. ed. São Paulo: Contexto, 2003. p. 116.

revolucionária da percepção da desigualdade entre os homens como fato natural e/ou instituído pela vontade divina e, por isso mesmo, fadado à eternidade.

Nas palavras de Jânio Nunes Vidal[42]:

> [...] numa sociedade marcada pela pluralidade, com distintas concepções de mundo, além de estar assegurada a participação política de todos da formação da vontade coletiva, é imprescindível que não se criem obstáculos indevidos a atuação de determinados grupos que se encontram precisamente entre aqueles que mais necessitam dos direito e garantias associados à realização da cidadania.

É notório que quando considerado como um produto social, o conflito pode possibilitar momentos de construções e destruições, quer sob as instituições, estruturas, arranjos, processos, relações e interações sociais. É um tempo socialmente espaçado e promotor de indeterminadas rearranjos sociais, e uma expressão das relações existente entre formas e conteúdo.

A positividade sociológica decorrente do conflito é o fator que dentre outras funções representa um esforço do organismo social para livrar-se de seus desajustes e dores e o conflito em si mesmo já seja uma resolução da tensão entre os contrários, seja superando os hiatos e os limites socialmente estabelecidos, ou mesmo, as desigualdades sociais produzidas e estruturadas pelos resultados dos entrelaçamentos ocorridos na sociedade.

3. CIDADANIA E O DIREITO

A afirmação da cidadania passa inevitavelmente pelo embate ideológico da conquista de novos direitos, pois o que se transforma ao longo dos tempos, são as formas e os graus de participação dos indivíduos perante a sociedade, ambos plenamente regulados pelo Direito.

Dalmo de Abreu Dallari[43] esclarece que:

> A cidadania expressa um conjunto de direitos que dá à pessoa a possibilidade de participar ativamente da vida e do governo de seu povo. Quem não tem cidadania está marginalizado ou excluído da vida social e da tomada de decisões, ficando numa posição de inferioridade dentro do grupo social.

Ocorre que o surgimento dos Direitos referentes à cidadania não surgiu de maneira brusca ou inesperada ao longo da história humana. Conforme já salientamos, tal surgimento caminha de mãos dadas com a própria evolução da cidadania e são construídos paulatinamente ao longo da própria história humana.

Os séculos XIX e XX foram responsáveis por progressos significativos no campo do Direito que repercutiram mundialmente com uma nova visão de cidadania. Em termos históricos, temos tanto a Revolução Francesa como a Revolução Americana que inauguraram no contexto mundial um novo tipo de estado social fundado nos ideais de liberdade, igualdade e fraternidade (lema da Revolução Francesa) contribuindo definitivamente tanto para a formação do Estado moderno como ainda pela inclusão social das camadas sociais mais desprivilegiadas.

3.1. As Revoluções Liberais

As conhecidas Revoluções Liberais (Revolução Americana e Francesa) representaram o fim das estruturas do Antigo Regime enterrando definitivamente com os ideais da sociedade monárquica e dos seus valores baseados na hereditariedade e na organização corporativa. Tais revoluções representaram o surgimento de uma nova classe dominante (burguesia), de florescimento de novas instituições constitucionais perante uma nova ordem internacional. Surge então um regime republicano grávido de ideias de liberdades que privilegiavam a ascensão social de acordo com a Meritocracia.

As Revoluções Liberais propiciaram o nascimento do ideal de liberdade política sob a influência de filósofos iluministas ingleses e franceses, como John Locke, Montesquieu, Voltaire e Jean-Jacques Rousseau, com extrema influência na economia através da máxima *Laissez faire, laissez passer, le monde va de lui même*. Conhecida como Época das Luzes, essa fase de gestação de ideais e princípios liberais, expandiu-se e irradiou os ideais liberais e revolucionários por todo o mundo.

Nas palavras de Marco Mondaini[44]:

> A cidadania liberal, no entanto, foi um primeiro – e grande – passo para romper com a figura do súdito que tinha apenas e tão somente deveres a prestar. Porém, seus fundamentos universais ("todos são iguais perante a lei") traziam em

---

(42) VIDAL, Jânio Nunes. A Voz das ruas como instrumento de participação política. Liberdade de reunião e de manifestação no estado democrático de direito. 25 Anos da Constituição de 1988: os direitos fundamentais em perspectiva. Paulo Rogério Marques de Carvalho, Maria Vital da Rocha, organizadores. Fortaleza: Expressão Gráfica, 2013. p. 177.

(43) DALLARI, Dalmo de Abreu. *Direitos Humanos e Cidadania*. São Paulo: Moderna, 1999. p. 14.

(44) MONDAINI, Marco. *Op. cit.*, p. 131.

si a necessidade histórica de um complemento fundamental: a inclusão dos despossuídos e o tratamento dos "iguais com igualdade" e dos "desiguais com desigualdade". Para tal fim, por uma "liberdade positiva", é que virá à tona nos séculos vindouros a luta por igualdade política e social, tarefa árdua a ser conquistada não mais pelos liberais, mas regularmente contra eles, pelas forças democráticas e socialistas. Uma luta contínua que não cessa até o tempo presente.

Os ideais iluministas expandem-se dando origem às teorias contratualistas, cuja ideia essencial defende a criação do Estado com base em um acordo livre de vontades, um pacto que na concepção dos filósofos iluministas, constitui um meio de defesa dos direitos inerentes ao próprio homem, ou seja, o homem passa a abandonar o *estado de natureza* e cria o Estado como entidade política para garantir e proteger os seus direitos naturais.

De acordo com Locke[45]:

> os homens não se disporiam a abdicar da liberdade do estado de natureza e a se submeter (à sociedade e ao governo), não fosse para preservarem suas vidas, liberdades e bens e, através de regras estabelecidas de direito e propriedade, assegurar sua paz e tranquilidade.

Em 1776, os Estados Unidos da América assinalam a sua Declaração de Independência representando a primeira grande implantação dos princípios de igualdade dos direitos políticos e da liberdade do indivíduo e passam a adotar uma Constituição oriunda de uma declaração de direitos, conhecida como Declaração de Direitos de Virgínia que dentre outras[46] declarações de direitos, serviu de inspiração para a Declaração de Independência dos Estados Unidos (também de 1776).

A independência dos Estados Unidos da América trouxe importantes implicações para a história diante de uma nova concepção política e promovendo transformações importantes nos conceitos de liberdade e cidadania.

A França, diretamente inspirada pelos resultados da Revolução Americana, inicia sua própria Revolução em 1789, abrindo na Europa a era do liberalismo político, do fim dos regimes absolutos e passa a ser o marco da passagem para a Idade Contemporânea.

Como principal produto da Revolução Francesa temos a Declaração dos Direitos do Homem e do Cidadão de 1789 que proclamou as liberdades e os direitos da pessoa humana a partir do princípio básico de que todos os homens nascem livres e com direitos iguais.

Os artigos da Declaração de 1789 foram adotados como preâmbulo da Constituição Francesa de 1791 e também o mais importante texto inspirador da Declaração Universal dos Direitos do Homem de 1948[47].

Importante destacar com Nilo Odalia[48] que:

> Quando falamos, escrevemos ou pensamos sobre cidadania, jamais podemos olvidar que ela e uma lenta construção que se vem fazendo a partir da Revolução Inglesa, no século XVII, passando pela Revolução Americana e Francesa e, muito especialmente, pela Revolução Industrial, por ter sido esta que trouxe uma nova classe social, o proletariado, à cena histórica. Herdeiro da burguesia, o proletariado não apenas dela herdou a consciência histórica do papel de força revolucionária como também buscou ampliar nos séculos XIX e XX os direitos civis que ajudou a burguesia a conquistar por meio da Revolução Francesa.

Saltando historicamente para outros importantes conflitos que contribuíram para a construção teórica mundial da cidadania, temos as duas guerras mundiais, principalmente devido ao medo advindo das atrocidades praticadas e alicerçadas pela legalidade reinante à época, passando a cidadania a ser algo indissociável dos direitos humanos, entendidos como direitos básicos de todos os seres humanos.

Após o término da Segunda Guerra Mundial e com a criação da Organização das Nações Unidas (ambas em 1945), líderes mundiais decidiram complementar a promessa da comunidade internacional de nunca mais permitir os horrores vistos na guerra e elaboraram um guia para garantir os direitos de todas as pessoas e em todos os lugares do globo, ou seja, foram os efeitos da Segunda Guerra Mundial que inspiraram o surgimento da Declaração Universal dos Direitos Humanos em 1948 (DUDH).

De acordo com George Marmelstein[49]:

> Com o término da Segunda Guerra Mundial e a queda do regime nazista, os juristas europeus,

---

(45) Locke, Segundo Tratado de Governo Civil in *Dois Tratados sobre o Governo*.
(46) Também são exemplos: a Carta dos Direitos dos Estados Unidos (de 1789) e a Declaração dos Direitos do Homem e do Cidadão francesa (também de 1789).
(47) Declaração dos Direitos do Homem e do Cidadão 1789, Art. 1º: Os homens nascem e são livres e iguais em direitos. As distinções sociais só podem fundamentar-se na utilidade comum.
(48) ODALIA, Nilo. In PINSKY, Jaime e PINSKY, Carla Bassanezi (orgs). História da Cidadania. 2. ed. São Paulo: Contexto, 2003. p. 168.
(49) MARMELSTEIN, George. Curso de Direitos Fundamentais. São Paulo: Atlas, 2008. p. 10.

especialmente os alemães, passaram por uma profunda crise de identidade, típica de qualquer fase de transição[50].

E continua:

> De acordo com essa ideia, o direito positivo tem uma validade (força obrigatória) e suas normas devem ser obedecidas incondicionalmente pelas autoridades públicas e pelos cidadãos, independentemente de seu conteúdo. Assim não caberia ao jurista formular qualquer valor acerca do direito. Se a norma fosse válida deveria ser aplicada incondicionalmente[51].

Surgiu então o pós-positivismo, com a característica de aceitar princípios constitucionais como verdadeiras normas jurídicas, a partir da necessidade de desenvolver uma teoria jurídica mais comprometida com os valores humanitários e que ao mesmo tempo buscasse o resgate incondicional da dignidade da pessoa humana. Tal objetivo foi atingido com a Carta das Nações Unidas, assinada a 20 de junho de 1945.

A Carta das Nações Unidas expressou o desejo dos povos do mundo inteiro em determinar a preservação de gerações futuras de qualquer outro possível flagelo de guerra, mediante a proclamação da crença na fé nos direitos fundamentais do Homem mediante a dignidade da pessoa humana, na igualdade de direitos e no comprometimento com o progresso social através de melhores condições de vida e de liberdade.

3.2. A Declaração Universal dos Direitos Humanos de 1948 e os Direitos Humanos.

Com o advento da Declaração Universal dos Direitos Humanos de 1948 (DUDH), a expressão Direitos Humanos passou a significar determinados valores imprescindíveis de positivação na esfera do direito internacional, protetores da própria dignidade da pessoa humana.

Flávia Piovesan[52] explica sobre a Declaração Universal dos Direitos Humanos de 1948:

> Esta Declaração se caracteriza, primeiramente por sua amplitude. Compreende um conjunto de direitos e faculdades sem as quais um ser humano não pode desenvolver sua personalidade física, moral e intelectual. Sua segunda característica é a universalidade: é aplicável a todas as pessoas de todos os países, raças, religiões e sexos, seja qual for o regime político dos territórios nos quais incide.

Embora tecnicamente seja uma Recomendação, não possuindo força obrigatória, a DUDH serviu de base a outros tratados que também foram responsáveis por avanços significativos, tais como: o Tratado Internacional dos Direitos Civis e Políticos e o Tratado Internacional dos Direitos Econômicos, Sociais e Culturais.

Houve um resgate dos ideais das Revoluções Liberais, retomando os esquecidos valores supremos da igualdade, da liberdade e da fraternidade entre os homens. A DUDH se abre com a afirmação solene de que *"todos os homens nascem livres e iguais em dignidade e direitos; são dotados de razão e consciência e devem agir em relação uns aos outros com espírito de fraternidade"*[53], conhecido como Princípio da Igualdade.

Consolidou-se assim o Princípio da Igualdade, essência de todo ser humano em sua dignidade plena de pessoa, sendo tal princípio o fundamento de toda existência humana, todos os seus valores, sem distinções de raça, cor, sexo, língua, religião, opinião, origem nacional ou social, riqueza, nascimento, ou qualquer outra condição, como se diz no art. II da DUDH[54].

Surge assim o conceito de Direitos Humanos entendidos como direitos válidos para todos os povos e em todos os tempos que advêm da própria natureza humana, possuindo caráter inviolável, intemporal e universal (dimensão jusnaturalista-universalista).

De acordo com Flavia Piovesan[55]:

> Enquanto reivindicações morais, os direitos humanos são fruto de um espaço simbólico de luta e ação social, na busca por dignidade humana, o que compõe um construído axiológico emancipatório. Como leciona Norberto Bobbio, os direitos humanos nascem como direitos naturais universais, desenvolvem-se como direitos positivos particulares (quando cada Constituição in-

---

(50) Conforme visto no tópico 2 do presente trabalhos sobre o papel social do conflito na visão de Georg Simmel.
(51) *Op. cit.*, p 10.
(52) PIOVESAN, Flávia. *Direitos Humanos e o Direito Constitucional Internacional*. 10. ed. rev. e atual. São Paulo: Saraiva, 2000. p. 138.
(53) DUDH, art. 1º.
(54) DUDH, art. 2º: Todos os seres humanos podem invocar os direitos e as liberdades proclamados na presente Declaração, sem distinção alguma, nomeadamente de raça, de cor, de sexo, de língua, de religião, de opinião política ou outra, de origem nacional ou social, de fortuna, de nascimento ou de qualquer outra situação. Além disso, não será feita nenhuma distinção fundada no estatuto político, jurídico ou internacional do país ou do território da naturalidade da pessoa, seja esse país ou território independente, sob tutela, autônomo ou sujeito a alguma limitação de soberania.
(55) *Op. cit.*, p. 112.

corpora Declarações de Direitos) para finalmente encontrar a plena realização como direitos positivos universais.

Temos também a lição de Alexandre de Moraes[56]:

> Os Direitos Humanos surgem como resposta à necessidade de limitação e controle dos abusos de poder do próprio Estado e de suas autoridades constituídas e a consagração dos princípios básicos da igualdade e da legalidade como regentes do Estado moderno e contemporâneo.

E continua:

> os direitos humanos fundamentais, portanto, colocam-se como uma das previsões absolutamente necessárias a todas as Constituições, no sentido de consagrar o respeito à dignidade humana, garantir a limitação de poder e visar ao pleno desenvolvimento da personalidade humana[57].

A noção de cidadania agora estava atrelada ao direito de exigir do Estado condutas negativas e positivas, significando a futura implementação de direitos fundamentais individuais e sociais, intimamente ligados aos direitos humanos e superando definitivamente o antigo conceito restritivo de cidadania.

A DUDH ao longo dos seus 17 artigos consolidou os direitos das três dimensões (ou gerações): 1ª dimensão (Direitos Civis e Políticos ou Direitos de Liberdade), 2ª dimensão (direitos sociais, econômicos e culturais ou Direitos de Igualdade) e 3ª dimensão (direitos difusos ou Direitos de Fraternidade), nas palavras de Dalmo de Abreu Dallari[58]:

> O exame dos artigos da declaração revela que ela consagrou três objetivos fundamentais: a certeza dos direitos, exigindo que haja uma fixação prévia e clara dos direitos e deveres, para que os indivíduos possam gozar dos direitos ou sofrer imposições; a segurança dos direitos, impondo uma série de normas tendentes a garantir que, em qualquer circunstância, os direitos fundamentais sejam respeitados; a possibilidade dos direitos, exigindo que se procure assegurar a todos os indivíduos os meios necessários à fruição dos direitos, não se permanecendo no formalismo cínico e mentiroso da afirmação de igualdade de direitos onde grande parte do povo vive em condições sub-humanas.

A DUDH seguramente é a mais importante conquista dos direitos humanos fundamentais em nível internacional, elaborada a partir da previsão da Carta da ONU de 1944 que em seu art. 55 estabeleceu a necessidade de os Estados-partes promoverem a proteção dos direitos humanos, afirmando assim tanto o reconhecimento como a proteção da dignidade humana inerente a todo ser humano de forma incondicional e inalienável, como fundamento da paz, justiça e liberdade.

Resta ainda esclarecer que a DUDH prevê somente normas de direito material, não estabelecendo nenhum órgão jurisdicional internacional com a finalidade específica de garantir a eficácia dos princípios e direitos nela previstas. O Brasil ratificou a DUDH na própria data de sua adoção e proclamação, 10 de outubro de 1948.

3.3. Direitos Fundamentais

Os primeiros direitos fundamentais foram positivados como fruto do movimento constitucionalista do final do século XVIII como fruto de um debate constante entre a lenta afirmação das ideias de liberdade e dignidade humana com as crescentes técnicas de reconhecimento do direito positivo, percorrendo os direitos fundamentais diversas etapas ao longo da história humana.

A própria definição do que sejam os Direitos Fundamentais é tarefa complexa exatamente pela falta de um fundamento absoluto sobre o qual caracterizá-los visando o correto cumprimento ou até mesmo pela falta específica do instrumento de coação para sua inobservância de maneira universal.

A Unesco[59] define genericamente os direitos humanos fundamentais como "uma proteção de maneira institucionalizada dos direitos da pessoa humana contra os excessos do poder cometidos pelos órgãos do Estado, e por outro, regras para se estabelecerem condições humanas de vida e desenvolvimento da personalidade humana".

Paulo Bonavides[60] citando Carl Smith destaca:

> Os direitos fundamentais propriamente ditos são, na essência, os direitos do homem livre e isolado, direitos que possui em face do Estado. E

---

(56) MORAES, Alexandre de. *Direitos Humanos Fundamentais*: teoria geral, comentários aos arts. 1º a 5º da Constituição da República Federativa do Brasil, doutrina e jurisprudência. 6. ed. São Paulo: Atlas, 2005. p. 1.
(57) MORAES, *Ibid.*, p. 2.
(58) DALLARI, Dalmo de Abreu. *Elementos de Teoria Geral do Estado*. 16. ed. São Paulo: Saraiva, 1999. p. 179.
(59) *Les dimensions internationales des droits de l'homme*. Unesco, 1978. p. 11.
(60) BONAVIDES, Paulo. *Curso de direito constitucional*. 28. ed. atualizada. Malheiros, 2013. p. 579.

acrescenta: numa acepção estrita são unicamente os direitos de liberdade, da pessoa particular, correspondendo de um lado ao conceito do Estado burguês de Direito, referente a uma liberdade, em princípio ilimitada diante de um poder estatal de intervenção, em princípio limitado, mensurável e controlável.

Já Perez Luño[61] define direitos fundamentais como sendo:

> Um conjunto de faculdades e instituições que, em cada momento histórico, concretizam as exigências da dignidade, da liberdade e da igualdade humanas, as quais devem ser reconhecidas positivamente pelos ordenamentos jurídicos em nível nacional e internacional.

José Afonso da Silva[62] define como "prerrogativas e instituições que o Direito Positivo concretiza em garantias de uma convivência digna, livre e igual de todas as pessoas".

Já George Marmelstein[63] define como:

> Normas jurídicas, intimamente ligadas à idéia de dignidade da pessoa humana e de limitação do poder, positivadas no plano constitucional de determinado Estado Democrático de Direito, que, por sua importância axiológica, fundamentam e legitimam todo o ordenamento jurídico.

Percebemos o elemento comum indissociável à noção de Direitos Fundamentais que é a necessidade de positivação em determinado ordenamento jurídico, sendo fundamentais em razão de sua juridicidade, embora seja possuidor conteúdo filosófico que antecede o próprio direito.

Na essência dos direitos fundamentais, pode-se considerar vários níveis de análise: filosófico, cultural (sobre as ideias em movimento), político constitucional (movimentos políticos e aprovação de documentos constitucionais) e técnico jurídicos (domínio da ciência do direito), mas definitivamente os direitos fundamentais surgem no plano das ideias com a filosofia associada ao surgimento de valores humanos derivados da dignidade humana, autonomia individual e participação política.

No plano político a sua origem remonta às guerras religiosas dos séculos XVI e XVII e nas três revoluções, já comentadas, que lhes estão associadas: Revolução Gloriosa precedida pela Revolução Inglesa, a Revolução Americana e a Revolução Francesa, estas constituindo o cenário que redundou no reconhecimento dos direitos individuais na Europa e no mundo, devido gerarem grandes transformações políticas.

Já no plano jurídico, sua origem remonta aos seguintes marcos jurídicos fundadores: *Habeas Corpus Act* de 1679 e *Bill of Rights* inglês de 1689) bem como na Declaração de Direitos da Virgínia (1776) e na Declaração de Direitos do Homem e do Cidadão de 1789.

Os direitos fundamentais possuem diversas características que os diferem de outros direitos. Possuem a **Historicidade** (no sentido de pertencerem à específico contexto histórico), a **Imprescritibilidade** (não perdendo sua força ao longo do tempo), a **Inviolabilidade** (no sentido de não poder ser desrespeitados sob nenhum aspecto) a **Universalidade** (sendo dirigidos a todo ser humano em geral sem restrições, independentemente de raça, credo, nacionalidade ou ideologia política), a **Irrenunciabilidade** (caracterizada pela impossibilidade de renúncia sob quaisquer aspectos), a **Simultaneidade** (possibilidade de existência juntamente com outros direitos fundamentais) e a **Efetividade** (entendida como a busca da verdadeira efetivação).

Com o avanço dos estudos em torno dos direitos fundamentais a doutrina jurídica[64] costuma classificar os direitos fundamentais em três dimensões ou gerações de direitos[65], já sendo inclusive atribuídas a quarta e a quinta geração[66].

Os direitos fundamentais de primeira dimensão caracterizaram-se como o *non facere* do Estado, ou seja, prestação negativa impositora de limites ao Estado. Tal não intervencionismo na esfera particular, garantia uma autonomia individual em face do poder estatal. Como exemplos podemos citar o direito à vida, à liberdade, à propriedade e à igualdade perante a lei.

A segunda dimensão dos direitos fundamentais, surgiu no século XIX e caracterizava-se como uma prestação positiva do Estado, um *facere* e gravitou em torno de movimentos sociais contestatórios de-

---

(61) CASTRO, J.L. Cascajo, LUÑO, Enrique Pérez. *Los Derechos humanos: significacion, estatuto jurídico y sistema*. Sevilha: Universidade de Sevilla, 1979. p. 43. *Apud* MORAES, Alexandre de. *Direitos Humanos Fundamentais*: teoria geral, comentários aos arts 1º a 5º da Constituição da República Federativa do Brasil, doutrina e jurisprudência. 6. ed. São Paulo: Atlas, 2005.

(62) SILVA, José Afonso. *Curso de Direito Constitucional Positivo*. 15. ed. São Paulo: Ed. Malheiros, 1998.

(63) *Op. cit.*, p. 20.

(64) Sendo atribuída a Karel Vasak o mérito de primeiro propor uma divisão dos direitos fundamentais em três gerações.

(65) Existem críticas à nomenclatura "gerações de direitos" por entender que tal classificação toma inaceitavelmente os direitos humanos de maneira dividida, quando na verdade os direitos são indivisíveis e inter-relacionados.

(66) Por todos, citamos Paulo Bonavides que ensina em seu Curso de Direito Constitucional (2013) ser o a Paz um direito de 5ª geração/dimensão.

correntes de diversos problemas sociais ocorridos em decorrência da industrialização. Com o advento da moderna industrialização os direitos de primeira geração (liberdade e a igualdade formais) não mais bastavam para a efetivação da paz social e passou a surgir a necessidade de novos direitos fundamentais para que o indivíduo passasse a alcançar o direito a prestações sociais estatais. Podemos exemplificar a segunda geração com a assistência social, saúde, educação, trabalho, bem como as denominadas *liberdades sociais*, quais sejam: liberdade de sindicalização, do direito de greve, férias, repouso semanal remunerado, salário mínimo, limitação da jornada de trabalho etc.

A terceira dimensão destinou-se à proteção de uma coletividade, mediante a positivação dos direitos de fraternidade e solidariedade, como exemplos: os direitos à paz, à autodeterminação dos povos, ao desenvolvimento, ao meio ambiente e qualidade de vida, à comunicação, à conservação e utilização do patrimônio histórico e cultural.

Os Direitos Fundamentais são anteriores à própria ideia de constitucionalismo que "tão somente consagrou a necessidade de insculpir um rol mínimo de direitos humanos em um documento escrito, derivado diretamente da soberana vontade popular[67]." Em simples palavras, a Constituição com o advento do constitucionalismo passou a refletir tão somente a positivação dos Direitos Fundamentais no âmbito interno de cada Estado. A constitucionalização surgiu justamente com os movimentos que formaram o ápice da institucionalização dos Direitos Fundamentais.

O constitucionalismo passou a formalmente regular as atividades dos governantes e suas relações com os governados: "*Em vez de os indivíduos estarem à mercê do soberano, eles agora possuem direitos contra ele, imprescritíveis e invioláveis*"[68].

Em razão da importância da Constituição material, surge então a necessidade de redigi-la em um documento solene, agora denominada Constituição formal. Sobre a Constituição formal, Kelsen[69] afirma: "um conjunto de normas jurídicas que pode ser modificado apenas com a observância de prescrições especiais cujo propósito é tornar mais difícil a modificação dessas normas".

A partir de então, como herança do constitucionalismo formal, as Cartas Constitucionais, na forma como hoje são conhecidas, são um reflexo da positivação dos Direitos Fundamentais, do que derivou a rigidez e supremacia constitucional que predominam no Estado de Direito.

3.4. Direitos Sociais

Os Direitos Sociais, dentro do quadro dos Direitos Fundamentais, pertencem ao grupo dos chamados direitos de 2ª geração ou "direitos positivos", ou seja, daqueles direitos a uma "prestação" do Estado ou do particular, diferentemente dos direitos da 1ª geração denominados "direitos negativos" por dizerem respeito à não intervenção do Estado.

O surgimento dos Direitos Sociais teve origem com o advento da Revolução Industrial que proporcionou significativo avanço econômico durante o século XIX mediante o desenvolvimento de técnicas de produção em grande escala, mas também provocou enormes sacrifícios da população, em especial, a classe dos trabalhadores.

Paulo Bonavides[70] afirma:

A produção em grande escala, o crescimento econômico e o aumento de riqueza de uma minoria, desencadeou inúmeros problemas sociais, gerando, consequentemente insatisfação da população. A igualdade e a liberdade eram estritamente formais (prescrição do sistema liberal), já que a maioria da sociedade, com exceção dos culturadores da *Bela Época*, era oprimida, restando tão somente a liberdade de morrer de fome.

> Ironicamente o mesmo sistema liberal que inibia a atuação estatal, provocou diretamente o aumento das desigualdades sociais, que por sua vez provocou o início de uma série de transformações em busca de igualdade formal e material. Eis o cenário para a luta em torno do surgimento dos direitos sociais de 2ª geração.

Sarlet[71] afirma que:

> O impacto da industrialização e os graves problemas sociais e econômicos que a acompanharam, as doutrinas socialistas e a constatação de que a consagração formal de liberdade e de igualdade não gerava a garantia de seu efetivo gozo acabaram, já no decorrer do século XIX,

---

(67) MORAES. *Op. cit.*, p. 19
(68) MIRANDA, Jorge. *Teoria do Estado e da Constituição*. Rio de Janeiro: Forense, 2002. p. 326.
(69) KELSEN, Hans. *Teoria geral do direito e do Estado*. 3. ed. Tradução de Luís Carlos Borges. São Paulo: Martins Fontes, 1998. p. 182.
(70) BONAVIDES, Paulo. *Do Estado liberal ao estado social*. São Paulo: Malheiros, 1980. p. 31.
(71) SARLET, Ingo Wolfgang. *A eficácia dos direitos fundamentais*. 9. ed., rev., ampl. Porto Alegre: Livraria do Advogado, 2008. p.55.

gerando amplos movimentos reivindicatórios e o reconhecimento progressivo de direitos atribuindo ao Estado comportamento ativo na realização da justiça social.

A significativa insatisfação popular em busca de novas garantias sociais era refletida em diversos cenários. A conquista dos Direitos Fundamentais Trabalhistas e Previdenciários representa o resultado desse clamor da população visando à diminuição das desigualdades sociais mediante um maior amparo estatal diante do sistema liberal então vigente.

Como exemplos de conquistas temos a Constituição Francesa de 1848[72] que expressamente consagrou direitos econômicos e sociais. A encíclica *Rerum Novarum* em 1891 criticava explicitamente as condições da vida das classes trabalhadoras e apoiava abertamente o reconhecimento de vários direitos trabalhistas, a primeira revolução socialista na Rússia em 1917, no mesmo ano a Constituição mexicana prescrevia o reconhecimento de direitos sociais; em 1919, a Constituição alemã, também reconheceu direitos sociais, no mesmo ano nasceu o Tratado de Versalhes, que além de outras diretrizes, versava sobre a constituição da Organização Internacional do Trabalho – OIT, em 1931 a Constituição espanhola e, em 1934, temos a Constituição brasileira que detinha um capítulo versando sobre à ordem econômica e social.

José Afonso da Silva[73] conceitua Direitos Sociais como sendo:

> prestações positivas proporcionadas pelo Estado direta ou indiretamente, enunciadas em normas constitucionais, que possibilitam melhores condições de vida aos mais fracos, direitos que tendem a realizar a igualização de situações sociais desiguais. São, portanto, direitos que se ligam ao direito de igualdade.

Já Uadi Lammêgo Bulos[74]:

> prestações qualificam-se como positivas porque revelam um fazer por parte dos órgãos do Estado, que têm a incumbência de realizar serviços para concretizar os direitos sociais", e acrescenta que sua finalidade "é beneficiar os hipossuficientes, art. 5º, § 1º.assegurando-lhes situação de vantagem, direta ou indireta, a partir da realização da igualdade real.

Por sua vez André Ramos Tavares[75] conceitua direitos sociais como: "direitos que exigem do Poder Público uma atuação positiva, uma forma atuante de Estado na implementação da igualdade social dos hipossuficientes. São, por esse exato motivo, conhecidos também como direitos a prestação, ou direitos prestacionais".

A realização dos direitos fundamentais sociais não depende unicamente da institucionalização de uma ordem jurídica nem tão pouco de uma mera decisão política dos órgãos do governo, mas da conquista de uma ordem social em que impere uma justa distribuição dos bens, a qual só poderá ser alcançada de modo progressivo num sistema constitucional pluralista.

As normas consagradoras dos direitos fundamentais sociais devem configurar-se como normas abertas de modo a possibilitar diversas concretizações e o destinatário de alguns dos direitos fundamentais sociais não é unicamente o estado, mas a generalidade dos cidadãos.

Já a importância dos direitos sociais deve-se ao fato de serem dirigidos diretamente para a tutela dos hipossuficientes, protegendo setores sociais mais frágeis, em prol da construção de uma nação mais homogênea. O Estado passando a ser o sujeito passivo dos direitos sociais passa a ser o responsável pela sua concretização a favor da sociedade menos favorecida. Destaque especial para a aplicabilidade imediata dos direitos fundamentais, positivamente reconhecido na Constituição Federal Brasileira em seu art. 5º, § 1º[76]. Em casos de omissão legislativa deverá haver meios de buscar sua efetividade[77].

A Constituição Federal Brasileira de 1988 dedicou aos Direitos Sociais um capítulo inteiro elencando nada menos do que 45 direitos e garantias específicas (arts. 7º a 11). A definição dos direitos sociais, tem espaço no art. 6º: São direitos sociais à educação, à saúde, à alimentação, ao trabalho, à moradia, ao lazer, à segurança, à previdência social, à proteção à maternidade e à infância, à assistência aos desamparados, na forma desta Constituição.

Percebemos também a presença de direitos fundamentais sociais nos arts. 7º, 8º, 9º, 10 e 11 e ainda no Título VIII – Da Ordem Social, arts. 193[78] e se-

---

(72) Nesse mesmo ano, temos o *Manifesto* comunista de Karl Marx convocando todos os trabalhadores do mundo para *tomada do poder*;
(73) SILVA, José Afonso da. *Curso de Direito Constitucional Positivo*. 32. ed. rev. e atual. São Paulo: Malheiros Editores, 2009. p. 286-287.
(74) BULOS, Uadi Lammêgo. *Curso de Direito Constitucional*. 6. ed. rev. e atual. São Paulo: Saraiva, 2011. p. 789.
(75) TAVARES, André Ramos. *Curso de Direito Constitucional*. 10. ed. rev. e atual. São Paulo: Saraiva, 2012. p. 83.
(76) CF/1988, art. 5º, § 1º: *As normas definidoras dos direitos e garantias fundamentais têm aplicação imediata.*
(77) Exemplificativamente, no Brasil temos o mandado de injunção e a ação direta de inconstitucionalidade por omissão.
(78) CF/1988, Art. 193: *A ordem social tem como base o primado do trabalho, e como objetivo o bem-estar e a justiça sociais.*

guintes. Além esclarecendo que os direitos sociais da seguridade social envolvem o direito à saúde, à previdência social, à assistência social, enquanto que os relacionados à cultura abrangem à educação, ao lazer, à segurança, à moradia e à alimentação.

Seguindo a classificação de José Afonso da Silva[79], percebemos a divisão dos direitos sociais em: i) relativos aos trabalhadores, onde encontramos os direitos relativos ao salário, às condições de trabalho, à liberdade de instituição sindical, ao direito de greve, entre outros[80] e ii) relativos ao homem consumidor, especificando o direito à saúde, à educação, à segurança social, ao desenvolvimento intelectual, o acesso igualitário das crianças e adultos à instrução, à cultura e garantia ao desenvolvimento da família.

Dentre os vários direitos sociais fundamentais positivados pela CF/1988, nos interessa especificamente o Direito ao Trabalho e à Previdência por serem objeto de estudo do presente trabalho.

3.4.1. Desafios de Efetividade dos Direitos Sociais

O conceito histórico de cidadania sempre foi desdobrado em três dimensões de direitos fundamentais: direitos civis (direito à liberdade, à propriedade e à igualdade perante a lei); direitos políticos (direito à participação do cidadão no governo da sociedade – voto) e direitos sociais (direito à educação, ao trabalho, ao salário justo, à saúde e à aposentadoria).

No caso específico do Brasil, nunca houve uma perfeita integração dessas três dimensões políticas, ou seja, a conquista de determinados direitos não garantiu o direito a outros direitos, por exemplo, o binômio segurança e emprego. Com a acentuação dos problemas sociais do país nos últimos anos, percebemos um nítido contraste entre as dimensões dos direitos fundamentais gerando a ideia de uma cidadania inconclusa como base na teoria de Marshall[81].

Ocorre que Marshall também sustentou que a cidadania só é plena se é dotada de todos os três tipos de direitos e esta condição está ligada à classe social. A aceitação simplista da teoria de Marshall pode levar à ilusão de que a conquista da cidadania no Brasil é apenas uma questão de tempo e que com o passar dos anos todos os direitos sociais serão doados de acordo com os interesses particulares dos governantes de plantão. Tal acomodação social tem contribuído deveras para o pouco exercício dos direitos sociais e consequentemente para o distanciamento de sua plenitude.

De acordo com Paulo Bonavides[82]:

> os direitos sociais tomaram corpo após expansão da ideologia e da reflexão antiliberal. O jurista adverte que tais direitos passaram por um "ciclo de baixa normatividade, ou tiveram eficácia duvidosa, em virtude de sua própria natureza de direitos que exigem do Estado determinadas prestações materiais nem sempre resgatáveis por exiguidade, carência ou limitação essencial de meios e recursos.

Por se tratarem de Direitos Fundamentais, os Direitos Sociais devem ser realizados mediante aplicabilidade imediata, positivamente reconhecido na Constituição Federal Brasileira em seu art. 5º, § 1º[83]. Em casos de omissão legislativa deverá haver meios de buscar sua efetividade.

Um dos principais desafios é a aplicação do Princípio da Máxima Efetividade (ou Princípio da Interpretação Efetiva), que consiste em atribuir na interpretação das normas de direitos fundamentais o sentido de maior eficácia, utilizando todas as suas potencialidades.

No Brasil, percebemos que o fato da Constituição Federal de 1988 explicitar amplo rol de direitos sociais, tornou mais desafiante a sua eficácia, uma vez que reconhecer não basta para a sua concreta realização. Torna-se obrigatória a reflexão sob a possibilidade de aplicação dos direitos fundamentais sociais, vez que inexiste norma constitucional destituída de eficácia e aplicabilidade.

Outro desafio considerável são os custos de tais medidas prestacionais de direitos sociais influenciada diretamente pelas limitações orçamentárias do Estado. Conhecido como princípio da reserva do possível, tal situação relaciona-se com a necessidade de disponibilidade de recursos do Estado para efetivar direitos sociais fundamentais concretização.

Importante destacar que a limitação de recursos estatais não pode servir de argumento para o Poder Público obstaculizar a implementação dos direitos

---

(79) *Op. cit.*, p 256.
(80) CF/1988, arts. 7º a 11.
(81) Thomas Marshall (1893-1981), sociólogo britânico, analisou o desenvolvimento da cidadania como desenvolvimento crescente dos direitos civis, seguidos dos direitos políticos e dos direitos sociais, nos séculos XVIII, XIX e XX, respectivamente.
(82) BONAVIDES, Paulo. *Curso de Direito Constitucional*. 28. ed. atual. São Paulo: Malheiros Editores, 2013. p. 582-583.
(83) CF/1988, art. 5º, § 1º: *As normas definidoras dos direitos e garantias fundamentais têm aplicação imediata*.

fundamentais sociais pois de acordo com o § 1º do art. 5º, as normas definidoras dos direitos e garantias fundamentais têm aplicação imediata, sob pena de a inércia estatal provocar prejuízos sociais além de desrespeitar a própria Constituição e, por isso mesmo, configura comportamento juridicamente reprovável.

A defesa coletiva dos Direitos Sociais encontra-se albergada pela Constituição Brasileira de 1988 em seu art. 129, III[84], mediante ação civil pública, o principal instrumento de defesa coletiva, onde uma associação ou o Ministério Público, em nome da coletividade, defende o direito genericamente lesado.

Tal coletivização processual permite um provimento mais efetivo, rápido e amplo, havendo um reconhecimento genérico da existência de lesão de determinado direito fundamental social, sendo possível a adoção do **efeito vinculante** para as decisões dos tribunais superiores, formulada para evitar a proliferação de ações de idêntico conteúdo.

4. O ALCANCE DA CIDADANIA MEDIANTE O ACESSO AO TRABALHO

O trabalho é o meio mais expressivo de se obter uma existência digna, é indispensável para que possa suceder o melhor ao ser humano como: construção da identidade, da saúde psíquica, formação de relações de solidariedade, participação útil na sociedade, bem como provocar o pior, em caso de sua ausência: adoecimento, acidentes, alienação, perda de dignidade, exploração.

A importância do Direito do Trabalho para a construção da cidadania deve-se pelo fato de que o mesmo atua como instrumento social legitimador das garantias dos trabalhadores (formais ou informais) diante de situações contemporâneas vitimadoras de mudanças, como a flexibilização e a precarização das condições objetivas de trabalho.

Identicamente importante para o exercício da cidadania é o acesso à previdência. Trabalho e Previdência relacionam-se como atividades complementares, enquanto um refere-se à força laborativa e ao seu exercício, o outro refere-se ao término de tal força laborativa e à continuidade do direito à sobrevivência. Ambos possuem claro reflexo na afirmação da cidadania, uma vez que o conceito moderno de cidadania passou a associar-se à efetivação de direitos fundamentais sociais e não mais à simples previsão de normas de cidadania, adotando medidas eficazes para implementá-las.

A efetivação da cidadania passa necessariamente pelo pleno acesso a tais institutos jurídico-laborais e ao pleno exercício de suas vantagens sociais. Dessa forma, a concretização da cidadania mediante o acesso ao trabalho e à previdência passa a ser um meio necessário de se efetivar a transformação social em um estado do bem-estar social.

O trabalho e a previdência passam a ser então requisito tanto para a afirmação da dignidade humana, como para o exercício da cidadania e ainda como prática essencial do processo de socialização de indivíduos adultos na sociedade.

Como afirma Mauricio Godinho Delgado[85]:

> Não por coincidência, a construção da democracia ocidental fez-se em sintonia com a construção do próprio Direito do Trabalho, atingindo seu clímax com o período de incorporação constitucional dos direitos fundamentais do trabalho, no pós-guerra, na Europa Ocidental.
>
> O Direito do Trabalho consolidara-se, respeitadas as peculiaridades nacionais europeias, como o patamar fundamental de afirmação da cidadania social da grande maioria das pessoas que participavam do sistema econômico, mediante a oferta de seu labor e, nessa medida, veio a se constituir em um dos principais instrumentos de generalização da democracia no plano daquelas sociedades.

Poderíamos então denominar de formador de cidadãos, aquele direito do trabalho capaz de honrar suas origens de proteção aos empregados, partindo de valores tradicionais que o geraram, tais como a tutela dos trabalhadores como homens livres, a proteção dos mais fracos, a preservação e a melhoria das condições de trabalho e o reconhecimento dos níveis coletivo e organizacional das relações laborais, sempre respeitando o conceito de cidadania.

O trabalhador quando inserido em uma organização empresarial, deverá manter os mesmos direitos que lhe assistem enquanto cidadão, sendo garantidos todos os direitos fundamentais que lhe assistem enquanto pessoa humana, e consequentemente cidadão. Só exis-

---

(84) CF/1988, art. 129: *São funções institucionais do Ministério Público: III – promover o inquérito civil e a ação civil pública, para a proteção do patrimônio público e social, do meio ambiente e de outros interesses difusos e coletivos;*

(85) DELGADO, Mauricio Godinho. Direitos Fundamentais na Relação de Trabalho. *Revista de Direitos e Garantias Fundamentais* – n. 2, 2007, p 13, Palestra realizada no XI Congresso Nacional dos Procuradores do Trabalho, em Brasília/DF, em 25.03.2006. Disponível em: <http://www.fdv.br/publicacoes/periodicos/revistadireitosegarantiasfundamentais/n2/1.pdf>. Acesso em: 20 ago. 2014.

tirá cidadania sócio laboral quando o respeito a direitos fundamentais for prática comum entre empregadores e sociedade, dentro dos limites de adequação funcional ou de admissibilidade para que foram conferidos.

No Brasil, a Constituição Federal de 1988 estabelece como fundamentos do Estado Democrático de Direito à dignidade da pessoa humana e à cidadania, dentre outros. Os direitos inerentes à cidadania são inclusive protegidos como cláusulas pétreas, no art. 60, incisos II e IV, que estabelece que *"não será objeto deliberação a proposta de emenda tendente a abolir o voto direto, secreto, universal e periódico; e os direitos e garantias individuais"*.

Especificamente o Direito ao trabalho está previsto na Constituição brasileira no seu art. 7º bem como um direito social fundamental no art. 6º, como fundamento da ordem econômica no art. 170 e afirmado como primado do trabalho como base da ordem social no art. 193.

Também de acordo com Mauricio Godinho Delgado[86]:

> A valorização do trabalho está repetidamente enfatizada pela Carta Constitucional de 1988. Desde seu "Preâmbulo" essa afirmação desponta. Demarca-se, de modo irreversível, no anúncio dos "Princípios Fundamentais" da República Federativa do Brasil e da própria Constituição (Título I). Especifica-se, de maneira didática, ao tratar dos "direitos sociais" (arts. 6º e 7º) – quem sabe para repelir a tendência abstracionista e excludente da cultura juspolítica do País. Concretiza-se, por fim, no plano da Economia e da Sociedade, ao buscar reger a "Ordem Econômica e Financeira" (Titulo VII), com seus "Princípios Gerais da Atividade Econômica" (art. 170), ao lado da "Ordem Social" (Título VIII) e sua "Disposição Geral" (art. 193).

Especificamente o art. 7º da Constituição Federal de 1988 consagra a igualdade entre os trabalhadores rurais e urbanos, concentrando a grande parte da tutela ao Direito Individual do Trabalho, possuindo trinta e quatro incisos e um parágrafo, todos voltados à proteção de uma série de direitos laborais, pela primeira vez previstos no plano constitucional passa a viger muito além dos costumeiros princípios, mas, sim, como num verdadeiro estatuto dos trabalhadores, característico do constitucionalismo laboral difuso.

São exemplos de direitos trabalhistas previstos na CF/1988: salário mínimo[87]; jornada de trabalho de 44 horas semanais[88]; irredutibilidade salarial[89]; seguro desemprego[90]; 13º salário[91]; férias anuais[92], licença-maternidade[93]; licença-paternidade[94]; aposentadoria[95]; seguro acidente de trabalho[96]; FGTS (Fundo de Garantia do Tempo de Serviço)[97]; direito de greve[98] etc.

Voltamos a lembrar que não basta a simples previsão constitucional de normas que consagrem direitos sociais de cidadania para a sua consequente implementação concreta no mundo dos fatos, vez que direitos não são autorrealizáveis, mas sim carecedores de mobilização política e social para serem concretizados em níveis democráticos satisfatórios.

Godinho Delgado[99] afirma:

> Para a democracia brasileira, portanto, tão relevante quanto à correta identificação dos direitos fundamentais do trabalho, será sua real efetividade. Eis um desafio jamais proposto à democracia brasileira, em sua história, até fins do século XX. Provavelmente, é um dos maiores desafios para a construção democrática neste início do século XXI.

Há, dessa forma, uma urgente necessidade de resgate das dimensões política e social para a efetivação dos direitos fundamentais sociais, de maneira

---

(86) *Op. cit.*, p. 16.
(87) CF/1988, art. 7º, inciso IV.
(88) CF/1988, art. 7º, inciso XIII.
(89) CF/1988, art. 7º, inciso VI.
(90) CF/1988, art. 7º, inciso II.
(91) CF/1988, art. 7º, inciso VIII.
(92) CF/1988, art. 7º, inciso XVII.
(93) CF/1988, art. 7º, inciso XVIII.
(94) CF/1988, art. 7º, inciso XIX.
(95) CF/1988, art. 7º, inciso XXIV.
(96) CF/1988, art. 7º, inciso XXVIII.
(97) CF/1988, art. 7º, inciso III.
(98) CF/1988, art. 9º.
(99) *Op. cit.*, p. 29.

que representem a verdadeira realidade da cidadania laboral. Tal resgate político-social representa na prática a implementação de políticas públicas que visem à satisfação dos ideais de justiça proclamados desde o legislador constituinte, buscando a efetividade prática dos direitos sociais, adequando o direito à realidade social.

5. O ALCANCE DA CIDADANIA MEDIANTE O ACESSO À PREVIDÊNCIA.

Previdência Social é entendida como o seguro social que substitui a renda do trabalhado quando ele perde sua capacidade laborativa por motivo de doença, acidente de trabalho, velhice, maternidade, morte ou reclusão. O reconhecimento ao Direito Fundamental à Previdência Social é uma exigência para a efetivação da dignidade da pessoa humana e da cidadania.

O conceito de previdência nos é apresentado por Oliveira[100]:

> É a organização criada pelo Estado destinada a prover a as necessidades vitais de todos os que exercem atividade remunerada e de seus dependentes e, em alguns casos, de toda a população, nos eventos previsíveis de suas vidas, por meio de um sistema de seguro obrigatório, de cuja administração e custeio participam, em maior ou menor escala, o próprio Estado, os segurados e as empresa (OLIVEIRA, 1987, p. 10).

Já o conceito de o conceito de Direito da Seguridade Social nos é presenteado por Sérgio Pinto Martins[101]:

> É um conjunto de princípios, de normas e de instituições destinado a estabelecer um sistema de proteção social aos indivíduos contra contingências que os impeçam de prover as suas necessidades pessoais básicas e de suas famílias, integrando ações de iniciativa dos Poderes Públicos e da sociedade, visando assegurar os direitos relativos à saúde, à Previdência e à assistência social.

O direito à previdência social pode também ser classificado como direito prestacional, vez que produz o dever de atuação protetiva do Estado face à uma situação de necessidade social, em forma de prestações previdenciárias, divididas em benefícios e serviços, tais como a aposentadoria, auxílio-doença, reabilitação profissional, pensão por morte, salário--maternidade, serviço social etc.

Pode-se ainda classificá-lo como um direito negativo, vez que funciona como impeditivo de práticas administrativas ou legais que desconsiderem direitos já incorporados ao patrimônio previdenciário dos segurados.

Os arts. 22 e 25[102] da Declaração Universal dos Direitos do Homem consagram a relevância da proteção previdenciária para todas pessoas, em razão da simples condição de membros da sociedade, o que a consagra como um direito humano essencial. Sua importância também foi reconhecida pelo Pacto Internacional dos Direitos Econômicos, Sociais e Culturais, de 1966[103], pela Convenção de Direitos da Criança[104], em 1989, e pelas Convenções da OIT.

No Brasil, o direito à previdência social como direito fundamental igualmente acolhido em pela Constituição Federal brasileira segue a tendência internacional de reconhecimento e de valorização. Para garantir os direitos do cidadão no campo da seguridade social, os constituintes estabeleceram um esquema de financiamento com recursos provenientes dos orçamentos das áreas federal, estadual e municipal, e de contribuições sociais, calculadas sobre o salário, o faturamento e o lucro líquido (art. 195 da Constituição Federal)[105].

A Constituição Federal de 1988 trata sobre o gênero Seguridade Social no art. 194, do qual são espécies: a Saúde, (art. 196 e seguintes); a Previdência Social, (art. 201 e seguintes) e a Assistência Social (arts. 203 e 204).

A finalidade da previdência social é a própria proteção da dignidade da pessoa humana, base dos

---

(100) OLIVEIRA, Moacyr Velloso Cardoso de. *Previdência Social*. Rio de Janeiro: Freitas Bastos, 1987. p. 10.
(101) MARTINS, Sérgio Pinto. *Direito da Seguridade Social*. 11. ed. São Paulo: Atlas, 1999. p. 41.
(102) Art. 25 da Declaração Universal dos Direitos do Homem (1948): "Toda pessoa tem o direito a um padrão de vida capaz de assegurar-lhe a saúde, e o bem-estar próprio e da família, especialmente no tocante à alimentação, ao vestuário, à habitação, à assistência médica e aos serviços sociais necessários; tem direito à segurança no caso de desemprego, doença, invalidez, viuvez, velhice ou em qualquer outro caso de perda dos meios de subsistência, por força de circunstâncias independentes de sua vontade".
(103) Art. 9º Os Estados-partes no presente Pacto reconhecem o direito de todas as pessoas à segurança social, incluindo os seguros sociais.
(104) Art. 26. 1. Os Estados-partes reconhecerão a toda s as crianças o direito de usufruir da previdência social, inclusive do seguro social, e adotarão as medidas necessárias para lograr a plena consecução desse direito, em conformidade com a legislação nacional. 2. Os benefícios deverão ser concedidos, quando pertinentes, levando-se em consideração os recursos e a situação da criança e das pessoas responsáveis pelo seu sustento, bem como qualquer outra consideração cabível no caso de uma solicitação de benefícios feita pela criança ou em seu nome".
(105) CF/1988, Art. 195. A seguridade social será financiada por toda a sociedade, de forma direta e indireta, nos termos da lei, mediante recursos provenientes dos orçamentos da União, dos Estados, do Distrito Federal e dos Municípios, e das seguintes contribuições sociais...

direitos fundamentais sociais, e tem como princípio básico o da solidariedade social, o verdadeiro princípio fundamental do Direito Previdenciário, que por sua vez concretiza um dos princípios fundamentais da República Federativa do Brasil, enunciado no art. 3º, inciso I da Constituição Federal, qual seja: "*construir uma sociedade livre, justa e solidária*".

É através da realização da dignidade da pessoa humana que se estabelece a relação da previdência social com cidadania, alcançando a justiça social. A existência de discriminações pelo Estado passa a ser inevitável, conferindo vantagens aos menos favorecidos, pois como afirma Bobbio: "uma desigualdade torna-se um instrumento de igualdade pelo simples motivo de que corrige uma desigualdade anterior: a nova igualdade é o resultado da equiparação de duas desigualdades"[106].

A proteção social é uma obrigação tanto do Estado como também de toda a sociedade, que adicionalmente deve contribuir para a construção de uma sociedade justa preservando a dignidade do cidadão.

Novamente percebemos que a mera previsão normativa constitucional não faz da teoria uma realidade palpável. Continua a necessidade de implementação de políticas públicas de enfrentamento à pobreza, em todos os seus gêneros e formas, sendo imprescindível garantir benefícios previdenciários justos e que garantam a efetivação dos direitos de cidadania.

6. POLÍTICAS PÚBLICAS EM DIREITOS SOCIAIS

Por políticas públicas entende-se um conjunto de operações de união e empenho, em torno de objetivos comuns, que passam a estruturar uma coletividade de interesses, se tornando um instrumento de planejamento, racionalização e participação popular. No caso em estudo, políticas públicas de acesso à cidadania, necessariamente abrange os direitos sociais à educação, à saúde, ao trabalho, à moradia, ao lazer, à segurança, à previdência social, à proteção à maternidade e à infância e à assistência aos desamparados.

Segundo Eduardo Appio[107]:

> as políticas públicas podem ser conceituadas como instrumentos de execução de programas políticos baseados na intervenção estatal na sociedade com a finalidade de assegurar igualdade de oportunidades aos cidadãos, tendo por escopo assegurar as condições materiais de uma existência digna a todos os cidadãos.

Conforme já afirmado, a plena realização da cidadania moderna passa necessariamente pela implementação de programas sociais que visem a máxima potencialização dos direitos fundamentais, pois não basta a mera previsão constitucional de direitos sociais para realizar tais direitos sociais. Existe um grande abismo entre a realidade e a teoria.

A previsão constitucional dos direitos fundamentais sociais, e da sua também constitucional exigência de aplicabilidade imediata[108], torna indispensável a adoção de políticas públicas mediante a realização de programas sociais, para garantir os meios para a efetivação dessa cidadania. Essa necessária atuação Estatal deve dar-se conjuntamente com todos os atores sociais envolvidos.

Uma vez que exista ausência ou a insuficiência de efetividade dos direitos sociais, dificultando o ingresso a trabalho (renda), educação, saúde, moradia, alimentação, não se poderá falar em pleno exercício de todos direitos humanos e fundamentais, e muito menos de plena cidadania. A falta de efetivação dos direitos fundamentais sociais desrespeita o Princípio da Humanidade.

A discricionariedade administrativa, conhecida como liberdade na escolha do administrador público para a prática de atos administrativos, de acordo com sua conveniência, oportunidade e conteúdo, muitas vezes, é utilizada como pano de fundo para a omissão dos poderes públicos diante dos direitos sociais. Ocorre que o poder discricionário da Administração não pode ser utilizado com esse viés, uma vez que o dever de agir do administrador público em matérias de direitos fundamentais é disciplina de ordem pública, vinculada ao cumprimento de dispositivo constitucionalmente previsto com base em critérios de imperatividade e de inviolabilidade, possuindo natureza de norma autoaplicável e por tudo isso, não pode ser afastada pela discricionariedade do Administrador.

A realização de elaboração de políticas públicas para concretização dos direitos sociais constitucionalmente previstos é obrigatoriedade dos poderes públicos, especialmente o Poder Executivo na qualidade de responsável pelos atos de administração do Estado. Fala-se inclusive em políticas públicas constitucionais vinculativas, que seriam aquelas em que obriga a Administração à elaboração de estratégias de atuação visando implementar e garantir os direitos sociais.

---

(106) BOBBIO, Norberto. *Igualdade e Liberdade*. Trad. Carlos Nelson Coutinho. Rio de Janeiro: Ediouro, 1996. p. 32.
(107) APPIO, Eduardo. *Controle judicial das políticas públicas no Brasil*. p. 136.
(108) CF/1988, art. 5º. § 1º – *As normas definidoras dos direitos e garantias fundamentais têm aplicação imediata.*

O não cumprimento pelo Estado dos deveres sociais constitucionalmente previstos, quer seja não cumprindo ou ainda elaborando de maneira inadequada, oferece ensejo à adoção de instrumentos de tutela dos direitos sociais, inicialmente na esfera extrajudicial e, caso ainda não surtem resultados, mediante a provocação do Poder Judiciário, tudo em obediência à efetiva implementação das políticas públicas relacionadas aos direitos previstos no art. 6º da Constituição Federal.

Fala-se em Função Política do Direito, quando o Direito e seus operadores observam como missão essencial e fundamental a implementação das garantias fundamentais do indivíduo, assegurando a possibilidade de viver dignamente, de acordo com o respeito às suas necessidades e dessa forma a sociedade caminhar rumo ao desenvolvimento.

Importante destacar que o combate à exclusão social por meio de programas meramente assistenciais, possui efeito inverso ao objetivado constitucionalmente, transformando pessoas em beneficiários passivos e permanentes. O objetivo das políticas públicas não pode ser resumido em dar dinheiro emergencialmente, como um provimento mínimo para as necessidades contínuas. Faz-se mister fortalecer pessoas e comunidades para que sejam capazes de satisfazerem suas necessidades e tenham condições de melhorar sua qualidade de vida, promovendo assim a dignidade e a cidadania.

7. CONCLUSÃO

É definitivamente na sociedade que o homem encontra o ambiente propício ao seu pleno desenvolvimento e onde as pessoas e os grupos sociais se relacionam estreitamente, na busca de seus objetivos, mediante as interações sociais. Tais interações decorrem de processos de mútua influência, de relações interindividuais (interpessoais) e intergrupais que se formam sob a força de variados interesses.

A afirmação da Cidadania indubitavelmente ocorre no seio da sociedade, onde são indispensáveis as interações entre indivíduos mediante o desenvolvimento de ações recíprocas, de forma que a ação de uns correspondam ações correlatas de outros, na busca de seus objetivos, os denominados Processos Sociais.

O papel dos conflitos sociais tem íntima relação com a Cidadania, pois este não é um conceito estático, imutável, mas sim uma construção histórica com sentido variável no tempo e espaço. Do conceito tradicional de cidadania greco-romana evoluímos ao longo de diversos avanços e recuos ao longo da história, para um conceito de cidadania que não pode mais ser dissociado dos ideais de Democracia, Participação Popular, Direitos Humanos, Direitos Fundamentais Sociais, Efetividade e Políticas Públicas.

A cidadania passou então de um direito subjetivo, inerente aos indivíduos e conquistados ao nascer, para ser uma conquista diária, realizada por cada cidadão, através da conscientização social e participação popular.

O desenvolver dessa nova perspectiva de cidadania passou pela afirmação dos direitos fundamentais, classificados como de primeira (direitos civis e políticos), segunda (direitos sociais, econômicos e culturais) e terceira (fraternidade e humanidade) dimensões, onde tal classificação se dá mais em virtude da associação histórica, pois os direitos de primeira geração, de matriz liberal burguesa, surgiram da luta travada pela burguesia e o Estado Absolutista, nos séculos XVIII e XIX, na busca pelos direitos individuais de liberdade face à dominação do poder soberano. Por sua vez, os direitos de segunda geração, que buscavam igualdade, surgiram após a Revolução Industrial, no século XX, onde o proletariado buscava novos direitos para assegurar a dignidade humana, quando surge o Estado Social que objetivava a limitação da autonomia privada, em prol do caráter coletivo.

Os Direitos Fundamentais Sociais, de 2ª geração, tiveram origem com o advento da Revolução Industrial e seu significativo avanço econômico durante o século XIX mediante o desenvolvimento de técnicas de produção em grande escala, mas também provocou enormes sacrifícios da população, em especial, a classe dos trabalhadores.

No Brasil, a Constituição Federal de 1988 dedicou aos Direitos Sociais um capítulo inteiro elencando nada menos do que 45 direitos e garantias específicas (arts. 7º a 11). A definição dos direitos sociais, tem espaço no art. 6º.

Ao explicitar amplo rol de direitos sociais, a Constituição Federal Brasileira de 1988 tornou mais desafiante a sua eficácia, uma vez que reconhecer não basta para a sua concreta realização. Torna-se obrigatória a reflexão sob a possibilidade de aplicação dos direitos fundamentais sociais, vez que inexiste norma constitucional destituída de eficácia e aplicabilidade.

A defesa dos direitos fundamentais sociais encontra-se albergada pela Constituição Brasileira de 1988 em seu art. 129, III[109], mediante Ação Civil Pública, seu principal instrumento de defesa coletiva, onde

---

(109) CF/1988, art. 129: *São funções institucionais do Ministério Público: III – promover o inquérito civil e a ação civil pública, para a proteção do patrimônio público e social, do meio ambiente e de outros interesses difusos e coletivos;*

uma associação ou o Ministério Público, em nome da coletividade, defende o direito genericamente lesado.

Percebemos que a consequência lógica da afirmação dos Direitos Sociais, foi a valorização específica da Dignidade Humana, no presente trabalho centralizado em torno do trabalho e da previdência. Trabalho e a previdência passam a ser então requisito tanto para a afirmação da dignidade humana, como para o exercício da cidadania e ainda como prática essencial do processo de socialização de indivíduos adultos na sociedade.

O trabalho como o meio mais expressivo de se obter uma existência digna e a Previdência Social entendida como o seguro coletivo que substitui a renda do trabalhador quando ele perde sua capacidade laborativa. Ambos atuam como instrumentos sociais legitimadores das garantias dos trabalhadores (formais ou informais) diante de situações contemporâneas vitimadoras de mudanças e implícitos à noção de cidadania.

Vimos que a plena realização da cidadania moderna passa necessariamente pela implementação de programas sociais que visem a máxima potencialização dos direitos fundamentais, pois não basta a mera previsão constitucional de direitos sociais para realizar tais direitos sociais. Uma vez que exista ausência ou a insuficiência de efetividade dos direitos sociais, dificultando o ingresso a trabalho (renda), educação, saúde, moradia, alimentação, não se poderá falar em pleno exercício de todos direitos humanos e fundamentais, e muito menos de plena cidadania. A falta de efetivação dos direitos fundamentais sociais desrespeita o Princípio da Humanidade.

Dessa forma, o Estado não pode desobrigar-se de sua parcela de contribuição, cabendo a ele o dever de proporcionar condições para o exercício pleno da Cidadania e dos Direitos Fundamentais Sociais dentro do meio social, por meio de Políticas Públicas em prol da Sociedade e de sua afirmação de Cidadania.

O não cumprimento pelo Estado dos deveres sociais constitucionalmente previstos, quer seja não cumprindo ou ainda elaborando de maneira inadequada, oferece ensejo à adoção de instrumentos de tutela dos direitos sociais, inicialmente na esfera extrajudicial e, caso ainda não surtem resultados, mediante a provocação do Poder Judiciário, tudo em obediência à efetiva implementação das políticas públicas relacionadas aos direitos previstos no art. 6º da Constituição Federal.

REFERÊNCIAS

APPIO, Eduardo. *A ação civil pública no Estado Democrático de Direito*. Curitiba: Juruá Editora, 2005.

ARTICULAÇÃO NACIONAL DE COMITÊS POPULARES DA COPA. Dossiê de Articulação Nacional dos Comitês Populares da Copa: Megaeventos e Violações de Direitos Humanos no Brasil. Disponível em: <http://portalpopulardacopa.org.br>. Acesso em: 14 jun. 2014.

BERTRAMELLO, Rafael. *Os Direitos Sociais: conceito, finalidade e teorias*. Disponível em: <http://atualidadesdodireito.com.br/rafaelbertramello/2013/06/29/os-direitossociais--conceito-finalidade-e-teorias/#_ftn27>. Acesso em: 20 jul. 2014.

BOBBIO, Norberto. *A Era dos Direitos*. Rio de Janeiro: Campus. 1992.

_____. *Igualdade e Liberdade*. Tradução Carlos Nelson Coutinho. Rio de Janeiro: Ediouro, 1996.

BONAVIDES, Paulo. *Do Estado Liberal ao Estado Social*. 5. ed. rev. ampl. Belo Horizonte: Del Rey, 1993.

_____. *Curso de direito constitucional*. 28. ed. atual. Malheiros, 2013.

BULOS, Uadi Lammêgo. *Curso de Direito Constitucional*. 6. ed. rev. e atual. São Paulo: Saraiva, 2011.

CASTRO, Celso Antônio Pinheiro de. *Sociologia do Direito: fundamentos de sociologia geral; sociologia aplicada ao direito*. 8. ed. São Paulo: Atlas, 2003.

CAMPOS, Nelson Luis Bezerra. *Tortura Nunca Mais. 25 Anos da Constituição de 1988: os direitos fundamentais em perspectiva*. Paulo Rogério Marques de Carvalho, Maria Vital da Rocha, organizadores. Fortaleza: Expressão Gráfica, 2013.

COUVRE, Maria de Lourdes M. *O que é Cidadania*. 3. ed. São Paulo: Brasiliense. 2001.

DALLARI, Dalmo de Abreu. *Direitos Humanos e Cidadania*. São Paulo: 1999.

DELGADO, Mauricio Godinho. Direitos Fundamentais na Relação de Trabalho. *Revista de Direitos e Garantias Fundamentais* – n. 2, 2007, (Palestra realizada no XI Congresso Nacional dos Procuradores do Trabalho, em Brasília/DF, em 25.03.2006).

GOHN, Maria da Glória. *Teoria dos Movimentos Sociais, paradigmas clássicos e contemporâneos*. 6. ed. São Paulo: Edições Loyola. 2007.

GONÇALVES, Maria H. B. e WISE, Nely. *Ética e trabalho*. Rio de Janeiro: Senac Nacional, 2005.

GUERRA FILHO, Willis Santiago. *Dos Direitos Humanos aos Direitos Fundamentais*. Porto Alegre: Livraria do Advogado, 1997.

HERVADA, Javier. *Lições propedêuticas de filosofia do direito*. Tradução Elza Maria Gasparotto. Revisão técnica Gilberto Callado de Oliveira. São Paulo: WMF Martins Fontes, 2008.

KELSEN, Hans. *Teoria geral do direito e do Estado*. Tradução Luís Carlos Borges. 3. ed. São Paulo: Martins Fontes, 1998.

LAKATOS, Eva Maria; MARCONI, Marina de Andrade. *Sociologia Geral*. São Paulo: Atlas, 2006.

MACHADO NETO, A. L. *Sociologia Jurídica*. São Paulo: Saraiva, 1987.

MARMELSTEIN, George. *Curso de Direitos Fundamentais*. São Paulo: Atlas, 2008.

MARTINS, Sérgio Pinto. Direito da Seguridade Social. 11. ed. São Paulo: Atlas, 1999.

MORAES, Alexandre de. *Direitos Humanos Fundamentais: teoria geral, comentários aos arts 1º a 5º da Constituição da República Federativa do Brasil, doutrina e jurisprudência*. 6. ed. São Paulo: Atlas, 2005.

MIRANDA, Jorge. *Teoria do Estado e da Constituição*. Rio de Janeiro: Forense, 2002.

OLIVEIRA, Moacyr Velloso Cardoso de. Previdência Social. Rio de Janeiro: Freitas Bastos, 1987.

PERSIO, Santos de Oliveira. *Introdução à Sociologia da Educação*. São Paulo: Ática, 2001.

PINSKY, Jaime; PINSKY, Carla Bassanezi (orgs.). *História da Cidadania*. 2. ed. São Paulo: Contexto, 2003.

PINTO, Agerson Tabosa. *Sociologia Geral e jurídica*. Fortaleza: Qualygraf Editora e Gráfica, 2005.

PIOVESAN, Flávia. *Direitos Humanos e o Direito Constitucional Internacional*. 10. ed. rev. e atual. São Paulo: Saraiva, 2000.

SALDANHA, Nelson. *Sociologia do Direito*. 6. ed. rev. e aum. Rio de Janeiro: Renovar, 2008.

SANTOS, Wanderley Guilherme. *Cidadania e Justiça*. Rio de Janeiro: Campus, 1979.

SANTOS JÚNIOR, Belisário e outros. *Direitos Humanos – Um Debate Necessário*. São Paulo: Brasiliense, 1988.

SARLET, Ingo Wolfgang. *A eficácia dos direitos fundamentais*. 9. ed., rev., ampl. Porto Alegre: Livraria do Advogado, 2008.

SCURO NETO, Pedro. *Manual de Sociologia Geral e Jurídica: lógica e método do direito, problemas sociais, controle social*. São Paulo: Saraiva, 1996.

SILVA, José Afonso. *Curso de Direito Constitucional Positivo*. 15. ed. São Paulo: Ed Malheiros, 1998.

SIMMEL, Georg. *El Conflito, sociologia del antagonismo*. Ediciones Sequitur, Madrid, 2010.

_____. *A natureza sociológica do conflito*. In: E. Morais (Org.). *Simmel: sociologia*. São Paulo: Editora Ática, 1983.

SOUTO, Cláudio; SOUTO, Solange. *Sociologia do direito, uma visão substantiva*. 3. ed. ver. e ampl. Porto Alegre: Sergio Antônio Fabris Editor, 2003.

TAVARES, André Ramos. *Curso de Direito Constitucional*. 10. ed. rev. e atual. São Paulo: Saraiva, 2012.

A Dimensão da Cidadania e o Estado Socioambiental de Direito

PEDRO MIRON DE VASCONCELOS DIAS NETO
Doutorando e Mestre em Direito pela Universidade Federal do Ceará (UFC).
Especialista em Direito Público pela Universidade de Brasília (UnB). Professor do Curso de Direito da FANOR/Devry e de diversos cursos de pós-graduação. Procurador Federal da Advocacia-Geral da União (AGU).

1. INTRODUÇÃO

Inicialmente, verifica-se que a concepção universal do meio ambiente com *status* de direito e dever fundamental impõe aos Estados e aos povos em geral a ideia de responsabilidade de longa duração, isto é, inserida no contexto de proteção ecológico-ambiental dirigida à posteridade, a fim de que se garanta a sobrevivência da espécie humana e da existência condigna das futuras gerações.

Nesse sentido, sedimenta-se o Estado Socioambiental de Direito no Brasil, considerado numa perspectiva aglutinadora dos direitos individuais e dos direitos sociais, incrementado e enriquecido por direitos transindividuais, sob o norte do princípio da solidariedade constitucional e da interpretação social da Carta Política, sobretudo no princípio da dignidade da pessoa humana em sua notória dimensão ecológica.

Por conseguinte, no âmbito da teoria do mínimo existencial, vislumbra-se a necessidade de se assegurar condições essenciais de sobrevivência do homem, sob pena de se mitigar as características básicas iniciais que concretizam a liberdade humana.

Assim, o fundamento do princípio da dignidade da pessoa humana perpassa pela noção do mínimo existencial, sendo inequívoco que no Estado Socioambiental de Direito, evidenciam-se a dimensão ecológica da dignidade do homem e a necessidade de observância irrestrita ao mínimo ambiental.

Adiante, no contexto dos direitos humanos, verifica-se a evolução do direito ambiental sob o aspecto do meio ambiente do trabalho, quer seja sob a ótica da internacionalização e da universalização dos direitos humanos, quer seja consubstanciado no direito pátrio, precipuamente na Carta Política de 1988.

O direito fundamental ao meio do trabalho e a noção de dignidade da pessoa do trabalhador concretizam a perspectiva transformadora do Estado Socioambiental de Direito, inclusive quando se considera a interdependência, a indivisibilidade e a inter-relação dos direitos fundamentais.

2. FUNDAMENTOS DO ESTADO SOCIOAMBIENTAL DE DIREITO

No ano de 1972, a Conferência das Nações Unidas sobre o Meio Ambiente Humano[1] abriu o precedente para os Estados começarem a reconhecer o meio am-

---

(1) Mais conhecida como Convenção de Estocolmo, tinha como princípio primeiro: "o homem tem direito à liberdade, à igualdade e ao desfrute de condições de vida adequada, *em um ambiente que esteja em condições de permitir uma vida digna e de bem-estar*; tem a ele a grave responsabilidade de proteger e melhorar o ambiente para as gerações presentes e futuras" (grifo nosso). Sobre esse assunto, conferir SILVA, José Afonso da. *Curso de Direito Ambiental Constitucional*. 7. ed. São Paulo: Malheiros, 2009. p. 58-59.

biente com o *status* de direito e dever fundamental[2], indispensável à condição satisfatória da vida, daí por que o apelo aos governos e aos povos para que reúnam seus esforços para preservar e melhorar o meio ambiente em benefício do Homem e de sua posteridade.

Desta forma, uma vez entendido o meio ambiente também com *status* de dever fundamental, recorre-se a José Casalta Nabais, afirmando que dever fundamental é aquele que está implícita ou explicitamente previsto na Constituição, ao passo que os deveres previstos na legislação infraconstitucional seriam deveres ordinários ou legais. Já os deveres que prescindem da ingerência do Estado para efetiva concretização são deveres de cunho meramente morais.[3]

Por conseguinte, de acordo com a conhecida classificação de Karel Vasak[4], o direito humano ao meio ambiente é considerado um direito de solidariedade ou de fraternidade, portanto, de terceira geração ou dimensão[5]. Assim, impõe-se aos Estados o respeito a interesses individuais, coletivos e difusos.

Dessa maneira, sob a perspectiva do sistema global de proteção internacional dos direitos humanos[6], desencadearam-se as primeiras tentativas de estabelecer diálogos, de elaborar diretrizes e políticas, que resultaram na gradativa absorção de elementos ambientais pelo sistema jurídico, como bens a serem legitimamente protegidos.

Neste diapasão, "a riqueza de terra e arvoredos, que surpreendeu e, possivelmente, encantou Pero Vaz de Caminha em 1500, finalmente foi reconhecida pela Constituição brasileira de 1988, passados 488 anos da chegada dos portugueses ao Brasil".[7]

Assim, a referida Carta Política constituiu-se no marco jurídico responsável pelo rompimento com os paradigmas históricos individualistas do Estado Liberal até então predominantes no País, o denominado Estado Ordenador, transmudando-se para a compreensão do Estado Democrático de Direito – Estado Transformador[8] – e, juntamente com este, a consagração de valores de respeito à dignidade humana, à solidariedade e ao desenvolvimento humano. **Sob essa perspectiva, em seu art. 225, *caput*, reconheceu o direito fundamental ao meio ambiente ecologicamente equilibrado como bem comum de todo o povo brasileiro.**

No entanto, os direitos fundamentais de terceira geração, assim como os direitos sociais, econômicos e culturais[9], ainda carecem de concretização jurídica, mesmo quando expressamente previstos nos textos constitucionais. Aliás, segundo Bobbio, o problema basal em relação aos direitos do homem, atualmente, não é tanto justificá-los, mas sim protegê-los.[10]

Ademais, conforme adverte Canotilho, "não logrou impor-se uma nova ética ambiental transcendente e não antropicamente centrada como a que defendiam (e defendem) os adeptos da 'ecologia profunda'. Os perigos de um 'fundamentalismo ecológico' ligado a um 'ascepticismo social' pareciam perturbar a desejável construção de um Estado de direito ambiental".[11]

Por outro lado, o ordenamento jurídico, constitucional e legal, obriga uma rearticulação do poder público e da sociedade quando impõe à coletividade e, sobretudo ao Estado, uma série de princípios e regras de como proceder para cumprir o dever de preservação ambiental para as gerações presentes e futuras, sob o apanágio dos mandamentos ético-jurídicos esculpidos nos objetivos da República (art. 3º da CF/1988) – cláusulas de erradicação das injustiças presentes – e da defesa do meio ambiente como princípio geral da atividade econômica (art. 170, inciso VI, da CF/1988).

---

(2) Compreende-se, portanto, o reconhecimento internacional da dupla funcionalidade da proteção ambiental, *a qual toma a forma simultaneamente de um objetivo e tarefa estatal e de um direito (e dever) fundamental do indivíduo e da coletividade*, implicando todo um complexo de direitos e deveres fundamentais de cunho ecológico (grifo nosso). Cf. SARLET, Ingo Wolfgang. *Estado socioambiental e mínimo existencial (ecológico?): algumas aproximações*, In SARLET, Ingo Wolfgang (organizador). *Estado Socioambiental e Direitos Fundamentais*. Porto Alegre: Livraria do Advogado Editora, 2010. p. 12.
(3) NABAIS, José Casalta. *O dever fundamental de pagar impostos*. Coimbra: Almedina, 1998. p. 61-63.
(4) Cf. BONAVIDES, Paulo. *Curso de Direito Constitucional*. 24. ed. São Paulo: Malheiros, 2009. p. 569.
(5) A expressão "geração de direitos" tem sofrido várias críticas da doutrina nacional e estrangeira, pois o uso do termo geração pode dar a falsa impressão da substituição gradativa de uma geração por outra, o que é um erro, já que o processo é de acumulação e não de sucessão. Em razão disto, a doutrina recente tem preferido o termo "dimensões", pois uma geração não substitui ou derroga a antecedente. Cf. SARLET, Ingo Wolfgang. *A eficácia dos direitos fundamentais*. Porto Alegre: Livraria do Advogado, 1998. p. 47.
(6) Consultar PIOVESAN, Flávia. *Direitos humanos e o direito constitucional internacional*. 11. ed. São Paulo: Saraiva, 2010. p. 161.
(7) BENJAMIN, Antônio Herman. *Constitucionalização do ambiente e ecologização da constituição brasileira*, In CANOTILHO, José Joaquim Gomes; LEITE, José Rubens Morato. *Direito Constitucional Ambiental Brasileiro*. 3. ed. São Paulo: Saraiva, 2010. p. 77.
(8) Cf. BONAVIDES, Paulo. *Do Estado Liberal ao Estado Social*. 9. ed. São Paulo: Malheiros, 2009. p. 165-178.
(9) O pacto internacional sobre direitos econômicos, sociais e culturais, de 1966, no âmbito da ONU, sugere, no seu art. 2º-1, a "realização progressiva" dos aludidos direitos, enfraquecendo-os, de certa forma, na medida em que apenas enunciados, sem condição assegurada de exercício.
(10) BOBBIO, Norberto. *A era dos direitos*. 17. ed. Rio de Janeiro: Campus, 1992. p. 24.
(11) CANOTILHO, José Joaquim Gomes. *Direito constitucional ambiental português: tentativa de compreensão de 30 anos das gerações ambientais no direito constitucional português*, In CANOTILHO, José Joaquim Gomes; LEITE, José Rubens Morato. *Direito Constitucional Ambiental Brasileiro*. 3. ed. São Paulo: Saraiva, 2010. p. 22.

Faz-se *mister*, portanto, fundamentar o modelo de Estado de Direito que aponta no horizonte jurídico-constitucional mediante expressão ora utilizada: Estado Socioambiental de Direito[12], ou seja, "Para além de um bem-estar individual e social, as construções jurídico-constitucionais caminham hoje no sentido de garantir ao indivíduo e à comunidade como um todo o desfrute de um bem-estar ambiental, de uma vida saudável com qualidade ambiental, o que se apresenta como indispensável ao pleno desenvolvimento da pessoa e ao desenvolvimento humano no seu conjunto".[13]

Trata-se, na verdade, de agregar numa mesma perspectiva político-jurídica as conquistas do Estado Liberal e do Estado Social, isto é, o modelo de Estado Socioambiental agrega as conquistas positivas (em termos de tutela da dignidade humana) dos modelos de Estado de Direito que o antecederam, incorporando a tutela dos novos direitos transindividuais e, num paradigma de solidariedade humana, projetando a comunidade do gênero humano num patamar mais evoluído de efetivação de direitos fundamentais (especialmente dos novos direitos de terceira geração, como é o caso da proteção ambiental).[14]

Nesse contexto, o Estado de Direito contemporâneo apresenta as seguintes dimensões fundamentais: juridicidade, democracia, sociabilidade e **sustentabilidade ambiental**. Nesse sentido, pontua-se que "a forma que na nossa contemporaneidade se revela como uma das mais adequadas para colher esses princípios e valores de um Estado subordinado ao direito é o **Estado constitucional de Direito democrático e social ambientalmente sustentado**" (grifo nosso).[15]

Adiante, com estandarte axiológico – a solidariedade – de cunho eminentemente existencial, comunitário e universalista, ergue-se o modelo do *Estado Socioambiental de Direito*[16], a fim de reparar o débito social do projeto burguês do Estado Liberal e agregar a dimensão coletiva da condição humana alçada pelo Estado Social.

Portanto, no compasso das promessas não cumpridas da modernidade, constata-se que os princípios da Liberdade (marco normativo do Estado Liberal de Direito) e da Igualdade (marco normativo do Estado Social de Direito) não conseguiram sozinhos contemplar uma vida digna e saudável a todos os integrantes da comunidade humana, deixando, portanto, para os juristas contemporâneos uma obra normativa ainda inacabada.

Verifica-se, ainda, que o princípio da solidariedade renasce como Fênix das cinzas jurídicas da Revolução Francesa, para transformar-se no marco jurídico-constitucional do Estado Socioambiental de Direito contemporâneo.[17]

Nesse horizonte, o princípio da solidariedade aparece como mais uma tentativa histórica de realizar na integralidade o projeto da modernidade[18], concluindo o ciclo dos três princípios revolucionários: liberdade, igualdade e fraternidade mediante releitura consubs-

---

(12) Importa consignar que existem várias terminologias similares utilizadas por diversos autores, tais como: Estado Pós-social, Estado Constitucional Ecológico, Estado de Direito Ambiental, Estado do Ambiente, Estado Ambiental de Direito, Estado de Bem-Estar Ambiental, dentre outros. *A preferência pela expressão* socioambiental *resulta da necessária convergência das "agendas" social e ambiental num mesmo projeto jurídico-político para o desenvolvimento humano.*

(13) SARLET, Ingo Wolfgang. *Estado socioambiental e mínimo existencial (ecológico?): algumas aproximações,* In SARLET, Ingo Wolfgang (organizador). *Estado Socioambiental e Direitos Fundamentais.* Porto Alegre: Livraria do Advogado Editora, 2010. p. 12.

(14) Cf. FENSTERSEIFER, Tiago. *Direitos fundamentais e proteção do ambiente: a dimensão ecológica da dignidade humana no marco jurídico-constitucional do Estado Socioambiental de Direito.* Porto Alegre: Livraria do Advogado, 2008. p. 93-142.

(15) CANOTILHO, José Joaquim Gomes. Estado de Direito. *Cadernos Democráticos*, n. 7. Fundação Mário Soares. Lisboa: Gradiva, 1998. p. 21-23

(16) "A constituição Federal de 1988, pelo menos é isto que – a despeito da controvérsia que se verifica até mesmo em torno da terminologia mais adequada – se assume como premissa, é, também e acima de tudo, *a Constituição de um Estado Socioambiental e Democrático de Direito, compreendido, em linhas gerais, como um Estado comprometido com o respeito, proteção e promoção tanto da dignidade humana, quanto da dignidade da vida em geral.* Nesta mesma perspectiva, trata-se de um Estado que tem como fim e como tarefa o *desenvolvimento e a sustentabilidade*, sendo esta estruturada a partir dos *três pilares do social, do econômico e do ambiental*, portanto, de um Estado que respeita, protege e promove os direitos sociais de todas as dimensões como um conjunto integrado e que se reforça (mas também se limita) reciprocamente, na perspectiva de que todos os direitos fundamentais são, de certo modo, "ambientais", não sendo à toa que já se disse que 'verdes são os direitos do Homem' (Vasco Pereira da Silva)" (grifo nosso). SARLET, Ingo Wolfgang. *Estado socioambiental e mínimo existencial (ecológico?): algumas aproximações,* In SARLET, Ingo Wolfgang (organizador). *Estado Socioambiental e Direitos Fundamentais.* Porto Alegre: Livraria do Advogado Editora, 2010. p. 7.

(17) No mesmo sentido, TORRES afirma em que pese a solidariedade, como sinônimo da fraternidade, ter sido valor fundante do Estado de Direito e já aparecer na trilogia da Revolução Francesa (liberdade, igualdade e fraternidade), o pensamento jurídico posterior a KANT exacerbou a idéia de liberdade, diluindo-a na de legalidade, *com o que ficaram esquecidas as idéias de justiça e solidariedade.* Cf. TORRES, Ricardo Lobo. Tratado de Direito Constitucional Financeiro e Tributário. Volume II: Valores e Princípios Constitucionais Tributários. Rio de Janeiro/São Paulo/Recife: Renovar, 2005. p. 180-181.

(18) Neste sentido, destaca-se a criação da Agência de Direitos Fundamentais e da edição da Carta dos Direitos Fundamentais da União Européia que prevê logo no início do seu preâmbulo, à luz do projeto da modernidade aludido anteriormente, que a comunidade estatal que constitui está alicerçada *"nos valores indivisíveis e universais da dignidade do ser humano, da liberdade, da igualdade e da solidariedade"* (grifo nosso), bem como nos princípios da democracia e do Estado de Direito. Disponível em: <http://www.europarl.europa.eu>. Acesso em: 3 jul. 2011.

tanciada em novos pilares constitucionais ajustados a nova realidade social e desafios existenciais postos no espaço histórico-temporal contemporâneo.

Assim, verifica-se que uma das principiais tensões axiológico-normativas na conformação do Estado Socioambiental de Direito, como outrora verificado no conflito entre liberdade e igualdade levado a cabo na edificação do Estado Social, **reside justamente no enfrentamento entre liberdade e solidariedade**. No entanto, **o conflito é apenas aparente**, já que ambos os princípios (e valores) têm o seu conteúdo estabelecido de forma sistemática no ordenamento jurídico, **objetivando ambos uma tutela integral da dignidade humana**.

Nesse sentido, corrobora-se da ideia de que o Estado Socioambiental continua sendo um Estado de Direito e um Estado Democrático, na forma como assevera Belchior, senão vejamos:

> Pode-se concluir que o Estado (Democrático de Direito) Ambiental é formado por **três princípios fundantes (legitimidade, juridicidade e solidariedade)** e por um **tripé-axiológico fundamental (justiça, segurança jurídica e sustentabilidade)**. E a balança hipotética deve harmonizá-los, ponderá-los, equilibrá-los, em uma visão holística e sistêmica, ou seja, partindo do todo, do 'meio', para buscar efetivar os demais elementos, (...) (destaque nosso)[19].

De igual modo, Häberle afirma que os objetivos estatais do Estado Ambiental, assim como do Estado Social, são, em seu conteúdo fundamental, consequências do dever jurídico-estatal de respeito e proteção da dignidade humana, no sentido de uma "atualização viva do princípio", em constante atualização à luz dos novos valores humanos que são incorporados ao seu conteúdo normativo, **o que acaba por exigir uma medida mínima de proteção ambiental**.[20]

Por conseguinte, embora o meio ambiente seja uno e indivisível, este pode ser observado sob perspectivas diversas, tendo-se em vista aspectos diferentes[21], quais sejam: meio ambiente natural ou físico; meio ambiente artificial; meio ambiente cultural e meio ambiente do trabalho.[22]

Desta forma, na presente pesquisa, procurar-se-á evidenciar a contribuição do aspecto do meio ambiente do trabalho, sob a égide da dimensão ecológica da dignidade do homem, para formação do Estado Socioambiental de Direito no Brasil.

Ademais, a existência do aspecto do trabalho do meio ambiente possui estatura constitucional expressa dentre as atribuições do Sistema Único de Saúde – SUS – (art. 200, inciso VIII, CF/1988)[23], além de outras disposições esparsas dentre os direitos fundamentais esculpidos nos arts. 6º e 7º da Carta Política, o que se **demonstra, portanto, o meio ambiente do trabalho como elemento de coesão entre os direitos sociais, os direitos dos trabalhadores e o direito fundamental ao meio ambiente ecologicamente equilibrado e essencial à sadia qualidade de vida (art. 225, CF/1988)**.

Outrossim, evidencia-se a função promocional[24] do Estado Socioambiental de Direito, na medida em que surgem deveres fundamentais para o Estado e para a sociedade a fim de que se garanta o meio ambiente ecologicamente equilibrado para o presente e para o futuro, **estimulando e promovendo condutas socialmente e ambientalmente desejáveis mediante sanções premiais ou positivas, como no exemplo do ICMS ecológico**.[25]

Nesse diapasão, portanto, erige-se o Estado Socioambiental de Direito no Brasil, considerando-se

---

(19) BELCHIOR, Germana Parente Neiva. *Hermenêutica jurídica ambiental*. São Paulo: Saraiva, 2011. p. 127.

(20) HÄBERLE, Peter. A dignidade humana como fundamento da comunidade estatal. In: SARLET, Ingo Wolfgang (Org.). Dimensões da Dignidade: *ensaios de Filosofia do Direito e Direito Constitucional*. Porto Alegre: Livraria do Advogado, 2005. p. 130.

(21) Cf. SIRVINSKAS, Luís Paulo. *Tutela constitucional do meio ambiente: interpretação e aplicação das normas constitucionais ambientais no âmbito dos direitos e garantias fundamentais*. 2. ed. São Paulo: Saraiva, 2010.

(22) Discute-se na doutrina a respeito da autonomia do aspecto do trabalho do meio ambiente, posicionando-se contra José Afonso da Silva, na medida em que o considera inserido no aspecto do meio ambiente artificial, embora reconhecendo digno de tratamento especial. Cf. SILVA, José Afonso Da. *Curso de Direito Ambiental Constitucional*. 7. ed. São Paulo: Malheiros, 2009. p. 23.

(23) A regulamentação constitucional, portanto, é feita em dois patamares: a proteção imediata (art. 200, inciso VIII) e a mediata (art. 225, *caput*, incisos IV e VI e § 3º). Cf. FIORILLO, Celso Antônio Pacheco. *Curso de Direito Ambiental Brasileiro*. 8. ed. São Paulo: Saraiva, 2007.

(24) "Naturalmente, *a orientação da teoria do direito em direção à análise funcional, a qual eu denominei uma 'teoria funcionalista do direito'*, como um acréscimo, e não em oposição, à teoria estruturalista dominante, não pôde ocorrer sem uma contribuição direta da sociologia" (grifo nosso). "Entendo por 'função promocional' a ação que o direito desenvolve pelo instrumento das sanções positivas, isto é, por mecanismos genericamente compreendidos pelo nome de "incentivos", os quais visam não a impedir atos socialmente indesejáveis, fim precípuo das penas, multas, indenizações, reparações, restituições, ressarcimentos, etc., *mas sim, a "promover" a realização de atos socialmente desejáveis*" (Grifos nossos). BOBBIO, Norberto. *Da estrutura à função*: novos estudos de teoria do direito. São Paulo: Manole, 2007, Prefácio: p. XI-XLIX (grifo nosso).

(25) "*ICMS Ecológico*" – No Brasil, existem alguns Estados da Federação que possuem legislação estadual concernente ao Imposto de Circulação de Mercadorias e Prestação de Serviços (ICMS) prevendo, expressamente, *alíquotas diferenciadas* no momento de repasse de parte do tributo aos Municípios *considerados ambientalmente corretos*, ou seja, incentivando os Entes Municipais a criar ou defender a criação de mais áreas de preservação

uma perspectiva aglutinadora dos direitos individuais (Estados Liberal de Direito) e dos direitos sociais (Estado Social de Direito), incrementado por direitos transindividuais, sob o norte do princípio da solidariedade constitucional (art. 3º – Objetivos da República) e da interpretação social da Carta Política (fundamentada no art. 1º – Fundamentos da República, sobretudo no princípio da dignidade humana em sua notória dimensão ecológica.

3. A DIGNIDADE DA PESSOA HUMANA E O MÍNIMO EXISTENCIAL SOB A ÓTICA DA DIMENSÃO ECOLÓGICA

No âmbito da teoria do mínimo existencial, Ricardo Lobo Torres afirma que "há um direito às condições mínimas de existência humana digna que não pode ser objeto de intervenção do Estado na via dos tributos (= imunidade) e que ainda exige prestações positivas", isto é, "sem o mínimo necessário à existência cessa a possibilidade de sobrevivência do homem e desaparecem as condições iniciais da liberdade".[26]

Nesse sentido, o mínimo existencial configurar-se-ia como direito de dupla face, isto é, quer seja como direito subjetivo e no sentido de norma objetiva, quer seja compreendendo os direitos fundamentais originários (direitos de liberdade), os direitos fundamentais sociais e os direitos fundamentais de solidariedade (direito ao meio ambiente ecologicamente equilibrado), em sua expressão essencial, mínima e irredutível.[27]

Por conseguinte, a ideia de mínimo existencial refere-se umbilicalmente ao princípio da dignidade da pessoa humana, que se trata de princípio já positivado em diversas Constituições, notadamente após ter sido expressamente consagrado pela Declaração Universal da ONU de 1948[28], logo depois das atrocidades ocorridas na Segunda Guerra Mundial que se findou no ano de 1945.

Outrossim, identifica-se uma nova dimensão conformadora do conteúdo do princípio da dignidade da pessoa humana juntamente com as dimensões social, histórico-cultural, dentre outras, qual seja: **a dimensão ecológica**.[29]

A partir de tal premissa, coadunam-se a existência tanto de uma **dimensão social** quanto de uma **dimensão ecológica** como elementos integrantes do núcleo essencial do princípio da dignidade da pessoa humana[30], sendo que somente um projeto jurídico-político que contemple conjuntamente tais objetivos constitucionais atingirá um quadro compatível com a condição existencial humana tutelada na nossa Lei Fundamental.

Por outro lado, uma vez reconhecida a *jusfundamentalidade* do direito ao meio ambiente ecologicamente equilibrado, identificando-se a **dimensão ecológica** incorporada ao conteúdo do princípio da dignidade humana, fundamento normativo e axiológico do Estado Democrático de Direito contemporâneo, forçoso reconhecer a existência de um **mínimo existencial socioambiental**, coerente com o projeto jurídico, político, social, econômico e cultural do Estado Socioambiental de Direito.[31]

Ademais, decifrando terminologicamente os valores positivados no art. 225, *caput*, CF/1988: **meio ambiente ecologicamente equilibrado e bem essencial à sadia qualidade de vida** – estes somente se tornam possíveis dentro dos padrões mínimos exigidos constitucionalmente para o desenvolvimento pleno da personalidade humana, num ambiente natural com qualidade ambiental.

Portanto, Sarlet esclarece:

> (...) assim como quando se fala em **mínimo existencial** a idéia de justiça social permeia a dis-

---

e a melhorar a qualidade das áreas já protegidas com o intuito de aumentar a arrecadação tributária da municipalidade. Desta forma, evidencia-se, portanto, a função promocional do direito, na medida em que se estimulam comportamentos socialmente e ambientalmente desejáveis mediante sanções premiais ou positivas. O Estado do Paraná, no Brasil, foi o precursor deste movimento através de sua Constituição Estadual de 1989, que foi regulamentada pela Lei Complementar n 059/1991. Disponível em: <http://www.infoescola.com/ecologia/icms-ecologico/>. Acesso em: 3 jul. 2011.

(26) TORRES, Ricardo Lobo. *O direito ao mínimo existencial*. Rio de Janeiro: Renovar, 2009. p. 35-36.

(27) *Ibidem*, p. 37.

(28) O art. 1º da Declaração Universal da ONU de 1948 prevê que "todos os seres humanos nascem livres e iguais em dignidade e direitos. Dotados de razão e consciência, devem agir uns para com os outros em espírito e fraternidade".

(29) Cf. FENSTERSEIFER, Tiago. *Op. cit.*, p. 93-142.

(30) "*Só há dignidade, portanto, quando a própria condição humana é entendida, compreendida e respeitada, em suas diversas dimensões, o que impõe, necessariamente, a expansão da consciência ética como prática diuturna de respeito à pessoa humana. Trata-se de um ideal, e como todo ideal, um objetivo antevisto a ser atingido, mas nem por isso um ideal utópico, porque se encontra na estrita dependência dos próprios seres humanos, podendo-se consagrar como sendo um valor a ser perseguido e almejado, simplesmente porque (parodiando Nietzsche), se trata de algo 'humano, demasiado humano'*" (grifo nosso). ALMEIDA FILHO, Agassiz; MELGARÉ, Plínio (organizadores). *Dignidade da Pessoa Humana. Fundamentos e critérios interpretativos*. São Paulo: Editora Malheiros, 2010. p. 264.

(31) Cf. SARLET, Ingo Wolfgang. *Estado socioambiental e mínimo existencial (ecológico?): algumas aproximações*, In SARLET, Ingo Wolfgang (organizador). *Estado Socioambiental e Direitos Fundamentais*. Porto Alegre: Livraria do Advogado Editora, 2010. p .25.

cussão (na sua feição distributiva), no sentido de garantir um acesso igualitário aos direitos sociais básicos, da mesma maneira, quando se discute os fundamentos do **mínimo existencial ecológico, a justiça ambiental deve estar presente**, balizando tanto as relações entre os Estados nacionais no plano internacional (especialmente, diante das relações Norte-Sul), quanto às relações entre poluidor/degradador (Estado ou particular) e cidadão titular do direito fundamental ao ambiente no âmbito interno dos Estados nacionais (...) (grifos nossos).[32]

Dessa maneira, no paradigma do Estado Socioambiental, além dos direitos tradicionalmente identificados pela doutrina já consubstanciados no mínimo existencial (moradia digna, saúde, alimentação, educação, dentre outros), faz-se *mister* a inclusão do direito ao meio ambiente ecologicamente equilibrado para fins de uma sadia qualidade de vida do cidadão.

No entanto, quando se fala em mínimo existencial em matéria ambiental e a concretização destes direitos fundamentais, "o que se deve ter em mente é que o Estado deve buscar ferramentas que efetivem ao máximo o direito fundamental ao meio ambiente ecologicamente equilibrado, evitando, assim, um discurso minimalista, uma retórica esdrúxula".[33]

Assim, no que se refere ao princípio material que subjaz à noção de dignidade da pessoa humana, Canotilho afirma que se consubstancia "no princípio antrópico que acolhe a ideia pré-moderna e moderna da *dignitas-hominis* (Pico della Mirandola), ou seja, do indivíduo conformador de si próprio e da sua vida segundo o seu projeto espiritual".[34]

Por esta forma, o conteúdo conceitual e normativo do princípio da dignidade da pessoa humana sob a ótica de sua dimensão ecológica e do mínimo existencial socioambiental está intrinsecamente relacionado à qualidade do ambiente (onde o ser humano vive, mora, trabalha, estuda, pratica lazer, dentre outras atividades).

Nesse contexto, **verifica-se a necessidade de transcender de um pacto social para um pacto socioambiental**, em vista de contemplar o novo papel do Estado e da sociedade no âmbito do Estado Socioambiental de Direito. Os deveres de solidariedade no âmbito da tutela ambiental são atribuídos agora, para além do Estado, também aos particulares.[35]

Portanto, a noção de dignidade da pessoa humana perpassa pela noção do mínimo existencial, centrando-se na autonomia e no direito de autodeterminação de cada pessoa, à luz da matriz kantiana, sendo certo que, no Estado socioambiental de direito, a dimensão ecológica desta dignidade, fundamentada no mínimo ambiental, conduz-se reluzente em torno do projeto espiritual humano.

4. A CONSTITUCIONALIZAÇÃO DO DIREITO AMBIENTAL DO TRABALHO

4.1. A evolução do direito ambiental do trabalho sob a perspectiva do Direito Internacional dos Direitos Humanos

"O Direito Internacional dos Direitos Humanos"[36] surgiu em meados do século XX, em decorrência das atrocidades cometidas no decorrer da Segunda Guerra Mundial, emergindo da necessidade de reconstrução do valor dos direitos humanos como paradigma ético a orientar a ordem internacional.

Nesse diapasão, além dos tradicionais direitos fundamentais clássicos do Estado Liberal, como a liberdade e a igualdade, o direito ambiental passou a ser tema relevante nas Constituições contemporâneas.[37]

---

(32) *Ibidem*, p. 37.

(33) "Deve ser concebido da forma mais ampla possível com a incorporação da qualidade ambiental como um novo conteúdo do núcleo protetivo". BELCHIOR, Germana Parente Neiva. *Op. cit.*, p. 229.

(34) CANOTILHO, José Joaquim Gomes. *Direito constitucional e Teoria da Constituição*. 7. ed. Coimbra: Almedina, 2004.

(35) O comando constitucional expresso no art. 225, *caput*, traz justamente a idéia de responsabilidades e encargos ambientais compartilhados entre Estado e sociedade, quando subscreve que se impõe *"ao Poder Público e à coletividade o dever"* de defender e proteger o ambiente para as presentes e futuras gerações (grifo nosso).

(36) "Direito Internacional dos Direitos Humanos" – nomenclatura utilizada por diversos professores, como a professora Dra. Flávia Piovesan, explicitando o fato de que os direitos humanos se converteram em tema de legítimo interesse internacional, transcendendo o âmbito estritamente doméstico, o que implicou o reexame do valor da soberania absoluta do Estado.

(37) "Com efeito, um novo pólo jurídico de alforria do homem se acrescenta historicamente aos da liberdade e da igualdade. Dotados de altíssimo teor de humanismo e universalidade, os direitos da terceira geração tendem a cristalizar-se neste fim de século enquanto os direitos que não se destinam especificamente à proteção dos interesses de um indivíduo, de um grupo ou de um determinado Estado. Têm por primeiro destinatário o gênero humano mesmo, num momento expressivo de sua afirmação como valor supremo em termos de existencialidade concreta (...) A teoria, com Vasak e outros, já identificou cinco direitos de fraternidade, ou seja, da terceira geração: o direito ao desenvolvimento, o direito à paz, *o direito ao meio ambiente*, o direito sobre o patrimônio comum da humanidade e o direito de comunicação" (grifo nosso). In BONAVIDES, Paulo. *Curso de Direito Constitucional*. 24. ed. São Paulo: Malheiros, 2009. p. 569.

No Brasil, o fato de a Ordem Constitucional Brasileira de 1988 ter reconhecido força normativa potencializada – *jus* fundamental – ao direito ao meio ambiente – foi uma conquista importante, porém trouxe consigo a necessidade de novos impulsos, para difundir a proteção e a promoção ambiental nas normas infraconstitucionais e nas políticas públicas do Estado.

Ademais, sob o norte do direito fundamental ao meio ambiente do trabalho, José Afonso da Silva conceitua o meio ambiente do trabalho como *"um complexo de bens imóveis e móveis de uma empresa e de uma sociedade, objeto de direitos subjetivos privados e de direitos invioláveis da saúde e da integridade física dos trabalhadores que o freqüentam"*[38] (grifo nosso).

Assim, tem-se a ilação de que o meio ambiente do trabalho possui intrínseca relação com o meio ambiente gênero, haja vista que eventuais efeitos nocivos do ambiente laboral transpassam as fronteiras do privado, invadindo derradeiramente o bairro, a cidade ou a região como um todo, como nos exemplos de contaminação de ar ou água, ruídos excessivos, e outros direitos metaindividuais que podem ser atingidos.

Considerando essa situação, faz-se necessária uma ampla mobilização, no sentido de tentar buscar a efetividade do direito ao meio ambiente, inclusive no ambiente de trabalho, para que o conjunto de suas normas não perca credibilidade.[39]

4.2. O meio ambiente do trabalho na Constituição Federal de 1988

Além do Capítulo VI ("Do meio ambiente"), do Título VIII ("Da ordem social"), positivado no art. 225, incisos e parágrafos da Constituição Federal brasileira vigente, existem outros dispositivos esparsos no texto constitucional ou em tratados internacionais ratificados pelo Brasil que versam, especificamente, sobre o meio ambiente do trabalho.

Inicialmente, cumpre-se ressaltar entre os direitos dos trabalhadores incluídos na Carta Política: a redução dos riscos inerentes ao trabalho, por meio de normas de saúde, higiene e segurança[40], sendo normas, portanto, que integram o conteúdo material e formal da legislação trabalhista.

Por conseguinte, a Constituição menciona o meio ambiente do trabalho, explicitamente no art. 200, inciso VIII, ao estabelecer que uma das atribuições do Sistema Único de Saúde consiste em colaborar na proteção do ambiente, nele compreendido o do trabalho.[41]

Outrossim, a Carta de 1988 inovou ao incluir entre os direitos constitucionalmente protegidos os direitos enunciados nos tratados internacionais de que o Brasil é signatário.[42] Dessa forma, os direitos internacionais integrariam o chamado "bloco de constitucionalidade"[43], "densificando" a regra constitucional positivada no § 2º, do art. 5º, caracterizada como cláusula constitucional aberta.[44]

Ademais, com o advento do § 3º, do art. 5º, da CF/1988, reiterou-se o entendimento de que todos os tratados internacionais de proteção aos direitos humanos são materialmente constitucionais, podendo, agora, acrescer a qualidade de formalmente constitucionais, equiparando-se às emendas à Constituição, no âmbito formal.[45]

Nesse contexto, cita-se exemplo de norma materialmente constitucional não expressa no texto constitucional, qual seja a Convenção n. 155 da Organização Internacional do Trabalho (OIT), ratificada pelo Brasil em 1992[46], provendo sobre o desenvolvimento, pelos países, de uma Política Nacional de Saúde, Segurança e Meio Ambiente do Trabalho, incluindo local de trabalho, ferramentas, máquinas, agentes

---

(38) SILVA, José Afonso da, *ob. cit.*, p. 24.

(39) "Onde a constituição escrita não corresponder à real, irrompe inevitavelmente um conflito que é impossível evitar e no qual, mais dia menos dia, a constituição escrita, a folha de papel, sucumbirá necessariamente, perante a constituição real, a das verdadeiras forças vitais do país". LASSALLE, Ferdinand. A Essência da Constituição. 5. ed. Rio de Janeiro: Lúmen Júris, 2000. p. 33.

(40) "São direitos dos trabalhadores urbanos e rurais, além de outros que visem à melhoria de sua condição social: [...] XXII – redução dos riscos inerentes ao trabalho, por meio de normas de saúde, higiene e segurança; " CF/1988, art. 7º.

(41) "Ao sistema único de saúde compete, além de outras atribuições, nos termos da lei: [...] VIII – colaborar na proteção do meio ambiente, nele compreendido o do trabalho". CF/1988, art. 200.

(42) "Os direitos e garantias expressos nesta Constituição não excluem outros decorrentes do regime e dos princípios por ela adotados, ou dos tratados internacionais em que a República Federativa do Brasil seja parte". CF/1988, art. 5, § 2º.

(43) "A constituição assume expressamente o conteúdo constitucional dos direitos constantes dos tratados internacionais dos quais o Brasil é parte. Ainda que esses direitos não sejam enunciados sob a forma de normas constitucionais, mas sob a forma de tratados internacionais, *a Carta lhes confere o valor jurídico de norma constitucional, já que preenchem e complementam o catálogo de direitos fundamentais previsto pelo Texto Constitucional*" (grifo nosso). PIOVESAN, Flávia, *ob. cit.*, p. 55.

(44) *Ibidem*, p. 55.

(45) *Ibidem*, p. 79.

(46) Cf. Decreto Legislativo n. 2, de 17 de março de 1992, publicado no *Diário Oficial* da União n. 53, de 18 de março de 1992

químicos, biológicos e físicos, operações e processos, as relações entre trabalhador e o meio físico, entre outros assuntos correlacionados.

Verifica-se, portanto, que "o ambiente do trabalho é protegido por uma série de normas constitucionais, expressas e implícitas, além de normas legais destinadas a garantir-lhe condições de salubridade e de segurança".[47]

Assim, tal proteção qualificada é justificada pelo fato de que o meio ambiente do trabalho é o local em que se desenrola boa parte da vida do trabalhador, cuja qualidade de vida está intrinsecamente dependente à respectiva qualidade do meio ambiente de trabalho.

4.3. O direito fundamental ao meio ambiente do trabalho e a dignidade da pessoa do trabalhador

O princípio fundamental da dignidade da pessoa humana encontra-se assegurado no art. 1º, inciso III, da Constituição Federal de 1988, constituindo, assim, um dos fundamentos da República Federativa do Brasil e do Estado Democrático de Direito.[48]

Por conseguinte, o art. 170, *caput* e inciso VI, da Constituição Federal de 1988, versa sobre a ordem econômica e assegura a livre iniciativa, fundada na defesa do meio ambiente e na valorização do trabalho humano, de modo a assegurar a todos a existência digna, de acordo com os ditames da justiça social.[49]

Desta feita, em observância aos preceitos constitucionais acima citados, o modo de produção capitalista necessita conjugar os dividendos da economia de mercado às questões sociais e humanitárias, na busca do meio ambiente do trabalho equilibrado e do respeito irrestrito à dignidade da pessoa do trabalhador.[50]

Nesse diapasão, relevante o papel da nova hermenêutica constitucional para a concretização dos direitos fundamentais, senão vejamos:

> A Nova Hermenêutica constitucional se desataria de seus vínculos com os fundamentos e princípios do Estado democrático de Direito se os relegasse ao território das chamadas normas programáticas, recusando-lhes concretude integrativa sem a qual, ilusória, a **dignidade da pessoa humana** não passaria também de mera abstração[51] (grifo nosso).

Portanto, o direito fundamental ao meio ambiente do trabalho, explicitado no art. 225, c/c art. 200, inciso VIII, da CF/1988, concretiza-se sob o apanágio da dignidade da pessoa humana, tendo como espécie do gênero humano: a pessoa do trabalhador.

4.4. A interdependência, indivisibilidade e inter-relação dos direitos fundamentais sob a ótica do direito ambiental do trabalho

A conceituação contemporânea de direitos fundamentais[52], principalmente após a Declaração Universal dos Direitos Humanos de 1948, passou a determiná-los como unidade indivisível, interdependente e inter-relacionada, na qual valores da igualdade e da liberdade conjugam-se e se completam.

Nesse contexto, liberdade e igualdade concretizam-se mutuamente. A igualdade-formal concretiza a liberdade jurídica, transformando-a em liberdade-real, ao passo que a liberdade-real concretiza a igualdade-formal, transformando-a em igualdade-proporcionalidade.[53]

---

(47) SILVA, José Afonso da, *ob. cit.*, p. 23.

(48) "A República Federativa do Brasil, formada pela união indissolúvel dos Estados e Municípios e do Distrito Federal, constitui-se em Estado Democrático de Direito e tem como fundamentos: [...] III – a dignidade da pessoa humana". CF/1988, art. 1º.

(49) "A ordem econômica, fundada na valorização do trabalho humano e na livre iniciativa, tem por fim assegurar a todos existência digna, conforme os ditames da justiça social, observados os seguintes princípios: [...] VI – defesa do meio ambiente, inclusive mediante tratamento diferenciado conforme o impacto ambiental dos produtos e serviços e de seus processos de elaboração e prestação"; (Redação dada pela Emenda Constitucional n. 42, de 19.12.2003). CF/1988, art. 170.

(50) "[...], os direitos de terceira geração, tais como o *direito ao meio ambiente equilibrado*, à biodiversidade e o direito ao desenvolvimento, foram concebidos no curso de um processo indefinido de extensão e ampliação dos direitos originalmente postulados como individuais, também em relação aos cidadãos ainda não nascidos, envolvendo cada indivíduo na perspectiva temporal da humanidade, por isso intitulados – direitos transgeracionais. *O conteúdo jurídico da dignidade humana vai, dessa forma, se ampliando à medida que novos direitos vão sendo reconhecidos e agregados ao rol dos direitos fundamentais. Isso leva ao mesmo tempo em que se multiplicam as formas de opressão, tento pelo Estado como pela economia*" (grifo nosso). BUCCI, Maria Paula Dallari (organizadora). *Políticas públicas: reflexões sobre o conceito jurídico*. São Paulo: Saraiva, 2006. p. 03.

(51) BONAVIDES, Paulo, *ob. cit.*, p. 657.

(52) Utiliza-se a nomenclatura de "direitos fundamentais" referindo-se aos valores ligados à dignidade da pessoa humana e à limitação do poder, sendo positivados, geralmente, através de normas constitucionais. Por seu turno, o termo "direitos humanos" seriam os valores ligados à dignidade da pessoa humana, sendo positivados no plano internacional através de tratados (seriam, de forma prática, os direitos fundamentais dotados de universalidade). Cf. MARMELSTEIN, George. *Curso de Direitos Fundamentais*. 2. ed. São Paulo: Atlas, 2009. p. 25-27.

(53) "[...], a Declaração de 1948 introduz extraordinária inovação ao conter uma linguagem de direitos até então inédita. Combinando o discurso liberal da cidadania com o discurso social, a Declaração passa a elencar tanto direitos civis e políticos (art. 3º a 21) como direitos sociais, econômicos e culturais (arts. 22 a 28). Duas são inovações introduzidas pela Declaração: a) parificar, em igualdade de importância, os direitos civis e políticos e os direitos econômicos, sociais e culturais; e *b) afirmar a inter-relação, indivisibilidade e interdependência de tais direitos*" (grifo nosso). PIOVESAN, Flávia, *ob. cit.*, p. 144/145.

Portanto, conforme delineado acima, o direito fundamental ao meio ambiente do trabalho adequado e salubre necessita, umbilicalmente, da liberdade-real e da igualdade-proporcionalidade, para fins de concretização.

Sendo classificado como direito fundamental de terceira geração ou dimensão, o meio ambiente, inclusive o do trabalho, seria representativo dos direitos de solidariedade e do direito ao desenvolvimento, que "diz respeito tanto a Estados como a indivíduos, [...], o qual acrescenta que relativamente a indivíduos ele se traduz numa pretensão ao trabalho, à saúde e à alimentação adequada".[54]

Em suma, todos os direitos humanos constituem um complexo integral, único e indivisível, no qual os diferentes direitos estão inter-relacionados e são interdependentes entre si.

5. CONSIDERAÇÕES FINAIS

O Estado Socioambiental contemporâneo continua sendo um Estado de Direito e um Estado Democrático, tendo como marco jurídico-constitucional o princípio da solidariedade, que renasce como fênix das cinzas jurídicas da Revolução Francesa.

Assim, o princípio da solidariedade aparece como mais uma tentativa histórica de realização integral do projeto da modernidade, concluindo o ciclo dos três princípios revolucionários: liberdade, igualdade e fraternidade mediante releitura constitucional ajustada a nova realidade social e no espaço histórico-temporal contemporâneo – o surgimento do Estado Socioambiental de Direito.

Por fim, verifica-se, cristalinamente, a existência de um direito humano fundamental ao **meio ambiente do trabalho sadio e ecologicamente equilibrado**, consubstanciado, expressamente, no **art. 225, da CF/1988**, possuindo ainda vários corolários no texto constitucional, dentre os quais se destacam: o art. 200, inciso VIII (colaboração do sistema único de Saúde – SUS – na proteção do meio ambiente, nele compreendido o do trabalho); o art. 170, inciso VI (defesa do meio ambiente como princípio geral norteador da atividade econômica); nos direitos sociais previstos no art. 6º (direito à saúde, ao trabalho, dentre outros); nos direitos trabalhistas esculpidos no art. 7º (direitos dos trabalhadores urbanos e rurais a: XXII – redução dos riscos no trabalho, por intermédio de normas de saúde, higiene e segurança; XXIII – remuneração adicionada para atividades consideradas penosas, insalubres ou perigosas, na forma da lei; XXVIII – seguro contra acidentes de trabalho pago pelo empregador – SAT – **sem prejuízo de indenização posterior no caso deste incorrer em culpa ou dolo**[55]; dentre outros), sugerindo-se, inclusive, a interpretação de toda legislação infraconstitucional (principalmente a CLT e **toda a legislação ambiental**) à luz do espírito ético, **social**, trabalhista e **ecológico** da Constituição (interpretação conforme).

6. REFERÊNCIAS

ALEXY, Robert. *Teoria dos direitos fundamentais*. Tradução de Virgílio Afonso da Silva. São Paulo: Malheiros, 2008.

ALMEIDA FILHO, Agassiz; MELGARÉ, Plínio (organizadores). *Dignidade da pessoa humana. Fundamentos e critérios interpretativos*. São Paulo: Editora Malheiros, 2010.

BARCELLOS, Ana Paula de. *A eficácia jurídica dos princípios constitucionais*. Rio de Janeiro: Renovar, 2002.

BARROSO, Luís Roberto. *O direito constitucional e a efetividade de suas normas: limites e possibilidades da Constituição brasileira*. 9. ed. Rio de Janeiro: Renovar, 2009.

_____. *Interpretação e aplicação da Constituição*. São Paulo: Saraiva, 2003.

BELCHIOR, Germana Parente Neiva. *Hermenêutica jurídica ambiental*. São Paulo: Saraiva, 2011.

BENJAMIN, Antônio Herman. *Constitucionalização do ambiente e ecologização da constituição brasileira*, In CANOTILHO, José Joaquim Gomes; LEITE, José Rubens Morato. *Direito Constitucional Ambiental Brasileiro*. 3. ed. São Paulo: Saraiva, 2010.

BERCOVICI, Gilberto. *Constituição econômica e desenvolvimento: uma leitura a partir da Constituição de 1988*. São Paulo: Malheiros, 2005.

BOBBIO, Norberto. *A era dos direitos*. 17. ed. Rio de Janeiro: Campus, 1992.

_____. *Da estrutura à função: novos estudos de teoria do direito*. São Paulo: Manole, 2007.

BONAVIDES, Paulo. *Curso de Direito Constitucional*. 24. ed. São Paulo: Malheiros, 2009.

_____. *Do Estado Liberal ao Estado Social*. 9. ed. São Paulo: Malheiros, 2009.

---

(54) *Ibidem*, p. 570.

(55) O inciso XXVIII, do art. 7º, da CF/1988 c/c art. 120, da Lei 8.213/91 (Lei que instituiu o plano de benefícios da Previdência Social) autoriza o INSS – Instituto Nacional do Seguro Social – a propor judicialmente as *ações regressivas acidentárias diante dos empregadores que descumpriram as normas padrão de segurança e higiene do trabalho*, a fim de se resguardar o Erário Previdenciário Público, *além de se promover o direito fundamental ao meio ambiente do trabalho ecologicamente equilibrado e seguro*. Desta forma, verifica-se que tal medida além de caráter repressivo, também possui conotação pedagógica, ajudando a reduzir futuras tragédias em ambientes laborais inadequados.

BUCCI, Maria Paula Dallari (organizadora). *Políticas públicas: reflexões sobre o conceito jurídico*. São Paulo: Saraiva, 2006.

CANOTILHO, José Joaquim Gomes. *Direito Constitucional e Teoria da Constituição*. Coimbra: Livraria Almedina, 2003.

_____. *Direito constitucional ambiental português: tentativa de compreensão de 30 anos das gerações ambientais no direito constitucional português*, In CANOTILHO, José Joaquim Gomes; LEITE, José Rubens Morato. *Direito Constitucional Ambiental Brasileiro*. 3. ed. São Paulo: Saraiva, 2010.

_____. Estado de Direito. *Cadernos Democráticos*, n. 7. Fundação Mário Soares. Lisboa: Gradiva, 1998.

_____. *Estudos sobre direitos fundamentais*. Coimbra: Coimbra Editora, 2004.

_____; LEITE, José Rubens Morato (organizadores). *Direito Constitucional Ambiental Brasileiro*. 3. ed. São Paulo: Saraiva, 2010.

FENSTERSEIFER, Tiago. *Direitos fundamentais e proteção do ambiente: a dimensão ecológica da dignidade humana no marco jurídico-constitucional do Estado Socioambiental de Direito*. Porto Alegre: Livraria do Advogado, 2008.

_____ (organizador). *Dignidade da vida e os direitos fundamentais para além dos humanos – uma discussão necessária*. 1. ed. Editora Fórum, 2008.

FIORILLO, Celso Antônio Pacheco. *Curso de Direito Ambiental Brasileiro*. 8. ed. São Paulo: Saraiva, 2007

GARCIA, Gustavo Filipe Barbosa. *Meio ambiente do trabalho*. 2. ed. São Paulo: Método, 2009.

GRAU, Eros Roberto. *Ensaio sobre a interpretação/aplicação do direito*. São Paulo: Malheiros, 2005.

HÄBERLE, Peter. A dignidade humana como fundamento da comunidade estatal. In: SARLET, Ingo Wolfgang (Org.). *Dimensões da Dignidade: ensaios de Filosofia do Direito e Direito Constitucional*. Porto Alegre: Livraria do Advogado, 2005.

LASSALLE, Ferdinand. *A Essência da Constituição*. 9. ed. Rio de Janeiro: Lúmen Júris, 2010.

LEITE, José Rubens Morato; FERREIRA, Heline Sivini; BORATTI, Larissa Verri (organizadores). *Estado de Direito Ambiental*. 1. ed. Rio de Janeiro: Editora Forense Universitária, 2010.

MARMELSTEIN, George. *Curso de Direitos Fundamentais*. 2. ed. São Paulo: Atlas, 2009, p. 25-27.

MARQUES, José Roberto. *Meio ambiente urbano*. 2. ed. Rio de Janeiro: Forense Universitária, 2010.

MELO, Raimundo Simão de. *Direito Ambiental do Trabalho e a saúde do trabalhador*. 4. ed. São Paulo: LTr, 2010.

MINARDI, Fábio Freitas. *Meio ambiente do trabalho: proteção jurídica à saúde mental*. Curitiba: Juruá, 2010.

MIRANDA, Jorge. *Teoria do Estado e da Constituição*. Rio de Janeiro: Forense, 2003.

NABAIS, José Casalta. *O dever fundamental de pagar impostos*. Coimbra: Almedina, 1998.

PIOVESAN, Flávia. *Direitos humanos e o direito constitucional internacional*. 11. ed. São Paulo: Saraiva, 2010.

_____. *Temas de direitos humanos*. São Paulo: Max Limonad, 2003.

SARLET, Ingo Wolfgang. *A eficácia dos direitos fundamentais*. 10. ed. Porto Alegre: Livraria do Advogado, 2009.

_____. *Dignidade da pessoa humana e direitos fundamentais na constituição federal de 1988*. 8. ed. Porto Alegre: Livraria do Advogado, 2010.

_____ (org.). *Dimensões da Dignidade: ensaios de Filosofia do Direito e Direito Constitucional*. Porto Alegre: Livraria do Advogado, 2005.

_____ (org.). *Estado Socioambiental e Direitos Fundamentais*. Porto Alegre: Livraria do Advogado Editora, 2010.

_____. *Estado socioambiental e mínimo existencial (ecológico?): algumas aproximações*, In SARLET, Ingo Wolfgang (organizador). *Estado Socioambiental e Direitos Fundamentais*. Porto Alegre: Livraria do Advogado Editora, 2010.

SARMENTO, Daniel. *Direitos Fundamentais e Relações Privadas*. 2. ed. Rio de Janeiro: Lumen Juris, 2010.

SILVA, José Afonso Da. *Curso de Direito Constitucional Ambiental*. 7. ed. São Paulo: Malheiros, 2009.

SILVA-SÁNCHEZ, Solange S. *Cidadania Ambiental: novos direitos no Brasil*. 2. ed. São Paulo: Annablume, 2010.

SILVA, Virgílio Afonso Da. *Direitos fundamentais – conteúdo essencial, restrições e eficácia*. 2. ed. São Paulo: Editora Malheiros, 2010.

SIRVINSKAS, Luís Paulo. *Tutela constitucional do meio ambiente: interpretação e aplicação das normas constitucionais ambientais no âmbito dos direitos e garantias fundamentais*. 2. ed. São Paulo: Saraiva, 2010.

TORRES, Ricardo Lobo. *O direito ao mínimo existencial*. Rio de Janeiro: Renovar, 2009.

_____. Tratado de Direito Constitucional Financeiro e Tributário. Volume II: Valores e Princípios Constitucionais Tributários. Rio de Janeiro/São Paulo/Recife: Renovar, 2005.

Cidadania e o Acesso à Educação, ao Ensino e ao Desporto

Arthur Nogueira Feijó
Mestre em Direito pela Universidade Federal do Ceará (UFC).

1. CONSIDERAÇÕES INICIAIS

Capitaneando a inter-relação entre a cidadania, temática foco do presente estudo, com a seara da educação, do ensino e do desporto, as linhas do presente capítulo possuem o escopo de, por um método expositivo, apresentar a intercessão em voga, pondo em evidência os traços normativos e jurisprudenciais que permeiam a matéria.

Para o propósito aprazado, é imprescindível que se tenha ciência da contextualização do assunto perante a atual ordem constitucional vigente, em que se insere a vivência brasileira hodierna em um estado democrático de direito, consolidado por uma Carta Maior asseguradora de um vasto arsenal de direitos e garantias fundamentais, cujo pálio hermenêutico é liderado pelo princípio da dignidade da pessoa humana (MAGALHÃES FILHO, 2004).

Sob a égide da força axiológica do princípio da dignidade humana, tem-se o tratamento do ser humano como um fator teleológico a ser considerado, no sentido de que a pauta do regramento público deve levar em consideração o intuito final de enaltecer a humanidade e suas virtudes (ARISTÓTELES, 2011)[1], mitigando, por consequência, os fatores deletérios que possam surgir da vivência em sociedade.

No que tange à relevância da convivência em sociedade, insta pôr em relevo a cidadania, cujo *status* é alçado, na forma do art. 1º, II da Constituição Federal de 1988, à categoria de fundamento do Estado brasileiro, veja-se:

> Art. 1º A República Federativa do Brasil, formada pela união indissolúvel dos Estados e Municípios e do Distrito Federal, constitui-se em Estado Democrático de Direito e tem como fundamentos:
> [...]
> II – a cidadania
> [...]. (BRASIL, 1988)

Embora a exploração da essência e abrangência do termo cidadania não seja o enfoque deste momento, para a fluência do raciocínio, é interessante observar o pensamento apresentado por Paulo Bonavides, que bem esclarece a ideia de convivência social e o sentido constitucional depositado no conceito de cidadania, veja-se:

> A cidadania é a prova de identidade que mostra a relação ou vínculo do indivíduo com o Estado. É mediante essa relação que uma pessoa constitui fração ou parte de um povo. O *status* de cidadania, segundo Chiarelli, implica numa situação jurídica subjetiva, consistente num completo de

---
[1] Para Aristóteles, o homem, como animal político, encontra na sociedade um mecanismo de enaltecimento das próprias virtudes, em um processo evolutivo intrinsecamente ligado às interações com o meio social (ARISTÓTELES, 2011).

direitos e deveres de caráter público. O *status civitatis* ou estado de cidadania define basicamente a capacidade pública do indivíduo, a soma dos direitos políticos e deveres que ele tem perante o Estado. (BONAVIDES, 2004, p. 82)

Da ideia transcrita, é rica a perspectiva de identificar na cidadania o meio pelo qual "uma pessoa constitui fração ou parte de um povo"; tal senso de pertencimento está ontologicamente relacionado ao próprio conceito de democracia, em que se tem como elementar a participação do povo no processo político[2].

Feitas tais considerações, conclui-se que a cidadania, carrega uma ampla semântica da qual se extrai um imperativo senso de coletividade e união responsáveis por traçar um padrão de postura da sociedade e respectivas instituições, com a finalidade de desenvolver e enaltecer o censo de civilidade e as virtudes humanas.

Nesse azo, como partes do título constitucional que trata da ordem social, a educação, a cultura e o desporto, desempenham papel de ímpar relevância na consolidação do senso de cidadania, afinal, tais setores guardam a identidade de serem referentes a fatores de inserção e ativa participação do indivíduo no meio social.

Sendo assim, passar-se-á ao exame individualizado de cada um desses três pontos, com o intuito de expor algumas questões relevantes, sempre sob o prisma da relação de tais fatores com a consolidação do imperativo da cidadania.

2. DA EDUCAÇÃO

De plano, é interessante a lúcida exposição do art. 205 do texto constitucional, ao relacionar expressamente o papel da educação como meio para o exercício da cidadania, leia-se:

> Art. 205. A educação, direito de todos e dever do Estado e da família, será promovida e incentivada com a colaboração da sociedade, visando ao pleno desenvolvimento da pessoa, seu preparo para o exercício da cidadania e sua qualificação para o trabalho. (BRASIL, 1988)

Do texto normativo transcrito é possível extrair que a educação constitui uma diretriz governamental constitucionalmente estabelecida, em que a responsabilidade pela sua concretização é compartilhada entre a família, a sociedade e o Estado, com uma finalidade bem delineada, qual seja: o senso de pertencimento e consequente participação perante o meio social, o que se qualifica pelo exercício da cidadania, assim como na qualificação profissional.

Segundo Uadi Lammêgo Bulos, a norma que se extrai do art. 205 da Constituição Federal se reporta à educação formal, também conhecida como escolar, contudo, ressalva que tal não é o único regime tratado pela Lei Maior, ao que expõe:

> Pela Carta de 1988, a educação qualifica-se como o processo formal, regular ou escolar. Essa é a regra, porém, há momentos em que se abre espaço à educação informal. Assim, há dois regimes jurídicos da educação na Constituição da República: um formal, estatuído no Capítulo III do Título VIII; e outro informal, que fica de fora do regime escolar normatizado no referido capítulo. Como exemplo do último, temos a educação ambiental (art. 225, VI), a eliminação do analfabetismo e a universalização da escola fundamental (art. 60 do ADCT). Decerto que o Texto Maior não poderia ficar limitado ao regime jurídico da educação formal, porque a escolarização é um tipo de educação, e não o único. Mas no art. 205, a palavra educação significa educação escolarizada, isto é, o processo formal, regular ou escolar de ensino. (BULOS, 2014, p. 1.581)

Sendo assim, percebe-se que o direito à educação merece uma visualização ampla e não restrita à questão da escolaridade, englobando também outras noções essenciais à civilidade, a exemplo da educação ambiental, conforme bem exposto por Uadi Lammêgo Bulos sob o contexto da educação informal[3].

Dadas as restrições das presentes linhas, focar-se-á o exame da matéria sob o ângulo da educação formal, perpassando pontos de maior relevo jurisprudencial, para fins de apresentação das discussões vigentes sobre a temática.

2.1. Dos princípios constitucionais do ensino (art. 206, CRFB/1988)

Ao longo do art. 206 da Constituição Federal são elencados os princípios basilares com os quais deve se

---

(2) *Explorando o conceito e democracia*, Marcus Cláudio Arquaviva assevera: "não pode haver um sentimento de democracia onde não existir a participação permanente e consciente dos cidadãos organizados em povo político, a exigir dos governantes um desempenho ideal". (ARQUAVIVA, 2004, p. 458)

(3) Sobre as especificidades da educação formal e informal: "A família é a principal instituição responsável pela educação informal, através da qual são ensinados os costumes humanos como falar, andar, comer, religião, cultura... Já a escola é a instituição responsável pela educação formal, local onde acontece a mediação dos conhecimentos científicos" (BIESDORF, 2011, p. 03).

pautar a regência do ensino no Brasil, ao que serão, agora, brevemente expostos.

De plano, tem-se o princípio da igualdade de condições para o acesso e permanência na escola, o que se mostra, em verdade, uma reiteração de uma postura global construída ao longo de todo o texto da Carta Magna, sob a liderança da norma extraída do art. 5º, *caput* da CRFB.

Sobre tal princípio, faz-se interessante enaltecer o julgamento da ADI n. 3.324 pelo Supremo Tribunal Federal, em que, prezando pela simetria na forma de ingresso de alunos em universidades, decidiu-se em prol da necessidade de respeito da natureza das instituições de ensino para fins de transferência do estudante, veja-se a ementa do julgado em comento:

AÇÃO DIRETA DE INCONSTITUCIONALIDADE – INTERPRETAÇÃO CONFORME A CONSTITUIÇÃO – POSSIBILIDADE JURÍDICA. [...] UNIVERSIDADE – TRANSFERÊNCIA OBRIGATÓRIA DE ALUNO – LEI N. 9.536/97. A constitucionalidade do art. 1º da Lei n. 9.536/97, viabilizador da transferência de alunos, pressupõe a observância da natureza jurídica do estabelecimento educacional de origem, a congeneridade das instituições envolvidas – de privada para privada, de pública para pública –, mostrando-se inconstitucional interpretação que resulte na mesclagem – de privada para pública[4].

Além da igualdade, a ótica libertária também permeia a lógica do ensino, ao que se destaca o princípio da liberdade de aprender, ensinar, pesquisar e divulgar o pensamento, a arte e o saber. Tal dispositivo, complementado pelo art. 207 da Constituição Federal estabelece a denominada liberdade de cátedra, que consiste exatamente no direito de o professor gerir suas aulas sem ingerências administrativas.

Ainda correlacionado à lógica libertária, tem-se o princípio do pluralismo de ideias e de concepções pedagógicas e coexistência de instituições públicas e privadas de ensino, o que se mostra como meio capaz de disseminar e multiplicar o ensino em suas diversas formas possíveis.

No que concerne à forma pública, estabeleceu-se a gratuidade do ensino público em estabelecimentos oficiais, pelo qual não se admite a cobrança de mensalidades aos alunos; tal temática será oportunamente aprofundada.

Tem-se também como forma de enaltecimento e proteção da educação, um especial tratamento aos professores, por meio do princípio da valorização dos profissionais da educação escolar, garantidos, na forma da lei, planos de carreira, com ingresso exclusivamente por concurso público de provas e títulos aos das redes públicas, bem como o estabelecimento de um piso salarial profissional nacional para os professores da rede pública.

Outro ponto de destaque é o princípio da gestão democrática do ensino público, na forma da lei, pelo qual se preza por um ambiente escolar plural e sensível à lógica da democracia. No entanto, apesar da força constitucional de tal imperativo, há de se ressaltar que o Supremo Tribunal Federal, no julgamento da ADI n. 490, ressalvou que a democracia na gestão não deve ser confundida com a exigência de modalidade eleitoral de investidura dos dirigentes de instituições de ensino, oportunidade em que se mitigou a possibilidade de realização de eleições para a direção de estabelecimento público de ensino, mesmo que posta em termos em norma elaborada pelo poder constituinte derivado decorrente, veja-se a ementa do julgado:

Inconstitucionalidade, perante a Carta Federal, do art. 199 da Constituição da Amazonas, na parte em que determina a realização de eleições para os cargos de direção dos estabelecimentos de ensino público. Não se confunde a qualificação de democrática da gestão do ensino público (art. 206, VI, da Constituição) com modalidade de investidura, que há de coadunar-se com o princípio da livre escolha dos cargos em comissão do Executivo pelo Chefe desse Poder (arts. 37, II, *in fine* e 84, II e XXV, ambos da Constituição da República)[5].

Por último, a Constituição Federal se preocupou com o padrão de qualidade do ensino, elevando tal elemento à categoria de princípio regente da matéria, do que se extrai tanto uma preocupação interna, no que se refere à avaliação dos alunos por meio de provas, testes e trabalhos de pesquisa, como também em critérios externos de avaliação, para fins de averiguação da qualidade do ensino em si (BULOS, 2014, p. 1.583).

Apresentados os princípios regentes do ensino, conforme a capitulação constitucional, passar-se-á ao exame de alguns pontos de maior relevo no que concerne à educação no Brasil, quais sejam: a gratuidade do ensino público e a questão da política de cotas para ingresso no ensino superior.

---

(4) BRASIL. STF. *ADI 3324*, Relator (a): Min. MARCO AURÉLIO, Tribunal Pleno, julgado em 16.12.2004, DJ 05-08-2005 PP-00005 EMENT VOL-02199-01 PP-00140 RIP v. 6, n. 32, 2005, p. 279-299 RDDP n. 32, 2005, p. 122-137 RDDP n. 31, 2005, p. 212-213.
(5) BRASIL. STF. *ADI 490*, Relator (a): Min. OCTAVIO GALLOTTI, Tribunal Pleno, julgado em 03.02.1997, DJ 20-06-1997 PP-28466 EMENT VOL-01874-01 PP-00093 RTJ VOL-00163-01 PP-00015.

2.2. Da gratuidade do ensino público

Sobre a questão em destaque existe posicionamento dogmatizado em sede da Súmula vinculante de n. 12, conforme a seguinte redação: "A cobrança de taxa de matrícula nas universidades públicas viola o disposto no art. 206, IV, da Constituição Federal" (BRASIL, 2008).

Insta asseverar que os precedentes que deram origem ao enunciado sumular transcrito são referentes a casos em que cobradas taxas de matrículas para o ingresso em cursos de graduação em universidades públicas, tendo, neste quesito, sido exaurido o debate, ao menos em sede jurisprudencial, haja vista o remate dado pela Corte Suprema.

Ocorre que outras questões correlatas ao tema surgiram e ainda não obtiveram a devida solução, ao que se destaca a questão da cobrança de mensalidades em cursos de especialização promovidos por instituições federais de ensino superior.

Salienta-se que, mesmo tratando de caso distinto, o enunciado da Súmula vinculante n. 12 denota uma vertente de entendimento que privilegia a força normativa do texto constitucional em seu literal comando de zelo pela gratuidade do ensino público, estabelecendo, dado o poder vinculativo de tal enunciado, um ponto de inércia na jurisprudência, razão pela qual os maiores esforços argumentativos são elaborados em prol da quebra de tal paradigma, por esse motivo focar-se-á na exposição do posicionamento defensor da possibilidade de cobrança das mensalidades, como forma de ilustrar o debate que envolve a temática[6].

Em defesa da possibilidade de cobrança de tais mensalidades, são elencados vários argumentos por parte das universidades, ao que serão a seguir expostos, com base em exposição feita por Jezihel Pena Lima (2014, p. 195, 196).

Primeiramente, defende-se a possibilidade de cobrança em virtude de os cursos de especialização não conferirem grau acadêmico, mas sim somente uma certificação específica, além de não possuírem financiamento público próprio; alega-se também que o público alvo é formado por pessoas já empregadas e para fins de capacitação e atualização do conhecimento, utilizando-se, para tanto, de finais de semana, e, portanto, não inserido no horário das atividades acadêmicas tradicionais (LIMA, 2014).

Alguns argumentos de ordem econômica também são balizados, ao que se coloca a razão de que atividades de especialização não devem constar na pauta de prioridades do orçamento público e que, em sendo assim, a forma de viabilização dos cursos de especialização recairia na cobrança de mensalidades, sob pena de tal atividade ser extinta das universidades públicas e naturalmente transmitida para as privadas.

Sustenta-se, ainda, que os cursos de especialização seriam uma forma de otimizar a qualidade dos programas de pós-graduação *stricto sensu*, cultivando, assim, uma base para o desenvolvimento de mestrados e doutorados.

Um último argumento ofertado consiste na qualidade principiológica em que é traduzida a norma que determina o respeito à gratuidade do ensino público, ao que, segundo este argumento, seria possível atender a tal imperativo de outras formas, a exemplo da oferta de bolsas de estudos para isentar o pagamento das mensalidades para grupos de alunos que se mostrarem necessitados.

Os argumentos expostos ainda não foram analisados pelo Supremo Tribunal Federal, razão pela qual o tema permanece em aberto, mormente em decorrência de a especificidade dessa matéria não encontrar guarida no âmbito da Súmula vinculante n. 12. Exemplificando o tratamento do assunto, é interessante a visualização do seguinte julgado do Tribunal Regional Federal da 5ª Região:

> APELAÇÃO. AÇÃO CIVIL PÚBLICA. CONSTITUCIONAL. ADMINISTRATIVO. UNIVERSIDADE. CURSO DE PÓS-GRADUAÇÃO LATO SENSU (ESPECIALIZAÇÃO). COBRANÇA DE MENSALIDADES E TAXAS. PRELIMINARES. ILEGITIMIDADE PASSIVA DA UNIÃO. ALEGAÇÃO DE SENTENÇA EXTRA PETITA. [...] Os cursos de pós-graduação lato sensu estão enquadrados no conceito de ensino público, conforme o art. 44, inciso III, da Lei de Diretrizes e Bases da Educação Nacional, pois a educação superior engloba os cursos e programas de mestrado e doutorado, cursos de especialização, aperfeiçoamento e outros, oferecidos a candidatos diplomados. [...] O art. 206 da Constituição Federal do Brasil prescreve que os cursos ministrados por instituição pública de ensino superior devem ser gratuitos, mas essa norma merece temperamentos. Para a resolução dos conflitos intersubjetivos é imprescindível observar a possibilidade concreta de efetivação de um determinado comando judicial, sob pena de a realidade fática o ignorar. Essa exigência, aliás, consiste em um dos pressupostos obrigatórios da racionalidade da fundamentação jurídica no seio social.

---

(6) Insta esclarecer que o modelo expositivo das presentes linhas não se volta à defesa específica de quaisquer das teses apresentadas, em verdade, o intuito, nesta oportunidade, é de exploração da temática, e não de resolução das querelas existentes.

Deveras, com base na informação de inexistência no orçamento da UFPE de dotação financeira para ofertar e operacionalizar tais cursos de especialização, e, apontando o princípio da separação dos poderes do Estado, não caberia ao Judiciário ingressar em seara da competência conjunta do Executivo e do Legislativo. A solução, a única a me parecer razoável para não prejudicar todos aqueles que atualmente estão realizando esses cursos, apresenta-se como a autorização judicial para a cobrança de mensalidades e taxas para fazer frente ao pagamento dos professores, funcionários e apoio logístico das aulas. Caminhar em sentido diverso poderia implicar na paralisação imediata de todos os cursos e projetos correlatos, envolvendo cerca de 75 especializações e milhares de alunos, dando enchanças, inclusive, a inúmeras ações judiciais de reparação de danos materiais. Desacolhimento da apelação do MPF/PE, que buscava a proibição de cobrança de mensalidades e taxas nos cursos de pós-graduação lato sensu. [...] Reforma parcial da sentença tão-somente para determinar que o prazo de 60 (sessenta) dias para o cumprimento da sentença tenha por março inicial a intimação da presente decisão. Apelação cível do MPF/PE desprovida e apelações cíveis e remessas oficiais da UNIÃO, da UFPE e da FADE parcialmente providas[7].

Vê-se, portanto, que, no caso examinado pela Corte Regional Federal, o argumento fundado na inércia de preservação dos fatos em prol da segurança jurídica, assim como o ponto acerca da inexistência de financiamento público para as despesas referentes aos cursos de especialização ganharam força suficiente para convencer o Tribunal a deflagrar a manutenção das mensalidades cobradas, o que, todavia, não é pacífico, restando necessário um maior amadurecimento jurisprudencial sobre o tema.

2.3. Da política de cotas para o ingresso no ensino superior federal

O presente ponto de discussão envolve em mais ampla medida a análise do art. 205, I da Constituição Federal, em que se tem norma determinadora da igualdade de condições para o acesso e permanência na escola.

Nesse sentido, surgiu a discussão acerca da possibilidade de estabelecimento de reserva de vagas em instituições de ensino superior para candidatos que se enquadrassem em determinados critérios adotados por razões de políticas públicas específicas.

A temática ganhou maior relevo quando do julgamento da Ação de descumprimento de preceito fundamental n. 186, em que foi apreciada a política de cotas estabelecida no âmbito da Universidade de Brasília, oportunidade em que se concluiu no seguinte sentido, conforme extraído do informativo de n. 663 do STF:

> Asseverou-se que, para efetivar a igualdade material, o Estado poderia lançar mão de políticas de cunho universalista – a abranger número indeterminado de indivíduos – mediante ações de natureza estrutural; ou de ações afirmativas – a atingir grupos sociais determinados – por meio da atribuição de certas vantagens, por tempo limitado, para permitir a suplantação de desigualdades ocasionadas por situações históricas particulares. Certificou-se que a adoção de políticas que levariam ao afastamento de perspectiva meramente formal do princípio da isonomia integraria o cerne do conceito de democracia[8].

Identifica-se, portanto, uma postura receptiva do Supremo Tribunal Federal em favor das políticas de cotas, o que se justifica sob o argumento da isonomia e da necessidade de suplantação de desigualdades históricas particulares, o que guardaria consonância com uma perspectiva democrática de integração social.

Interessante notar que, na forma em que apreciada pela Corte Suprema, é destacado o aspecto temporário da medida de cotas, de forma que a permissividade de tal situação se justifica, ao entendimento do STF, por via de excepcionalidade e em manejo da denominada justiça distributiva, nos seguintes termos:

> Ressaltou-se a natureza transitória dos programas de ação afirmativa, já que as desigualdades entre brancos e negros decorreriam de séculos de dominação econômica, política e social dos primeiros sobre os segundos. Dessa forma, na medida em que essas distorções históricas fossem corrigidas, não haveria razão para a subsistência dos programas de ingresso nas universidades públicas. Se eles ainda assim permanecessem, poderiam converter-se em benesses permanentes, em detrimento da coletividade e da democracia. Consignou-se que, no caso da UnB, o critério da temporariedade fora cumprido, pois o programa de ações afirmativas lá instituído estabe-

---

(7) BRASIL. TRF-5 – AC: 349292 PE 2003.83.00.014926-4, Relator: Desembargador Federal Jose Maria Lucena, Data de Julgamento: 26.04.2007, Primeira Turma, Data de Publicação: Fonte: Diário da Justiça – Data: 30/05/2007 – Página: 704 – N. : 103 – Ano: 2007.

(8) Disponível em: <http://www.stf.jus.br/arquivo/informativo/documento/informativo663.htm#Políticas de ação afirmativa e reserva de vagas em universidades públicas – 6>. Acesso em 16 jun. 2014.

lecera a necessidade de sua reavaliação após o transcurso de dez anos[9].

Prosseguindo na exploração das justificativas apresentadas pelo Supremo Tribunal Federal, é de interessante transcrição o seguinte trecho do informativo 633 da Corte:

> Demonstrou-se que a Constituição estabeleceria que o ingresso no ensino superior seria ministrado com base nos seguintes princípios: a) igualdade de condições para acesso e permanência na escola; b) pluralismo de ideias; e c) gestão democrática do ensino público (art. 206, I, III e IV). Além disso, os níveis mais elevados do ensino, pesquisa e criação artística seriam alcançados segundo a capacidade de cada um (art. 208, V). Exprimiu-se que o constituinte teria buscado temperar o rigor da aferição do mérito dos candidatos que pretendessem acesso à universidade com o princípio da igualdade material. Assim, o mérito dos concorrentes que se encontrariam em situação de desvantagem com relação a outros, em virtude de suas condições sociais, não poderia ser aferido segundo ótica puramente linear. Mencionou-se que essas políticas não poderiam ser examinadas apenas sob o enfoque de sua compatibilidade com determinados preceitos constitucionais, isoladamente considerados, ou a partir da eventual vantagem de certos critérios sobre outros. Deveriam, ao revés, ser analisadas à luz do arcabouço principiológico sobre o qual se assentaria o Estado, desconsiderados interesses contingenciais. Dessumiu-se que critérios objetivos de seleção, empregados de forma estratificada em sociedades tradicionalmente marcadas por desigualdades interpessoais profundas, acabariam por consolidar ou acirrar distorções existentes. Nesse aspecto, os espaços de poder político e social manter-se-iam inacessíveis aos grupos marginalizados, a perpetuar a elite dirigente, e a situação seria mais grave quando a concentração de privilégios afetasse a distribuição de recursos públicos. Evidenciou-se que a legitimidade dos requisitos empregados para seleção guardaria estreita correspondência com os objetivos sociais que se buscaria atingir. Assim, o acesso às universidades públicas deveria ser ponderado com os fins do Estado Democrático de Direito. Impenderia, também, levar em conta os postulados constitucionais que norteariam o ensino público (CF, artigos 205 e 207). Assentou-se que o escopo das instituições de ensino extrapolaria a mera transmissão e produção do conhecimento em benefício de poucos que lograssem transpor seus umbrais, por partirem de pontos de largada social ou economicamente privilegiados. Seria essencial, portanto, calibrar os critérios de seleção à universidade para que se pudesse dar concreção aos objetivos maiores colimados na Constituição. Nesse sentido, as aptidões dos candidatos deveriam ser aferidas de maneira a conjugar-se seu conhecimento técnico e sua criatividade intelectual ou artística com a capacidade potencial que ostentariam para intervir nos problemas sociais. Realçou-se que essa metodologia de seleção diferenciada poderia tomar em consideração critérios étnico-raciais ou socioeconômicos, para assegurar que a comunidade acadêmica e a sociedade fossem beneficiadas pelo pluralismo de ideias, um dos fundamentos do Estado brasileiro (CF, art. 1º, V). Partir-se-ia da premissa de que o princípio da igualdade não poderia ser aplicado abstratamente, pois procederia a escolhas voltadas à concretização da justiça social, de modo a distribuir mais equitativamente os recursos públicos[10].

Visualiza-se no trecho transcrito o pensamento vencedor na Corte Suprema segundo o qual o critério de seleção baseado no mérito há de ser temperado com base na ideia de igualdade material e sob o fundamento teleológico do estado democrático de direito.

Em continuidade do raciocínio, é exposto que a meritocracia do exame admissional deve conjugar critérios de conhecimento técnico, criatividade intelectual, artística e a capacidade potencial de interveniência em problemas sociais.

Embora o enfoque das presentes linhas guarde caráter expositivo, é interessante propor uma reflexão acerca da exequibilidade das ideias propostas no *decisum* em discussão, pois a valoração de critérios de criatividade artística assim como a capacidade potencial de interveniência em problemas sociais soa demasiado subjetivo, de forma a dificultar a promoção de um certame impessoal.

Além disso, o encadeamento dos argumentos em análise merece um maior aprofundamento lógico e

---

(9) *Ibidem*.
(10) *Ibidem*.

sociológico, mormente no seguinte trecho, que, dada a importância, pede-se vênia para a repetição:

> Nesse sentido, as aptidões dos candidatos deveriam ser aferidas de maneira a conjugar-se seu conhecimento técnico e sua criatividade intelectual ou artística com a capacidade potencial que ostentariam para intervir nos problemas sociais. Realçou-se que essa metodologia de seleção diferenciada poderia tomar em consideração critérios étnico-raciais ou socioeconômicos, para assegurar que a comunidade acadêmica e a sociedade fossem beneficiadas pelo pluralismo de ideias [...].

Insistiu-se em reiterar tal texto uma vez que se faz interessante perceber que critérios étnico-raciais ou socioeconômicos são colocados como uma forma de promover o pluralismo de ideias, bem como são critérios que se enquadram em uma lógica de promoção de pessoas com maior capacidade de interveniência em problemas sociais. Sobre tal aspecto, faz-se salutar uma maior reflexão, pois, as premissas adotadas e as conclusões subsequentes foram, aparentemente, delineadas sem uma maior profundidade de nexo de causalidade; explica-se: de uma distinção quanto à cor da pele é difícil que se imponha a conclusão de que pessoas membros de uma mesma comunidade possuam realmente uma destacável diferença de ideias ou maior capacidade de interveniência em problemas sociais, sendo, nestes pontos, salutar uma maior reflexão.

Superada tal digressão e retornando para a exposição acerca da visão do Supremo Tribunal Federal sobre a política de cotas, é importante destacar que a temática foi tratada pelo Ministro Celso de Melo para além dos limites da linguagem estritamente jurídica, conforme se vislumbra nesta passagem do informativo 663 do STF:

> Em acréscimo, o Min. Celso de Mello assinalou que o presente tema deveria ser apreciado não apenas sob a estrita dimensão jurídico-constitucional, mas, também, sob perspectiva moral, pois o racismo e as práticas discriminatórias representariam grave questão de índole moral com que defrontada qualquer sociedade, notadamente, as livres e fundadas em bases democráticas. Considerou que o ato adversado seria harmônico com o texto constitucional e com os compromissos que o Brasil assumira na esfera internacional, a exemplo da Conferência de Durban; da Convenção Internacional sobre a Eliminação de Todas as Formas de Discriminação Racial; da Declaração Universal dos Direitos da Pessoa Humana; dos Pactos Internacionais sobre os Direitos Civis, Políticos Econômicos, Sociais e Culturais; da Declaração e do Programa da Ação de Viena[11].

Vê-se, assim, uma preocupação de cunho moral nas palavras transcritas, em que a política de cotas, segundo tal vertente, também atuaria em amparo a um programa de combate ao racismo, harmonizando-se com a Constituição Federal, assim como com diversos tratados firmados pelo Brasil no âmbito internacional.

Após o julgamento da ADPF 186, foi promulgada a Lei n. 12.711/2012, em que se dispõe sobre uma política mínima de cotas para o ingresso nas universidades federais e nas instituições federais de ensino técnico e nível médio.

A lógica da legislação citada pode ser bem percebida pelo exame dos seguintes dispositivos:

> Art. 1. As instituições federais de educação superior vinculadas ao Ministério da Educação reservarão, em cada concurso seletivo para ingresso nos cursos de graduação, por curso e turno, no mínimo 50% (cinquenta por cento) de suas vagas para estudantes que tenham cursado integralmente o ensino médio em escolas públicas.
>
> Parágrafo único. No preenchimento das vagas de que trata o caput deste artigo, 50% (cinquenta por cento) deverão ser reservados aos estudantes oriundos de famílias com renda igual ou inferior a 1,5 salário-mínimo (um salário-mínimo e meio) *per capita*.
>
> Art. 3o. Em cada instituição federal de ensino superior, as vagas de que trata o art. 1o desta Lei serão preenchidas, por curso e turno, por autodeclarados pretos, pardos e indígenas, em proporção no mínimo igual à de pretos, pardos e indígenas na população da unidade da Federação onde está instalada a instituição, segundo o último censo do Instituto Brasileiro de Geografia e Estatística (IBGE).
>
> Parágrafo único. No caso de não preenchimento das vagas segundo os critérios estabelecidos no caput deste artigo, aquelas remanescentes deverão ser completadas por estudantes que tenham cursado integralmente o ensino médio em escolas públicas. (BRASIL, 2012).

---

(11) *Ibidem*.

Da leitura dos artigos colacionados, extrai-se um sistema de cotas complexo, em que se estabelecem cotas dentro de cotas, ou cotas de segundo grau, o que é feito da seguinte forma: a primeira regra de reserva de vagas se refere ao percentual de 50% (cinquenta por cento) aos estudantes que tenham cursado integramente o ensino médio em escolas públicas; dentro desse primeiro percentual de 50% é estabelecida uma nova cota de 50% desta vez para alunos que possuam renda familiar *per capita* máxima de 1,5 (um vírgula cinco) salário-mínimo; por último, existe ainda uma outra cota para os autodeclarados pretos, pardos ou índios, que incide, em proporção a ser definida pelo Instituto Brasileiro de Geografia e Estatística, sobre a primeira cota de 50% (aquela destinada aos egressos de escolas públicas).

Explicando os critérios da Lei, são lúcidas as palavras de Jezihel Pena Lima:

> Para melhor compreensão do sistema veiculado pela Lei n. 12.711/2012, observe-se que inicialmente a lei especificou um primeiro grupo que ela considera vulnerável o qual é formado pelos alunos oriundos de escolas públicas. Independentemente de renda, cor ou etnia a lei considera como vulneráveis os alunos oriundos de escolas públicas (art. 1º, *caput*). Logo na sequência, ela especificou, dentro do primeiro grupo, um grupo que ela considera um pouco mais vulnerável, que é o grupo constituído pelos alunos que não só são oriundos da escola pública, mas que também tenham renda familiar *per capita* igual ou inferior a 1,5 salários mínimos (art. 1º, parágrafo único). [...] Ocorre que a lei vai além, no que a complexidade do sistema da referida lei cresce sobremaneira. É que depois de especificar os dois grupos de cotas sociais acima, estando um dentro do outro, a ei resolveu especificar, dentro de cada um desses dois grupos, um outro grupo que ela considera ainda mais vulnerável, que é o grupo formado por pretos, pardos e indígenas. (LIMA, 2014, p. 197, 198).

Conjugando todos os critérios de cotas, constrói-se um mecanismo complexo em que são estabelecidas várias listagens de concorrência, devendo o candidato beneficiado pela cota pertencer tanto à lista de sua cota, quanto à referente à ampla concorrência, de forma a evitar eventuais contradições do sistema de benefício e a implícita criação do que se denomina cota inversa (LIMA, 2014), pela qual os setores sociais não beneficiados pela política de cotas é que acabariam por restar em uma condição de excepcionalidade.

Esclarecendo a sistemática da lei, cumpre demonstrar a existência de cinco possíveis enquadramentos do candidato a uma vaga na rede federal de ensino abrangida pela Lei n. 12.711/2012.

A primeira hipótese é a dos candidatos que se enquadram na listagem da ampla concorrência e, portanto, somente serão classificados uma única vez em tal rol.

A segunda situação consiste no caso dos candidatos à reserva de vagas para candidatos que cursaram integralmente o ensino médio em escolas públicas e, por conseguinte, receberam ao final do certame duas classificações: uma na lista da ampla concorrência e outra em listagem reservada para a respectiva cota.

O terceiro caso consiste nos candidatos concorrentes às vagas para autodeclarados pretos, pardos ou indígenas; nesse caso, terão seus nomes listados na vaga de ampla concorrência, nas vagas reservadas para alunos oriundos de escola pública e, por último, a reserva específica de vagas para alunos oriundos de escola pública e, concomitantemente, autodeclarados negros, pardos ou indígenas.

A quarta hipótese se refere aos candidatos inscritos para as vagas reservadas aos que possuírem renda familiar igual ou inferior a 1,5 salário-mínimo por pessoa; tais candidatos possuirão classificação: na ampla concorrência, nas vagas separadas para alunos vindos de escolas públicas e também nas cotas de alunos vindos de escolas públicas e que possuem renda familiar igual ou inferior a 1,5 salário-mínimo.

A quinta e última situação é a dos candidatos concorrentes às vagas para alunos oriundos de escolas públicas, com renda familiar *per capita* igual ou inferior a 1,5 salário-mínimo e que também são autodeclarados negros, pardos ou indígenas; nesse caso, o candidato terá classificação nas vagas da ampla concorrência, na lista dos candidatos oriundos de escolas públicos, na listagem dos alunos vindos de escola pública e autodeclarados negro, pardos ou indígenas, nas vagas destinadas aos oriundos de escola pública e com renda familiar *per capita* igual ou inferior a 1,5 salário-mínimo e, finalmente, nas vagas específicas destinadas àqueles que cumprirem os três critérios: origem de escola pública, renda *per capita* familiar igual ou inferior a 1,5 salário-mínimo e autodeclaração como negro, pardo ou indígena (LIMA, 2014).

Importa esclarecer que a categoria de negros, pardos e indígenas não deve ser vista como uma cota global para essas três categorias, em verdade, a cada uma das especificações é destinada uma cotação específica com base em dados estatísticos colhidos pelo IBGE. Nesse sentido:

> Cabe destacar, outrossim, que no contexto da política de cotas as vagas reservadas a pretos,

pardos e indígenas devem ser ofertadas individualmente, não podendo, sob pena de frustrar os objetivos da lei, ser juntadas. Afinal, caso esses grupos sejam juntados em um só é possível, por exemplo, que nenhum indígena venha a ser aprovado, uma vez que a quantidade de pretos e pardos é proporcionalmente maior e a concorrência ficaria mais acirrada. (LIMA, 2014, p. 199).

Um último ponto a respeito da distribuição das cotas que merece levantamento é o fato de que a origem preta, parda ou indígena não é, por si só, nos termos da Lei n. 12.711/2012, um critério de distinção isolado, como desavisadamente se pode pensar; em verdade, aos negros, pardos e indígenas somente existe reserva de vagas se eles forem, também, egressos de escola pública, afinal esta é a cota primária no bojo da qual está inserida a cota de segundo grau para negros, pardos e indígenas.

Explicada a forma quantitativa de divisão das cotas, há de serem analisadas, de forma qualitativa, a abrangência dos critérios de atribuição do benefício, quais sejam: origem de escola pública, renda familiar máxima e pertencimento ao grupo de pretos, pardos e indígenas; quanto aos dois primeiros critérios, é identificável um aspecto de objetividade que facilita, ao menos em tese, a atribuição da cota, o que, no entanto, não imuniza o dispositivo de dúvidas.

No que toca ao critério da origem escolar, o Superior Tribunal de Justiça já foi convidado a se manifestar a respeito do enquadramento de bolsista de escola privada no âmbito dos alunos egressos de escolas públicas, ao que se decidiu pela impossibilidade, nos termos da seguinte ementa:

> ADMINISTRATIVO. AÇÕES AFIRMATIVAS. POLÍTICA DE COTAS. AUTONOMIA UNIVERSITÁRIA. FIXAÇÃO DE CRITÉRIOS OBJETIVOS LEGAIS, PROPORCIONAIS E RAZOÁVEIS PARA CONCORRER A VAGAS RESERVADAS. IMPOSSIBILIDADE DO PODER JUDICIÁRIO CRIAR EXCEÇÕES SUBJETIVAS. OBSERVÂNCIA COMPULSÓRIA DO PRINCÍPIO DA SEGURANÇA JURÍDICA. 1. No caso em tela, conforme premissa de fato fixada pela origem, o estudante cursou quatro disciplinas no ensino médio, modalidade EJA – Educação de Jovens e Adultos, em instituição particular gratuitamente, com o auxílio de bolsa. 2. O Tribunal de origem concluiu não ser razoável enquadrar o recorrente como egresso da rede pública de ensino, uma vez que "se o candidato frequentou disciplinas do ensino médio em instituição particular, ainda que gratuitamente, não faz jus à matrícula dentro do sistema de cotas para egressos do ensino público" (fls. 660). 3. A matéria de fundo já foi objeto de análise por esta Corte Superior de Justiça, fixando entendimento de que a forma de implementação de ações afirmativas no seio de universidade, bem como as normas objetivas de acesso às vagas destinadas à política pública de reparação, fazem parte da autonomia específica prevista no art. 53 da Lei de Diretrizes e Bases da Educação Nacional, e que a exigência de que os candidatos a vagas como discentes no regime de cotas "tenham realizado o ensino fundamental e médio exclusivamente em escola pública no Brasil", constante no edital do processo seletivo vestibular, é critério objetivo que não comporta exceção, sob pena de inviabilizar o sistema de cotas proposto. Precedentes: REsp 1328192/RS, Rel. Ministra DIVA MALERBI (DESEMBARGADORA CONVOCADA TRF 3ª REGIÃO), SEGUNDA TURMA, julgado em 13.11.2012, DJe 23.11.2012; REsp 1254042/RS, Rel. Ministra ELIANA CALMON, SEGUNDA TURMA, julgado em 16.10.2012, DJe 22.10.2012; REsp 1247728/RS, Rel. Ministro MAURO CAMPBELL MARQUES, SEGUNDA TURMA, julgado em 07.06.2011, DJe 14/06/2011; REsp 1132476/PR, Rel. Ministro HUMBERTO MARTINS, SEGUNDA TURMA, julgado em 13.10.2009, DJe 21.10.2009. 4. Agravo regimental não provido[12].

No posicionamento consagrado pelo Superior Tribunal de Justiça, tem-se a compreensão da distinção das cotas como um regramento excepcional e, por conseguinte, por lógica hermenêutica, de interpretação estrita, razão pela qual não foi permitido o elastério da categoria das escolas públicas para os alunos de escolas privadas que não paguem mensalidades.

Logo, mesmo que o ensino seja gratuito, se ele não for fornecido por uma instituição pública não será enquadrado para efeito da Lei n. 12.711/2012, o que é bem ilustrado com o entendimento do Tribunal Regional da 5ª Região ao decidir pelo não enquadramento do SESI no conceito de escola pública (salienta-se que o julgado não se refere à interpretação da Lei n. 12.711/2012, contudo a lógica da decisão é a mesma aplicável ao caso, razão pela qual a leitura do julgado citado se mostra útil), veja-se:

> Administrativo. Apelação de sentença que concedeu a ordem a objetivar a matrícula da impetrante no curso de Engenharia de Produção, da Universidade Federal de Sergipe, a qual foi recusada em razão da candidata não se enquadrar na classe de estudantes advindas de escola pública. 1. A candidata, ora apelada, cursou o

---

[12] BRASIL. STJ. *AgRg no REsp 1314005/RS*, Rel. Ministro MAURO CAMPBELL MARQUES, SEGUNDA TURMA, julgado em 21.05.2013, DJe 28.05.2013.

ensino fundamental em escola subsidiada pelo SESI, a qual, entretanto, não se enquadra no conceito de escola pública da rede federal, estadual ou municipal, mantida exclusivamente com recursos públicos, categoria na qual foi aprovada. 2. O fato de a instituição oferecer ensino gratuito não lhe retira a natureza de escola privada, não sendo alcançada pela resolução 80/2008, da Universidade Federal de Sergipe, a qual regulou o ingresso de alunos pelo sistema de cotas. 3. A nota da impetrante não alcança as vagas disponíveis fora do referido sistema. 4. Apelação provida[13].

Assim, o critério da origem da rede pública de ensino deve guardar estrita observância com os termos do art. 19 da Lei de diretrizes e bases da educação nacional (LIMA, 2014), em que se tem uma definição legal do critério, veja-se:

> Art. 19. As instituições de ensino dos diferentes níveis classificam-se nas seguintes categorias administrativas:
>
> I – públicas, assim entendidas as criadas ou incorporadas, mantidas e administradas pelo Poder Público;
>
> II – privadas, assim entendidas as mantidas e administradas por pessoas físicas ou jurídicas de direito privado. (BRASIL, 1996)

No que tange o critério da renda *per capita* máxima, pondera-se que a fixação de forma estática de um patamar de rendimentos para fins de cotas pode pecar por não refletir uma real condição financeira da família, uma vez que tal padrão não depende, tão só, da quantia auferida ao final do mês, mas também do montante de gasto necessário para a sobrevivência, de forma que se pode cogitar em uma família na qual, embora se visualize um nível econômico acima de 1,5 salário-mínimo por mês e por pessoa, gastos com eventual problema de saúde de um dos membros podem onerar severamente o padrão de vida, qualificando tal família, materialmente, no nível de pobreza pretensamente delineado pela lei.

Embora não se tenha, até o presente momento, notícia de um posicionamento jurisprudencial específico a respeito da matéria em trato, é interessante não olvidar que esta não é a primeira vez que uma lei coloca de forma objetiva um critério econômico para fins de delineamento de um direito baseado em razão de pobreza, o que ocorre, por exemplo, com a concessão do LOAS (benefício de prestação continuada), em que a Lei n. 8.742/1993 estabelece como critério de concessão a não extrapolação do limite de um quarto de salário-mínimo de renda *per capita* familiar; ocorre que tal critério foi deflagrado inconstitucional pelo Supremo Tribunal Federal[14], em privilégio de mecanismos outros que se mostrem mais adequados para fins de identificação do estado de miséria.

Desta feita, embora a política de cotas ainda careça de um tratamento jurisprudencial específico a esse respeito, tem-se no caso do LOAS um exemplar de como a cota social poderá eventualmente ser tratada pela jurisprudência quando instada a se manifestar a respeito.

Quanto ao último critério da cota estabelecida pela Lei n. 12.711/2012, qual seja: a autodeclaração

---

(13) BRASIL. TRF5. Processo n. *0001177820104058500*, AC509375/SE, RELATOR: DESEMBARGADOR FEDERAL VLADIMIR CARVALHO, Terceira Turma, JULGAMENTO: 24.02.2011, PUBLICAÇÃO: DJE 01.03.2011 – Página 387.

(14) Veja-se a seguinte ementa de julgado do STF: "Benefício assistencial de prestação continuada ao idoso e ao deficiente. Art. 203, V, da Constituição. A Lei de Organização da Assistência Social (LOAS), ao regulamentar o art. 203, V, da Constituição da República, estabeleceu os critérios para que o benefício mensal de um salário mínimo seja concedido aos portadores de deficiência e aos idosos que comprovem não possuir meios de prover a própria manutenção ou de tê-la provida por sua família. 2. Art. 20, § 3º, da Lei n. 8.742/1993 e a declaração de constitucionalidade da norma pelo Supremo Tribunal Federal na ADI 1.232. Dispõe o art. 20, § 3º, da Lei n. 8.742/1993 que "considera-se incapaz de prover a manutenção da pessoa portadora de deficiência ou idosa a família cuja renda mensal per capita seja inferior a 1/4 (um quarto) do salário mínimo". O requisito financeiro estabelecido pela lei teve sua constitucionalidade contestada, ao fundamento de que permitiria que situações de patente miserabilidade social fossem consideradas fora do alcance do benefício assistencial previsto constitucionalmente. Ao apreciar a Ação Direta de Inconstitucionalidade 1.232-1/DF, o Supremo Tribunal Federal declarou a constitucionalidade do art. 20, § 3º, da LOAS. 3. Decisões judiciais contrárias aos critérios objetivos preestabelecidos e Processo de inconstitucionalização dos critérios definidos pela Lei 8.742/1993. A decisão do Supremo Tribunal Federal, entretanto, não pôs termo à controvérsia quanto à aplicação em concreto do critério da renda familiar per capita estabelecido pela LOAS. Como a lei permaneceu inalterada, elaboraram-se maneiras de se contornar o critério objetivo e único estipulado pela LOAS e de se avaliar o real estado de miserabilidade social das famílias com entes idosos ou deficientes. Paralelamente, foram editadas leis que estabeleceram critérios mais elásticos para a concessão de outros benefícios assistenciais, tais como: a Lei n. 10.836/2004, que criou o Bolsa Família; a Lei n. 10.689/2003, que instituiu o Programa Nacional de Acesso à Alimentação; a Lei n. 10.219/2001, que criou o Bolsa Escola; a Lei n. 9.533/1997, que autoriza o Poder Executivo a conceder apoio financeiro a Municípios que instituírem programas de garantia de renda mínima associados a ações socioeducativas. O Supremo Tribunal Federal, em decisões monocráticas, passou a rever anteriores posicionamentos acerca da intransponibilidade dos critérios objetivos. Verificou-se a ocorrência do processo de inconstitucionalização decorrente de notórias mudanças fáticas (políticas, econômicas e sociais) e jurídicas (sucessivas modificações legislativas dos patamares econômicos utilizados como critérios de concessão de outros benefícios assistenciais por parte do Estado brasileiro). 4. Declaração de inconstitucionalidade parcial, sem pronúncia de nulidade, do art. 20, § 3º, da Lei n. 8.742/1993. 5. Recurso extraordinário a que se nega provimento" (BRASIL. STF. *RE 567985*, Relator(a): Min. MARCO AURÉLIO, Relator (a) p/Acórdão: Min. GILMAR MENDES, Tribunal Pleno, julgado em 18.04.2013, ACÓRDÃO ELETRÔNICO DJe-194 DIVULG 02-10-2013 PUBLIC 03.10.2013).

como preto, pardo ou indígena, levanta-se uma preocupação a respeito da subjetividade com a qual tais critérios podem ser tratados na prática, haja vista o padrão da autodeclaração. É certo que a matéria ainda precisa de maior amadurecimento doutrinário e jurisprudencial, mas a solução, conforme pondera Lima (2014) parece ser indicada pela teoria do abuso do direito, em que se deve exigir boa-fé dos candidatos que almejarem o enquadramento legal nas cotas.

Em finalização, a política de cotas, independentemente da análise da justiça de tal diretriz governamental, é hoje uma realidade no âmbito da educação federal e ganhou sustentação, mormente em face da argumentação predominante no âmbito da Suprema Corte, com base na melhor integração social dos beneficiados pelas cotas, o que reitera a íntima relação entre a educação e a linha constitucional do direito à cidadania.

3. DA CULTURA

Conforme discorrido nas considerações iniciais, "A cidadania é a prova de identidade que mostra a relação ou vínculo do indivíduo com o Estado. É mediante essa relação que uma pessoa constitui fração ou parte de um povo" (BONAVIDES, 2004, p. 82).

Destarte, tem-se na cultura um evidente fator de unidade e identificação do povo, assim, nos traços culturais, edifica-se uma linha de comunhão salutar ao soerguimento do senso de pertencimento do indivíduo perante o todo social, o que, em última análise, privilegia o fundamento da cidadania erigido no art. 1º, II da Constituição Federal.

A importância da cultura é tamanha que ganhou espaço no corpo da Carta Magna, mormente com as Emendas Constitucionais ns. 41/2003 e 72/2012. Nesse sentido, esclarece Uadi Lammêgo Bulos que a palavra cultura é tratada no texto constitucional mediante duas distintas acepções: uma comum ou vulgar e outra etnográfica ou técnica (BULOS, 2014).

Por cultura comum, entende-se de forma genérica o fazer humano, englobando "manifestações artísticas, poéticas, intelectuais, científicas, musicais, etc." (BULOS, 2014, p. 1593). Em exemplo dessa acepção, tem-se o art. 215 da Constituição Federal, assim disposto:

> Art. 215. O Estado garantirá a todos o pleno exercício dos direitos culturais e acesso às fontes da cultura nacional, e apoiará e incentivará a valorização e a difusão das manifestações culturais (BRASIL, 1988).

Adentrando a concepção etnográfica ou técnica, tem-se cultura como "o conjunto de hábitos do homem na vida em sociedade, condicionando seu comportamento, suas reações, seu modo de ser. Nesse aspecto, entram os costumes e o *modus vivendi*" do ser humano" (BULOS, 2014, p 1593).

Ainda no sentido técnico, ressalta-se a terminologia "constituição cultural" para designar a memória de um povo, englobando o manancial sociológico, histórico e filosófico que o povo carrega (BULOS, 2014).

A Constituição também conceitua de forma genérica o patrimônio cultural brasileiro, como sendo o conglomerado de bens de natureza material e imaterial, dotados de referência à identidade, à ação e à memória dos vários grupos que formaram a sociedade brasileira, veja-se:

> Art. 216. Constituem patrimônio cultural brasileiro os bens de natureza material e imaterial, tomados individualmente ou em conjunto, portadores de referência à identidade, à ação, à memória dos diferentes grupos formadores da sociedade brasileira, nos quais se incluem:
>
> I – as formas de expressão;
>
> II – os modos de criar, fazer e viver;
>
> III – as criações científicas, artísticas e tecnológicas;
>
> IV – as obras, objetos, documentos, edificações e demais espaços destinados às manifestações artístico--culturais;
>
> V – os conjuntos urbanos e sítios de valor histórico, paisagístico, artístico, arqueológico, paleontológico, ecológico e científico.
>
> [...] (BRASIL, 1988)

Da redação do *caput* do art. 216 da Constituição Federal, percebe-se que o rol elencado em seus incisos possui caráter meramente exemplificativo, de sorte que outros elementos podem ser associados à proteção constitucional despejada à cultura.

Quanto aos instrumentos disponíveis para fins de efetivação da proteção do patrimônio cultural, a própria Carta Magna se encarrega de elencar um vasto rol de ferramentas, no teor do art. 216, § 1º da CRFB, quais sejam: inventários, registros, vigilância, tombamento e desapropriação, não limitadas as opções nesse rol constitucional. Além disso, ganha relevo a Lei de Acesso à Cultura (Lei n. 8.313/1991), que confere tratamento especificado e minuciado ao tema.

Destaca-se que a proteção à cultura, com a Emenda Constitucional n. 71/2012, foi incrementada, dado o acréscimo do art. 216-A ao texto da Lei Maior, oportunidade em que foi instituído o Sistema Nacional de Cultura, cuja organização se pauta em um regime de colaboração descentralizada e participativa, com o objetivo do desenvolvimento humano, social e econômico, com guia nos princípios da diversidade das expressões culturais, universalização do acesso aos bens e serviços culturais, fomento à produção, difusão e circulação de conhecimento e bens culturais, cooperação entre os entes federados, agentes públicos e privados, integração e interação na execução das políticas, programas, projetos e ações desenvolvidas, complementaridade nos papéis dos agentes culturais, transversalidade das políticas culturais, autonomia dos entes federados e das instituições da sociedade civil, transparência e compartilhamento das informações, democratização dos processos decisórios com participação e controle social, descentralização articulada e pactuada da gestão e dos recursos e das ações e, por fim, a ampliação progressiva dos recursos contidos nos orçamentos públicos para a cultura[15].

Ocorre que, apesar de a promoção da cultura ser uma das grandes pautas para fins de consolidação da cidadania, ela não está isenta de sofrer limitações com base em uma compreensão globalizada dos dispositivos constitucionais vigentes, de sorte que outros valores de igual importe podem, a depender do caso concreto, sobrepujarem-se diante da proteção conferida ao patrimônio cultural.

Exemplificando tal hipótese, tem-se o episódio da "farra do boi", devidamente apreciado pelo Supremo Tribunal Federal quando do julgamento do recurso extraordinário n. 153.531, abaixo ementado:

> COSTUME – MANIFESTAÇÃO CULTURAL – ESTÍMULO – RAZOABILIDADE – PRESERVAÇÃO DA FAUNA E DA FLORA – ANIMAIS – CRUELDADE. A obrigação de o Estado garantir a todos o pleno exercício de direitos culturais, incentivando a valorização e a difusão das manifestações, não prescinde da observância da norma do inciso VII do art. 225 da Constituição Federal, no que veda prática que acabe por submeter os animais à crueldade. Procedimento discrepante da norma constitucional denominado "farra do boi"[16].

No caso examinado, uma manifestação cultural tradicional (a farra do boi), em que animais são violentados em prol da diversão dos espectadores, foi censurada pelo STF em decorrência da força axiológica do art. 225, VII da Constituição Federal[17], em que consta proibição de submissão de animais à crueldade.

Do exposto, tem-se na expressão cultural, desde que devidamente amparada perante o contexto maior da ordem axiológica constitucional vigente, um fator de grande importe na consolidação da cidadania, haja vista a noção integradora decorrente da formação da identidade de um povo, razão pela qual se justifica a preocupação da Lei Maior em tutelar de forma específica a cultura como parte da titulação da ordem social.

4. DO DESPORTO

A Constituição se preocupou expressamente em estabelecer uma tutela mínima ao desporto, o que denota a valorização das práticas esportivas como mecanismo de integração social e desenvolvimento humano, coadunando-se, assim, com a noção ampla do conceito de cidadania, conforme já explanado.

Insta observar que o desporto é uma forma que não se limita em si, em verdade, a prática de tal atividade possui relação com searas de outros direitos constitucionalmente assegurados, como a saúde, a educação, o lazer e até mesmo com a cultura, a partir do momento em que o esporte se enraíza no espírito do povo, tal qual o futebol para o brasileiro.

Na lição de Bulos (2014, p. 1597), almeja-se, por intermédio do esporte, "a expansão da personalidade humana, fomentando a política de saúde, o bem-estar e o lazer", de forma que se tem no esporte uma ferramenta de promoção de valores sociais. Nesse sentido, deve-se observar o art. 217 da Constituição Federal:

> Art. 217. É dever do Estado fomentar práticas desportivas formais e não-formais, como direito de cada um, observados:
>
> I – a autonomia das entidades desportivas dirigentes e associações, quanto a sua organização e funcionamento;
>
> II – a destinação de recursos públicos para a promoção prioritária do desporto educacional e, em casos específicos, para a do desporto de alto rendimento;
>
> III – o tratamento diferenciado para o desporto profissional e o não- profissional;
>
> IV – a proteção e o incentivo às manifestações desportivas de criação nacional.
>
> § 1º – O Poder Judiciário só admitirá ações relativas à disciplina e às competições desportivas após esgotarem-se as instâncias da justiça desportiva, regulada em lei.
>
> § 2º – A justiça desportiva terá o prazo máximo de sessenta dias, contados da instauração do processo, para proferir decisão final.
>
> § 3º – O Poder Público incentivará o lazer, como forma de promoção social. (BRASIL, 1988)

---

(15) Rol de princípios constante nos incisos do art. 216-A da Constituição Federal de 1988, com atualização feita pela EC n. 72/2012.
(16) BRASIL. STF. *RE 153531*, Relator (a): Min. FRANCISCO REZEK, Relator (a) p/Acórdão: Min. MARCO AURÉLIO, Segunda Turma, julgado em 03.06.1997, DJ 13.03.1998 PP-00013 EMENT VOL-01902-02 PP-00388.
(17) BRASIL. CRFB. Art. 225. Todos têm direito ao meio ambiente ecologicamente equilibrado, bem de uso comum do povo e essencial à sadia qualidade de vida, impondo-se ao Poder Público e à coletividade o dever de defendê-lo e preservá-lo para as presentes e futuras gerações. § 1º Para assegurar a efetividade desse direito, incumbe ao Poder Público: [...] VII – proteger a fauna e a flora, vedadas, na forma da lei, as práticas que coloquem em risco sua função ecológica, provoquem a extinção de espécies ou submetam os animais a crueldade. [...].

Do dispositivo constitucional transcrito, tem-se que ao Estado compete o fomento do desporto formal e informal, com enfoque no denominado desporto educacional e de alto rendimento, o que ratifica o viés rico e plural com o qual deve ser visto o esporte no contexto da Carta Magna de 1988.

Por meio do desporto educacional é possível uma eficaz aproximação das instituições educadoras principalmente em face de jovens, o que propicia a divulgação de ações positivas no ensino tanto formal, quanto informal, a exemplo da promoção de campanhas contra o uso de drogas, dentre outras várias possibilidades[18].

Ademais, o texto constitucional despeja especial atenção às manifestações desportivas de criação nacional, o que demonstra a inter-relação entre a cultura e o desporto, a exemplo do que ocorre com a capoeira.

A dimensão que o desporto assume pode tomar proporção macro, atingindo, de maneira ampla, o contexto geral do país, a exemplo da repercussão ocasionada pela Copa do Mundo de 2014 no Brasil, que, para muito além de ser um campeonato de futebol, representa um marco em diversas políticas públicas correlatas ao evento, a exemplo das obras de infraestrutura nas cidades sedes.

Ilustrando o potencial de influência do esporte em um contexto de política pública, é interessante mencionar a promulgação da Lei n. 12.462/2011[19], que estabelece o denominado regime diferenciado de contratações, excepcionando a tradicional aplicação da Lei n. 8.666/1993.

Ainda nesse sentido, cita-se a Lei Geral da Copa (12.663/2012), que, inclusive, foi declarada constitucional pelo Supremo Tribunal Federal no julgamento da ADI 4976[20].

Em finalização, é notável o potencial do desporto no que se refere à noção de cidadania, mormente quando visualizado o esporte como uma ferramenta para a promoção de outros valores constitucionais, tal qual a educação e a cultura.

Igualmente é de elevado destaque a força que o desporto possui para o direcionamento de políticas públicas de larga escala, a exemplo do que tem ocorrido no caso brasileiro diante da Copa do Mundo de 2014 e demais eventos correlatos.

No entanto, em contraposição à visão positiva até o momento apresentada, todo esse contexto também inaugura uma nova perspectiva do esporte diante da noção de cidadania; oportunidade em que a sociedade brasileira, inconformada com a deficiência da atuação pública em outras searas, tal como a segurança, educação e saúde, passa a contestar os elevados gastos direcionados para os eventos desportivos sediados no Brasil, o que denota um amadurecimento político do povo.

Nesse sentido, o esporte, no atual contexto brasileiro, atuou, por via indireta, no enaltecimento do senso de pertencimento, a partir do qual o povo, sentindo-se afligido pela forma de escalonamento e condução das prioridades públicas, inicia um processo de contestação política, o que, nada mais é que o afloramento de um aspecto da cidadania.

5. CONSIDERAÇÕES FINAIS

A partir das presentes linhas, demonstrou-se uma visão ampla e difusa do conceito de cidadania, cuja ideia permeia para além de simples noções estáticas e formais, alcançando searas outras de influência, ao que se destacou a relação de tal fundamento do Estado Democrático de Direito brasileiro com a educação, com a cultura e com o desporto.

Dito isso, resta evidenciar que a compreensão da inter-relação da cidadania com os demais direitos constitucionalmente assegurados ainda é seara rica a ser explorada e aprofundada, o que se incentiva sempre

---

(18) Sobre o uso do esporte como ferramenta de combate ao uso de drogas ver: OSANDÓN, Patrícia. *Esportes no combate e prevenção às drogas*. 2014. Disponível em: <http://www.esporteessencial.com.br/to-fora/esportes-no-combate-e-prevencao-as-drogas>. Acesso em: 16 jun. 2014.
(19) Para verificação do âmbito de atuação da mencionada lei, importa a leitura de seu art. 1º: "É instituído o Regime Diferenciado de Contratações Públicas (RDC), aplicável exclusivamente às licitações e contratos necessários à realização: I – dos Jogos Olímpicos e Paraolímpicos de 2016, constantes da Carteira de Projetos Olímpicos a ser definida pela Autoridade Pública Olímpica (APO); e II – da Copa das Confederações da Federação Internacional de Futebol Associação – Fifa 2013 e da Copa do Mundo Fifa 2014, definidos pelo Grupo Executivo – Gecopa 2014 do Comitê Gestor instituído para definir, aprovar e supervisionar as ações previstas no Plano Estratégico das Ações do Governo Brasileiro para a realização da Copa do Mundo Fifa 2014 – CGCOPA 2014, restringindo-se, no caso de obras públicas, às constantes da matriz de responsabilidades celebrada entre a União, Estados, Distrito Federal e Municípios; III – de obras de infraestrutura e de contratação de serviços para os aeroportos das capitais dos Estados da Federação distantes até 350 km (trezentos e cinquenta quilômetros) das cidades sedes dos mundiais referidos nos incisos I e II. IV – das ações integrantes do Programa de Aceleração do Crescimento (PAC). V – das obras e serviços de engenharia no âmbito do Sistema Único de Saúde – SUS. VI – das obras e serviços de engenharia para construção, ampliação e reforma de estabelecimentos penais e unidades de atendimento socioeducativo. (Disponível em: http://www.planalto.gov.br/ccivil_03/_ato2011-2014/2011/Lei/L12462compilado.htm. Acesso em 18 jun. 2014)
(20) Conforme noticiado no seguinte endereço eletrônico: <http://www.stf.jus.br/portal/cms/verNoticiaDetalhe.asp?idConteudo=266270>. Acesso em 18 jun. 2014.

com o intuito de fortalecer as bases da democracia, em seu caráter participativo alcançado a partir do senso de pertencimento do povo perante o todo social.

REFERÊNCIAS BIBLIOGRÁFICAS

ARISTÓTELES. *Política*. 6. ed. Tradução de: Pedro Constanti Tolens. São Paulo: Martin Claret, 2011.

ARQUAVIVA, Marcus Cláudio. *Dicionário Jurídico Brasileiro*. 12. ed. São Paulo: Jurídica Brasileira, 2004.

BIESDORF, Rosane Kloh. O papel da educação formal e informal: Educação na escola e na sociedade. *Itinerarius Reflectionis*, Jataí, v. 1, n. 10, p. 1-13, 2011.

BONAVIDES, Paulo. *Ciência Política*. 15. ed. São Paulo: Malheiros, 2008.

BRASIL. *Constituição da República Federativa do Brasil*; promulgada em 5 de outubro de 1988, atualizada até a Emenda Constitucional n. 81, de 05 de junho de 2014. Disponível em: <http://www.planalto.gov.br/ccivil_03/constituicao/constituicaocompilado.htm>. Acesso em 18 jun. 2014.

_____. *Lei n. 12.462*, de 4 de agosto de 2011. Institui o Regime Diferenciado de Contratações. Disponível em: http://www.planalto.gov.br/ccivil_03/_ato2011-2014/2011/Lei/L12462compilado.htm. Acesso em 18 jun. 2014.

_____. *Lei n. 12.663*, de 5 de junho de 2012. Lei Geral da Copa. Disponível em: http://www.planalto.gov.br/ccivil_03/_ato2011-2014/2012/Lei/L12663.htm>. Acesso em: 18 jun. 2014.

_____. *Lei n. 12.711*, de 29 de agosto de 2012. Dispõe sobre o ingresso nas universidades federais e nas instituições de ensino técnico e de nível médio e dá outras providências. Disponível em: <http://www.planalto.gov.br/ccivil_03/_ato2011-2014/2012/lei/l12711.htm>. Acesso em: 16 jun. 2014.

_____. *Lei n. 8.313*, de 23 de dezembro de 1991. Lei de Acesso à Cultura Disponível em <http://www.planalto.gov.br/ccivil_03/leis/l8313cons.htm>. Acesso em 18 jun. 2014.

_____. *Lei n. 8.742*, de 7 de dezembro de 1993. Dispõe sobre a organização da Assistência Social e dá outras providências. Disponível em: http://www.planalto.gov.br/ccivil_03/leis/L8742compilado.htm>. Acesso em: 18 jun. 2014.

_____. STF. *ADI 3324*, Relator (a): Min. MARCO AURÉLIO, Tribunal Pleno, julgado em 16.12.2004, DJ 05-08-2005 PP-00005 EMENT VOL-02199-01 PP-00140 RIP v. 6, n. 32, 2005, p. 279-299 RDDP n. 32, 2005, p. 122-137 RDDP n. 31, 2005, p. 212-213.

_____. *ADI 490*, Relator (a): Min. OCTAVIO GALLOTTI, Tribunal Pleno, julgado em 03.02.1997, DJ 20-06-1997 PP-28466 EMENT VOL-01874-01 PP-00093 RTJ VOL-00163-01 PP-00015.

_____. *Informativo número 633*. Disponível em: <http://www.stf.jus.br/arquivo/informativo/documento/informativo663.htm#Políticas de ação afirmativa e reserva de vagas em universidades públicas – 6>. Acesso em 16 jun. 2014.

_____. *Notícias STF*. Disponível em: <http://www.stf.jus.br/portal/cms/verNoticiaDetalhe.asp?idConteudo=266270>. Acesso em 18 jun. 2014.

_____. *RE 153531*, Relator (a): Min. FRANCISCO REZEK, Relator (a) p/Acórdão: Min. MARCO AURÉLIO, Segunda Turma, julgado em 03.06.1997, DJ 13.03.1998 PP-00013 EMENT VOL-01902-02 PP-00388.

_____. *RE 567985*, Relator (a): Min. MARCO AURÉLIO, Relator (a) p/Acórdão: Min. GILMAR MENDES, Tribunal Pleno, julgado em 18.04.2013, ACÓRDÃO ELETRÔNICO DJe-194 DIVULG 02.10.2013 PUBLIC 03.10.2013.

_____. *Súmula vinculante 12*, Plenário, julgado em 13.08.2008, DOU de 22.08.2008, p. 1.

BRASIL. STJ. *AgRg no REsp 1314005/RS*, Rel. Ministro MAURO CAMPBELL MARQUES, SEGUNDA TURMA, julgado em 21.05.2013, DJe 28.05.2013.

_____. TRF-5. *AC 349292 PE 2003.83.00.014926-4*, Relator: Desembargador Federal Jose Maria Lucena, Data de Julgamento: 26.04.2007, Primeira Turma, Data de Publicação: Fonte: Diário da Justiça – Data: 30.05.2007 – Página: 704 – N.: 103 – Ano: 2007.

_____. Processo n. *00011778220104058500, AC509375/SE*, RELATOR: DESEMBARGADOR FEDERAL VLADIMIR CARVALHO, Terceira Turma, JULGAMENTO: 24.02.2011, PUBLICAÇÃO: DJE 01.03.2011 – Página 387.

BULOS, Uadi Lammêgo. *Curso de Direito Constitucional*. 8. ed. São Paulo: Saraiva, 2014.

KANT, Immanuel. *A Metafísica dos Costumes*. Tradutor: Edson Bini. São Paulo: Edipro, 2003, p. 115.

LIMA, Jezihel Pena. *Apostila do curso de formação de procuradores federais*. CESPE/UNB, 2014.

MAGALHÃES FILHO, Glauco Barreira. *Hermenêutica e Unidade Axiológica da Constituição*. 3. ed. Belo Horizonte: Mandamentos, 2004.

OSANDÓN, Patrícia. *Esportes no combate e prevenção às drogas*. 2014. Disponível em: <http://www.esporteessencial.com.br/to-fora/esportes-no-combate-e-prevencao-as-drogas>. Acesso em: 16 jun. 2014.

CIDADANIA E O ACESSO À INFORMAÇÃO

Arthur Nogueira Feijó
Mestre em Direito pela Universidade Federal do Ceará (UFC).

1. CONSIDERAÇÕES INICIAIS

Um dos traços característicos do ser humano que o difere dos demais seres conhecidos é sua capacidade de racionalização e consequentemente maior potencial de interação com o meio em que vive, modificando-o e adaptando-o a partir de determinados interesses.

Essa forma intensa de interação possui como pressuposto a existência de mecanismos capazes de intermediar o conhecimento sobre o contexto geral em que o ser humano está inserido, em face da própria racionalidade humana, de forma que o potencial de atuação do indivíduo está relacionado com a sua ciência a respeito do ambiente em que se encontra.

Dessa forma, a partir do acesso à informação, tida em seu mais amplo aspecto, o ser humano se consolida efetivamente como agente potencialmente transformador do meio em que se encontra, o que ganha destaque no contexto de um meio social, em que as interações capitaneadas pelo ser humano vão além das ciências naturais, para alcançar relações políticas, econômicas e sociais, exigindo, por conseguinte, uma maior intensidade no fluxo de informações.

Sendo assim, dessas rápidas linhas introdutórias, tem-se que, em essência, o exercício da cidadania, compreendida esta como o vínculo que torna uma pessoa como parte de um todo (o todo social) (BONAVIDES, 2004), está intrinsecamente relacionado com o acesso à informação, ou seja, com a cognoscibilidade pelo ser humano dos dados referentes ao contexto em que vive.

Dito isso, passar-se-á ao exame do direito ao acesso à informação, por via de uma compreensão da forma com que está disposto na Constituição Federal de 1988, para, a seguir, examiná-lo sob duas perspectivas primordiais.

Primeiramente, será abordado o acesso à informação como um direito a ser exercido em face do Estado, em traços de um regime democrático em que o público é exposto ao particular, como forma de viabilizar o devido acompanhamento dos desideratos governamentais.

Em outro plano, o acesso à informação será estudado em sua perspectiva horizontal entre particulares, em um contraponto ao direito à intimidade e à vida privada, como forma de compreensão dos seus limites axiológicos nessa seara.

Insta esclarecer que as presentes linhas não possuem intuito exaustivo, em verdade o objetivo desafiado consiste em uma breve exposição normativa e casuística, pautada no regime legal e contexto jurisprudencial que permeia a temática em voga.

2. DEMOCRACIA E ACESSO À INFORMAÇÃO

Marcaram-se na história as palavras de Abraham Lincoln ao discursar que a democracia é "o governo do povo, pelo povo, para o povo"[1]; dessas impactantes palavras até hoje lembradas ressoa, de fato, aspecto essencial da noção de democracia, qual seja: o desiderato social que permeia tal forma de governo.

Destarte, se a democracia estabelece um governo titularizado pelo povo e concomitantemente voltado para si mesmo, é essencial que esse povo tome conhecimento a respeito do que está ocorrendo no âmbito da gestão da coisa pública, sob pena de total falseamento da democracia. Tal ideia resta positivada na Constituição Federal de 1988 logo em seu art. 1º, parágrafo único, em que se constata a seguinte estrutura:

> Art. 1º A República Federativa do Brasil, formada pela união indissolúvel dos Estados e Municípios e do Distrito Federal, constitui-se em Estado Democrático de Direito e tem como fundamentos:
> [...]
> Parágrafo único. Todo o poder emana do povo, que o exerce por meio de representantes eleitos ou diretamente, nos termos desta Constituição. (BRASIL, 1988)

Consolidando o pensamento exposto, a Carta Magna é rica ao dispor sobre o direito à informação o que faz, de plano, ao elencá-lo no rol de direitos e garantias individuais no bojo do art. 5º, XIV e XXXIII, leia-se:

> Art. 5º Todos são iguais perante a lei, sem distinção de qualquer natureza, garantindo-se aos brasileiros e aos estrangeiros residentes no País a inviolabilidade do direito à vida, à liberdade, à igualdade, à segurança e à propriedade, nos termos seguintes:
> [...]
> XIV – é assegurado a todos o acesso à informação e resguardado o sigilo da fonte, quando necessário ao exercício profissional;
> [...]
> XXXIII – todos têm direito a receber dos órgãos públicos informações de seu interesse particular, ou de interesse coletivo ou geral, que serão prestadas no prazo da lei, sob pena de responsabilidade, ressalvadas aquelas cujo sigilo seja imprescindível à segurança da sociedade e do Estado;
> [...] (BRASIL, 1988)

Vê-se, portanto, consagrado um direito amplo ao acesso à informação que alcança tanto os dados de interesse particular, como de interesse coletivo e geral, viabilizando, por conseguinte, a devida satisfação do imperativo de cidadania, que, nesse aspecto, mostra-se de forma ativa e como pressupostos da efetiva participação e integração do povo perante o meio social.

Urge mencionar também a positivação do art. 37, § 3º, II da CRFB, em que, novamente, é bradada a transparência na condução do interesse público, verifique-se:

> Art. 37. A administração pública direta e indireta de qualquer dos Poderes da União, dos Estados, do Distrito Federal e dos Municípios obedecerá aos princípios de legalidade, impessoalidade, moralidade, publicidade e eficiência e, também, ao seguinte:
> [...]
> § 3º A lei disciplinará as formas de participação do usuário na administração pública direta e indireta, regulando especialmente:
> [...]
> II – o acesso dos usuários a registros administrativos e a informações sobre atos de governo, observado o disposto no art. 5º, X e XXXIII;
> [...] (BRASIL, 1988)

O dispositivo elencado trata do princípio da publicidade, que constitui um dos valores básicos da administração pública e pressuposto de um Estado Democrático de Direito, em que os atos do governo são postos aos olhos do povo, para fins de averiguação da legalidade. Nesse sentido, é a lição de José dos Santos Carvalho Filho:

> Outro princípio mencionado na Constituição é o da publicidade. Indica que os atos da Administração devem merecer a mais ampla divulgação possível entre os administrados, e isso porque constitui fundamento do princípio propiciar-lhes a possibilidade de controlar a legitimidade da conduta dos agentes administrativos. Só com a transparência essa conduta é que poderão os indivíduos aquilatar a legalidade ou não dos atos e o grau de eficiência de que se revestem. (CARVALHO FILHO, 2010, p. 28)

Atento ao princípio da publicidade, é interessante notar a relação de complementariedade que possui no que se refere ao direito ao acesso à informação, é dizer: se por um lado ao cidadão é conferido o direito de conhecer os dados referentes à condução da coisa pública (direito à informação), por outro ângulo, consolidando tal direito, tem-se o dever estatal de fornecer tais dados (dever de publicidade).

Atento à relação circular entre direito à informação e dever de publicidade, há de serem enaltecidos dois instrumentos básicos que se prestam a dar efe-

---

[1] A íntegra do discurso em que consta o pensamento citado pode ser encontrada na seguinte fonte: THE GETTYSBURG ADDRESS. Disponível em: <http://www.abrahamlincolnonline.org/lincoln/speeches/gettysburg.htm>. Acesso em 19 jun. 2014.

tividade a tais comandos constitucionais, são eles: o direito de petição e de certidão, consubstanciados no art. 5º, XXXIV, "a" e "b" da CRFB, veja-se:

> Art. 5º Todos são iguais perante a lei, sem distinção de qualquer natureza, garantindo-se aos brasileiros e aos estrangeiros residentes no País a inviolabilidade do direito à vida, à liberdade, à igualdade, à segurança e à propriedade, nos termos seguintes:
> [...]
> XXXIV – são a todos assegurados, independentemente do pagamento de taxas:
> a) o direito de petição aos Poderes Públicos em defesa de direitos ou contra ilegalidade ou abuso de poder;
> b) a obtenção de certidões em repartições públicas, para defesa de direitos e esclarecimento de situações de interesse pessoal;
> [...] (BRASIL, 1988)

Em prol da efetivação de tais direitos, deve-se destacar a relevância das garantias processuais do mandado de segurança e do *habeas-data*, que serão, agora, brevemente abordadas.

2.1. Da judicialização do direito à informação: mandado de segurança e habeas-data

A efetividade do acesso à informação depende da possibilidade de imposição heterônoma do comando normativo respectivo, para tanto, o direito fundamental de acesso à justiça atua como forma de conferir ao Poder Judiciário o papel de garantia do acesso à informação em último grau, quando da violação de tal direito pelas autoridades administrativas.

Embora não seja objetivo desta análise o aprofundamento dos quesitos processuais pertinentes à matéria, cabe, nesta oportunidade, algumas considerações contextuais, como forma de completar o sentido que toma o acesso à informação diante da Carta Magna vigente.

Sendo assim, assegurando a via do mandado de segurança, tem-se no art. 5º, LXIX da CRFB a seguinte norma:

> LXIX – conceder-se-á mandado de segurança para proteger direito líquido e certo, não amparado por "habeas-corpus" ou "habeas-data", quando o responsável pela ilegalidade ou abuso de poder for autoridade pública ou agente de pessoa jurídica no exercício de atribuições do Poder Público; (BRASIL, 1988).

No âmbito infraconstitucional, é de destaque a Lei n. 12.016/2009, em cujo art. 1º[(2)] é repetido o cabimento do *mandamus* para fins de proteção a direito líquido e certo, assim como de combate à ilegalidade ou abuso de poder praticado por agente em exercício de funções próprias do Poder Público, desde que utilizada tal via de forma subsidiária, somente sendo cabível quando do não enquadramento de hipótese de manejo de *habeas-corpus* ou *habeas-data*.

Já no que concerne ao *habeas-data*, eis o tratamento constitucional, conforme disposto no art. 5º, LXXI da CRFB:

> LXXII – conceder-se-á "habeas-data":
> a) para assegurar o conhecimento de informações relativas à pessoa do impetrante, constantes de registros ou bancos de dados de entidades governamentais ou de caráter público;
> b) para a retificação de dados, quando não se prefira fazê-lo por processo sigiloso, judicial ou administrativo; (BRASIL, 1988)

Na seara legal, tem-se a Lei n. 9.507/1997, cujo art. 7º deflagra um rol ampliado para a aplicação da referida via processual, confira-se:

> Art. 7º Conceder-se-á *habeas data*:
> I – para assegurar o conhecimento de informações relativas à pessoa do impetrante, constantes de registro ou banco de dados de entidades governamentais ou de caráter público;
> II – para a retificação de dados, quando não se prefira fazê-lo por processo sigiloso, judicial ou administrativo;
> III – para a anotação nos assentamentos do interessado, de contestação ou explicação sobre dado verdadeiro mas justificável e que esteja sob pendência judicial ou amigável. (BRASIL, 1997)

Identifica-se, portanto, a funcionalidade do *habeas-data* como mecanismo processual idôneo não só para o conhecimento de informações, mas também para fins de retificação e anotação de dados.

Com relação à legitimidade ativa e ao objeto das informações a serem prestadas pelo *habeas-data*, urge salientar que tal via somente se presta a obtenção de informações pessoais do interessado, que agirá em legitimação ordinária, sendo, em regra, vedada a legitimação extraordinária; nesse sentido é a doutrina de Rafael Carvalho Rezende Oliveira:

> O habeas-*data* pode ser impetrado por qualquer pessoa, física ou jurídica, nacional ou estrangeira. Os legitimados ativos somente podem utilizar o *habeas data* para requerer informações que

---

(2) Art. 1º Conceder-se-á mandado de segurança para proteger direito líquido e certo, não amparado por *habeas corpus* ou *habeas data*, sempre que, ilegalmente ou com abuso de poder, qualquer pessoa física ou jurídica sofrer violação ou houver justo receio de sofrê-la por parte de autoridade, seja de que categoria for e sejam quais forem as funções que exerça. (BRASIL, 2009)

lhes dizem respeito (legitimação ordinária), sendo vedada a sua utilização para pleitear informações de terceiros. (OLIVEIRA, 2013, p. 771)

Tal limitação se dá em virtude de a sistemática processual vigente somente permitir a legitimação extraordinária quando assim disposto em lei, isso com base no art. 18 do Novo Código de Processo Civil, ao determinar que "ninguém poderá pleitear, em nome próprio, direito alheio, salvo quando autorizado por lei" (BRASIL, 1973).

Com base em tal raciocínio, remata Oliveira (2013, p. 772): "Dessa forma, inexiste o denominado 'habeas data coletivo'. É inviável, por exemplo, a impetração do habeas data pelo Ministério Público, salvo na hipótese excepcional em que as informações são de interesse do próprio Parquet".

Excepcionando a regra da pessoalidade comentada, há de se destacar que o Superior Tribunal de Justiça possui precedente autorizando a legitimidade extraordinária para o cônjuge supérstite na defesa do falecido, nas linhas da ementa do seguinte julgado:

> CONSTITUCIONAL. HABEAS DATA. VIÚVA DE MILITAR DA AERONÁUTICA. ACESSO A DOCUMENTOS FUNCIONAIS. ILEGITIMIDADE PASSIVA E ATIVA. NÃO-OCORRÊNCIA. OMISSÃO DA ADMINISTRAÇÃO CARATERIZADA. ORDEM CONCEDIDA. 1. A autoridade coatora, ao receber o pedido administrativo da impetrante e encaminhá-lo ao Comando da Aeronáutica, obrigou-se a responder o pleito. Ademais, ao prestar informações, não se limitou a alegar sua ilegitimidade, mas defendeu o mérito do ato impugnado, requerendo a denegação da segurança, assumindo a *legitimatio ad causam* passiva. Aplicação da teoria da encampação. Precedentes. 2. É parte legítima para impetrar habeas data o cônjuge sobrevivente na defesa de interesse do falecido. 3. O habeas data configura remédio jurídico-processual, de natureza constitucional, que se destina a garantir, em favor da pessoa interessada, o exercício de pretensão jurídica discernível em seu tríplice aspecto: (a) direito de acesso aos registros existentes; (b) direito de retificação dos registros errôneos e (c) direito de complementação dos registros insuficientes ou incompletos. 4. Sua utilização está diretamente relacionada à existência de uma pretensão resistida, consubstanciada na recusa da autoridade em responder ao pedido de informações, seja de forma explícita ou implícita (por omissão ou retardamento no fazê-lo). 5. Hipótese em que a demora da autoridade impetrada em atender o pedido formulado administrativamente pela impetrante – mais de um ano – não pode ser considerada razoável, ainda mais considerando-se a idade avançada da impetrante. 6. Ordem concedida[3].

Ainda em análise da abrangência do meio processual em comento, importa evidenciar que para fins de revelação de informações de interesse coletivo se tem hipótese de impetração de mandado de segurança, e não de *habeas-data*, assim explana a doutrina:

> Vale ressaltar, nesse ponto, que o habeas data é destinado ao conhecimento, retificação e anotação de informações relacionadas ao próprio impetrante. Por essa razão, o remédio constitucional não pode ser utilizado para obtenção das informações de interesse coletivo ou geral, mencionadas no art. 5º, XXXIII, da CRFB. [...] Para informações de interesse coletivo e geral, no entanto, poderia o interessado se valer do mandado de segurança. (OLIVEIRA, 2013, p. 773)

Pondera-se, por fim, que para o acesso a certidões denegadas pelo Poder Público, consagrou-se o posicionamento do Supremo Tribunal Federal no sentido de ser cabível o mandado de segurança, e não o *habeas-data*, a exemplo do que se constata nos seguintes julgados:

> AGRAVO REGIMENTAL. DIREITO À CERTIDÃO (ART. 5º, XXXIV, ALÍNEA "B", DA CONSTITUIÇÃO). SUPOSTA PERDA DE OBJETO DO MANDADO DE SEGURANÇA. INOCORRÊNCIA. No caso concreto, o fato de não ter sido ajuizada a ação contra o resultado do concurso público não acarreta a perda de objeto do mandado de segurança impetrado para assegurar o exercício do direito à certidão. A existência de interesse legítimo basta para autorizar o fornecimento de certidão pelo Poder Público. Precedente: RE 472.489-AgR, rel. min. Celso de Mello, Segunda Turma. Agravo regimental improvido[4].
>
> DIREITOS INDIVIDUAIS HOMOGÊNEOS – SEGURADOS DA PREVIDÊNCIA SOCIAL – CERTIDÃO PARCIAL DE TEMPO DE SERVIÇO – RECUSA DA AUTARQUIA PREVIDENCIÁRIA – DIREITO DE PETIÇÃO E DIREITO DE OBTENÇÃO DE CERTIDÃO EM REPARTIÇÕES PÚBLICAS – PRERROGATIVAS JURÍDICAS DE ÍNDOLE EMINENTEMENTE CONSTITUCIONAL – EXISTÊNCIA DE RELEVANTE INTERESSE SOCIAL – AÇÃO CIVIL PÚBLICA – LEGITIMAÇÃO ATIVA DO MINISTÉRIO PÚBLICO – A FUNÇÃO INSTITUCIONAL DO MINISTÉRIO PÚBLICO COMO "DEFENSOR DO POVO" (CF, ART, 129, II) – DOUTRINA – PRECEDENTES

---

(3) BRASIL. STJ. *HD 147/DF*, Rel. Ministro ARNALDO ESTEVES LIMA, TERCEIRA SEÇÃO, julgado em 12.12.2007, DJ 28.02.2008, p. 69.
(4) BRASIL. STF. *RE 167118 AgR*, Relator (a): Min. JOAQUIM BARBOSA, Segunda Turma, julgado em 20.04.2010, DJe-096 DIVULG 27.05.2010 PUBLIC 28.05.2010 EMENT VOL-02403-04 PP-01203 LEXSTF v. 32, n. 378, 2010, p. 225-231.

– RECURSO DE AGRAVO IMPROVIDO. – O direito à certidão traduz prerrogativa jurídica, de extração constitucional, destinada a viabilizar, em favor do indivíduo ou de uma determinada coletividade (como a dos segurados do sistema de previdência social), a defesa (individual ou coletiva) de direitos ou o esclarecimento de situações. – A injusta recusa estatal em fornecer certidões, não obstante presentes os pressupostos legitimadores dessa pretensão, autorizará a utilização de instrumentos processuais adequados, como o mandado de segurança ou a própria ação civil pública. – O Ministério Público tem legitimidade ativa para a defesa, em juízo, dos direitos e interesses individuais homogêneos, quando impregnados de relevante natureza social, como sucede com o direito de petição e o direito de obtenção de certidão em repartições públicas. Doutrina. Precedentes[5].

Feitas tais considerações, tem-se por ilustrada a relevância de ambas as vias processuais na consecução do direito ao acesso à informação, cuja efetividade se mostra patente quando da aplicação das garantias do mandado de segurança e do *habeas-data* na intermediação entre a violação de direitos constitucionalmente assegurados e o Poder Judiciário.

2.2. Do acesso à informação e da comunicação social

Ingressando, agora, em outro ângulo de visualização do acesso à informação, há de se relacionar tal direito com a liberdade de expressão, afinal, se a informação deve ser ampla para fins de respeito à cidadania em seu viés de integração do indivíduo perante o todo social, é imperioso que se resguardem as mais variadas formas de produção e difusão da informação em si.

Atenta a tal preocupação, a Constituição Federal de 1988 é precisa ao estipular em seu art. 220 a tutela jurídica da comunicação social, o que faz nos seguintes termos:

> Art. 220. A manifestação do pensamento, a criação, a expressão e a informação, sob qualquer forma, processo ou veículo não sofrerão qualquer restrição, observado o disposto nesta Constituição.
> § 1º Nenhuma lei conterá dispositivo que possa constituir embaraço à plena liberdade de informação jornalística em qualquer veículo de comunicação social, observado o disposto no art. 5º, IV, V, X, XIII e XIV.
> § 2º É vedada toda e qualquer censura de natureza política, ideológica e artística.
> § 3º Compete à lei federal:
> I – regular as diversões e espetáculos públicos, cabendo ao Poder Público informar sobre a natureza deles, as faixas etárias a que não se recomendem, locais e horários em que sua apresentação se mostre inadequada;
> II – estabelecer os meios legais que garantam à pessoa e à família a possibilidade de se defenderem de programas ou programações de rádio e televisão que contrariem o disposto no art. 221, bem como da propaganda de produtos, práticas e serviços que possam ser nocivos à saúde e ao meio ambiente.
> § 4º A propaganda comercial de tabaco, bebidas alcoólicas, agrotóxicos, medicamentos e terapias estará sujeita a restrições legais, nos termos do inciso II do parágrafo anterior, e conterá, sempre que necessário, advertência sobre os malefícios decorrentes de seu uso.
> § 5º Os meios de comunicação social não podem, direta ou indiretamente, ser objeto de monopólio ou oligopólio.
> § 6º A publicação de veículo impresso de comunicação independe de licença de autoridade. (BRASIL, 1988)

Conforme adverte Uadi Lammêgo Bulos (2014, p. 1.602, 1.603) "O capítulo da comunicação social é fruto do momento em que a Constituição foi elaborada. O país estava saindo da ditadura, donde proveio o esforço de garantir, ao máximo, as liberdades de imprensa, informação criação artística etc.".

Assim, tem-se que a comunicação social, diante do contexto democrático hoje vivido no Brasil, garante a livre manifestação do pensamento, abrangendo tanto uma comunicação em sentido *lato*, como em sentido estrito, sendo este referente à própria emissão de ideias pelos vários meios cabíveis (jornais, revistas, rádio e televisão) e aquele referente a "toda e qualquer forma de exteriorização do pensamento escrito ou oral" (BULOS, 2014, p. 1.602).

Acompanhando a liberdade de comunicação social, tem-se, nos parágrafos do art. 220 da CRFB, um rol de limitações essenciais à causa em trato, que serão agora abordados.

Primeiramente, destaca-se a proibição de que lei obstrua a liberdade de informação jornalística, sem prejuízo da preservação dos direitos e deveres individuais e coletivos, quais sejam: a vedação ao anonimato (art. 5º, IV, CRFB); o direito à reposta, bem como à indenização por dano moral ou à imagem (art. 5º, V, CRFB); a inviolabilidade da vida privada, honra e imagem das pessoas (art. 5º, X, CRFB), a proteção ao livre exercício profissional (art. 5º, XIII, CRFB) e o direito ao acesso à informação com a resguarda da

---

[5] BRASIL. STF. *RE 472489 AgR*, Relator (a): Min. CELSO DE MELLO, Segunda Turma, julgado em 29.04.2008, DJe-162 DIVULG 28.08.2008 PUBLIC 29.08.2008 EMENT VOL-02330-04 PP-00811 RTJ VOL-00205-03 PP-01413 RT v. 97, n. 878, 2008, p. 125-130 LEXSTF v. 30, n. 358, 2008, p. 322-333 RMP n. 37, 2010, p. 257-265.

fonte na hipótese de necessidade em prol do exercício profissional (art. 5º, XIV, CRFB).

Outro corolário do acesso à informação é a proibição à censura, seja de natureza política, ideológica ou artística, o que demonstra uma preocupação do constituinte originário com a salvaguarda do pluralismo de ideias, característica essencial a um regime democrático.

No entanto, são interessantes as palavras de Uadi Lammêgo Bulos ao ressalvar que "proibir a censura não é dar margem à baderna, à desordem ou à bagunça generalizada" (BULOS, 2014, p. 1.604), isso porque a liberdade de expressão deve ser ponderada diante de valores outros também de ordem constitucional, o que pode ser mensurado pela apreciação casuística do Poder Judiciário, conforme será abordado em tópico posterior.

Também em tutela ao acesso à informação, tem-se a competência concorrente dos entes federativos para a proteção da infância e da juventude, bem como de promoção da educação, cultura e ensino (art. 24, IX e XV, CRFB), que, na seara da comunicação social, consubstancia-se na regulação das diversões e dos espetáculos públicos, para fins de informação da respectiva natureza e recomendações quanto à faixa etária, locais e horários de apresentação (art. 220, § 3º, I, CRFB); outrossim, positivou-se (art. 220, § 3º, II, CRFB) a necessidade de proteção das pessoas em face de programas ou programações de rádio e televisão que malfiram os princípios concernentes à matéria[6], ou que se reportem à propaganda de produtos, práticas e serviços que sejam nocivos à saúde ou ao meio ambiente.

Ainda em relação à tutela da propaganda de produtos nocivos à saúde e ao meio ambiente, a Constituição Federal (art. 220, § 4º, CRFB) se preocupou expressamente com a divulgação de tabaco, bebidas alcoólicas, agrotóxicos, medicamentos e terapias, de forma que se deve fazer a devida advertência sobre os prejuízos decorrentes de tais produtos no bojo da própria propaganda comercial.

Encerrando a exposição dos dispositivos do art. 220 da Constituição Federal, enaltece-se a vedação ao monopólio ou oligopólio dos meios de comunicação, assim como a liberdade, por meio da desnecessidade de licença para a publicação de veículo impresso de comunicação. Tais comandos retratam viés democrático, em prol da pluralidade no processo de divulgação de informação.

Apreciando a questão da vedação de oligopólio e monopólio, embora não se tenha notícia de posicionamento jurisprudencial a respeito, é interessante mencionar o pensamento de Uadi Lammêgo Bulos a respeito do programa de rádio conhecido como "A Voz do Brasil", leia-se:

> Se o art. 220, § 5º, fosse levado a sério, "A Voz do Brasil", programa radiofônico instituído pelo regime autoritário, seria banida da ordem jurídica brasileira. Tal excrescência da "ditadura Vargas", mantida pelos adeptos da propaganda gratuita, deixaria de ser um empecilho à liberdade de imprensa, não monopolizando o horário em que vai ao ar. (BULOS, 2014, p. 1.605)

Ainda no que toca à proibição de monopólio e oligopólio, urge salientar que o incentivo à pluralidade encontra limitação no art. 222 da Constituição Federal, oportunidade em que a propriedade de empresa jornalística e de radiodifusão sonora e de sons e imagens e limitada a brasileiros natos ou naturalizados há mais de dez anos; em se tratando de pessoas jurídicas, devem ser constituídas sob a égide das leis brasileiras e necessariamente sediadas no Brasil.

Feitas tais considerações, passar-se-á, ainda no escopo da compreensão do direito ao acesso à informação no contexto democrático, ao tratamento da Lei de acesso à informação.

2.3. Da Lei de acesso à informação (Lei n. 12.527/2011)

Almejando a regulamentação do acesso a informações públicas, promulgou-se a Lei de acesso à informação (LAI), que, dentre suas diretrizes, estabelece a regra da publicidade como preceito geral, restando o sigilo da informação como fator de excepcionalidade. Veja-se o rol das diretrizes traçadas pela Lei em apreço:

> Art. 3º Os procedimentos previstos nesta Lei destinam-se a assegurar o direito fundamental de acesso à informação e devem ser executados em conformidade com os princípios básicos da administração pública e com as seguintes diretrizes:
>
> I – observância da publicidade como preceito geral e do sigilo como exceção;
>
> II – divulgação de informações de interesse público, independentemente de solicitações;
>
> III – utilização de meios de comunicação viabilizados pela tecnologia da informação;

---

(6) Conforme o rol do art. 221 da CRFB, tais princípios são: "I – preferência a finalidades educativas, artísticas, culturais e informativas; II – promoção da cultura nacional e regional e estímulo à produção independente que objetive sua divulgação; III – regionalização da produção cultural, artística e jornalística, conforme percentuais estabelecidos em lei; IV – respeito aos valores éticos e sociais da pessoa e da família. (BRASIL, 1988)

IV – fomento ao desenvolvimento da cultura de transparência na administração pública;

V – desenvolvimento do controle social da administração pública. (BRASIL, 2011)

Desse rol de diretrizes é interessante destacar a noção de transparência ativa, segundo a qual a própria Administração, independentemente de solicitação prévia, já coloca à mostra dados públicos relevantes para conhecimento público (FORTES; OLIVEIRA, 2014, p. 105).

Ademais, em havendo solicitação de informações, o preceito entabulado no art. 10, § 3º da LAI determina que "são vedadas quaisquer exigências relativas aos motivos determinantes da solicitação de informações de interesse público" (BRASIL, 2011), de forma que o pedido não precisa ser justificado para que seja acatado e a informação prontamente prestada.

Quanto ao âmbito de abrangência do regramento legal em comento, insta asseverar que não se limita ao meio das pessoas jurídicas de direito público, alcançando também, na forma do seu parágrafo único do art. 2º, entidades privadas sem fins lucrativos "que recebam, para realização de ações de interesse público, recursos públicos diretamente do orçamento ou mediante subvenções sociais, contrato de gestão, termo de parceria, convênios, acordo, ajustes ou outros instrumentos congêneres" (BRASIL, 2011).

O acesso à informação, contudo, não é irrestrito, estabelecendo a Lei uma série de balizas a serem observadas, conforme bem assevera Fortes e Oliveira (2014, p. 105):

> Não obstante, cumpre ressaltar que há restrições ao direito de acesso à informação. Com efeito, as hipóteses legais de sigilo (sigilo bancário, profissional etc.) de segredo de justiça, de segredo industrial decorrentes da exploração direta de atividade econômica pelo Estado ou por pessoa física ou entidade privada que tenha qualquer vínculo com o poder público estão resguardadas e não podem ser fornecidas com fundamento na LAI (art. 22 da LAI[7]).

Ainda no tocante às limitações do acesso a informações, além da Lei de acesso à informação, deve-se destacar também o seu decreto regulamentador (Decreto n. 7.724/2012), que, em seu art. 13, determina:

> Art. 13. Não serão atendidos pedidos de acesso à informação:
>
> I – genéricos;
>
> II – desproporcionais ou desarrazoados; ou
>
> III – que exijam trabalhos adicionais de análise, interpretação ou consolidação de dados e informações, ou serviço de produção ou tratamento de dados que não seja de competência do órgão ou entidade.
>
> Parágrafo único. Na hipótese do inciso III do *caput*, o órgão ou entidade deverá, caso tenha conhecimento, indicar o local onde se encontram as informações a partir das quais o requerente poderá realizar a interpretação, consolidação ou tratamento de dados. (BRASIL, 2012)

Do colacionado artigo, nota-se que o pedido de acesso a informações deve seguir uma linha de congruência lógica segundo a qual se desprestigia pedidos demasiado genéricos, desproporcionais ou que estejam vinculados a trabalhos adicionais ao órgão solicitado.

A respeito da materialidade da informação pleiteada, é possível que se restrinja o acesso sob amparo da preservação da segurança da sociedade e do Estado, estando a informação, para tanto, classificada segundo graus de sigilo calculados diante da gravidade do risco ou dano à segurança da sociedade e do Estado, assim como se deve ser sensível a uma lógica de proporcionalidade correlata ao tempo de restrição à informação decorrente de sua classificação, que poderá ser de 25 (vinte e cinco), 15 (quinze) ou 5 (cinco) anos para as hipóteses, respectivamente, de informações ultrassecretas, secretas e reservadas[8].

---

(7) Eis o teor do artigo mencionado: "Art. 22. O disposto nesta Lei não exclui as demais hipóteses legais de sigilo e de segredo de justiça nem as hipóteses de segredo industrial decorrentes da exploração direta de atividade econômica pelo Estado ou por pessoa física ou entidade privada que tenha qualquer vínculo com o poder público." (BRASIL, 2011)

(8) Eis o respectivo regramento legal do art. 24 da Lei de acesso à informação: "Art. 24. A informação em poder dos órgãos e entidades públicas, observado o seu teor e em razão de sua imprescindibilidade à segurança da sociedade ou do Estado, poderá ser classificada como ultrassecreta, secreta ou reservada. § 1º Os prazos máximos de restrição de acesso à informação, conforme a classificação prevista no *caput*, vigoram a partir da data de sua produção e são os seguintes: I – ultrassecreta: 25 (vinte e cinco) anos; II – secreta: 15 (quinze) anos; e III – reservada: 5 (cinco) anos. § 2º As informações que puderem colocar em risco a segurança do Presidente e Vice-Presidente da República e respectivos cônjuges e filhos(as) serão classificadas como reservadas e ficarão sob sigilo até o término do mandato em exercício ou do último mandato, em caso de reeleição. § 3º Alternativamente aos prazos previstos no § 1º, poderá ser estabelecida como termo final de restrição de acesso a ocorrência de determinado evento, desde que este ocorra antes do transcurso do prazo máximo de classificação. § 4º Transcorrido o prazo de classificação ou consumado o evento que defina o seu termo final, a informação tornar-se-á, automaticamente, de acesso público. § 5º Para a classificação da informação em determinado grau de sigilo, deverá ser observado o interesse público da informação e utilizado o critério menos restritivo possível, considerados: I – a gravidade do risco ou dano à segurança da sociedade e do Estado; e II – o prazo máximo de restrição de acesso ou o evento que defina seu termo final.". (BRASIL, 2011)

Do breve relato feito a respeito da Lei de acesso à informação, é perceptível a sua potencialidade de enaltecimento do censo de cidadania, na medida que aproxima o cidadão da seara pública, mediante a disponibilização de dados essenciais a sua integração como parte da condução dos assuntos públicos, viabilizando, concomitantemente, um maior grau de fiscalização.

Feitas tais considerações, mudar-se-á o foco de análise do direito de acesso à informação, para fins de examinar sua incidência nas relações, privadas, o que será realizado por meio da exposição de casos práticos já avaliados pela jurisprudência dos tribunais superiores.

3. DO ACESSO À INFORMAÇÃO NAS RELAÇÕES PRIVADAS

Na atmosfera jurídica hodierna, vive-se sob um contexto de enaltecimento do viés constitucional do Direito, em um processo de ascendente privilégio dos valores constitucionais, sob a liderança da dignidade da pessoa humana, que, para além de um comando genérico e abstrato, passa a emanar elevada força normativa, apta a conduzir o processo de produção, interpretação e aplicação das demais normas existentes.

Nesse sentido, o Direito Civil, sob a perspectiva da constitucionalização das relações privadas[9], passa por um processo de revisão de seus institutos basilares, em prol da contextualização de sua sistemática tradicionalmente voltada ao âmbito patrimonial, para fins de enaltecimento da seara existencial da pessoa humana.

Dito isso, salienta-se que, sem maiores aprofundamentos teóricos, o presente tópico se propõe à exposição de alguns exemplos jurisprudenciais a respeito da temática, como forma de relatar a problemática que circula o assunto.

Sendo assim, é de destaque a eficácia horizontal dos direitos fundamentais, por meio da qual tais direitos vão além de uma relação dual entre Estado e indivíduo, para alcançar relações próprias da seara privada.

Desta feita, o sentido de cidadania como fator de integração ao todo social reflete na forma com a qual a informação deve ser tratada entre particulares, ao que ganham relevo limitações que se voltam à proteção da dignidade humana em seu sentido mais largo.

3.1. A liberdade de expressão e o discurso de ódio no entendimento do STF

Dentre as limitações existentes à liberdade de expressão, é interessante rememorar o julgamento feito pelo Supremo Tribunal Federal do caso do editor Siegfried Ellwanger, assim ementado:

> HABEAS-CORPUS. PUBLICAÇÃO DE LIVROS: ANTI-SEMITISMO. RACISMO. CRIME IMPRESCRITÍVEL. CONCEITUAÇÃO. ABRANGÊNCIA CONSTITUCIONAL. LIBERDADE DE EXPRESSÃO. LIMITES. ORDEM DENEGADA. 1. Escrever, editar, divulgar e comerciar livros "fazendo apologia de ideias preconceituosas e discriminatórias" contra a comunidade judaica (Lei 7716/89, art. 20, na redação dada pela Lei 8081/90) constitui crime de racismo sujeito às cláusulas de inafiançabilidade e imprescritibilidade (CF, art. 5º, XLII). [...] 12. Discriminação que, no caso, se evidencia como deliberada e dirigida especificamente aos judeus, que configura ato ilícito de prática de racismo, com as consequências gravosas que o acompanham. 13. Liberdade de expressão. Garantia constitucional que não se tem como absoluta. Limites morais e jurídicos. O direito à livre expressão não pode abrigar, em sua abrangência, manifestações de conteúdo imoral que implicam ilicitude penal. 14. As liberdades públicas não são incondicionais, por isso devem ser exercidas de maneira harmônica, observados os limites definidos na própria Constituição Federal (CF, art. 5º, § 2º, primeira parte). O preceito fundamental de liberdade de expressão não consagra o "direito à incitação ao racismo", dado que um direito individual não pode constituir-se em salvaguarda de condutas ilícitas, como sucede com os delitos contra a honra. Prevalência dos princípios da dignidade da pessoa humana e da igualdade jurídica. [...] Ordem denegada[10].

No caso Ellwanger, colocou-se ao trato do Poder Judiciário hipótese em que a edição de material com conteúdo antissemita foi questionada diante da subsunção dos fatos ao crime de racismo, hipótese em que, a tese de defesa abordou o direito à liberdade de expressão.

Apreciando o caso, o Supremo Tribunal Federal concluiu pela prevalência de uma interpretação da liberdade de expressão de forma contextualizada com os demais valores constitucionais, sem que se possa, sob as vestes do exercício de um direito fundamental (liberdade de expressão), malferir um outro (dignidade humana).

---

(9) Sobre tal assunto, verificar: SILVA, Virgílio Afonso da. *A Constitucionalização do Direito*: Os direitos fundamentais nas relações entre particulares. São Paulo: Malheiros, 2011.

(10) BRASIL. STF. *HC 82424*, Relator: Min. MOREIRA ALVES, Relator (a) p/Acórdão: Min. MAURÍCIO CORRÊA, Tribunal Pleno, julgado em 17.09.2003, DJ 19.03.2004 PP-00017 EMENT VOL-02144-03 PP-00524.

Destarte, a vedação à censura não constitui um passe livre para qualquer manifestação, pois a liberdade de expressão, nos termos da decisão da Corte Suprema, encontra harmonia diante dos demais valores constitucionais, tal qual, no caso, o repúdio ao racismo.

Obviamente, a questão posta em análise não é pacífica, afinal, o sopesamento de valores que atravessa a discussão acerca da intercessão entre liberdade de expressão e limitações decorrentes à preservação da dignidade humana dependem de uma sensível apuração axiológica de trato não objetivo, dando margem a divergências, que, sob a ótica libertária, privilegia a liberdade de expressão[11].

No entanto, prevalece, no âmbito jurisprudencial brasileiro, a mitigação da liberdade de expressão por meio da ponderação com os demais valores preconizados pela Constituição, conforme ratificado pelo Supremo Tribunal Federal neste caso:

> HABEAS CORPUS. PENAL. PROCESSUAL PENAL. DIREITO CONSTITUCIONAL. CRIME DE INJÚRIA QUALIFICADA. ALEGAÇÃO DE INCONSTITUCIONALIDADE DA PENA PREVISTA NO TIPO, POR OFENSA AO PRINCIPIO DA PROPORCIONALIDADE, E PRETENSÃO DE VER ESTABELECIDO PELO SUPREMO TRIBUNAL FEDERAL NOVO PARÂMETRO PARA A SANÇÃO. CRIAÇÃO DE TERCEIRA LEI. IMPOSSIBILIDADE. SUPOSTA ATIPICIDADE DA CONDUTA E PLEITO DE DESCLASSIFICAÇÃO DO DELITO PARA INJÚRIA SIMPLES. REVOLVIMENTO DE MATÉRIA FÁTICO-PROBATÓRIA NA VIA DO WRIT. IMPOSSIBILIDADE. *HABEAS CORPUS* DENEGADO. 1. A Lei n. 9.459/97 acrescentou o § 3º ao art. 140 do Código Penal, dispondo sobre o tipo qualificado de injúria, que tem como escopo a proteção do indivíduo contra a exposição a ofensas ou humilhações, pois não seria possível acolher a liberdade que fira direito alheio, mormente a honra subjetiva. 2. O legislador ordinário atentou para a necessidade de assegurar a prevalência dos princípios da igualdade, da inviolabilidade da honra e da imagem das pessoas para, considerados os limites da liberdade de expressão, coibir qualquer manifestação preconceituosa e discriminatória que atinja valores da sociedade brasileira, como o da harmonia inter-racial, com repúdio ao discurso de ódio. [...] 3.1 – O impetrante alega inconstitucional a criminalização da conduta, porém sem demonstrar a inadequação ou a excessiva proibição do direito de liberdade de expressão e manifestação de pensamento em face da garantia de proteção à honra e de repulsa à prática de atos discriminatórios. [...] 7. Ordem de habeas corpus denegada[12].

No caso acima ementado, ao apreciar o crime de injúria qualificada, o Supremo Tribunal Federal expressamente mencionou como limite da liberdade de expressão a vedação ao discurso de ódio, pois afronta os valores da sociedade brasileira, merecendo, por conseguinte, filtro diante de uma interpretação sistemática da Constituição Federal.

2.1. O direito à informação diante do direito ao esquecimento

Outro interessante caso colocado ao julgo do Poder Judiciário, desta vez ao Superior Tribunal de Justiça, diz respeito à matéria do direito ao esquecimento, que consiste no direito de uma pessoa não ser submetida à lembrança de fatos passados que lhe causem dor e sofrimento desmedidos.

Com base em tal direito, o Superior Tribunal de Justiça possui entendimento que redunda na mitigação da liberdade de informação quanto à exposição de fatos pretéritos ensejadores de lembranças de desejoso esquecimento. Ilustrando o entendimento em voga, é interessante a análise do julgamento do Recurso Especial 1335153/RJ[13], em que, embora o

---

(11) Sobre o assunto, verificar: LEWIS, Anthony. *Liberdade para as Ideias que Odiamos*: Uma Biografia da Primeira Emenda à Constituição Americana; tradução de Rosana Nucci; São Paulo: Aracati, 2011.

(12) BRASIL. STF. *HC 109676*, Relator: Min. LUIZ FUX, Primeira Turma, julgado em 11.06.2013, PROCESSO ELETRÔNICO DJe-158 DIVULG 13.08.2013 PUBLIC 14.08.2013.

(13) RECURSO ESPECIAL. DIREITO CIVIL-CONSTITUCIONAL. LIBERDADE DE IMPRENSA VS. DIREITOS DA PERSONALIDADE. LITÍGIO DE SOLUÇÃO TRANSVERSAL. COMPETÊNCIA DO SUPERIOR TRIBUNAL DE JUSTIÇA. DOCUMENTÁRIO EXIBIDO EM REDE NACIONAL. LINHA DIRETA-JUSTIÇA. HOMICÍDIO DE REPERCUSSÃO NACIONAL OCORRIDO NO ANO DE 1958. CASO "AIDA CURI". VEICULAÇÃO, MEIO SÉCULO DEPOIS DO FATO, DO NOME E IMAGEM DA VÍTIMA. NÃO CONSENTIMENTO DOS FAMILIARES. DIREITO AO ESQUECIMENTO. ACOLHIMENTO. NÃO APLICAÇÃO NO CASO CONCRETO. RECONHECIMENTO DA HISTORICIDADE DO FATO PELAS INSTÂNCIAS ORDINÁRIAS. IMPOSSIBILIDADE DE DESVINCULAÇÃO DO NOME DA VÍTIMA. ADEMAIS, INEXISTÊNCIA, NO CASO CONCRETO, DE DANO MORAL INDENIZÁVEL. VIOLAÇÃO AO DIREITO DE IMAGEM. SÚMULA N. 403/STJ. NÃO INCIDÊNCIA. [...] 2. Nos presentes autos, o cerne da controvérsia passa pela ausência de contemporaneidade da notícia de fatos passados, a qual, segundo o entendimento dos autores, reabriu antigas feridas já superadas quanto à morte de sua irmã, Aida Curi, no distante ano de 1958. Buscam a proclamação do seu direito ao esquecimento, de não ter revivida, contra a vontade deles, a dor antes experimentada por ocasião da morte de Aida Curi, assim também pela publicidade conferida ao caso décadas passadas. 3. Assim como os condenados que cumpriram pena e os absolvidos que se envolveram em processo-crime (REsp. n. 1.334/097/RJ), as vítimas de crimes e seus familiares têm direito ao esquecimento – se assim desejarem –, direito esse consistente em não se submeterem a desnecessárias lembranças de fatos passados que lhes causaram, por si, inesquecíveis feridas.

pleito indenizatório por danos morais decorrentes do suscitado direito ao esquecimento tenha sido denegado pela Corte, consta rica exposição dos limites do esquecimento e do interesse público na divulgação da informação.

De plano, urge salientar que o direito ao esquecimento, segundo decidido pelo STF, é aplicável tanto ao caso de vítimas e respectivos familiares (conforme o caso do REsp 1335153/RJ), como para a proteção dos ofensores, que, no caso da prática de crimes, devem ser submetidos a um processo de ressocialização, que abrange o direito ao esquecimento.

Ocorre que tal limitação está sujeita à ponderação, ao que se destaca a atenção à historicidade dos fatos, ao tempo decorrido da prática do ato ofensivo, assim como da viabilidade da atividade de imprensa, que, embora passível de mitigação, não deve ser submetida à supressão.

Considerando tais pontos, no caso em comento, o Superior Tribunal de Justiça decidiu que a matéria objeto de reportagem havia ingressado em domínio público, além de que a não menção ao nome da vítima inviabilizaria a identificação do próprio caso reportado; somado a isso, ponderou-se que não existiu, no caso, abuso na atuação da imprensa, razão pela qual, embora reconhecida a possibilidade, em abstrato, de mitigação das informações em proteção do direito ao esquecimento, tal raciocínio não deveria ser aplicado hipótese, isso com base nos argumentos elencados.

Valendo-se do mesmo raciocínio, mas gerando conclusão diversa, desta vez em prol do reconhecimento à indenização por danos morais, em decorrência de violação ao direito ao esquecimento, tem-se o REsp 1334097/RJ[14], oportunidade em que foram rememorados os fatos referentes à "Chacina da candelária" com a exposição dos nomes das pessoas tanto condenadas quanto absolvidas no caso. Desta vez o direito à indenização por danos morais foi reconhecido com base no direito ao esquecimento, haja vista a exposição dos réus do processo já findo.

Observando os casos julgados pelo STJ, é interessante perceber que o direito ao esquecimento assume tanto um caráter objetivo, quanto subjetivo.

Caso contrário, chegar-se-ia à antipática e desumana solução de reconhecer esse direito ao ofensor (que está relacionado com sua ressocialização) e retirá-lo dos ofendidos, permitindo que os canais de informação se enriqueçam mediante a indefinida exploração das desgraças privadas pelas quais passaram. 4. Não obstante isso, assim como o direito ao esquecimento do ofensor – condenado e já penalizado – deve ser ponderado pela questão da historicidade do fato narrado, assim também o direito dos ofendidos deve observar esse mesmo parâmetro. Em um crime de repercussão nacional, a vítima – por torpeza do destino – frequentemente se torna elemento indissociável do delito, circunstância que, na generalidade das vezes, inviabiliza a narrativa do crime caso se pretenda omitir a figura do ofendido. 5. Com efeito, o direito ao esquecimento que ora se reconhece para todos, ofensor e ofendidos, não alcança o caso dos autos, em que se reviveu, décadas depois do crime, acontecimento que entrou para o domínio público, de modo que se tornaria impraticável a atividade da imprensa para o desiderato de retratar o caso Aida Curi, sem Aida Curi. 6. É evidente ser possível, caso a caso, a ponderação acerca de como o crime tornou-se histórico, podendo o julgador reconhecer que, desde sempre, o que houve foi uma exacerbada exploração midiática, e permitir novamente essa exploração significaria conformar-se com um segundo abuso só porque o primeiro já ocorrera. Porém, no caso em exame, não ficou reconhecida essa artificiosidade ou o abuso antecedente na cobertura do crime, inserindo-se, portanto, nas exceções decorrentes da ampla publicidade a que podem se sujeitar alguns delitos. 7. Não fosse por isso, o reconhecimento, em tese, de um direito de esquecimento não conduz necessariamente ao dever de indenizar. Em matéria de responsabilidade civil, a violação de direitos encontra-se na seara da ilicitude, cuja existência não dispensa também a ocorrência de dano, com nexo causal, para chegar-se, finalmente, ao dever de indenizar. No caso de familiares de vítimas de crimes passados, que só querem esquecer a dor pela qual passaram em determinado momento da vida, há uma infeliz constatação: na medida em que o tempo passa e vai se adquirindo um "direito ao esquecimento", na contramão, a dor vai diminuindo, de modo que, relembrar o fato trágico da vida, a depender do tempo transcorrido, embora possa gerar desconforto, não causa o mesmo abalo de antes. 8. A reportagem contra a qual se insurgiram os autores foi ao ar 50 (cinquenta) anos depois da morte de Aida Curi, circunstância da qual se conclui não ter havido abalo moral apto a gerar responsabilidade civil. Nesse particular, fazendo-se a indispensável ponderação de valores, o acolhimento do direito ao esquecimento, no caso, com a consequente indenização, consubstancia desproporcional corte à liberdade de imprensa, se comparado ao desconforto gerado pela lembrança. 9. Por outro lado, mostra-se inaplicável, no caso concreto, a Súmula n. 403/STJ. As instâncias ordinárias reconheceram que a imagem da falecida não foi utilizada de forma degradante ou desrespeitosa. Ademais, segundo a moldura fática traçada nas instâncias ordinárias – assim também ao que alegam os próprios recorrentes –, não se vislumbra o uso comercial indevido da imagem da falecida, com os contornos que tem dado a jurisprudência para franquear a via da indenização. 10. Recurso especial não provido. (BRASIL. STJ. *REsp 1335153/RJ*, Rel. Ministro LUIS FELIPE SALOMÃO, QUARTA TURMA, julgado em 28.05.2013, DJe 10.09.2013).

(14) RECURSO ESPECIAL. DIREITO CIVIL-CONSTITUCIONAL. LIBERDADE DE IMPRENSA VS. DIREITOS DA PERSONALIDADE. LITÍGIO DE SOLUÇÃO TRANSVERSAL. COMPETÊNCIA DO SUPERIOR TRIBUNAL DE JUSTIÇA. DOCUMENTÁRIO EXIBIDO EM REDE NACIONAL. LINHA DIRETA-JUSTIÇA. SEQUÊNCIA DE HOMICÍDIOS CONHECIDA COMO CHACINA DA CANDELÁRIA. REPORTAGEM QUE REACENDE O TEMA TREZE ANOS DEPOIS DO FATO. VEICULAÇÃO INCONSENTIDA DE NOME E IMAGEM DE INDICIADO NOS CRIMES. ABSOLVIÇÃO POSTERIOR POR NEGATIVA DE AUTORIA. DIREITO AO ESQUECIMENTO DOS CONDENADOS QUE CUMPRIRAM PENA E DOS ABSOLVIDOS. ACOLHIMENTO. DECORRÊNCIA DA PROTEÇÃO LEGAL E CONSTITUCIONAL DA DIGNIDADE DA PESSOA HUMANA E DAS LIMITAÇÕES POSITIVADAS À ATIVIDADE INFORMATIVA. PRESUNÇÃO LEGAL E CONSTITUCIONAL DE RESSOCIALIZAÇÃO DA PESSOA. PONDERAÇÃO DE VALORES. PRECEDENTES DE DIREITO COMPARADO (BRASIL. STF. *REsp 1334097/RJ*, Rel. Ministro LUIS FELIPE SALOMÃO, QUARTA TURMA, julgado em 28.05.2013, DJe 10.09.2013).

O aspecto objetivo é ilustrado no caso dos réus referentes ao caso da "Chacina da candelária", em que o direito ao esquecimento operou de forma objetiva para fins de evitar a ressurreição da repulsa social aos envolvidos na questão, mormente em razão do ideal de ressocialização que permeia o Direito das Penas.

O viés subjetivo é identificado no caso de Aida Curi[15], uma vez que o esquecimento se reporta à esfera interna das pessoas que foram vítimas emocionais do fato ocorrido, e, portanto, não desejam ter memórias deletérias novamente acesas.

Seja sob o ângulo objetivo ou subjetivo, o fato é que o direito ao esquecimento se mostra como um contraponto aos meios de comunicação social, o que ressalta a importância de compreensão da matéria, para fins de conhecimento das fronteiras do acesso à informação.

2.2. A liberdade de informação e a intimidade de pessoas famosas

Outro aspecto de trato jurisprudencial relevante no que se reporta aos limites do direito à informação consiste na exposição midiática de pessoas famosas, oportunidade em que a jurisprudência dá um tratamento diferenciado à proteção à intimidade e vida privada.

Nesse sentido, faz-se salutar a visualização do julgamento do REsp 1082878/RJ, cuja ementa se segue:

> RESPONSABILIDADE CIVIL E PROCESSUAL CIVIL. RECURSO ESPECIAL. AÇÃO INDENIZATÓRIA POR DANOS MORAIS. EXISTÊNCIA DO ILÍCITO, COMPROVAÇÃO DO DANO E OBRIGAÇÃO DE INDENIZAR. PESSOA PÚBLICA. ARTISTA DE TELEVISÃO. LIMITAÇÃO AO DIREITO DE IMAGEM. JUROS MORATÓRIOS. INCIDÊNCIA. HONORÁRIOS ADVOCATÍCIOS E CUSTAS PROCESSUAIS. REPARTIÇÃO. – Ator de TV, casado, fotografado em local aberto, sem autorização, beijando mulher que não era seu cônjuge. Publicação em diversas edições de revista de "fofocas"; – A existência do ato ilícito, a comprovação dos danos e a obrigação de indenizar foram decididas, nas instâncias ordinárias, com base no conteúdo fático-probatório dos autos, cuja reapreciação, em sede de recurso especial, esbarra na Súmula 7/STJ; – Por ser ator de televisão que participou de inúmeras novelas (pessoa pública e/ou notória) e estar em local aberto (estacionamento de veículos), o recorrido possui direito de imagem mais restrito, mas não afastado; – Na espécie, restou caracterizada a abusividade do uso da imagem do recorrido na reportagem, realizado com nítido propósito de incrementar as vendas da publicação; – A simples publicação da revista atinge a imagem do recorrido, artista conhecido, até porque a fotografia o retrata beijando mulher que não era sua cônjuge; – Todas essas circunstâncias foram sopesadas e consideradas pelo TJ/RJ na fixação do quantum indenizatório, estipulado com base nas circunstâncias singulares do caso concreto. [...]. Recurso especial não conhecido[16].

No caso em referência, o Superior Tribunal de Justiça asseverou que o direito de imagem de pessoas famosas é mais restrito, contudo tal entendimento não redunda na inexistência de proteção, ao que foi ressalvada a hipótese de uso abusivo da imagem, conforme o caso apreciado, em que a vida particular de alguém, segundo decidido, foi explorada além dos limites do núcleo de intimidade e com o majorante objetivo de incrementar as vendas da publicação respectiva.

Em sentido semelhante, Marmelstein (2008, p. 505) relata o julgamento pela Corte Europeia de Direitos Humanos do caso "Carolina de Mônaco x Paparazzi", em que a Princesa do Principado de Mônaco questionava a sua exposição pública por parte de fotógrafos, ao que se colaciona parte do julgamento prolatado pela Corte:

> A Corte considera que uma distinção fundamental há de ser feita entre a reportagem de fatos – mesmo fatos controvertidos – capazes de contribuir, por exemplo, para um debate numa sociedade democrática sobre políticos no exercício de suas funções, reportagens contendo pormenores da vida privada de uma pessoa que, ademais, como no presente caso, não exerce uma função oficial. Enquanto, no caso anterior, a imprensa exerceu seu papel vital de "cão de guarda" numa democracia, ao contribuir para "aduzir informações e ideias sobre questão de interesse público", no caso presente, ela não desempenha tal papel. (MARMELSTEIN, 2008, p. 505, 506)

O amadurecimento da matéria referente aos casos relatados é de ímpar importância para fins de delineamento dos limites da liberdade de informação, o que ganha maior relevância quando as pessoas de notoriedade pública são agentes políticos, aos quais o mesmo raciocínio deve ser aplicado.

Em sendo assim, tem-se um distinto viés do direito à informação como corolário da cidadania nos olhos midiáticos sobre as autoridades públicas, o que,

---

(15) Embora neste caso não tenha sido reconhecido o dano moral, a ilustração do viés subjetivo do direito ao esquecimento fica clara nos argumentos abordados durante o julgamento, razão pela qual se pode utilizar tal caso como um exemplo da matéria em exame.
(16) BRASIL. STJ. *REsp 1082878/RJ*, Rel. Ministra NANCY ANDRIGHI, TERCEIRA TURMA, julgado em 14.10.2008, DJe 18.11.2008.

no entanto, há de ser balizado com os limites postos na Constituição Federal, com ênfase na proteção conferida à intimidade e vida privada.

Vistos os exemplos tratados pelo Superior Tribunal de Justiça, identificam-se limitações do acesso à informação com base em uma visão sistêmica do Ordenamento Jurídico, sempre em privilégio de um ponto de equilíbrio que consolide o imperativo da dignidade da pessoa humana.

Ademais, dos casos reportados, é interessante perceber que, na seara privada, ferramenta de destaque para fins de compensação dos danos decorrentes da extrapolação do direito à informação consiste na indenização por danos morais, que será agora abordada em breves linhas.

3.4. A indenização por danos morais como resposta ao desequilíbrio do direito à informação

Quando do malferimento de um direito, compete ao Ordenamento Jurídico ofertar a devida resposta (sanção) para fins de demonstração do repúdio ao ato violador, assim como no escopo de proteção da vítima, assegurando-lhe a segurança jurídica de que se um ato violador de seus direitos for praticado, o sistema jurídico se encarregará de, na medida do possível, restaurar os efeitos do dano perpetrado.

Seguindo tal lógica, tradicionalmente são elencados três ângulos básicos na delineação da finalidade da responsabilidade civil, quais sejam: função de reparação, prevenção e punição (NADER, 2010). É exatamente em razão de tais funções que a indenização por danos morais se mostra como uma importante ferramenta de resposta ao desequilíbrio em situações envolventes do direito à informação.

Uma vez extrapoladas as fronteiras da licitude no que concerne ao direito à informação e atingido o núcleo de proteção de valores correlatos à dignidade humana, tem-se por configurada hipótese de dano moral, cuja cessação é o objetivo primeiro da respectiva resposta jurídica; contudo, as consequências do prejuízo já causado antes do interrupção da prática danosa não são passíveis de extirpação total do mundo dos fatos, razão pela qual o instrumento da indenização dos danos morais ressoa como uma forma de acalentar o imperativo de compensação do dano perpetrado[17] e de desincentivo à reiteração da prática danosa.

A título de esclarecimento, o conceito de dano moral passou por uma grande modificação desde a sua primeira idealização; tal evolução histórica não é compatível com a presente análise, razão pela qual se limitará à exposição da concepção mais moderna, cuja defesa é bem representada por Maria Celina Bodin de Moraes, que elabora uma conceituação civil-constitucional de dano moral, através do que denomina "cláusula geral de tutela da pessoa humana"; assim relata a autora:

> Nesse sentido, o dano moral não pode ser reduzido à lesão a um direito da personalidade, nem tampouco ao efeito extrapatrimonial a um direito subjetivo, patrimonial ou extrapatrimonial. Tratar-se-á sempre de violação da cláusula geral de tutela da pessoa humana, seja causando-lhe um prejuízo material, seja violando direito (extrapatrimonial) seu, seja, enfim, praticando em relação à sua dignidade, qualquer mal evidente ou perturbação, mesmo se ainda não reconhecido como parte de alguma categoria jurídica. (MORAES, 2009, p. 183, 184)

Apesar do rico potencial da indenização por danos morais no que se refere à tutela de situações de desequilíbrio entre o direito à informação e a proteção a vida privada, é certo que tal sanção nem sempre é capaz de dar uma resposta satisfatória aos anseios de prevenção, compensação e punição[18] ao dano perpetrado, primeiro porque, em essência, a resposta pecuniária não é qualitativamente capaz de anular o dano moral e, em segundo lugar, dado o fato de que fatores econômicos são capazes de mitigar a eficácia do sistema tradicional de responsabilização civil.

Quanto ao segundo ponto mencionado, é lúcida a lição de Sérgio Savi no seguinte exemplo:

> Após recusar inúmeros convites para ser fotografada nua para revista masculina, sob a alegação de que queria preservar a sua imagem perante os filhos, uma famosa atriz é fotografada nua enquanto filmava cenas para uma série de televisão. As fotos são publicadas mesmo sem a autorização da atriz e a revista masculina bate

---

(17) Segundo a doutrina: "A reparação, em tais casos [casos de dano moral], reside no pagamento de uma soma pecuniária, arbitrada judicialmente, com o objetivo de possibilitar ao lesado uma satisfação compensatória pelo dano sofrido, atenuando, em parte, as consequências da lesão" (GAGLIANO; PAMPLONA FILHO, 2012. p. 97).

(18) Com relação à função punitiva dos danos morais, existe vasto debate doutrinário sobre a juridicidade de tal critério, no entanto, dadas as limitações destas linhas, não se adentrará em tal matéria, ao que se recomenda a leitura da seguinte obra: ANDRADE, André Gustavo Corrêa de. *Dano Moral e Indenização Punitiva*. Rio de Janeiro: Forense, 2006.

o recorde de vendas, atingindo a marca de dois milhões de revistas vendidas, gerando um lucro líquido para a revista de R$ 3.000.000,00 (três milhões de reais). Inconformada com a utilização não autorizada de sua imagem, a atriz ajuíza uma ação visando à reparação dos danos sofridos. Após alguns anos de disputa judicial a revista é condenada definitivamente ao pagamento de R$ 1.000.000,00 (um milhão de reais), a título de indenização[19] (SAVI, 2012, p. 15).

Pela narração transcrita é possível verificar um claro limite ao potencial de atuação da indenização por danos morais para fins de enaltecimento da proteção à dignidade humana, ao que se destaca a relevância do estudo da matéria em apreço como forma de compreender a conjuntura que envolve a temática e viabilizar o encontro de soluções jurídicas capazes de sancionar devidamente situações desta categoria.

4. CONSIDERAÇÕES FINAIS

Diante de todo o exposto, tem-se por demonstrada a interessante e próxima relação entre o direito à informação, em seu sentido mais amplo, e a consagração da ideia de cidadania, compreendida como fator de inserção do indivíduo no meio social.

Dessa forma, analisou-se o acesso à informação no contexto de um Estado Democrático de Direito e no bojo da Constituição Federal, passando por uma breve exposição das vias processuais do *habeas-data* e do mandado de segurança como mecanismos de defesa da informação, assim como pela apresentação da Lei de acesso à informação como corolário do prestígio que tal direito tem alcançado na contemporaneidade, com destaque também para os efeitos do acesso à informação no âmbito das relações privadas e os respectivos aspectos de confronto com o direito à intimidade e vida privada.

Em remate, tem-se nestas linhas um convite ao estudo do tema tratado, o que se faz considerando a necessidade de melhor compreensão do vasto cenário que reside na intercessão entre o direito ao acesso à informação e a ideia que permeia o conceito de cidadania.

5. REFERÊNCIAS BIBLIOGRÁFICAS

ANDRADE, André Gustavo Corrêa de. *Dano Moral e Indenização Punitiva*. Rio de Janeiro: Forense, 2006.

BONAVIDES, Paulo. *Ciência Política*. 15. ed. São Paulo: Malheiros, 2008.

BRASIL. *Constituição da República Federativa do Brasil*; promulgada em 5 de outubro de 1988, atualizada até a Emenda Constitucional n. 81, de 05 de junho de 2014. Disponível em: <http://www.planalto.gov.br/ccivil_03/constituicao/constituicaocompilado.htm>. Acesso em 18 jun. 2014.

_____. *Decreto n. 7.724*, de 16 de maio de 2012. Regulamenta a Lei n. 12.527/11. Disponível em http://www.planalto.gov.br/ccivil_03/_ato2011-2014/2012/decreto/D7724.htm. Acesso em: 23 jun. 2014.

_____. Lei n. 12.016, de 7 de agosto de 2009. Disciplina o mandado de segurança individual e coletivo e dá outras providências. Disponível em: <http://www.planalto.gov.br/ccivil_03/_ato2007-2010/2009/lei/l12016.htm>. Acesso em: 23 jun. 2014.

_____. Lei n. 12.527, de 18 de novembro de 2011. Regula o acesso à informação. Disponível em: <http://www.planalto.gov.br/ccivil_03/_ato2011-2014/2011/lei/l12527.htm> Acesso em: 23 jun. 2014.

_____. Lei n. 9.507, de 12 de novembro de 1997. Regula o direito de acesso a informações e disciplina o rito processual do *habeas data*. Disponível em: <http://www.planalto.gov.br/ccivil_03/leis/l9507.htm >. Acesso em: 23 jun. 2014.

_____. STF. *HC 109676*, Relator: Min. LUIZ FUX, Primeira Turma, julgado em 11.06.2013, PROCESSO ELETRÔNICO DJe-158 DIVULG 13.08.2013 PUBLIC 14.08.2013.

_____. STF. *HC 82424*, Relator: Min. MOREIRA ALVES, Relator (a) p/Acórdão: Min. MAURÍCIO CORRÊA, Tribunal Pleno, julgado em 17.09.2003, DJ 19.03.2004 PP-00017 EMENT VOL-02144-03 PP-00524.

_____. STF. *RE 167118 AgR*, Relator (a): Min. JOAQUIM BARBOSA, Segunda Turma, julgado em 20.04.2010, DJe-096 DIVULG 27.05.2010 PUBLIC 28.05.2010 EMENT VOL-02403-04 PP-01203 LEXSTF v. 32, n. 378, 2010, p. 225-231.

_____. STF. *RE 472489 AgR*, Relator (a): Min. CELSO DE MELLO, Segunda Turma, julgado em 29.04.2008, DJe-162 DIVULG 28.8.2008 PUBLIC 29-08-2008 EMENT VOL-02330-04 PP-00811 RTJ VOL-00205-03 PP-01413 RT v. 97, n. 878, 2008, p. 125-130 LEXSTF v. 30, n. 358, 2008, p. 322-333 RMP n. 37, 2010, p. 257-265.

_____. STF. *REsp 1334097/RJ*, Rel. Ministro LUIS FELIPE SALOMÃO, QUARTA TURMA, julgado em 28.05.2013, DJe 10/09/2013.

_____. STJ. *HD 147/DF*, Rel. Ministro ARNALDO ESTEVES LIMA, TERCEIRA SEÇÃO, julgado em 12.12.2007, DJ 28/02/2008, p. 69.

_____. STJ. *REsp 1082878/RJ*, Rel. Ministra NANCY ANDRIGHI, TERCEIRA TURMA, julgado em 14.10.2008, DJe 18/11/2008.

_____. STJ. *REsp 1335153/RJ*, Rel. Ministro LUIS FELIPE SALOMÃO, QUARTA TURMA, julgado em 28.05.2013, DJe 10/09/2013.

---

[19] A tal fenômeno econômico, emprega-se o nome de "lucro da intervenção" para designar a vantagem auferida por alguém que, indevidamente, interfere na seara de direito de outrem.

BULOS, Uadi Lammêgo. *Curso de Direito Constitucional*. 8. ed. São Paulo: Saraiva, 2014.

CARVALHO FILHO, José dos Santos. *Manual de Direito Administrativo*. 23. ed. Rio de Janeiro: Lumen Juris, 2010.

FORTES, José Arício Menezes; Oliveira, Chiarelly Moura de. *Apostila do curso de formação de procurador do Banco Central do Brasil*. CESPE/UNB, 2014.

GAGLIANO, Pablo Stolze; PAMPLONA FILHO, Rodolfo. *Novo Curso de Direito Civil*: Responsabilidade Civil. 10. ed. São Paulo: Saraiva, 2012. 3 v.

LEWIS, Anthony. *Liberdade para as Ideias que Odiamos*: Uma Biografia da Primeira Emenda à Constituição Americana; tradução de Rosana Nucci; São Paulo: Aracati, 2011.

MARMELSTEIN, George. *Curso de Direitos Fundamentais*. São Paulo: Atlas, 2008.

MORAES, Maria Celina Bodin de. *Danos à Pessoa Humana:* Uma Leitura Civil-Constitucional dos Danos Morais. Rio de Janeiro: Renovar, 2009.

NADER, Paulo. *Curso de Direito Civil:* Responsabilidade Civil. 3. ed. Rio de Janeiro: Gen e Forense, 2010. 7 v.

OLIVEIRA, Rafael Carvalho Rezende. *Curso de Direito Administrativo*. São Paulo: Gen e Método, 2013.

SAVI, Sérgio. *Responsabilidade Civil e Enriquecimento sem Causa*: O lucro da intervenção. São Paulo: Atlas, 2012.

SILVA, Virgílio Afonso da. *A Constitucionalização do Direito:* Os direitos fundamentais nas relações entre particulares. São Paulo: Malheiros, 2011.

THE GETTYSBURG ADDRESS. Disponível em: <http://www.abrahamlincolnonline.org/lincoln/speeches/gettysburg.htm>. Acesso em: 27 abr. 2014.

Cidadania e o Direito à Moradia

Fernanda Sousa Vasconcelos
Mestranda em Direito pela Universidade Federal do Ceará (UFC). Servidora do TJCE.

1. INTRODUÇÃO

Não há como se olvidar que, desde os primórdios, a ideia de moradia é concebida pela raça humana como uma questão de sobrevivência e proteção. Na atualidade, a ausência de um local onde morar mostra-se como um dos reflexos da própria exclusão social, por ir além do aspecto financeiro, influenciando diretamente na maneira como os denominados "sem teto" são vistos pela sociedade. NASCIMENTO (2000, p. 56) assim denuncia:

> Os mendigos dormindo nas ruas, em pleno dia, e as pessoas que vão às compras ou ao trabalho passando por cima deles ou evitando-os é uma imagem emblemática. Os prostrados no solo não são vistos como semelhantes, mas como bichos, espécies distintas. Estão sujos, cheiram mal e são feios. Não são homens ou mulheres, embora um dia talvez o tenham sido. Pedaços perdidos da humanidade. Invadem as calçadas, incomodam. Os que vão às compras ou ao trabalho sentem-se indiferentes ou incomodados. Procuram não ver, escondem a irritação, o desagrado. Reclamam a si mesmos, no máximo, 'desta polícia que não faz nada', ou, os de esquerda, 'desta sociedade injusta'. Falam entre si como se no chão, ao lado, não existisse ninguém. Não são homens ou mulheres efetivamente, pois não são assim representados pelos que vão às compras ou ao trabalho.

Apesar de ser uma palavra de conhecimento universal, apresentar um conceito de moradia, capaz de ser utilizado no panorama jurídico-político, não é uma tarefa fácil, haja vista sua quase automática identificação, pelo senso comum, com outros institutos. A fim de evitar os prejuízos que a utilização da linguagem cotidiana pode trazer para a compreensão do que se vem aqui propor, importante se faz apresentar uma melhor identificação do objeto ora em estudo.

O direito subjetivo de propriedade nos remonta à relação jurídica complexa existente entre o titular do bem e a coisa em si, bem como entre aquele e a coletividade. O nosso Código Civil de 2002, em seu art. 1.228, dispõe que "o proprietário tem a faculdade de usar, gozar e dispor da coisa, e o direito de reavê-la do poder de quem quer que injustamente a possua ou detenha". Assim, além de uma obrigação ativa inerente a relação de submissão direta e imediata existente entre o bem e seu titular, o direito de propriedade faz surgir uma obrigação negativa para as demais pessoas.

Dispondo sobre as diferenças existentes entre domínio e propriedade, acrescenta FARIAS e ROSENVALD (2010, p. 168):

> A propriedade não é retrato material do imóvel com as características físicas, mas a feição econômica e jurídica que a representa formalmente, dotando o proprietário de uma situação ativa que lhe permite o trânsito jurídico de titularidade e a proteção plena do aparto jurisdicional.

O título representativo da propriedade é apenas parte visível de um bem intangível que resume um conjunto integrado e controlável de informações que circulam entre cartório, registros, instituições financeiras e Estado, promovendo segurança e confiança coletiva. [...]

Se a propriedade é observada pela lógica da relação jurídica nela edificada, a seu turno o domínio repousa na relação material de submissão direta e imediata da coisa ao poder do seu titular, mediante o senhorio, pelo exercício das faculdades de uso, gozo e disposição. O proprietário exercita ingerência sobre coisas (domínio) e pede a colaboração de pessoas (propriedade). Somente na propriedade plena é possível observar que o direito de propriedade e todos os poderes do domínio se concentram em uma só pessoa.

Assim, o domínio é instrumentalizado pelo direito de propriedade. Ele consiste na titularidade do bem. Aquele se refere ao conteúdo interno da propriedade. Um existe em decorrência do outro. Cuida-se de conceitos complementares e comunicantes que precisam ser apartados, pois em várias situações o proprietário – detentor da titularidade formal – não será aquele que exerce o domínio (v.g., usucapião antes do registro; promessa de compra e venda após a quitação).

Ainda que o acesso ao direito de propriedade seja um dos principais instrumentos viabilizadores do direito à moradia, não há uma relação direta de necessidade entre ambos, pois é possível, por exemplo, a efetivação deste último por meio da utilização de bens de terceiro. Apesar de inexistir confusão entre os dois institutos, não há como se olvidar que se fortaleceu a ligação entre eles com a promulgação da Constituição Federal de 1988, a qual, além de garantir a todos o direito de propriedade, em seu art. 5º, inciso XXII, determinou, no inciso seguinte, o respeito deste ao que se veio chamar de função social.

Enquanto o adimplemento da função social da propriedade urbana é alcançado com a obediência ao plano diretor, com fulcro no art. 182, § 2º da Lei Maior, exige-se que do proprietário rural, por força do art. 186, do mesmo diploma: a) o aproveitamento racional e adequado; b) a utilização adequada dos recursos naturais disponíveis e a preservação do meio ambiente; c) a observância das disposições que regulam as relações de trabalho; e d) a exploração que favoreça o bem-estar dos proprietários e dos trabalhadores. Ressalte-se que as referidas exigências determinadas pelo legislador originário são uma tentativa de solução da problemática vivenciada pela sociedade brasileira.

Em um elucidativo relatório submetido à Comissão de Direitos Humanos, KOTHARI (2005, p. 6-14) denuncia a realidade da moradia no Brasil, ressaltando o déficit habitacional aqui existente e as consequências negativas do desrespeito à função social da propriedade:

> O déficit habitacional é estimado em 7 milhões de unidades habitacionais, sendo 80 por cento destas nas áreas urbanas e 40 por cento geograficamente concentrados no Nordeste. Dados do Instituto Brasileiro de Geografia e Estatística (IBGE) revelam que 6,6 milhões famílias brasileiras não têm onde morar, enquanto um terço das casas não estão ligadas à rede de esgoto. De acordo com o Censo Demográfico de 2000, 1,6 milhões de unidades habitacionais estão localizadas em assentamentos precários, incluindo as favelas, onde vivem 6,6 milhões de pessoas. Além das favelas, a atenção deve se voltar para os loteamentos irregulares e clandestinos, cortiços e conjuntos habitacionais inadequados. Apenas metade de todos os municípios no Brasil tem desenvolvidos alguma forma de política de habitação. Menos ainda fizeram tentativas sérias, a nível prático, para a promoção do direito à moradia adequada. [...]
>
> Brasil apresenta níveis significativos de desigualdade na esfera socioeconômica. De acordo com o Quadro das Nações Unidas para 2002-2006, o país está entre as 10 maiores economias do mundo, com um produto per capita interno bruto (PIB) de aproximadamente EUA US $4.000. De acordo com o Instituto de Pesquisa Econômica Aplicada, 14,5 por cento da população vivia em extrema pobreza em 2003 e 34,1 por cento da população é pobre. As discrepâncias entre áreas urbanas e rurais são marcadas. Por exemplo, a partir de 1996, enquanto 92 por cento dos domicílios urbanos tinham acesso a água, apenas 15,7 por cento das moradias rurais tinha tal acesso. Em 1997, a Comissão Interamericana de Direitos Humanos encontrou disparidades semelhantes com respeito à pobreza entre áreas urbanas e rurais, notando que 66 por cento da população rural do Brasil vivia abaixo da linha de pobreza, em comparação com 38 por cento das pessoas que vivem em áreas urbanas.
>
> Desigualdades socioeconômicas e exclusão também têm um impacto direto sobre habitação e terra. As estatísticas mostram que o déficit habitacional afeta 83,2 por cento das famílias de baixa renda que ganham três vezes o salário mínimo mensal ou menos; apenas 2 por cento das famílias ganham mais de 10 salários mínimos ou mais são afetados. O elevado déficit habitacional

é igualmente um reflexo do elevado número de famílias de baixa renda em assentamentos informais e coabitação familiar, onde os membros da família vivem juntos no mesmo quarteirão em moradias improvisadas. As taxas de crescimento de domicílios de favelas foram significativamente maiores do que as taxas globais de aumento de domicílio entre 1991-2000.

Além do déficit quantitativo, aproximadamente 10 milhões de unidades habitacionais são consideradas qualitativamente inadequada, devido à falta de acesso à água potável, infraestrutura inadequada, esgoto insuficiente e sistemas de drenagem e superlotação. No que diz respeito ao saneamento, estima-se que 12,1 milhões de residências urbanas, principalmente habitadas por famílias de baixa renda, não tem acesso aos serviços básicos [...].

A concentração da propriedade nas mãos de uns poucos indivíduos e a baixa produtividade da terra têm sido uma das principais razões da migração em grande escala das áreas rurais para as cidades. Cerca de 166 milhões de hectares pertencem a latifúndios que ocupam 60 por cento do total da área rural. O Brasil ainda não alcançou o objetivo de garantir moradia e sustento adequado para a população rural. Isso colocou pressão adicional sobre áreas urbanas. [...]

A falta de forças terrestres disponíveis em áreas urbanas, onde muitos vivem em barracos de papelão ou lata (barracos) nas favelas. Muitos outros brasileiros de baixa renda vivem em edifícios multifamiliares coletivas (cortiços), frustrar em condições insalubres. Cada família vive em um quarto (cômodo), que mede geralmente um máximo de 8 m2. As moradias verniz infraestrutura básica e são frustrar desmoronando e instável.

Os desabrigados estão crescendo. Estima-se que 10.000 pessoas dormem nas ruas da região metropolitana de São Paulo, enquanto 2.500 estão desabrigadas na cidade do Rio de Janeiro. Estes sem-teto são em sua maioria imigrantes do empobrecido interior e região nordeste. O Relator Especial recebeu inúmeros depoimentos de moradores de rua que tinham sido vítimas de abuso policial e da exclusão social extrema. A ausência de documentação adequada bancada não permite a aqueles que vivem nas ruas fazer uso das políticas públicas de saúde e dos serviços sociais (tradução nossa)[1].

Da leitura do novo Código Civil, é possível se aferir também divergências entre os termos domicílio, residência, habitação e moradia. Consoante leciona DINIZ (2010, p. 119), a palavra moradia e habitação se confundem, podendo ser compreendidas co-

---

(1) Segue texto original: "The housing deficit is estimated at 7 million housing units, 80 per cent of which is in urban areas and 40 per cent geographically concentrated in the north-east. Data from the Brazilian Institute of Geography and Statistics (IBGE) reveals that 6.6 million Brazilian families do not have anywhere to live, while one third of homes are not linked to the sewage network. According to the Demographic Census of 2000, 1.6 million housing units are located in precarious settlements, including slums or favelas, where 6.6 million people live. In addition to favelas, attention should also be given to irregular and clandestine subdivisions, slum tenement houses, or cortiços, and degraded housing estates. Only half of all municipalities in Brazil have developed some form of housing policy. Even fewer have made serious attempts, at a practical level, to promote the right to adequate housing. [...] Brazil shows significant levels of inequality in the socio-economic sphere. According to the United Nations Development Framework 2002-2006, the country is among the 10 major economies in the world with a per capita gross domestic product (GDP) of approximately US$ 4,000. According to the Institute of Applied Economic Research, 14.5 per cent of the population lived in extreme poverty in 2003, and 34.1 per cent of the population is poor. Discrepancies between urban and rural areas are marked. For instance, as of 1996, while 92 per cent of urban homes had access to water, only 15.7 per cent of rural housing had such access.3 In 1997, the Inter-American Commission on Human Rights found similar disparities with respect to poverty between urban and rural areas, noting that 66 per cent of Brazil's rural population lived below the poverty line, compared to 38 per cent of persons living in urban areas. Socio-economic inequalities and exclusion also have a direct impact on housing and land. Statistics show that the housing deficit affects 83.2 per cent of lowincome families earning three times the monthly minimum wage or less; only 2 per cent of families earning more than 10 minimum wages or more are affected. The high housing deficit is also a reflection of the high number of low-income households in informal settlements and familial cohabitation, where extended family members live together in the same quarters in improvised domiciles. Rates of growth for favela domiciles were significantly higher than the overall rates of domicile increase from 1991 to 2000. In addition to the quantitative deficit, approximately 10 million housing units are considered qualitatively inadequate, due to lack of access to safe water, inadequate infrastructure, insufficient sewage and drainage systems, and overcrowding. With regard to sanitation, an estimated 12.1 million urban private homes, primarily inhabited by low-income families, lack basic services. [...] The concentration of property in the hands of a few individuals and the low productivity of land have also been some of the main reasons for large-scale migration from rural areas to cities. Around 166 million hectares belong to large, unproductive estates that occupy 60 per cent of the total rural area. Brazil has still not achieved the objectives of ensuring adequate housing and livelihoods for the rural population. This has put additional strain on urban areas. The lack of available land forces thousands into urban areas where many live in cardboard or tin shacks (barracos) in the favelas. Many other low-income Brazilians live in collective multifamily buildings (cortiços), often in unsanitary conditions. Each family lives in one room (comodo), which usually measures a maximum of 8 m2. The dwellings lack basic infrastructure and are often crumbling and unstable. Homelessness is growing. An estimated 10,000 people sleep in the streets of the São Paulo metropolitan area, while 2,500 are homeless in the city of Rio de Janeiro. These homeless are mostly migrants from the impoverished inland and the north-eastern region. The Special Rapporteur received numerous testimonies from homeless people who had been victims of police abuse and extreme social exclusion. The absence of proper documentation often does not permit those living in the streets to use public health and social services".

mo o local em que a pessoa permanece sem a intenção de ficar, ao contrário do conceito de residência, o qual exige do indivíduo o ânimo definitivo em ali permanecer, ainda que se ausente temporariamente. Dos referidos termos, a compreensão de domicílio apresenta-se como a mais complexa, devendo ser entendida como o local em que o indivíduo responde por suas obrigações, seja na residência em que habita com ânimo definitivo ou no ambiente em que exerce habitualmente a sua atividade profissional.

Data máxima vênia, ainda que a concepção de moradia possa remontar a ideia de habitação transitória para os civilistas, o direito à moradia, pensado pelos constitucionalistas, possui uma concepção muito mais abrangente.

É com a Declaração Universal dos Direitos Humanos de 1948 que o direito à moradia ganhou visibilidade no cenário internacional, dispondo o seu art. 25 que toda pessoa tem direito a um padrão de vida capaz de assegurar a si e a sua família saúde e bem-estar, incluindo-se como elemento viabilizador da cidadania a habitação. Dentre os diversos outros tratados internacionais assinados sobre tema, o Pacto Internacional de Direitos Sociais, Econômicos e Culturais, ratificado pelo Brasil pelo Decreto Federal n. 591, de 6 de julho de 1992, exigiu dos Estados Partes, em seu art. 11, não apenas o acesso a todos a um "teto", mas sim ao que denominou de moradia adequada.

Dispondo sobre o mencionado artigo, as Nações Unidas (1991, p. 2) foram hialinas ao afirmar que o direito à moradia ali defendido não pode ser interpretado restritivamente a ponto de equivaler a um mero abrigo ofertado como se fosse guardar uma mercadoria, devendo ser compreendido como um local capaz de trazer segurança, paz e dignidade para quem ali vive. Assim, o direito à moradia não pode ser aprisionado ao campo de determinados termos jurídico, como o de propriedade, domicílio, residência, habitação ou mesmo de moradia no sentido civilista, haja vista a importância que possui para a própria efetivação do direito à cidadania.

Nesse panorama, a fim de evitar os efeitos negativos que os conceitos jurídicos indeterminados trazem para a efetivação dos textos normativos, as Nações Unidas (2001, p. 3-4) arrolaram sete requisitos essenciais para a aferição do que se deve compreender por mordia adequada no plano concreto. Leia-se:

> (a) Segurança jurídica da posse. O termo posse leva uma variedade de formas, incluindo alojamento de aluguel (público e privado), habitação cooperativa, arrendamento, ocupação pelo dono, habitação de emergência e assentamentos informais, incluindo ocupação de terreno ou imóvel. Independentemente do tipo de posse, todas as pessoas devem possuir um grau de segurança da posse, a fim de que garanta a proteção legal contra o despejo forçado, assédio e outras ameaças. Os Estados Parte devem, consequentemente, tomar medidas imediatas para conferir segurança jurídica da posse às pessoas e famílias carentes atualmente sem essa proteção, por meio de consulta as pessoas e grupos afetados;
>
> (b) Disponibilidade de serviços, materiais, instalações e infraestrutura. Uma casa adequada deve conter certas infraestruturas essenciais para a saúde, segurança, conforto e nutrição. Todos os beneficiários do direito à moradia adequada devem ter acesso sustentável aos recursos naturais e comuns, água potável, energia para cozinhar, aquecimento e iluminação, instalações sanitárias e de limpeza, meios de armazenamento de alimentos, eliminação de resíduos, local de drenagem e de emergência;
>
> (c) Baixo custo. Os custos financeiros pessoais ou domésticos associados com o de moradia devem ser de um nível tal que a realização e satisfação de outras necessidades básicas não seja ameaçada ou comprometida. Devem ser tomadas medidas pelos Estados Partes para garantir que a percentagem dos custos relacionados com a habitação, em geral, seja compatível com os níveis de renda. Os Estados Partes devem estabelecer subsídios de habitação para aqueles incapazes de obter habitação acessível, bem como as formas e níveis de financiamento habitacional, que refletem adequadamente as necessidades de habitação. De acordo com o princípio da acessibilidade, os inquilinos devem ser protegidos por meios apropriados contra níveis de renda não razoáveis ou aumentos de renda. Em sociedades onde os bens naturais constituem as principais fontes de material de construção para habitação, medidas devem ser tomadas pelos Estados Partes para garantir a disponibilidade de tais materiais;
>
> (d) Habitabilidade. A habitação para ser adequada deve ser habitável, em termos de fornecer aos habitantes um espaço adequado e protegê-los do frio, umidade, calor, chuva, vento ou outras ameaças à saúde, riscos estruturais e vetores de doenças. A segurança física dos ocupantes deve ser garantida também. O Comitê encoraja os Estados Partes a aplicar de forma abrangente os Princípios de Saúde da Habitação preparados pela OMS, que veem a habitação como o fator ambiental mais frequentemente associada

com as condições propícias para a proliferação de doenças; ou seja, habitação em condições de vida inadequadas e deficientes são invariavelmente associada a taxas de mortalidade e morbilidade mais elevadas;

(e) Acessibilidade. A moradia adequada deve ser acessível a quem de direito. Aos grupos desfavorecidos deve ser concedido o acesso pleno e sustentável aos recursos habitacionais adequadas. Assim, esses grupos desfavorecidos como os idosos, as crianças, os deficientes físicos, os doentes terminais, pessoas com HIV, pessoas com problemas de saúde persistentes, os doentes mentais, vítimas de desastres naturais, pessoas que vivem em áreas sujeitas a desastres e outros grupos devem ter assegurado um certo grau de consideração prioritária na esfera da habitação. Tanto a lei de habitação e quanto as políticas públicas devem levar em conta as necessidades habitacionais especiais desses grupos. Dentro de muitos Estados Partes é crescente o acesso à terra por parte dos sem-terra ou segmentos empobrecidos da sociedade, o que deve constituir um objetivo político central. Obrigações governamentais discerníveis precisam ser desenvolvidas com o objetivo de fundamentar o direito de todos a um lugar seguro para viver em paz e dignidade, incluindo o acesso à terra como um direito;

(f) Localização. Habitação condigna deve estar em um local que permita o acesso a opções de emprego, serviços de saúde, escolas, creches e outros equipamentos sociais. Isto tanto nas grandes cidades e quanto nas áreas rurais, onde os custos temporais e financeiros de chegar e sair do local de trabalho pode colocar exigências excessivas sobre os orçamentos das famílias pobres. Da mesma forma, a habitação não deve ser construída em locais poluídos, nem na proximidade imediata de fontes de poluição que ameace o direito à saúde dos habitantes;

(g) Adequação cultural. A forma de construir, os materiais usados e a política de suporte devem permitir adequadamente a expressão da identidade cultural e diversidade de habitação. Atividades voltadas para o desenvolvimento ou modernização na esfera da habitação devem garantir que as dimensões culturais da habitação não sejam sacrificadas, e que, entre outros aspectos, modernizadas (tradução nossa)[2].

Dentro deste panorama internacional, o legislador constituinte originário promulgou a Carta Política de 1988, no qual a palavra moradia aparecia cinco vezes

---

(2) Segue texto original: "(a) Legal security of tenure. Tenure takes a variety of forms, including rental (public and private) accommodation, cooperative housing, lease, owner-occupation, emergency housing and informal settlements, including occupation of land or property. Notwithstanding the type of tenure, all persons should possess a degree of security of tenure which guarantees legal protection against forced eviction, harassment and other threats. States parties should consequently take immediate measures aimed at conferring legal security of tenure upon those persons and households currently lacking such protection, in genuine consultation with affected persons and groups; (b) Availability of services, materials, facilities and infrastructure. An adequate house must contain certain facilities essential for health, security, comfort and nutrition. All beneficiaries of the right to adequate housing should have sustainable access to natural and common resources, safe drinking water, energy for cooking, heating and lighting, sanitation and washing facilities, means of food storage, refuse disposal, site drainage and emergency services; (c) Affordability. Personal or household financial costs associated with housing should be at such a level that the attainment and satisfaction of other basic needs are not threatened or compromised. Steps should be taken by States parties to ensure that the percentage of housing-related costs is, in general, commensurate with income levels. States parties should establish housing subsidies for those unable to obtain affordable housing, as well as forms and levels of housing finance which adequately reflect housing needs. In accordance with the principle of affordability, tenants should be protected by appropriate means against unreasonable rent levels or rent increases. In societies where natural materials constitute the chief sources of building materials for housing, steps should be taken by States parties to ensure the availability of such materials; (d) Habitability. Adequate housing must be habitable, in terms of providing the inhabitants with adequate space and protecting them from cold, damp, heat, rain, wind or other threats to health, structural hazards, and disease vectors. The physical safety of occupants must be guaranteed as well. The Committee encourages States parties to comprehensively apply the Health Principles of Housing prepared by WHO which view housing as the environmental factor most frequently associated with conditions for disease in epidemiological analyses; i.e. inadequate and deficient housing and living conditions are invariably associated with higher mortality and morbidity rates; (e) Accessibility. Adequate housing must be accessible to those entitled to it. Disadvantaged groups must be accorded full and sustainable access to adequate housing resources. Thus, such disadvantaged groups as the elderly, children, the physically disabled, the terminally ill, HIV-positive individuals, persons with persistent medical problems, the mentally ill, victims of natural disasters, people living in disaster-prone areas and other groups should be ensured some degree of priority consideration in the housing sphere. Both housing law and policy should take fully into account the special housing needs of these groups. Within many States parties increasing access to land by landless or impoverished segments of the society should constitute a central policy goal. Discernible governmental obligations need to be developed aiming to substantiate the right of all to a secure place to live in peace and dignity, including access to land as an entitlement; (f) Location. Adequate housing must be in a location which allows access to employment options, health-care services, schools, childcare centres and other social facilities. This is true both in large cities and in rural areas where the temporal and financial costs of getting to and from the place of work can place excessive demands upon the budgets of poor households. Similarly, housing should not be built on polluted sites nor in immediate proximity to pollution sources that threaten the right to health of the inhabitants; (g) Cultural adequacy. The way housing is constructed, the building materials used and the policies supporting these must appropriately enable the expression of cultural identity and diversity of housing. Activities geared towards development or modernization in the housing sphere should ensure that the cultural dimensions of housing are not sacrificed, and that, inter alia, modern technological facilities, as appropriate are also ensured".

no texto normativo, podendo-se destacar o art. 23, inciso IX, deste diploma, em que se atribui competência comum entre a União, Estados, Distrito Federal e Município quanto à promoção programas de construção de moradia e melhoria das condições habitacionais e de saneamento básico. Todavia, a consolidação do direito à moradia como direito social dentro do ordenamento jurídico brasileiro ocorreu apenas com a edição da Emenda Constitucional n. 26, de 14 de fevereiro de 2000, a qual incluiu a sua previsão dentro do art. 6º da Lei Maior.

2. DOS CONFLITOS APARENTES ENVOLVENDO O DIREITO À MORADIA

A interpretação jurídica, entendida como o ato de revelar ou mesmo de atribuir sentido a determinado texto legal, é de indubitável importância para a concretização do Direito. Por mais sábio e criativo que seja o legislador, o resultado do seu trabalho sempre será uma lei enclausurada pelos valores e horizontes de uma determinada época e localidade. Assim, a fim de evitar o engessamento do Direito a uma certa visão política positivada, cabe ao operador jurídico a difícil tarefa de aferir a melhor compreensão de um dispositivo, compreendido como parte integrante de um complexo normativo, perante os anseios sociais.

É dentro desse diálogo existente entre os próprios textos legais que compõem o ordenamento jurídico que surge uma das principais problemáticas a serem solucionadas pelo intérprete, quais sejam as antinomias. Entendidas como o conflito ou a tensão existente entre normas, essa colisão precisa ser resolvida, haja vista não poder o juiz se eximir, por vedação constitucional, de prestar a atividade jurisdicional sob a alegação de que o Poder Legislativo positivou textos jurídicos contraditórios. O direito de ação, previsto no art. 5º, inciso XXXV, da Carta Magna de 1988, não garante apenas o acesso à Justiça nos casos de lesão ou ameaça de direitos individuais, difusos ou coletivos, mas também impõe ao Estado o dever de solucionar tais conflitos sempre que lhes forem apresentados por meio da prestação de uma decisão definitiva, evitando a perpetuação dos embates e garantindo a todos o acesso a uma ordem jurídica justa[3].

Todavia, embora seja vedado ao magistrado se eximir de sentenciar ou despachar sob a alegação de existência de lacuna ou obscuridade da lei, por força do art. 140 do Novo Código de Processo Civil, igualmente não pode o juiz se substituir ao legislador para formular o direito aplicável, pois o Poder Judiciário retira da aplicação da própria lei democraticamente criada a sua legitimidade[4]. Assim, cabe à hermenêutica, como ciência da interpretação, formular técnicas e métodos capazes de permitir a superação das antinomias pelo operador jurídico, sem permitir que este se afaste dos anseios sociais positivados.

Não há como se olvidar que a coerência do ordenamento jurídico não é questão fácil de ser resolvida, principalmente quando se analisa um sistema composto por diversas leis formuladas nos mais variados momentos históricos, como é caso do sistema normativo brasileiro. Os critérios propostos pela doutrina para a solução das antinomias, além de não ser assunto pacificado dentre os estudiosos do tema, ainda é utilizado de maneira insatisfatória pelos operadores do direito, tornando a temática ainda mais controvertida.

Consoante mencionado em tópico anterior, a concepção de moradia passou por diversos estágios durante a história da humanidade, chegando à atualidade como um direito social indispensável à concretização da própria cidadania. Haja vista a vasta normatização do direito brasileiro, não é incomum o operador jurídico se deparar com normas ainda vigentes editadas nos mais diversos momentos políticos regulamentando situações da atualidade. Diante disso, importante se faz aqui tecer algumas breves considerações sobre as problemáticas envolvendo os critérios de solução e identificação destas antinomias, a fim de se aferir se os métodos previstos pela legislação brasileira vigente são capazes de possibilitar que faça justiça.

2.1. Das antinomias

Diante da concepção do ordenamento jurídico como um sistema axiológico ou teleológico, cuja adequação valorativa e unidade interior se apresentam

---

(3) Acrescente-se, por oportuno, que a proibição da negativa de resposta pelo Poder Judiciário ao pedido de solução de litígio não é exclusiva do Direito brasileiro, prevendo a Constituição da República Portuguesa, em seu art. 20, 1, que "a todos é assegurado o acesso ao direito e aos tribunais para defesa dos seus direitos e interesses legalmente protegidos, não podendo a justiça ser denegada por insuficiência de meios econômicos".

(4) Assim, dispõe ALBUQUERQUE (2011, p. 117) sobre o tema: "Apesar de o juiz ter uma legitimidade formal, derivada da constituição, deve buscar uma legitimação material. Essa legitimidade material será tanto mais alcançada quanto houver uma aproximação do Judiciário do processo democrático. O processo democrático, extremamente igualitário, libertário, plural etc, em muitos aspectos, requer exclusividade deliberativa, em alguns assuntos, por representantes eleitos pelo povo. Assim, quando o Judiciário for exercer sua atividade, de modo a percorrer áreas limítrofes à esfera política deve redobrar seus limites, motivações e sempre demonstrar a dimensão/enfoque democrático de sua decisão. A atividade política do Legislativo e do Executivo é bem maior que a do Judiciário e, de certo modo, o Legislativo é o espelho de uma sociedade, havendo, sim, mais legitimidade em suas decisões".

como características essenciais, a manutenção de sua coerência, com a superação das incoerências, é medida que se impõe ao intérprete jurídico. Ferraz Jr. (2001, p. 208) assim conceitua o que se deve compreender por antinomias no âmbito do Direito:

> Podemos definir, portanto, antinomia jurídica como a oposição que ocorre entre duas normas contraditórias (total ou parcialmente), emanadas de autoridades competentes num mesmo âmbito normativo, que colocam o sujeito numa posição insustentável pela ausência ou inconsistência de critérios aptos a permitir-lhe uma saída nos quadros de um ordenamento dado.

Assevera Diniz (1987, p. 25-27) que a existência de uma antinomia jurídica requer a indispensável presença de cinco requisitos, quais sejam: a) ambas as normas devem ser jurídicas; b) ambas devem ser vigentes e pertencentes a um mesmo ordenamento; c) elas devem ser emanadas de autoridades competentes, bem como prescreverem ordens ao mesmo sujeito; d) as duas devem ter operadores opostos (enquanto uma permite, a outra proíbe), sendo os seus conteúdos (atos e omissões) a negação interna um do outro; por fim e) o sujeito a quem as normas se dirigem deve necessariamente tomar uma posição entre elas.

É de se observar, portanto, que a concepção de antinomia aqui abordada não abrange toda e qualquer forma de contradição normativa, limitando-se as contradições existentes dentro de um mesmo sistema normativo, em que o intérprete se vê obrigado a aferir um sentido coerente entre textos contendo disposições conflitantes. Assim, na ausência de qualquer dos critérios acima mencionado, não há que se falar em conflito normativo para as finalidades deste trabalho.

2.1.1. Das classificações

Haja vista a diversidade de situações em que as antinomias jurídicas podem aparecer para o operador do direito, a doutrina as tem classificado sob os mais diversos critérios. Explicando as inconsistências das normas, Ross (2000, p. 158) as classifica, quanto à extensão das contradições, em total-total, total-parcial e parcial-parcial.

A primeira dessas, também chamada de inconsistência absoluta, ocorre quando não há qualquer circunstância possível em que ambas as normas possam sem aplicadas sem que entrem em conflito. Mesmo sendo raras de acontecer, Ross (2000, p. 159) utiliza a Constituição Dinamarquesa de 1920 como exemplo, afirmando que essa Carta previa em determinado artigo que seriam no máximo 78 (setenta e oito) os membros da Primeira Câmara, mas as disposições seguintes do mesmo dispositivo, ao estabelecer as regras de eleição e distribuição, indicava número diverso.

O segundo exemplo, compreendido como a inconsistência entre a regra geral e a particular, ocorre quando uma das normas não pode ser aplicada sem entrar em conflito com a outra, enquanto esta possui um campo adicional de aplicação livre de inconsistência. Apesar de a norma geral, por vezes, conter expressa abertura para a positivação de exceções, esta antinomia é de certa forma problemática comum do intérprete jurídico, haja vista ser incontestável a regra específica limitar de alguma forma a geral.

É a sobreposição de regras, como é conhecida esta última classificação de antinomia, que gera os problemas de interpretação de maior complexidade, pois não há como solucioná-la através da interpretação linguística ou mesmo da construção lógica aferível, devendo a decisão pautar-se em dados alheios ao texto. Lembra Ross (2000, p. 160) que o art. 53 da Carta das Nações Unidas determina que não se tomará nenhuma medida de força dentro dos tratados ou pelos organismos regionais, enquanto que o art. 51 do mesmo diploma prevê o direito de autodefesa individual ou coletiva em caso de ataque armado. No caso concreto, não há como se olvidar que a solução dessa problemática dependerá de informações relativas às circunstâncias que envolvem o caso.

A classificação das antinomias pode ocorrer também pelo âmbito de sua atuação, quando se apresenta ao operador jurídico uma inconsistência envolvendo normas de direito interno, entre normas de direito internacional ou mesmo entre uma norma do direito pátrio em contraposição com a do direito alienígena. Quanto ao conteúdo, as antinomias são também classificadas na doutrina em próprias, se a inconsistência se referir a critérios formais, e em impróprias, se a inconsistência ocorrer em virtude do conteúdo material nelas composto.

> A separação das antinomias em reais e aparentes indubitavelmente é a classificação que mais possui divergência entre os estudiosos do tema. Para Ferraz Jr. (2001, p. 208-209), A distinção entre antinomias reais e aparentes, fundada na existência ou não de critérios normativos positivos para sua solução, pode e deve, pois, ser substituída por outra em que antinomia real é definida como aquela em que a terceira condição é preenchida, ou seja, a posição do sujeito é insustentável porque não há critérios para sua solução, ou porque entre os critérios existentes há conflito, e é aparente em caso contrário. [...] O fato, porém, de que essas antinomias ditas reais sejam solúveis dessa forma não exclui a antinomia,

mesmo porque qualquer das soluções, ao nível da decisão judiciária, pode suprimi-la no caso concreto, mas não suprime sua possibilidade no todo do ordenamento, inclusive no caso de edição de nova norma que pode, por pressuposição, eliminar uma antinomia e, ao mesmo tempo, dar origem a outras. O reconhecimento de que há antinomias reais indica, por fim, que o direito não tem o caráter de sistema lógico-matemático, pois sistema pressupõe consistência, o que a presença da antinomia real exclui.

Há doutrinadores (Bobbio, 1995, p. 92) que defendem as antinomias reais como insolúveis, no sentido de que "o intérprete é abandonado a si mesmo ou pela falta de um critério ou por conflito entre os critérios dados". Por sua vez, há quem defenda (Furtado, 2008, p. 3435) que o operador jurídico não possui qualquer liberdade de escolha, estando de uma forma ou de outra vinculado ao princípio do balanceamento para solucionar as inconsistências ditas reais.

2.1.2. Dos critérios de solução

Visando superar as referidas antinomias, Bobbio (1995, p. 92-93) apresenta três critérios de solução: com base no critério cronológico (*lex posterior derogat priori*), havendo incompatibilidade entre duas normas a mais recente delas deve prevalecer; com base no critério hierárquico (*lex superior derogat inferiori*), a norma com fonte de produção jurídica superior deve prevalecer; e com base no critério da especialidade (*lex specialis derogat generali*), a norma mais específica afasta a aplicação da mais genérica. Os referidos critérios são de tamanha importância que se encontram positivados no ordenamento jurídico brasileiro, mais especificamente no art. 2º do Decreto-Lei n.4.657, de 4 de setembro de 1942 (Lei de Introdução as Normas do Direito Brasileiro).

Ocorre que não são poucos os casos em que os referidos critérios de solução mostram-se insuficientes para solucionar as antinomias enfrentadas pelo operador do direito, as quais podem se apresentar dentro dessas quatro possibilidades: a) conflito entre uma norma hierarquicamente superior geral com uma hierarquicamente inferior específica; b) incompatibilidade entre uma norma hierarquicamente superior e antiga com outra inferior e contemporânea; c) colisão entre uma norma específica antiga com uma geral contemporânea; e d) contradição existentes entre normas contemporâneas, de mesmo nível e hierarquia. Esses são o que a doutrina denomina de antinomias de segundo grau.

É de se observar que a doutrina clássica não estabeleceu um "quarto" critério para a solução das referidas situações, limitando-se alguns a atribuir ao intérprete a liberdade de escolha entre as soluções possíveis. O supramencionado jurista italiano (Bobbio, 1995, p. 100) chega a sugerir uma regra deduzida da própria forma das normas como critério de solução, ao aferir força diversa entre as normas imperativas, permissivas e proibitivas, mas logo reconhece que este não possui a mesma legitimidade dos anteriores.

A concepção de Direito como um sistema normativo ordenado, como o brasileiro, além de não permitir a presença de conflitos insolucionáveis, igualmente exige que o magistrado retire sua legitimidade material da própria aplicação dos valores democraticamente positivados, razão pela qual não se pode aceitar a tese de que o Poder Judiciário possua plena liberdade de escolha, caso o Legislativo produza textos contraditórios.

2.2. A insuficiência dos critérios clássicos e o princípio da proporcionalidade

Fazendo uma análise dos critérios clássicos de solução no âmbito da nova hermenêutica constitucional, Barroso (2009, p. 303) assim conclui:

> Em primeiro lugar, e acima de tudo, porque inexiste hierarquia entre normas constitucionais. Embora se possa cogitar de certa hierarquia axiológica, tendo em vista determinados valores que seriam, em tese, mais elevados – como a dignidade da pessoa humana ou o direito à vida – a Constituição contém previsões de privação da liberdade (art. 5º, XLVI, a) e até de pena de morte (art. 5º, XLVII, a). Não é possível, no entanto, afirmar a inconstitucionalidade dessas disposições, frutos da mesma vontade constituinte originária. Por essa razão, uma norma constitucional não pode ser inconstitucional em face de outra. O critério cronológico é de valia apenas parcial. É que, naturalmente, as normas integrantes da Constituição originária são todas promulgadas na mesma data. Logo, em relação a elas, o parâmetro temporal é ineficaz. Restam apenas as hipóteses em que emendas constitucionais revoguem dispositivos suscetíveis de ser reformados, por não estarem protegidos por cláusula pétrea. Também o critério da especialização será insuficiente para resolver a maior parte dos conflitos porque, de ordinário, normas constitucionais contêm proposições gerais, e não regras específicas.

Primeiramente, apesar de os critérios de solução clássicos serem indubitavelmente insuficientes para solucionar todas as antinomias existentes em um sistema normativo complexo como o brasileiro, é preciso aqui ressaltar que é possível sim se fazer uso do critério da hierarquia perante normas constitucionais, seja para diferenciá-las quanto ao seu plano formal ou mesmo material.

Consoante explana Silva (2010, p. 122-123), se a concepção de superioridade da Carta Magna é oriunda da dificuldade de alteração de seu texto quando comparado à lei ordinária, então a própria existência das cláusulas pétreas é suficiente para comprovar que existem normas constitucionais formalmente superiores. Acrescente-se que aceitar esta tese não importa no acolhimento da ideia de normas constitucionais inconstitucionais. Como todos os textos constitucionais originários retiraram seu fundamento de validade do mesmo poder constituinte, não há que se falar em norma constitucional "nascida" inconstitucional, o que não impede o seu juízo superveniente, durante o processo de mudança.

Ademais, apesar de a proposição de superioridade material de determinas normas constitucionais sobre outras possa trazer uma discussão político-ideológica de difícil consenso quando comparados abstratamente, não há como se olvidar que as disposições constantes no art. 242, § 2º da CF, a qual prevê a manutenção do Colégio Pedro II na órbita federal, e no *caput* do art. 5º do mesmo diploma, o qual prevê o princípio da igualdade, possuem o mesmo nível de importância[5].

Diante do referido panorama, surge a técnica do balanceamento (*balancing*), contrapeso ou ponderação de interesses, bem e valores constitucionalmente protegidos, que visa não apenas apresentar pesos diversos entre os valores constitucionalmente previstos, mas apresentar soluções de harmonização entre eles, de forma a não importar na completa invalidação de um em detrimento do outro. Furtado (2008, p. 3438) assim esclarece:

> Destarte, por um lado, o *balancing* pode ser enxergado de forma ampla, quando se dá o emprego dos valores de um modo genérico e abstrato, sendo uma espécie de autolimitação para o julgador, o que é denominado pelo direito americano de *self-restraint*. Parte-se do pressuposto de que a formulação de normas derivadas da Constituição não pode vir a congregar fato absoluto, uma vez que dependem do contexto, o que pede uma certa maleabilidade, posto que há de ser considerado que a essência dos princípios da constituição variará em conformidade com as distintas óticas sociais. Douta faceta, pode-se admitir um aspecto estrito ao *balancing*, quando o mesmo se referir a cada caso concreto, com a devida observância do que está para ser mensurado. Em tal situação, tão somente a realidade sobre a qual tem atuação o ato jurídico ou a norma pode fornecer o peso específico de cada um dos interesses, daí a importância da análise da realidade posta, com o que se pode estabelecer o contrapeso pertinente.

O princípio da concordância prática igualmente ganha destaque neste contexto ao determinar que o intérprete apresente uma solução de harmonização entre os valores de forma que estes sejam ao máximo protegidos, haja vista os bens tutelados pela Carta Magna possuírem indubitável diferencial de importância, tornando o sacrifício de qualquer um deles algo indesejado.

Além do balanceamento e da concordância prática, é possível se aferir a existência de três postulados específicos, os quais, ao contrário dos que foram acima mencionados, dependem de determinados elementos e são pautados em certos critérios: o princípio da igualdade "somente é aplicável em situações nas quais haja o relacionamento entre dois ou mais sujeitos em função de um critério discriminador que serve a alguma finalidade"; o princípio da razoabilidade "somente é aplicável em situações em que se manifeste um conflito entre o geral e o individual, entre a norma e a realidade por ela regulada e entre um critério e uma medida"; e o princípio da proporcionalidade "somente é aplicável nos casos em que exista uma relação de causalidade entre um meio e um fim" (Ávila, 2005, p. 94).

Apesar de a doutrina classificá-los separadamente, existem entre eles uma estreita ligação. Para Alexy (2010, p. 127-128), o princípio do balanceamento é parte integrante de um outro princípio mais abrangente, qual seja o princípio da proporcionalidade, o qual pode ser dividido em três subprincípios: a adequação (*Geeignetheit*), a exigibilidade (*Erforderlichkeit*) e a proporcionalidade em sentido estrito (*Verhältnis-*

---

(5) Assim defende SILVA (2010, p. 125): "Além disso – e talvez ainda mais importante –, caso se levasse realmente a sério a tese de que não pode haver diferença de importância entre as normas constitucionais, não haveria como fundamentar a prevalência de uma norma sobre outra nos casos de colisão normativa. Se uma norma prevalece sobre outra, só pode ser porque ela tenha sido considerada mais importante, ainda que somente para aquele caso concreto. Dessa forma, para aqueles que sustentam não poder haver hierarquia material entre as normas constitucionais parece haver apenas uma saída: a rejeição do sopesamento como método de interpretação e aplicação do direito e a consequente rejeição da possibilidade de um direito prevalecer sobre outro em alguns casos".

mäßigkeit i. e. S.)⁽⁶⁾. Por sua vez, o princípio da concordância prática igualmente possui estreita ligação com a ideia de proporcionalidade, apesar de um não implicar necessariamente no outro.

O dever de coerência, intrínseco ao princípio da unidade da Carta Magna, obriga o intérprete, diante, não só das antinomias jurídicas no texto constitucional, mas também das hierarquias, formal e materialmente existentes entre seus dispositivos, a fazer uso de outras técnicas de solução de conflitos, haja vista a insuficiência dos critérios clássicos previstos. Ainda que seja identificado como um postulado condicionável, o princípio da proporcionalidade ganha destaque na estruturação do ordenamento, chegando Gerra Filho (1995, p. 257) a chamá-lo de "princípio dos princípios", tendo em vista a sua importância.

Além de preencher as exigências estabelecidas pela nova hermenêutica constitucional, o princípio da proporcionalidade possui subcritérios capazes de diminuir a subjetividade que paira sobre as propostas de solução das antinomias existentes entre normas constitucionais. Todavia, é inegável que o operador do Direito possui um papel crucial na harmonização do sistema normativo, principalmente quando as colisões de valores constitucionalmente tutelados são aferíveis no caso concreto.

2.3. O direito à moradia e a desapropriação por utilidade pública

Imperioso se faz ressaltar que, da mesma forma que o legislador constituinte originário assegurou a todos o direito de propriedade, este igualmente garantiu ao Estado o direito se assenhorar de bens de terceiros, com fulcro no que chamou de necessidade ou utilidade pública ou de interesse social, mediante justa e prévia indenização em dinheiro, ressalvados os casos previstos na Lei Maior. Dispondo sobre o tema, assim esclarece Carvalho Filho (p. 821-822)

> Ocorre utilidade pública quando a transferência do bem se afigura conveniente para a Administração. Já a necessidade pública é aquela que decorre de situações de emergência, cuja solução exija a desapropriação do bem. Embora o texto constitucional se refira a ambas as expressões, o certo é que a noção de necessidade pública já está inserida na utilidade pública. Esta é mais abrangente que aquela, de modo que se pode dizer que tudo que for necessário será fatalmente útil. A recíproca não é verdadeira: haverá desapropriações somente úteis, embora não necessárias. Quando nos referimos, pois, à utilidade pública, devemos entender que os casos de necessidade pública estarão incluídos naquele conceito mais abrangente. Exemplo de utilidade pública: a construção de uma escola pública ou de um centro de assistência social do Estado.

> O interesse social consiste naquelas hipóteses em que mais se realça a função social da propriedade. O Poder Público, nesses casos, tem preponderantemente o objetivo de neutralizar de alguma forma as desigualdades coletivas. Exemplo marcante é a reforma agrária, ou o assentamento de colonos.

> Apesar de serem dois os pressupostos expropriatórios, cabe desde logo registrar um aspecto que nos parece importante. As expressões utilidade pública e interesse social espelham conceitos jurídicos indeterminados, porque despojados de precisão que permita identificá-los a priori. Em virtude desse fato, as hipóteses de utilidade pública e as de interesse social serão *ex vi legis*, vale dizer, serão aquelas que as leis respectivas considerarem como ostentando um ou outro dos pressupostos constitucionais.

Regulamentando o referido procedimento, fora editado o Decreto-Lei n. 3.365, de 21 de junho de 1941, no qual se expressamente estabeleceu em seu art. 15 o instituto da imissão provisória na posse, em que o Estado toma posse do bem em questão antes do transito em julgado, haja vista as prejudicialidades que o tempo necessário para a duração razoável do processo pode trazer. Ocorre que, o pedido de imissão provisória na posse por vezes é realizado antes mesmo que se encontre o justo valor indenizatório, surgindo um aparente conflito entre os direitos em questão. A fim de dirimir qualquer dúvida quanto ao tema, imperiosa se faz a leitura do dispositivo acima mencionado:

> Art. 15. Se o expropriante alegar urgência e depositar quantia arbitrada de conformidade com o art. 685 do Código de Processo Civil, o juiz mandará imiti-lo provisoriamente na posse dos bens;

---

(6) Acrescenta ALEXY (2003, p. 135): "In German constitutional law, balancing is one part of what is required by a more comprehensive principle. This more comprehensive principle is the principle of proportionality (Verhältnismäßigkeitsgrundsatz). The principle of proportionality consists of three sub-principles: the principles of suitability, of necessity, and of proportionality in the narrow sense. All three principles express the idea of optimisation. Constitutional rights as principles are optimisation requirements. As optimisation requirements, principles are norms requiring that something be realized to the greatest extent possible, given the legal and factual possibilities".

§ 1º A imissão provisória poderá ser feita, independente da citação do réu, mediante o depósito:

a) do preço oferecido, se este for superior a 20 (vinte) vezes o valor locativo, caso o imóvel esteja sujeito ao imposto predial;

b) da quantia correspondente a 20 (vinte) vezes o valor locativo, estando o imóvel sujeito ao imposto predial e sendo menor o preço oferecido;

c) do valor cadastral do imóvel, para fins de lançamento do imposto territorial, urbano ou rural, caso o referido valor tenha sido atualizado no ano fiscal imediatamente anterior;

d) não tendo havido a atualização a que se refere o inciso c, o juiz fixará independente de avaliação, a importância do depósito, tendo em vista a época em que houver sido fixado originalmente o valor cadastral e a valorização ou desvalorização posterior do imóvel.

§ 2º A alegação de urgência, que não poderá ser renovada, obrigará o expropriante a requerer a imissão provisória dentro do prazo improrrogável de 120 (cento e vinte) dias.

§ 3º Excedido o prazo fixado no parágrafo anterior não será concedida a imissão provisória.

§ 4º A imissão provisória na posse será registrada no registro de imóveis competente.

Da leitura do mencionado artigo, é de se observar que para a concessão da imissão provisória da posse são necessários o preenchimento de apenas dois requisitos, quais sejam a declaração de urgência e o depósito do valor nos moldes previsto pela lei, podendo a sua concessão ser deferida *inaudita altera pars*.

Por se tratar de indubitável conceito jurídico indeterminado, o controle jurisdicional do que deve ser compreendido como "urgência" sempre foi matéria controvertida entre os Poderes desta República, tendo as Cortes Superiores, a fim de evitar a caracterização do ativismo judicial, entendido pela excepcionalidade de tal medida, sempre pautando suas decisões em critérios objetivos.

Assim, o Superior Tribunal de Justiça, em enigmática decisão, julgou, nos autos do Recurso Especial n. 1.225/ES, que, não apenas a declaração de urgência, mas sim todo o ato expropriatório possui caráter discricionário, cabendo ao Judiciário exigir apenas se aponte a finalidade social a ser alcançada, a qual, sendo fraudulenta, vicia própria desapropriação pleiteada, por força da teoria dos motivos determinantes[7]. Ademais, quanto ao momento a ser declarada a urgência, tem se manifestado a mesma Corte que o prazo de 120 (cento e vinte dias) inicia-se a declaração aposta no decreto expropriatório, na exordial ou mesmo e qualquer petitório intermediário constante nos autos[8].

Quanto ao requisito do depósito, o Superior Tribunal de Justiça entendeu que o depósito do montante aferido unilateralmente pelo expropriante não é suficiente para ensejar a imediata imissão provisória da posse, caso o valor não tenha sido calculado na forma do art. 15, § 1º, do Decreto Lei n. 3.365/1941. Leia-se:

RECURSO ESPECIAL. REPETITIVO. ART. 543-C DO CPC. DESAPROPRIAÇÃO. IMISSÃO PROVISÓRIA NA POSSE. DEPÓSITO JUDICIAL. VALOR FIXADO PELO MUNICÍPIO OU VALOR CADASTRAL DO IMÓVEL (IMPOSTO TERRITORIAL URBANO OU RURAL) OU VALOR FIXADO EM PERÍCIA JUDICIAL. – Diante do que dispõe o art. 15, § 1º, alíneas "a", "b", "c" e "d", do

Decreto-Lei n. 3.365/1941, o depósito judicial do valor simplesmente apurado pelo corpo técnico do ente público, sendo inferior ao valor arbitrado por perito judicial e ao valor cadastral do imóvel, não viabiliza a imissão provisória na posse. – O valor cadastral do imóvel, vinculado ao imposto territorial rural ou urbano, somente pode ser adotado para satisfazer o requisito do depósito judicial se tiver "sido atualizado no ano fiscal imediatamente anterior" (art. 15, § 1º, alínea "c", do Decreto-Lei n. 3.365/1941). – Ausente a efetiva atualização ou a demonstração de que o valor cadastral do imóvel foi atualizado no ano fiscal imediatamente anterior à imissão provisória na posse, "o juiz fixará independente

---

(7) Segue ementa: "ADMINISTRATIVO. DESAPROPRIAÇÃO, FINALIDADE SOCIAL. INOCORRENCIA. I- CONQUANTO AO JUDICIARIO SEJA DEFESO INCURSIONAR SOBRE A OPORTUNIDADE E CONVENIENCIA DE DESAPROPRIAÇÃO, PODE E DEVE ELE ESCANDIR OS ELEMENTOS QUE INDICAM A LEGITIMIDADE DO ATO BEM COMO A FINALIDADE POIS, AI, RESIDE O FREIO A DISCRICIONARIEDADE POR ISSO QUE A DECLARAÇÃO DE UTILIDADE PUBLICA TERA DE INDICAR, PRECISAMENTE, O FIM A QUE SE DESTINA A EXPROPRIAÇÃO. II- TENDO EM CONTA O INTERESSE PUBLICO, E VEDADO A ADMINISTRAÇÃO DESAPROPRIAR PARA CONSTRUÇÃO DE IMOVEIS SEM ESPECIFICAR A PERSEGUIÇÃO DO INTERESSE PUBLICO, E DIZER, A FINALIDADE. III – SE A FINALIDADE REFERIDA NO DECRETO EXPROPRIATORIO E FRAUDADA, DESMERECE-SE, POR SI PROPRIA, A DESAPROPRIAÇÃO. IV- RECURSO PROVIDO E REMESSA DOS AUTOS AO PRETORIO EXCELSO".

(8) Leia-se trecho do voto proferido pelo Ministro Relator Herman Benjamin nos autos do Recurso Especial n. 1.234.606/MG (2011, p. 9): "A lei fixa o prazo de 120 dias, a partir da alegação de urgência, para que o ente expropriante requeira ao juiz a missão na posse. Em geral, a urgência é declarada no próprio decreto expropriatório, mas pode sê-la após tal ato, inclusive durante o curso da ação de desapropriação. O certo é que, quando esta for declarada, deverá ser providenciada a imissão de posse no prazo de 120 dias".

de avaliação, a importância do depósito, tendo em vista a época em que houver sido fixado originalmente o valor cadastral e a valorização ou desvalorização posterior do imóvel" (art. 15, § 1º, alínea "d", do Decreto-Lei n. 3.365/1941). – Revela-se necessário, no caso em debate, para efeito de viabilizar a imissão provisória na posse, que a municipalidade deposite o valor já obtido na perícia judicial provisória, na qual se buscou alcançar o valor mais atual do imóvel objeto da apropriação. Recurso especial improvido.

Consoante se observa pela leitura da alínea "a" e "b" do artigo em comento, ambas fazem uso do "valor locativo" do imóvel para aferição do *quantum* justo, haja vista, na época da edição da referida norma, ser esta a base de cálculo para aferição do imposto predial. Assim, com o advento da Lei n. 5.172/1966 que alterou a base de cálculo do mencionado imposto para o valor venal do imóvel, as referidas alíneas entraram em desuso (HARADA, 2014, p. 106).

O valor, portanto, a ser depositado para concessão da imissão provisória de posse deve corresponder ao valor cadastral do imóvel (valor venal) aferido à título de cobrança do IPTU, nos moldes previstos na alínea "c" do dispositivo em comento, caso o referido valor tenha sido atualizado no ano fiscal imediatamente anterior. Em caso de desatualização superior a um ano, o magistrado deverá, conforme determina a alínea "d", determinar a atualização, independentemente da realização de avaliação prévia.

Esclareça-se, inicialmente, que, apesar de o mencionado dispositivo ser oriundo de um decreto do ano de 1941, o Supremo Tribunal Federal, por meio da Súmula n. 652 já pacificou entendimento no sentido de que o supramencionado dispositivo fora recepcionado pelo novo texto constitucional, ou seja, que "não contraria a Constituição o art. 15, § 1º, do DL n. 3.365/1941 (Lei de desapropriação por utilidade pública)". Assim, apesar de constar no texto constitucional que a desapropriação por utilidade pública ou interesse social somente ocorrerá mediante prévia e justa indenização em dinheiro, é possível o Estado imitir-se na posse do bem sem que se saiba ao menos qual será o justo valor indenizatório que será pago ao final da demanda, pois a imissão provisória não se caracteriza como uma desapropriação, razão pela qual não está adstrita ao depósito prévio do justo valor indenizatório.

A fim de garantir o respeito ao direito à moradia, o Superior Tribunal de Justiça tem pacificamente se manifestado pela inaplicabilidade do Decreto-Lei n. 3.365/1941 caso o imóvel em questão seja residencial e urbano, entendendo pela aplicação do Decreto Lei n. 1.075, de 22 de janeiro de 1970. Consoante regulamentado por esta lei, ao contrário do que ocorre com demais imóveis, a imissão provisória da posse nesta situação específica não poderá ocorrer de forma *inaudita altera pars*, sendo indispensável a citação do expropriado para que este se manifeste sobre o valor ofertado. Ademais, havendo discordância, estabelece o art. 2º desta norma a necessidade de realização de uma avaliação prévia.

Em termos práticos, busca-se evitar que o expropriado se veja obrigado a deixar sua residência sem que tenha em mãos uma quantia condizente com o bem sobre o qual o Estado imitiu-se na posse, a fim de que tenha condições que buscar um local diverso para habitar. Todavia, infelizmente o Poder Judiciário vem reconhecendo a aplicação do Decreto-Lei n. 1.075/1970 (substancialmente mais favorável ao expropriado) apenas nos casos envolvendo prédio residencial urbano, "habitado pelo proprietário ou compromissário comprador, cuja promessa de compra e venda esteja devidamente inscrita no Registro de Imóveis", tratando de forma diversa os imóveis residenciais rurais[9].

Data máxima vênia, ainda que o Ente Federativo, alegando utilidade pública ou interesse social, possua o direito de avocar para sim um bem de terceiro, não se pode esquecer que a todos fora garantido o direito à moradia, razão pela qual o ato expropriatório deve se realizar sem que haja detrimento dos direitos fundamentais e sociais do expropriado. Ainda que o direito à propriedade não possa ser confundido com o direito à moradia, consoante explanado no tópico exordial deste trabalho, aquele é um dos principais instrumentos garantidores do deste, razão pela qual deve o proprietário de bem residencial, seja urbano ou rural, que esteja plenamente adimplindo a função social de seu imóvel, possuir o que as NAÇÕES UNIDAS (2001, p. 3-4) veio chamar de "segurança jurídica na posse".

---

(9) Nesse sentido: 1) BRASIL. Superior Tribunal de Justiça. Agravo Regimental no Agravo de Instrumento n. 1.349.231/MG. Ministro Relator Herman Benjamin. Órgão Julgador Segunda Turma. Data do Julgamento 15 mar. 2011. Data da publicação DJe 25 abr. 2011. Disponível em:<www.stj.jus.br>. Acessado em: 21 jul. 2014; 2) BRASIL. Superior Tribunal de Justiça. Recurso Especial n. 41986/SP. Ministro Relator Humberto Gomes de Barros. Órgão Julgador Primeira Turma. Data do Julgamento 9 fev. 1994. Data da publicação DJ 18 abr. 1994, p. 8455. Disponível em: <www.stj.jus.br>. Acessado em: 21 jul. 2014.

2.4. O direito à moradia, a impenhorabilidade do bem de família e o imóvel residencial do fiador

Cumprindo o seu dever de garantir o direito à moradia de todos, o Estado brasileiro editou a Lei n. 8.009, de 29 de março de 1990, a qual estabelece a garantia da impenhorabilidade do bem residencial da entidade familiar, dispondo que:

> Art. 1º O imóvel residencial próprio do casal, ou da entidade familiar, é impenhorável e não responderá por qualquer tipo de dívida civil, comercial, fiscal, previdenciária ou de outra natureza, contraída pelos cônjuges ou pelos pais ou filhos que sejam seus proprietários e nele residam, salvo nas hipóteses previstas nesta lei.
> [...]
> Art. 5º Para os efeitos de impenhorabilidade, de que trata esta lei, considera-se residência um único imóvel utilizado pelo casal ou pela entidade familiar para moradia permanente.
> Parágrafo único. Na hipótese de o casal, ou entidade familiar, ser possuidor de vários imóveis utilizados como residência, a impenhorabilidade recairá sobre o de menor valor, salvo se outro tiver sido registrado, para esse fim, no Registro de Imóveis e na forma do art. 70 do Código Civil.

Não há como se olvidar que o direito à moradia foi o fundamento essencial para a edição da referida norma, permitindo que o proprietário de bem imóvel residencial possua uma maior segurança na posse ao garantir a impenhorabilidade de sua habitação. Esclareça-se, por oportuno, que, apesar de restar previsto no mencionado dispositivo a proteção apenas ao imóvel residencial do casal ou entidade familiar, o Poder Judiciário tem, felizmente, feito uso da interpretação teleológica para ampliar o campo de proteção do direito à moradia, abrangendo inclusive o indivíduo que mora sozinho[10].

São as interpretações das exceções previstas no referido texto normativo que tem trazido divergências entres os doutrinadores, podendo-se aqui ressaltar alguns julgados quanto ao tema: a) nos autos do Recurso Especial n. 1.021.440/SP, entendeu-se pela possibilidade de penhora de bem imóvel no âmbito de execução de sentença civil condenatória decorrente da prática de ato ilícito, caso o réu também tenha sido condenado na esfera penal pelo mesmo fundamento de fato; b) nos autos do Recurso Especial n. 1.237.176/SP, entendeu-se pela possibilidade de penhora da fração do imóvel rural que exceda o necessário à moradia do devedor e de sua família; c) nos autos do Recurso Especial n. 1.074.838/SP, entendeu-se pela impenhorabilidade do imóvel residencial do síndico para satisfação de débitos contraídos em decorrência de má gestão; d) nos autos do Recurso Especial n. 1.186.225/RS, entendeu-se que a impenhorabilidade do bem de família não é oponível à credor de pensão alimentícia.

De todos os julgados envolvendo exceções quanto à impenhorabilidade do bem de família, a que mais causou controvérsias entre os operadores do direito foi a decisão proferida pelo Supremo Tribunal Federal nos autos no Recurso Extraordinário n. 407.688/AC, no qual se entendeu que, enquanto o bem de família do devedor é impenhorável, o único imóvel residencial do fiador pode ser objeto de execução[11].

3. CONSIDERAÇÕES FINAIS

Consoante se explanou no presente trabalho, o direito à moradia não pode ter sua conceituação aprisionada dentro de outros institutos jurídicos, diferenciando-se da ideia de propriedade, domicílio, residência, habitação e moradia no sentido civilista, ainda que com estes possua semelhanças. Apesar de ter sido desde muito tempo objeto de tratados internacionais ratificados pelo Brasil, apenas, no ano de 2000, com a edição da Emenda Constitucional n. 26, o direito à moradia fora elencado expressamente dentre os direitos sociais garantidos à todas as pessoas que aqui habitam.

Regulamentando o tema, a fim de evitar os prejuízos que os conceitos jurídicos indeterminados podem trazer para a concretização do texto normativo, as Nações Unidas chegaram a arrolar sete requisitos essenciais para se aferir o respeito ao direito à moradia, quais sejam: a segurança jurídica da posse, a disponibilidade de infraestrutura, o baixo custo, a habitabilidade, a acessibilidade, a localização e a adequação cultural. A crescente preocupação dos organismos internacionais com a efetivação deste direito social é,

---

(10) Nesse sentido, leia-se a decisão proferida pelo Superior Tribunal de Justiça nos autos do Recurso Especial n. 182.223/SP (2002, s.p.): "PROCESSUAL. EXECUÇÃO. IMPENHORABILIDADE. IMÓVEL. RESIDÊNCIA. DEVEDOR SOLTEIRO E SOLITÁRIO. LEI 8.009/90. A interpretação teleológica do Art. 1º, da Lei n. 8.009/90, revela que a norma não se limita ao resguardo da família. Seu escopo definitivo é a proteção de um direito fundamental da pessoa humana: O direito à moradia. Se assim ocorre, não faz sentido proteger quem vive em grupo e abandonar o indivíduo que sofre o mais doloroso dos sentimentos: A solidão. – É impenhorável, por efeito do preceito contido no art. 1º da Lei n. 8.009/1990, o imóvel em que reside, sozinho, o devedor celibatário".

(11) Leia-se a ementa: "FIADOR. Locação. Ação de despejo. Sentença de procedência. Execução. Responsabilidade solidária pelos débitos do afiançado. Penhora de seu imóvel residencial. Bem de família. Admissibilidade. Inexistência de afronta ao direito de moradia, previsto no art. 6º da CF. Constitucionalidade do art. 3º, inc. VII, da Lei n. 8.009/1990, com a redação da Lei n. 8.245/1991. Recurso extraordinário desprovido. Votos vencidos. A penhorabilidade do bem de família do fiador do contrato de locação, objeto do art. 3º, inc. VII, da Lei n. 8.009, de 23 de março de 1990, com a redação da Lei n. 8.245, de 15 de outubro de 1991, não ofende o art. 6º da Constituição da República".

em grande parte, decorrente do reflexo que este traz a própria identidade do indivíduo. Ultrapassando a barreira do aspecto financeiro, ter onde morar significa ser alguém dentro da sociedade, já que cabe aos desabrigados apenas viver sob a sombra daqueles que compram e trabalham, sendo vistos, não mais como semelhantes, mas como um problema social.

O direito à cidadania encontra no direito à moradia um de seus pilares, razão pela qual a atuação estatal tem importante papel na sua proteção, principalmente quando se está diante de um país com altos índices de desigualdade social e de concentração de terra como o Brasil. Os conflitos entre as normas de textura aberta são praticamente inevitáveis pelos seus abrangentes campos de atuação, cabendo ao operador jurídico trazer efetivação à Lei Maior pela indubitável importância deste direito.

4. REFERÊNCIAS

ALBUQUERQUE, Felipe Braga. *DIREITO E POLÍTICA: Pressupostos para a análise de questões políticas pelo judiciário à luz do princípio democrático.* Fortaleza: 2011. Tese (Doutorado em Direito Constitucional) – Programa de Pós-Graduação em Direito, Universidade de Fortaleza, Fortaleza, 2011.

ALEXY, Robert. *Constitucional rights, balancing and rationality.* Ratio Juris, 2003, v. 16. n. 2.

ÁVILA, Humberto. *Teoria dos princípios: da definição à aplicação dos princípios jurídicos.* 4. ed. São Paulo, 2005.

BARROSO, Luis Roberto. *Curso de direito constitucional contemporâneo: os conceitos fundamentais e a construção do novo modelo.* São Paulo: Saraiva, 2009.

BOBBIO, Norberto. *Teoria do ordenamento jurídico.* 6. ed. Brasília: Editora Universidade de Brasília, 1995.

BRASIL. Superior Tribunal de Justiça. *Recurso Especial n. 1.021.440-SP.* Min. Rel. Luis Felipe Salomão. Quarta Turma. Julgado 2 maio 2013. Disponível em: <www.stj.jus.br>. Acessado em: 21 jul. 2014.

_____. Superior Tribunal de Justiça. *Recurso Especial n. 1.074.838-SP.* Rel. Min. Luis Felipe Salomão. Quarta Turma. Julgado 23 out. 2012. Disponível em: <www.stj.jus.br>. Acessado em: 21 jul. 2014.

_____. Superior Tribunal de Justiça. *Recurso Especial n. 1.186.225-RS.* Rel. Min. Massami Uyeda. Terceira Turma. Julgado 4 set. 2012. Disponível em: <www.stj.jus.br>. Acessado em: 21 jul. 2014.

_____. Superior Tribunal de Justiça. *Recurso Especial n. 1.237.176-SP.* Rel. Min. Eliana Calmon. Segunda Turma. Julgado 4 abr. 2013. Disponível em: <www.stj.jus.br>. Acessado em: 21 jul. 2014.

_____. Superior Tribunal de Justiça. *Recurso Especial n. 1.225/ES.* Relator Ministro Geraldo Sobral. Relator do Acórdão Ministro Carlos Thibau. Órgão Julgador Primeira Turma. Data do Julgamento 14 mar. 1990. Data da Publicação/Fonte DJ 21.05.1990 p. 4426. Disponível em: <www.stj.jus.br>. Acessado em: 21 jul. 2014.

_____. Superior Tribunal de Justiça. *Recurso Especial n. 1.185.583/SP.* Primeira Seção Ministro Relator do Acórdão Cesar Asfor Rocha, Julgamento 27.06.2012. Disponível em: www.stj.jus.br. Acessado em: 21 jul. 2014.

_____. Superior Tribunal de Justiça. *Recurso Especial n. 182.223/SP.* Corte Especial. Rel. Desig. Min. Raphael de Barros Monteiro Filho; Julg. 06/02/2002; DJU 07.04.2003; p. 00209. Disponível em: <www.stj.jus.br>. Acessado em: 21 jul. 2014.

_____. Superior Tribunal Federal. *Recurso Especial n. 1.234.606/MG.* Ministro Relator Herman Benjamin. Órgão Julgador Segunda Turma. Data do Julgamento 26 abr. 2011. Data da Publicação DJe 04 mai. 2011. Disponível em: <www.stj.jus.br>. Acessado em: 21 jul. 2014.

CANARIS, Claus – Wilhelm. *Pensamento sistemático e conceito de sistema na ciência do direito.* 3. ed. Tradução A. Menezes Cordeiro. Lisboa: Fundação Calouste Gulbenkian, 2002.

CARVALHO FILHO, José dos Santos. *Manual de Direito Administrativo.* 26. ed. São Paulo: Editora Atlas S.A, 2013.

DINIZ, Maria Helena. *Código Civil Anotado.* 15. ed. rev. e atual. São Paulo: Saraiva, 2010.

_____. *Conflito de normas.* São Paulo: Saraiva, 1987.

FARIAS, Cristiano de; ROSENVALD Nelson. *Direitos Reais.* 6. ed. Rio de Janeiro: Editora Lumen Juris, 2010.

FERRAZ JÚNIOR, Tércio Sampaio. *Introdução ao estudo do direito: técnica, decisão, dominação.* 3. ed. São Paulo: Atlas, 2001.

FURTADO, Emmanuel Teófilo. CAMPOS, Juliana Cristiane Diniz. *As antinomias e a Constituição.* In: XVII Encontro Preparatório para o Congresso Nacional do CONPEDI/UFBA, Salvador, 2008. Anais do [Recurso eletrônico] Florianópolis, Fundação Boiteux, 2008.

GUERRA FILHO, Willis Santiago. *Da interpretação especificamente constitucional.* Brasília: Revista da Informação Legislativa, n. 32, 1995.

_____. *Princípio da Proporcionalidade e devido processo legal.* In: Interpretação Constitucional. Org. Virgílio Afonso da Silva. 1. ed. São Paulo: 2010.

HANS, Kelsen. *Teoria pura do direito.* Tradução João Baptista Machado. 6. ed. São Paulo: Martins Fontes, 1998.

HARADA, Kiyoshi. *Desapropriação.* 10. ed. São Paulo: Editora Atlas S.A, 2014.

KOTHARI, Miloon. *Report of the Special Rapporteur on adequate housing as a component of the right to an adequate standard of living: mission to Brazil.* S.I: s.e, 2005. Disponível em: <http://direitoamoradia.org>. Acessado em: 17 jul. 2014.

NAÇÕES UNIDAS. Comitê do Direito Econômico, Social e Cultural. *General Comment No. 4: The Right to Adequate Housing (Art. 11 (1) of the Covenant),* de 13 dezembro de 1991. Disponível em: <http://www.refworld.org/docid/47a7079a1.html>. Acessado em: 18 jul. 2014.

NASCIMENTO, Elimar Pinheiro. *Dos excluídos necessários aos excluídos desnecessários.* In: BURSZTYN, Marcel (Org.). No meio da rua: nômades, excluídos e viradores. Rio de Janeiro: Garamond, 2000.

ROSS, Alf. *Direito e Justiça.* Tradução Edson Bini revisão técnica Alysson Leandro Mascaro. São Paulo: EDIPRO, 2000.

SILVA, Virgílio Afonso da. *Interpretação constitucional e sincretismo metodológico. In:* Interpretação Constitucional. Org. Virgílio Afonso da Silva. 1. ed. São Paulo: 2010.

Cidadania e o Direito à Saúde

Fernanda Sousa Vasconcelos
Mestranda em Direito pela Universidade Federal do Ceará (UFCE). Servidora do TJCE.

1. INTRODUÇÃO

A associação entre saúde e doença parece ser automática. O que se poderia entender por estar saudável, se não for exatamente o fato de determinado indivíduo não estar acometido por qualquer enfermidade? A referida linha de pensamento, apesar de fazer sentido em um primeiro momento, não é suficiente para explicar as nuances de nossa civilização quando retirada do contexto biomédico e aplicada ao jurídico-social, conforme já denunciado pelo sociólogo Blaxter (2010, p. 19):

> Em resumo, no modelo biomédico, é obviamente mais facilmente definida pela ausência de uma doença, embora o modelo seja também compatível com as definições mais positivas em termos de equilíbrio ou de funcionamento normal. No modelo social, a saúde é um estado positivo de inteireza e bem-estar, associado, mas não inteiramente explicado pela ausência de doença ou deficiência física e mental. Os conceitos de saúde e doença são assimétricos: eles não são simplesmente opostos. A ausência de doença pode ser parte da saúde, mas a saúde é mais do que a ausência de doença (tradução nossa)[1].

No âmbito internacional, a referida conceituação começou a ganhar importância com a Constituição da Organização Mundial da Saúde (1946, p. 1), na qual o termo saúde aparece, logo no preâmbulo do referido diploma, compreendido como sendo o completo bem-estar físico, mental e social, e não apenas a ausência de doença ou outra enfermidade[2]. Ressalte-se que esta conceituação não está isenta de críticas, tendo Dalarri (1995, p. 19) levantado questionamentos quanto à operacionalização deste direito, pois o texto apresentado "depende de várias escalas decisórias que podem não implementar suas diretrizes".

Independentemente de qualquer crítica, não há como se olvidar que os recentes textos normativos, cada vez mais, estão reconhecendo a proximidade existente entre o direito à saúde e os demais direitos sociais, chegando-se inclusive a entender aquele como requisito essencial para a efetivação do próprio

---

(1) Texto original: "In summary, in the biomedical model health is obviously most easily defined by the absence of disease, though the model is also compatible with more positive definitions in terms of equilibrium or normal functioning. In the social model, health is a positive state of wholeness and well-being, associated with, but not entirely explained by, the absence of disease, illness or physical and mental impairtment. The concepts of health and ill health are asymmetrical: they are not simply opposites. The absence of disease may be part of health, but health is more than the absence of disease".

(2) Texto original: "Health is a state of complete physical, mental and social well-being and not merely the absence of disease or infirmity".

direito à cidadania. Nesse contexto, importante se faz aqui transcrever alguns trechos do Relatório Final da 8ª Conferência Nacional de Saúde elaborado pelo MINISTÉRIO DA SAÚDE (1986, p. 12):

> 1 – Em seu sentido mais abrangente, a saúde é a resultante das condições de alimentação, habitação, educação, renda, meio ambiente, trabalho, transporte, emprego, lazer, liberdade, acesso e posse da terra e acesso a serviços de saúde. É, assim, antes de tudo, o resultado das formas de organização social da produção, as quais podem gerar grandes desigualdades nos níveis de vida.
>
> 2 – A saúde não é um conceito abstrato. Define-se no contexto histórico de determinada sociedade e num dado momento de seu desenvolvimento, devendo ser conquistada pela população em suas lutas cotidianas.
>
> 3 – Direito à saúde significa a garantia, pelo Estado, de condições dignas de vida e de acesso universal e igualitário às ações e serviços de promoção, proteção e recuperação de saúde, em todos os seus níveis, a todos os habitantes do território nacional, levando ao desenvolvimento pleno do ser humano em sua individualidade.
>
> 4 – Esse direito não se materializa, simplesmente, pela sua formalização no texto constitucional. Há, simultaneamente, necessidade de o Estado assumir explicitamente uma política de saúde consequente e integrada às demais políticas econômicas e sociais, assegurando os meios que permitam efetivá-las. Entre outras condições, isso será garantido mediante o controle do processo de formulação, gestão e avaliação das políticas sociais e econômicas pela população.

Acrescente-se ainda que no 12º artigo do Pacto Internacional de Direitos Econômicos, Sociais e Culturais (PIDESC), o qual fora promulgado pelo Decreto n. 591, de 6 de julho de 1992, restou reconhecido "o direito de todas as pessoas de gozar do melhor estado de saúde física e mental possível de atingir". Ademais, em concomitância com o referido entendimento, a Declaração de Alma-Ata, datada 1978, já previa expressamente, em seu item I, que "a consecução do mais alto nível possível de saúde é a mais importante meta social mundial, cuja realização requer a ação de muitos outros setores sociais e econômicos, além do setor saúde".

É de se observar, portanto, que o conceito de saúde internacionalmente adotado deve ser interpretado em sentido amplo, dentro de uma série de interconexões com os diversos outros direitos humanos previstos, não podendo ser limitado a mera superação das enfermidades que por ventura possam acometer o indivíduo, permitindo que este alcance a sua melhor condição física e mental.

2. EVOLUÇÃO HISTÓRICA DO DIREITO À SAÚDE NO ORDENAMENTO JURÍDICO BRASILEIRO

Na Constituição Política do Império do Brasil, de 25 de março de 1824, o termo saúde é utilizado apenas uma única vez, estando expressamente previsto, no art. 179, inciso XXIV, da referida Carta, quando este estabeleceu a proibição de atividades que influam negativamente no bem-estar do cidadão. Todavia, é possível também se observar a preocupação com o referido direito no inciso XXXI do mesmo dispositivo acima mencionado, quando o legislador determinou a garantia dos socorros públicos.

Enquanto a Constituição da República dos Estados Unidos do Brasil de 1981 em nenhum momento menciona a palavra saúde em seu texto, a Carta Magna de 1934 determinou expressamente, em seu art. 10, inciso II, ser de competência concorrente da União e dos Estados cuidar deste direito fundamental, bem como estabeleceu normas de proteção à saúde do trabalhador, no art. 121, e obrigou a adoção de medidas de combate às doenças transmissíveis, agora no art. 138.

Por sua vez, a Constituição dos Estados Unidos do Brasil, de 10 de novembro de 1937, estabelece, em seu art. 16, inciso XXVII, a competência privativa da União em legislar sobre normas fundamentais da defesa e proteção da saúde, especialmente da saúde da criança, podendo os Estados, por força do art. 18, alínea "c", suprir as deficiências das leis federais por ventura criadas ou atender as peculiaridades locais quanto ao tema. Ressalte-se ainda que, nesta Constituição, é aferível uma maior preocupação com o bem-estar físico e mental das crianças e dos adolescentes, ao se ter estabelecido, por meio do seu art. 127, que

> a infância e a juventude devem ser objeto de cuidados e garantias especiais por parte do Estado, que tomará todas as medidas destinadas a assegurar-lhes condições físicas e morais de vida sã e de harmonioso desenvolvimento das suas faculdades.

A Constituição dos Estados Unidos do Brasil, de 18 de setembro de 1946, além de ter mantido a competência privativa da União (art. 5º, inciso XV, alínea "b") para editar normas gerais e a competência complementar dos Estados (art. 6º) quanto à defesa e proteção da saúde, estabeleceu normas de proteção ao trabalhador, dando especial atenção à mulher gestante (art. 157, inciso XIV). Seguindo o mesmo caminho, a Constituição da República Federativa do Brasil de 1967 ressaltou, em seu art. 158, inciso IX e XV, a higiene e a assistência sanitária, hospitalar e médica preventiva como garantias do trabalhador, o que não foi alterado pela Emenda Constitucional n. 1 de 1969.

Consoante se pode facilmente observar pelo o que fora acima exposto, as poucas referências ao direito à saúde presentes nas constituições brasileiras anteriores estavam diretamente relacionadas ao Direito do Trabalho, demonstrando a evidente preocupação do legislador originário da época em manter o trabalhador saudável para o pleno exercício de suas atividades. As esparsas normas que fugiam do referido panorama, tratavam de meras divisões de competências legislativas e executivas que poucas mudanças foram capazes de trazer a realidade vivida pelo povo brasileiro da época.

3. O DIREITO À SAÚDE NA ATUAL CONSTITUIÇÃO

Na Constituição da República Federativa do Brasil de 1988, a palavra saúde aparece atualmente 55 (cinquenta e cinco) vezes em seu texto normativo, o que é substancialmente mais do que a soma das vezes que chegou a parecer nas constituições brasileiras anteriores. Imperioso se faz observar ainda que a referida mudança não ocorreu apenas no campo quantitativo, tendo o legislador originário despendido uma seção inteira da referida Carta para dispor sobre o tema. Mesmo que não se tivesse consagrado explicitamente no texto constitucional, defende Sarlet (2013, p. 1931) que o direito à saúde poderia ser considerado como um direito fundamental implícito ou mesmo decorrente de tratados ou convenções internacionais em que o País seja parte, nos moldes previstos no § 2º, do art. 5º, da Carta Magna[3].

O art. 6º de nossa Carta Magna vigente inclui a saúde entre os direitos sociais ali previstos, cuja necessidade de proteção encontra-se ressaltada no próprio preâmbulo do nosso texto constitucional quando se prevê a necessidade de se instituir um Estado Democrático destinado a assegurar o bem-estar. Cabe aos Entes Federativos a competência concorrente para legislar sobre a defesa da saúde, devendo a União limitar-se a estabelecer normas gerais e os estados editar as específicas, tudo nos moldes estabelecidos pelo art. 24. No caso de inércia do daquele, o mesmo dispositivo estabelece que o estado tenha plena competência legislativa para atender as suas peculiaridades, ficando suspensa a eficácia da norma geral criada apenas no que for contrário ao que dispor a lei federal superveniente.

Quanto à esfera executória, o art. 23, inciso II, da Constituição Federal de 1988, estabeleceu ser competência comum da união, dos estados, do distrito federal e dos municípios cuidar da saúde, da assistência pública, da proteção e da garantia das pessoas portadoras de deficiência. Em consonância com o referido dispositivo, o art. 196, *caput*, do texto constitucional determinou ser dever do estado à garantia do direito à saúde de todos, efetivado "mediante a adoção de políticas públicas e econômicas que visem à redução do risco de doença e de outros agravos e ao acesso universal e igualitário às ações e serviços para sua promoção, proteção e recuperação".

Acrescente-se que o Supremo Tribunal Federal tem pacificamente se posicionado pela existência de responsabilidade solidária entre os Entes Federativos com relação à obrigação de promover os atos indispensáveis a concretização do direito à saúde[4]. O novo Código Civil, em seu art. 264, estabelece ainda que "há solidariedade, quando na mesma obrigação concorre mais de um credor, ou mais de um devedor, cada um com direito, ou obrigado, à dívida toda". Assim, não há litisconsorte passivo necessário entre a

---

(3) Assim dispõe SARLET (2013, p. 1931) sobre o tema: "A saúde comunga, na nossa ordem jurídico-constitucional, da dupla fundamentalidade formal e material da qual se revestem os direitos e garantias fundamentais em geral, especialmente em virtude de seu regime jurídico privilegiado. Assume particular relevância, para o adequado manejo do direito à saúde, que a tutela da saúde, a exemplo de outros direitos fundamentais, apresenta uma série de interconexões com a proteção de outros bens fundamentais, apresentando zonas de convergência e mesmo de superposição em relação a outros bens (direitos e deveres) que também constituem objeto de proteção constitucional, tais como a vida, a moradia, o trabalho, a privacidade, o ambiente, além da proteção do consumidor, da família, das crianças e dos adolescentes, e dos idosos, o que apenas reforça a tese da interdependência entre todos os direitos fundamentais. Desse modo, ainda que não tivesse sigo consagrada explicitamente no texto constitucional, a proteção da saúde poderia ser admitida na condição de direito fundamental implícito – como ocorre em alguns países, v. g., na Alemanha. Além disso, lembre-se que a cláusula de abertura constante do art. 5º, § 2º, da CF, permite a extensão do regime jusfundamental (especialmente o disposto no art. 5º, § 1º, da CF) a outros dispositivos e normas relativas à saúde, ainda que não constantes dos elencos dos arts. 5º e 6º do texto constitucional. Na verdade, parece elementar que uma ordem constitucional que protege os direitos à vida e à integridade física e corporal evidentemente deve salvaguardar a saúde, sob pena de esvaziamento daqueles direitos".

(4) Nesse sentido, leia-se a ementa do Agravo Regimental no Recurso Extraordinário n. 765.198/DF (2014, s.p): "AGRAVO REGIMENTAL NO RECURSO EXTRAORDINÁRIO. CONSTITUCIONAL. DIREITO À SAÚDE. DEVER DO ESTADO. FORNECIMENTO DE MEDICAMENTO. OBRIGAÇÃO SOLIDÁRIA DOS ENTES DA FEDERAÇÃO. AGRAVO A QUE SE NEGA PROVIMENTO. I – A jurisprudência desta Corte firmou-se no sentido de que é solidária a obrigação dos entes da Federação em promover os atos indispensáveis à concretização do direito à saúde, tais como, na hipótese em análise, o fornecimento de medicamento ao recorrido, paciente destituído de recursos materiais para arcar com o próprio tratamento. Desse modo, o usuário dos serviços de saúde, no caso, possui direito de exigir de um, de alguns ou de todos os entes estatais o cumprimento da referida obrigação. Precedentes. II – Agravo regimental a que se nega provimento".

união, os estados e os municípios para figurar no polo passivo de demandas que envolvam a efetivação deste direito, podendo qualquer pessoa, caso comprove a necessidade e a impossibilidade de custear o tratamento que lhe fora receitado, requerer de qualquer um destes Entes a adoção das medidas indispensáveis à realização do seu mais alto nível de saúde.

Por sua vez, a garantia do acesso universal às ações e serviços de saúde, quando analisada dentro de um contexto econômico, pode nos remontar, em um primeiro momento, a ideia da gratuidade do atendimento, o que vislumbro ser um entendimento equivocado.

A assistência à saúde não está restrita aos nosocômios públicos, haja vista o art. 199 da Carta Política de 1988 determinar expressamente a livre iniciativa privada neste ramo. Assim, o acesso universal às ações e serviços de saúde pode ser igualmente garantido através do que Sarlet (2013, p. 1942) veio a chamar de saúde suplementar, em que a

> assistência é prestada diretamente por operadoras de planos e seguros de saúde, a partir de contrato firmado com o interessado, nos termos da Lei n. 9.656/98 e em conformidade às diretrizes (e fiscalização) da Agência Nacional de Saúde Suplementar (ANS).

Todavia, em países com alta taxa de pobreza e elevado índice de desigualdade social como o Brasil, não há como se olvidar que, em respeito ao princípio da isonomia, os hipossuficientes devem receber um tratamento diferenciado pelo Poder Público com relação aqueles que possuem condições financeiras de custear os serviços de saúde privado. Dessa forma, a garantia do acesso universal às ações e serviços de saúde não deve ser confundida com a gratuidade do serviço, sendo este, na verdade, um reflexo do tratamento desigual a que devem ser submetidas as pessoas de baixa renda.

O recebimento de medicamento gratuito é, portanto, uma decorrência lógica do tratamento isonômico dado ao direito à saúde, pois de nada adiantaria que o profissional diagnosticasse a enfermidade que acomete determinado paciente, se este não tem condições de arcar com o tratamento que lhe for receitado. Consoante já se manifestou o Supremo Tribunal Federal nos autos do Agravo Regimental no Recurso Extraordinário n. 607-381/SC, sob a Relatoria do Ministro Luiz Fux (2011, s.p.), o fornecimento gratuito de medicamento é um dever do Estado, caso o postulante prove a necessidade de determinado tratamento e a impossibilidade de custeá-lo com recursos próprios. Leia-se:

> AGRAVO REGIMENTAL NO RECURSO EXTRAORDINÁRIO. CONSTITUCIONAL E PROCESSUAL CIVIL. DIREITO À SAÚDE (ART. 196, CF). FORNECIMENTO DE MEDICAMENTOS. SOLIDARIEDADE PASSIVA ENTRE OS ENTES FEDERATIVOS. CHAMAMENTO AO PROCESSO. DESLOCAMENTO DO FEITO PARA JUSTIÇA FEDERAL. MEDIDA PROTELATÓRIA. IMPOSSIBILIDADE. 1. O art. 196 da CF impõe o dever estatal de implementação das políticas públicas, no sentido de conferir efetividade ao acesso da população à redução dos riscos de doenças e às medidas necessárias para proteção e recuperação dos cidadãos.
> 2. O Estado deve criar meios para prover serviços médico-hospitalares e fornecimento de medicamentos, além da implementação de políticas públicas preventivas, mercê de os entes federativos garantirem recursos em seus orçamentos para implementação das mesmas. (arts. 23, II, e 198, § 1º, da CF). 3. O recebimento de medicamentos pelo Estado é direito fundamental, podendo o requerente pleiteá-los de qualquer um dos entes federativos, desde que demonstrada sua necessidade e a impossibilidade de custeá-los com recursos próprios. Isto por que, uma vez satisfeitos tais requisitos, o ente federativo deve se pautar no espírito de solidariedade para conferir efetividade ao direito garantido pela Constituição, e não criar entraves jurídicos para postergar a devida prestação jurisdicional. 4. In casu, o chamamento ao processo da União pelo Estado de Santa Catarina revela-se medida meramente protelatória que não traz nenhuma utilidade ao processo, além de atrasar a resolução do feito, revelando-se meio inconstitucional para evitar o acesso aos remédios necessários para o restabelecimento da saúde da recorrida. 5. Agravo regimental no recurso extraordinário desprovido.

4. SAÚDE COMO DIREITO EXIGÍVEL

A efetivação dos direitos sociais é tema bastante controvertido, divergindo-se a doutrina sobre a legalidade e a legitimidade da existência de um controle jurisdicional das políticas públicas de promoção da saúde. Por não ser um Poder submetido à escolha popular, o Judiciário retira sua legitimidade no resguardo da vontade popular positivada no texto constitucional. Assim explana ALBUQUERQUE (2011, p. 117):

> Apesar de o juiz ter uma legitimidade formal, derivada da constituição, deve buscar uma legitimação material. Essa legitimidade material será tanto mais alcançada quanto houver uma aproximação do Judiciário do processo democrático. O processo democrático, extremamente igualitário, libertário, plural etc., em muitos aspectos, requer exclusividade deliberativa, em alguns assuntos, por representantes eleitos pelo povo.

Assim, quando o Judiciário for exercer sua atividade, de modo a percorrer áreas limítrofes à esfera política deve redobrar seus limites, motivações e sempre demonstrar a dimensão/enforque democrático de sua decisão. A atividade política do Legislativo e do Executivo é bem maior que a do Judiciário e, de certo modo, o Legislativo é o espelho de uma sociedade, havendo, sim, mais legitimidade em suas decisões.

Diante disso, em razão da maior legitimidade aferível precipuamente no Poder Executivo quando comparado ao Judiciário, é juridicamente admissível se aceitar que este possa controlar as ações daquele?

Tradicionalmente, tanto a doutrina quanto a jurisprudência tendiam a adotar um posicionamento mais conservador quanto ao tema, ao entender que cabia ao magistrado, em respeito ao princípio da separação de poderes e à discricionariedade de certos atos, realizar apenas o controle legal dos atos administrativos vinculados. Nesse sentido, o Superior Tribunal de Justiça, sob a relatoria da Ministra Eliana Calmon, nos autos do Recurso Ordinário em Mandado de Segurança n. 37964/CE (2013, s.p), decidiu que "não cabe ao Poder Judiciário, salvo em caso de ilegalidade, defeito de forma, abuso de autoridade ou teratologia, adentrar no mérito do ato administrativo revendo o juízo de conveniência e oportunidade da autoridade tida como coatora".

Data máxima vênia, com a adoção do mencionado entendimento, o Poder Judiciário abre a possibilidade de o Executivo se omitir ou mesmo praticar atos, sem que se possa realizar qualquer controle meritório destas condutas quanto aos anseios sociais positivados no texto constitucional, não sendo incomum que o administrador, por vezes, se porte como o verdadeiro detentor do monopólio do interesse público, haja vista caber a este a decisão última do que se adéqua como tal. Cria-se, portanto, um panorama em que a concretização dos direitos sociais, garantidor da própria cidadania do indivíduo, fica à mercê da vontade do administrador, tornando o direito à saúde em um verdadeiro "ganha mais não leva", ou seja, apesar de ser previsto no diploma mais importante de ordenamento jurídico brasileiro, este não seria juridicamente exigível em face da Administração Pública.

Assim, o controle jurisdicional das políticas públicas é medida que se impõe, retirando Poder Judiciária da própria efetivação da Carta Magna sua legitimidade, não havendo, portanto, que se falar em desrespeito, por si só, do princípio da separação de poderes. Acrescente-se ainda que a legitimidade democrática dos agentes políticos não está limitada ao período de votação popular, haja vista, consoante leciona Bonavides (1988, p. 125), ser perfeitamente possível um governo legal e, ao mesmo tempo, ilegítimo, por se distanciar da vontade popular.

Com a substituição da noção de soberania estatal de cunho elitista pela soberania constitucional com base em uma sociedade pluralista, defende Zagrebelsky (2011, p. 13) que o papel do Estado não é mais o de estabelecer um projeto predeterminado de vida em comum, mas de garantir a convivência dos grupos sociais envolvidos. Assim, ao se estabelecer um papel instrumental do Estado na persecução dos anseios sociais, o Poder Judiciário não pode "fechar os olhos" quando a Administração Pública busca um interesse público secundário que não possui supedâneo no primário[5].

Ante a constituição de um Estado Democrático de Direito pela Carta Magna de 1988, bem como em face de uma tendência de democratização do Direito Administrativo, há uma necessidade imperiosa de se implementar a própria "desestatização" do interesse público, através da efetivação do próprio texto constitucional. Com a derrocada do positivismo kelsiano, não mais estamos vivendo sob a ditadura do legalismo estrito, razão pela qual a interpretação última de cada um dos textos legais deve estar em perfeita harmonia com a nossa Carta Política, conforme prescreve a nova hermenêutica constitucional.

Explana Neves (1994, p. 160-161) que

> A falta de concretização normativo-jurídica do texto constitucional está associada à sua função simbólica. A identificação retórica do Estado e do governo com o modelo democrático ocidental encontra respaldo no documento constitucional. Em face da realidade social discrepante, o modelo constitucional é invocado pelos governantes como álibi: transfere-se a "culpa" para a sociedade desorganizada, "descarregando-se" de "responsabilidade" o Estado ou o governo constitucional. No mínimo, transfere-se a realização da Constituição para um futuro remoto e incerto.

---

(5) Consoante defende MELLO (2010, p. 65-69) é um equívoco se entender a vontade estatal sempre como o resultado final dos anseios de cada grupo social, já que, como um ente personalizado, este pode vir a possuir interesse próprio diverso das aspirações populares, razão pela qual se torna imperiosa a referida classificação, devendo-se entender o interesse primário, também chamado de interesse público propriamente dito, como a expressão da vontade popular, enquanto o secundário seria a vontade individual do próprio Estado.

Consoante defende Moraes (2004, p. 111-158), o ato administrativo não vinculado, como o decorrente da valoração administrativa de um conceito verdadeiramente indeterminado, é passível de um controle jurisdicional que vai além da mera aferição do critério da legalidade, por dever obediência aos princípios constitucionais da Administração Pública e respeito aos direitos fundamentais, sem que com isso se possa falar em ativismo judicial ou mesmo desrespeito à separação dos poderes. Dessa forma, aparenta-se ser inconcebível que haja uma possibilidade de escolha plenamente discricionária por parte do administrador, estando a concepção de interesse público, apesar de classificável como um conceito jurídico indeterminado, em face da existência de uma zona de penumbra, no mínimo temperadamente vinculada ao texto constitucional pelas normas de textura aberta[6].

Todavia, a fim de evitar o ativismo judicial, o controle jurisdicional deve obedecer a parâmetros previamente estabelecidos, ressaltando Barros (2008, p. 144/145) algumas importantes nuances quanto ao tema:

> Há, pois parâmetros para o controle das políticas públicas: a existência de imissões – ou até atuações – ilícitas, que desviem as políticas públicas de seu objetivo, qual seja, a efetivação paulatina dos direitos fundamentais sociais, econômicos e culturais. O conceito de ilicitude, nesse contexto, deve ser considerado em sentido amplo envolvendo à Constituição ou à lei.
>
> Outra questão interessante concerne ao tempo necessário para que fique caracterizada a omissão ilícita. É certo que não será em todo momento que se poderá determinar que o Poder Público seja incidindo em omissão, bem como que sua inação soa inconstitucional ou ilegal. O tempo necessário, contudo, para ficar evidenciada uma situação de inércia ilícita dependerá, caso não haja prazo fixado, das peculiaridades do caso concreto e se submeterá aos critérios de razoabilidade.
>
> Assim, sopesadas as circunstâncias envolvidas no caso concreto, se for possível dessumir que a política pública reclama, ao longo do tempo, não só podia como devia ter sido produzida, em razão de sua importância e indispensabilidade para a efetivação de direitos fundamentais, tem-se por caracterizada a omissão ilícita.

Outra nuance absolutamente importante para o nosso estudo é a que se refere ao fato de que a omissão ilícita pode ser total (quando há absoluta falta de ação) ou parcial (quando existe ação, mas não é completa ou suficiente). Trazendo estas lições para o tema do controle de políticas públicas, tem-se que este é admissível em casos de absoluta ausência de políticas (omissão total), ou em situações, bem comuns, quando são engendradas políticas insuficientes para os fins previstos, de modo a evidenciar uma omissão parcial ilícita.

A questão em tela ganhou destaque na jurisprudência pátria no julgamento da Arguição de Descumprimento de Preceito Fundamental n. 45/DF (2004, s.p), quando o Supremo Tribunal Federal, sob a relatoria do Ministro Celso de Mello, em demanda envolvendo a garantia do direito social à saúde, afirma a possibilidade excepcional do próprio Poder Judiciário de implementar políticas públicas, ainda que em caso de omissão parcial, bastando que estejam presentes dois requisitos: a razoabilidade do direito individual/social deduzida em face do Estado e a existência de disponibilidade financeira. Leia-se um pequeno trecho do voto do relator, em que este aborda a impossibilidade de invocação da reserva do possível para a não implementação dos direitos sociais:

> É que a realização dos direitos econômicos, sociais e culturais, além de caracterizar-se pela gradualidade de seu processo de concretização – depende, em grande medida, de um inescapável vínculo financeiro subordinado às possibilidades orçamentárias do Estado, de tal modo que, comprovada, objetivamente, a incapacidade econômico-financeira da pessoa estatal, desta não se poderá razoavelmente exigir, considerada a limitação material referida, a imediata efetivação do comando fundado no texto da Carta Política. Não se mostrará lícito, no entanto, ao Poder Público, em tal hipótese – mediante indevida manipulação de sua atividade financeira e/ou político-administrativa – criar obstáculo artificial que revele o ilegítimo, arbitrário e censurável propósito de fraudar, de frustrar e de inviabilizar o estabelecimento e a preservação, em favor da pessoa e dos cidadãos, de condições materiais mínimas de existência. Cumpre advertir,

---

(6) Acrescenta MAGALHÃES FILHO (2004, p. 123) que "numa democracia participativa, o exercício do direito de ação é uma das mais eficazes formas de participação das pessoas na vida do Poder. O direito de ação torna-se um direito cívico, sendo a cidadania compreendida como a participação popular nas decisões emanadas do Poder Político ou, ainda, como capacidade de influir nas esferas do Poder. Abre-se, assim, a possibilidade do exercício constitucional da cidadania através de instrumentos processuais".

desse modo, que a cláusula da "reserva do possível" – ressalvada a ocorrência de justo motivo objetivamente aferível – não pode ser invocada, pelo Estado, com a finalidade de exonerar-se do cumprimento de suas obrigações constitucionais, notadamente quando, dessa conduta governamental negativa, puder resultar nulificação ou, até mesmo, aniquilação de direitos constitucionais impregnados de um sentido de essencial fundamentalidade.

A teoria da reserva do possível[7] não é estranha à discussão em comento, tendo Poder Público feito uso desta para justificar a não implementação de políticas públicas que garantam a plena proteção dos direitos sociais constitucionalmente estabelecidos, bem como impedir que o Judiciário interfira no orçamento do Ente em questão. Não há como se olvidar que ninguém está obrigado ao impossível, ou seja, caso efetivamente inexista recursos nos cofres públicos, o atendimento ao dever socialmente previsto resta indubitavelmente prejudicado, surgindo para o Poder Público a obrigação de comprovar e não apenas alegar a inexistência de verba, com fulcro no art. 373, II, do Novo CPC.

Todavia, esclareça-se, por oportuno, que a noção de escassez de verbas públicas acima mencionada deve levar em consideração os valores presentes nos cofres Públicos como um todo, e não apenas o *quantum* que fora destinado, por meio de lei orçamentária, para a efetivação de determinado direito social. Assim, busca-se evitar que o administrador direcione quantia substancial do dinheiro público para suprir um interesse público meramente secundário, enquanto o mínimo existencial não é sequer respeitado.

Levando-se em consideração que a Constituição Federal de 1988 determina a promoção dos direitos fundamentais e sociais ali previstos, bem como que todos os Poderes Federativos estão obrigados garantir a sua eficácia, não há como se olvidar que os atos administrativos que destoem do referido panorama são passíveis de controle jurisdicional meritório. Consoante defende Barcellos (2010, p. 122), cabe ao Judiciário, levando em consideração o poderio econômico do País, o controle da eficiência mínima dos atos administrativos, ou seja, apesar de não poder os magistrados determinar o *quantum* do orçamento deverá ser destinado para a garantia de determinado direito, deve o Judiciário realizar o controle do resultado final das políticas pública adotadas.

Nesse diapasão, Brito (2007, p. 117-118) conclui que

> uma coisa é governar (que o Judiciário não pode fazer). Outra coisa é impedir o desgoverno (que o Judiciário pode e tem que fazer). É como falar: o Judiciário não tem do governo a função, mas tem do governo a força. A força de impedir o desgoverno, que será tanto pior quando resultante do desrespeito à Constituição.

---

(7) Explicando sobre a origem da tese da reserva do possível, leia-se CASTRO (2012, p. 104/105): "O caso que deu origem à chamada reserva do possível foi julgado pelo Tribunal Alemão em 18.07.1972, e versava sobre o direito de acesso ao ensino superior. No caso julgado, duas universidades alemãs estabeleceram restrições ao acesso direto de alunos ao curso de medicina humana (medicina e odontologia), nos anos de 1969 e 1970. A Universidade de Hamburgo estabeleceu que as vagas disponíveis para candidatos alemães deveriam ser distribuídas na proporção de 60% segundo o *curriculum* do candidato e 40% segundo o ano de nascimento, sendo possível haver reserva de vagas para situações excepcionais, porém não limitou o número de vagas. Já a Universidade de Bavária – ponto central do tema – estabeleceu limitações de vagas para algumas áreas de conhecimento, se isso fosse estritamente necessário à manutenção do funcionamento regular do curso, tendo em vista a capacidade das instalações do campus daquela universidade. Mas, determinou que algumas vagas fossem reservadas para estudantes residentes na Bavária. Foi contra essas normas que se pronunciou o Tribunal Constitucional Alemão, em controle concentrado apresentado pelos tribunais administrativos daqueles dois estados-membros da Alemanha. O Tribunal Constitucional Alemão entendeu que a limitação de vagas estabelecidas pela Universidade de Hamburgo não era adequada por seu efeito extremamente incisivo, pois ele faz com que um número maior ou menor de candidatos tenha que adiar o início do curso desejado por um tempo mais ou menos longo. Limitações absolutas de admissão para calouros de uma determinada especialização são constitucionais somente se: i) elas forem determinadas nos limites do estritamente necessários, depois de uso exaustivos das capacidades de ensino disponíveis, ii) houver escolha e distribuição de candidatos, segundo critérios racionais, com uma chance para todo candidato qualificado para o ensino superior e com respeito, na maior medida do possível, da escolha individual do lugar de ensino. É o legislador quem deve tomar as decisões essenciais sobre os requisitos da determinação de limitações absolutas e sobre os critérios de escolha a serem aplicados. (...) O Tribuna Constitucional Alemão entendeu que existe uma limitação fática condicionada pela "reserva do possível", no sentido do que pode o indivíduo, racionalmente falando, exigir da coletividade. Os direitos a prestações não são determinados previamente, mas sujeitos à reserva do possível, no sentido de que a sociedade deve fixar a razoabilidade da pretensão. Em primeiro lugar, compete ao legislador julgar sobre a importância das diversas pretensões da comunidade para incluí-la no orçamento, resguardando o equilíbrio financeiro geral. Além disso, diante do pedido de ingresso formulado pelos alunos, o Tribuna entendeu que "um tal mandamento constitucional não obriga, contudo, a prover a cada candidato, em qualquer momento, a vaga do ensino superior por ele desejada, tornando, desse modo, os dispendiosos investimentos na área de ensino superior exclusivamente da demanda individual, "frequentemente e influenciável por vários fatores". O Tribunal negou o pedido e firmou entendimento de que a realização dos direitos sociais que estivessem além do mínimo vital ficaria condicionada à existência de recursos orçamentários. O problema principal levantado pelo Tribunal Constitucional Federal Alemão é que os recursos públicos são limitados e insuficientes ao atendimento de todas as demandas da coletividade. Dessa forma, atribui-se ao Estado a descrição sobre a alocação dos recursos entre os diversos setores do orçamento, de modo a atender também a outros interesses da coletividade".

5. BREVES EXPLANAÇÕES SOBRE AS DIRETRIZES DO SISTEMA ÚNICO DE SAÚDE

Conforme estabelece o art. 198 da Constituição Federal de 1988, "as ações e serviços públicos de saúde integram uma rede regionalizada e hierarquizada e constituem um sistema único". Leciona Sarlet (2013, p. 1938) que o princípio da unidade do SUS, aferível do mencionado dispositivo, surgiu como uma maneira de corrigir as disposições constantes nos textos das constituições anteriores, em que o direito à saúde estava limitado ao atendimento do trabalhador com vínculo formal e aos seus respectivos dependentes, por ventura, segurados do Instituto Nacional de Previdência Social (INPS), restando aos demais a rede particular ou a própria carência do serviço. Atualmente, o direito à saúde está submetido a um só planejamento, ainda que hierarquizado, entre os níveis federais, estaduais e municipais, possuindo como diretriz a descentralização, com direção única em cada esfera de governo[8].

O princípio da integralidade do atendimento, previsto no inciso II do mesmo artigo, é uma resposta do legislador originário aos tratados internacionais firmados pelo Brasil, em que resta assegurado o direito de todas as pessoas de gozar do melhor estado de saúde físico e mental possível de se atingir. O legislador derivado explana sobre o referido princípio no art. 7º, inciso II, da Lei n. 8.080/1990, conceituando "como conjunto articulado e contínuo das ações e serviços preventivos e curativos, individuais e coletivos, exigidos para cada caso em todos os níveis de complexidade do sistema".

Dispondo sobre o tema, acrescenta Serrano (2009, p. 86):

> Deste modo, assistência integral implica necessariamente o manejo de todos os recursos para a preservação ou restauração de tal estado de saúde. O que se quer dizer é que a integralidade tanto envolve atividades preventivas (vacinação, vigilância epidemiológica etc.), como também atividades curativas e integrativas do indivíduo à sociedade, quando se fizer necessário. O dever do Estado para com a saúde, em suma, é integral, englobando itens como vacinas, internações, exames de apoio ao diagnóstico, medicamentos e mesmo próteses, inclusive externas. Assim, qualquer pessoa que apresentar deficiência em sua saúde, ou melhor dizendo, doença ou moléstia, deve o Estado prestar o atendimento respectivo necessário, de acordo com as possibilidades existentes, do ponto de vista científico. (...) O atendimento deverá ser adequado, não importando o grau de complexidade da doença apresentada ou o custo do tratamento, ainda que envolva internações, transplante e drogas não incluídas na lista de remédios elaborada pelo SUS.

Em face desta diretriz, tem-se levantado questionamentos quanto à responsabilidade do Poder Público em fornecer medicamentos ou custear tratamentos classificados como experimentais. Assim, enquanto há quem se posicione pela impossibilidade de cobertura pelo SUS, com base no princípio da razoabilidade e da eficiência (Sarlet, 2013, p. 1940), há quem defenda a prevalência ao caso do direito à vida, por entender que este abrange tratamentos utilizados como a última chance de se tentar sobreviver com dignidade (Castro, 2012, p. 230).

Diante disso, o Conselho Superior da Magistratura editou a Recomendação n. 31, de 30 de março de 2010, no qual recomenda aos Tribunais de Justiça dos Estados e aos Tribunais Regionais Federais que orientem, através das suas corregedorias, aos magistrados vinculados, que evitem autorizar o fornecimento de

---

(8) Ainda que todos respondam solidariamente pelo dever de garantir o direito à saúde, há uma divisão de competência entre os Entes Federativos, estabelecida nos moldes previstos na Lei n. 8.080/90, a qual "dispõe sobre as condições para a promoção, proteção e recuperação da saúde, a organização e o funcionamento dos serviços correspondentes". Quanto ao fornecimento de medicamentos, acrescenta LIMA (2010, p. 249): "Os denominados medicamentos de dispensação em caráter excepcional são aqueles de mérito ou alto custo, definidos pelo Ministério da Saúde, adquiridos pelo Estado, com previsão de posterior ressarcimento da União. Compõem atualmente um elenco de 105 substancias ativas em 220 apresentações, conforme Portaria GM/MS n. 1.318, de 23 de julho de 2002, complementada pela Portaria SAS/MS n. 921, de 22 de novembro de 2002. O Programa de Medicamentos de Dispensação em Caráter Excepcional atende atualmente a 330 mil pacientes cadastrados, dado de janeiro de 2004, sendo que 2003 foram gastos cerca de R$ 1 bilhão de reais na aquisição destes medicamentos, dos quais a metade foi suportada pelos Estados, sem contrapartida da União. (...) Os medicamentos dispensados em caráter especial são aqueles de médio e alto custo, definidos e adquiridos pelo Estado, sem contrapartida da União, e não abrangidos nas categorias dos medicamentos excepcionais, nem dos medicamentos essenciais básicos. São medicamentos que têm por objetivo atender às doenças mais recorrentes no Estado ou com maios medicamentos implantados, havendo revisão anual do elenco para inclusão ou exclusão de cada item, conforme a necessidade. São previstos pela Portaria n. 37, de 17 de julho de 2002, da Secretaria Estadual da Saúde, publicada no DOE de 24 de julho de 2002, com mais de 100 itens, observadas as revisões anuais. Os medicamentos essenciais básicos compõem um elenco de 92 itens (135 apresentações farmacêuticas) destinados às necessidades de atenção básica. São os medicamentos mais simples, de menor custo, organizados em uma relação nacional de medicamentos – RENAME, cujo fornecimento é de responsabilidade dos Municípios, em regra, com repasse da União e dos Estados e participação dos Municípios, em um cálculo que leva em conta o número de habitantes. A Portaria n. 1.587, de 3 de setembro de 2002, publicada no DOU de 5 de setembro de 2002, contém a atual listagem de medicamentos".

medicamentos ainda não registrados pela ANVISA, ou em fase experimental, ressalvadas as exceções expressamente previstas em lei.

A participação da comunidade no desenvolvimento das políticas e ações públicas destinadas à saúde é igualmente previsto no texto constitucional, prevendo a Lei n. 8.142/1990, duas instituições jurídicas que concretizam a mencionada diretriz. Enquanto a Conferência de Saúde reúne-se a cada quatro anos com a representação dos vários segmentos sociais, para avaliar a situação da saúde e propor diretrizes para a formulação da política nos níveis correspondentes, o Conselho de Saúde é um órgão colegiado de caráter permanente, que atua na formulação e controle da política de saúde, sendo composto por representantes do governo, prestadores de serviço, profissionais de saúde e usuários.

6. DA IMPORTANCIA DO MINISTÉRIO PÚBLICO E DA DEFENSORIA PÚBLICA NA EFETIVAÇÃO DO DIREITO À SAÚDE

É hialina a disposição constante no art. 18 do Novo Código de Processo Civil, o qual prevê expressamente que "ninguém poderá pleitear, em nome próprio, direito alheio, salvo se autorizado por lei", ou seja, a legitimidade *ad causam* ordinária deve ser compreendida como a regra, haja vista obrigar que o titular do interesse jurídico pleiteado exerça a sua capacidade de estar em juízo como condição para o conhecimento da própria ação. Assim, o enfermo, a desdúvidas, possui legitimidade ativa para demonstrar em juízo possível violação de seu direito à saúde, todavia, nem sempre o vilipêndio de direito fundamental ocorre quando o interessado direto possui capacidade plena.

A legitimidade *ad causam* extraordinária surge então como um instrumento capaz de validar a substituição processual, mas apenas quando autorizado por lei. Consoante explana Cintra, Grinover e Dinamarco (2009, p. 278), "há certas situações em que o direito permite a uma pessoa o ingresso em juízo, em nome próprio e, portanto, não como mero representante, pois este age em nome do representado, na defesa de direito alheio". Diante disso, surge a controversa questão da legitimidade ativa do Ministério Público na defesa do direito à saúde.

Ao *Parquet*, por força do *caput* do art. 127 da Constituição Federal de 1988, restou incumbida a defesa, dentre outros, dos direitos individuais indisponíveis. Acrescente-se ainda que o art. 25, inciso IV, alínea "a", da Lei Orgânica Nacional do Ministério Público (Lei n. 8.625/1993) estabelece que:

Art. 25. Além das funções previstas nas Constituições Federal e Estadual, na Lei Orgânica e em outras leis, incumbe, ainda, ao Ministério Público: (...)

IV – promover o inquérito civil e a ação civil pública, na forma da lei:

a) para a proteção, prevenção e reparação dos danos causados ao meio ambiente, ao consumidor, aos bens e direitos de valor artístico, estético, histórico, turístico e paisagístico, e a outros interesses difusos, coletivos e individuais indisponíveis e homogêneos;

O Código de Defesa do Consumidor, Lei n. 8.078/1990, em seu art. 81, classifica os direitos coletivos *lato sensu* em três diferentes espécies: os direitos difusos, os direitos coletivos *stricto sensu* e os direitos individuais homogêneos. O primeiro destes é conceituado como sendo direitos transindividuais, de natureza indivisível e cujos titulares sejam pessoas indeterminadas ligadas por circunstâncias de fato. A segunda espécie acima mencionada difere da anterior descrita apenas quanto "a determinabilidade e a decorrente coesão como grupo, categoria ou classe anterior à lesão, fenômeno que se verifica nos direitos coletivos *stricto sensu* e não ocorre nos direitos difusos" (DIDIER, 2010, p. 73).

Os direitos individuais homogêneos, por sua vez, são definidos no mesmo diploma como sendo aqueles decorrentes de origem comum, podendo ser divididos em indisponíveis e disponíveis. Quanto aos primeiros, não há como se olvidar que fora incumbido o Ministério Público da defesa destes, por força do art. 127 da Carta Magna. Quanto aos segundos, apesar da divergência doutrinária sobre o tema, o Supremo Tribunal Federal tem se manifestado pela legitimidade do *Parquet*, caso reste demonstrado o relevante caráter social do direito em questão[9].

O Ministério Público tem uma importante função na efetivação do direito à saúde, tendo feito uso das ações civis públicas como ferramenta para garantir a sua promoção e defesa. Diante disso, importante se faz ressaltar que não foram poucas as decisões proferidas

---

(9) Nesse sentido, leia-se a ementa do Agravo Regimental no Recurso Extraordinário n. 401.482/PR (2013, s.p): "PROCESSUAL CIVIL. AGRAVO REGIMENTAL NO RECURSO EXTRAORDINÁRIO. AÇÃO CIVIL PÚBLICA. DEFESA DE INTERESSES INDIVIDUAIS HOMOGÊNEOS DISPONÍVEIS. LEGITIMIDADE ATIVA DO MINISTÉRIO PÚBLICO. PRECEDENTES. 1. O ministério público possui legitimidade para propor ação civil coletiva em defesa de interesses individuais homogêneos de relevante caráter social, ainda que o objeto da demanda seja referente a direitos disponíveis (RE 500.879-agr, Rel. Min. Carmen Lúcia, Primeira Turma, DJe de 26.05.2011; RE 472.489-agr, Rel. Min. Celso de Mello, segunda turma, DJe de 29.08.2008). 2. Agravo regimental a que se nega provimento".

pelo Superior Tribunal de Justiça no sentido de não ser possível o ajuizamento de ação civil pública pelo , a fim de postular em defesa do direito à saúde de um único indivíduo, haja vista o direito em questão, apesar de indisponível, não poder ser entendido como homogêneo. Nesse sentido, leia-se as palavras do Ministro João Otávio de Noronha no Recurso Especial n. 672.871/RS:

> Dessa forma, verifica-se faltar ao Ministério Público legitimidade para pleitear em juízo o fornecimento pelo Estado de certo medicamento a pessoa determinada, pois, apesar de a saúde constituir um direito indisponível, a presente situação não trata de interesses homogêneos. Isso porque, na presente ação civil pública, não se agiu em defesa de um grupo de pessoas ligadas por uma situação de origem comum, mas apenas de um indivíduo[10] [11].

Por outro lado, a mesma Corte proferiu decisão em sentido oposto, defendo a legitimidade do *Parquet* em propor ação civil pública que vise tutelar diretamente o direito à saúde de um único indivíduo, senão vejamos um trecho do voto do ministro relator convidado Carlos Fernando Mathias no Recurso Especial n. 931.513/RS (2009, s.p) quanto ao tema:

> A tutela dos interesses e direitos dos hipervulneráveis é de inafastável e evidente conteúdo social, mesmo quando a Ação Civil Pública, no seu resultado imediato, aparenta tutelar apenas uma única pessoa. É que, nesses casos, a Ação é pública, não por referência à quantidade dos sujeitos afetados ou beneficiados, em linha direta, pela providência judicial (= critério quantitativo dos beneficiários imediatos), mas em decorrência da própria natureza da relação jurídica-base de inclusão social imperativa. Esta última perspectiva – que se apoia no pacto jurídico-político da sociedade, apreendido em sua globalidade e nos bens e valores ético-políticos que o abrigam e o legitimam – realça a necessidade e a indeclinabilidade de proteção jurídica especial a toda uma categoria de indivíduos (= critério qualitativo dos beneficiários diretos), acomodando um feixe de obrigações vocalizadas como jus cogens.
> Ao se proteger o hipervulnerável, a rigor quem verdadeiramente acaba beneficiada é a própria sociedade, porquanto espera o respeito ao pacto coletivo de inclusão social imperativa, que lhe é caro, não por sua faceta patrimonial, mas precisamente por abraçar a dimensão intangível e humanista dos princípios da dignidade da pessoa humana e da solidariedade. Assegurar a inclusão judicial (isto é, reconhecer a legitimação para agir) dessas pessoas hipervulneráveis, inclusive dos sujeitos intermediários a quem incumbe representá-las, corresponde a não deixar nenhuma ao relento da Justiça por falta de porta-voz de seus direitos ofendidos[12].

A fim de unificar os julgados, a Primeira Seção do Superior Tribunal de Justiça, em novembro de 2007, proferiu decisão, nos autos dos Embargos de Divergência em Recurso Especial n. 664.139/RS (2007, s.p),

---

(10) Leia-se a ementa de mencionada decisão: "PROCESSO CIVIL. AÇÃO CIVIL PÚBLICA. FORNECIMENTO DE MEDICAMENTO A PESSOA DETERMINADA. ILEGITIMIDADE ATIVA RECONHECIDA. 1. De acordo com o disposto na Constituição Federal (art. 129, III) e na Lei Orgânica do Ministério Público (art. 25, IV, "a", da Lei n. 8.625/1993), esse órgão possui como função institucional a defesa dos interesses difusos, coletivos e individuais indisponíveis e homogêneos. Faltando um desses requisitos, o *parquet* não possui legitimidade para funcionar como substituto processual nas ações civis públicas. 2. Não é possível o ajuizamento de ação civil pública para postular direito individual que, apesar de indisponível, seja destituído do requisito da homogeneidade, indicativo da dimensão coletiva que deve caracterizar os interesses tutelados por meio de tais ações. 3. Ao ajuizar ação civil pública, o Ministério Público age como substituto processual naquelas hipóteses taxativamente dispostas em lei, cabendo à Defensoria Pública atuar como representante das pessoas mais necessitadas. 4. Recurso especial não-provido".

(11) Ver também a decisão proferida no Recurso Especial n. 664.139/RS (2005, s.p): AÇÃO CIVIL PÚBLICA. MINISTÉRIO PÚBLICO. LEGITIMIDADE. FORNECIMENTO DE MEDICAMENTOS. MENOR. CARENTE. 1. Na esteira do art. 129 da Constituição Federal, a legislação infraconstitucional, inclusive a própria Lei Orgânica, preconiza que o Ministério Público tem legitimidade ativa ad causam para propor ação civil pública para a proteção de interesses difusos e coletivos, como regra. Em relação aos interesses individuais, exige que também sejam indisponíveis e homogêneos. No caso em exame, pretende-se que seja reconhecida a sua legitimidade para agir como representante de pessoa individualizada, suprimindo-se o requisito da homogeneidade. 2. O interesse do menor carente deve ser postulado pela Defensoria Pública, a quem foi outorgada a competência funcional para a "orientação jurídica e a defesa, em todos os graus, dos necessitados na forma do art. 5º, LXXIV". Não tem o Ministério Público legitimidade para propor ação civil pública, objetivando resguardar interesses individuais, no caso de um menor carente. 3. Recurso especial improvido.

(12) Leia-se a integra da mencionada decisão: "PROTEÇÃO DAS PESSOAS COM DEFICIÊNCIA FÍSICA, MENTAL OU SENSORIAL. SUJEITOS HIPERVULNERÁVEIS. FORNECIMENTO DE PRÓTESE AUDITIVA. MINISTÉRIO PÚBLICO. LEGITIMIDADE ATIVA *AD CAUSAM*. LEI N. 7.347/1985 E LEI N. 7.853/1989. 1. Quanto mais democrática uma sociedade, maior e mais livre deve ser o grau de acesso aos tribunais que se espera seja garantido pela Constituição e pela lei à pessoa, individual ou coletivamente. 2. Na Ação Civil Pública, em caso de dúvida sobre a legitimação para agir de sujeito intermediário – Ministério Público, Defensoria Pública e associações, p. ex. –, sobretudo se estiver em jogo a dignidade da pessoa humana, o juiz deve optar por reconhecê-la e, assim, abrir as portas para a solução judicial de litígios que, a ser diferente, jamais veriam seu dia na Corte. 3. A categoria ético-política, e também jurídica, dos sujeitos vulneráveis inclui um subgrupo de sujeitos hipervulneráveis, entre os quais se destacam, por razões óbvias, as pessoas com deficiência física, sensorial ou mental. 4. É dever de todos salvaguardar, da forma mais completa e eficaz possível, os interesses e direitos das pessoas com deficiência, não sendo à toa que o legislador se refere a uma "obrigação nacional

pacificando o entendimento das Turmas de Direito Público da mencionada Corte no sentido de reconhecer que o Ministério Público possui sim legitimidade para defender judicialmente direitos individuais indisponíveis, ainda que em favor de pessoa determinada.

O papel desempenhado pela Defensoria Púbica para a efetivação do direito à saúde igualmente merece destaque. Na qualidade de instituição permanente e essencial à atividade jurisdicional, dispõe o art. 134 da Constituição Federal que a Defensoria Pública fora incumbida da "promoção dos direitos humanos e da defesa, em todos os graus, judicial e extrajudicial, dos direitos individuais e coletivos, de forma integral e gratuita, aos necessitados".

A garantia de acesso à justiça é, sem dúvidas, umas das principais ferramentas atribuídas pelo legislador originário a todos que, por ventura, venham a ter algum direito violado. Em respeito ao princípio da isonomia, o tratamento desigual dado aos hipossuficientes fez surgir uma das carreiras mais nobres da área jurídica, a qual é assim apresentada por Fensterseifer (2008, p. 414):

> atuar como "guardiã" dos direitos fundamentais sociais na ordem jurídico-constitucional brasileira. Tal papel constitucional conferido à Defensoria Pública possui ainda maior relevância quando está em causa a proteção de um patamar mínimo em termos de prestações sociais, sem o qual a vida humana não pode se desenvolver com dignidade. Tal "retrato" de degradação social está presente de forma significativa na realidade brasileira, onde uma massa expressiva da população carente encontra-se sem acesso aos seus direitos sociais básicos (mínimo existencial), e, por consequência, a uma vida digna. A Defensoria Pública, diante de tal contexto, deve movimentar-se na defesa de tais cidadãos, fazendo com que seja garantida a eles nada menos que uma vida digna. Esse é o "espírito constitucional" que fundamenta a atuação da Defensoria e de cada Defensor Público. Por vezes, o acesso à justiça proporcionado pela Defensoria Pública servirá de porta de ingresso da população carente ao espaço comunitário-estatal, permitindo a sua inclusão no pacto social estabelecido pela nossa Lei Fundamental.

7. CONSIDERAÇÕES FINAIS

Conforme explanado nos tópicos anteriores, em uma concepção político-social, ser saudável é mais do

---

a cargo do Poder Público e da sociedade" (Lei n. 7.853/1989, art. 1º, § 2º, grifo acrescentado).5. Na exegese da Lei n. 7.853/1989, o juiz precisa ficar atento ao comando do legislador quanto à finalidade maior da lei-quadro, ou seja, assegurar "o pleno exercício dos direitos individuais e sociais das pessoas portadoras de deficiência, e sua efetiva integração social" (art. 1º, *caput*, grifo acrescentado). 6. No campo da proteção das pessoas com deficiência, ao Judiciário imputam-se duas ordens de responsabilidade: uma administrativa, outra judicial. A primeira, na estruturação de seus cargos e serviços, consiste na exigência de colaborar, diretamente, com o esforço nacional de inclusão social desses sujeitos. A segunda, na esfera hermenêutica, traduz-se no mandamento de atribuir à norma que requer interpretação ou integração o sentido que melhor e mais largamente ampare os direitos e interesses das pessoas com deficiência. 7. A própria Lei n. 7.853/1989 se encarrega de dispor que, na sua "aplicação e interpretação", devem ser considerados "os valores básicos da igualdade de tratamento e oportunidade, da justiça social, do respeito e dignidade da pessoa humana, do bem-estar, e outros indicados na Constituição ou justificados pelos princípios gerais de direito" (art. 1º, § 1º). 8. Por força da norma de extensão ("outros interesses difusos e coletivos", consoante o art. 129, III, da Constituição de 1988; "qualquer outro interesse difuso ou coletivo", nos termos do art. 110 do Código de Defesa do Consumidor; e "outros interesses difusos, coletivos e individuais indisponíveis e homogêneos", na fórmula do art. 25, IV, alínea "a", da Lei Orgânica Nacional do Ministério Público), cabe ao Judiciário, para fins de legitimação ad causam na Ação Civil Pública, incorporar ao rol legal – em *numerus apertus*, importa lembrar – novos direitos e interesses, em processo de atualização permanente da legislação. 9. A tutela dos interesses e direitos dos hipervulneráveis é de inafastável e evidente conteúdo social, mesmo quando a Ação Civil Pública, no seu resultado imediato, aparenta amparar uma única pessoa apenas. É que, nesses casos, a ação é pública, não por referência à quantidade dos sujeitos afetados ou beneficiados, em linha direta, pela providência judicial (= critério quantitativo dos beneficiários imediatos), mas em decorrência da própria natureza da relação jurídica-base de inclusão social imperativa. Tal perspectiva – que se apoia no pacto jurídico-político da sociedade, apreendido em sua globalidade e nos bens e valores ético-políticos que o abrigam e o legitimam – realça a necessidade e a indeclinabilidade de proteção jurídica especial a toda uma categoria de indivíduos (= critério qualitativo dos beneficiários diretos), acomodando um feixe de obrigações vocalizadas como *jus cogens*. 10. Ao se proteger o hipervulnerável, a rigor quem verdadeiramente acaba beneficiada é a própria sociedade, porquanto espera o respeito ao pacto coletivo de inclusão social imperativa, que lhe é caro, não por sua faceta patrimonial, mas precisamente por abraçar a dimensão intangível e humanista dos princípios da dignidade da pessoa humana e da solidariedade. Assegurar a inclusão judicial (isto é, reconhecer a legitimação para agir) dessas pessoas hipervulneráveis, inclusive dos sujeitos intermediários a quem incumbe representá-las, corresponde a não deixar nenhuma ao relento da Justiça por falta de porta-voz de seus direitos ofendidos. 11. Maior razão ainda para garantir a legitimação do Parquet se o que está sob ameaça é a saúde do indivíduo com deficiência, pois aí se interpenetram a ordem de superação da solidão judicial do hipervulnerável com a garantia da ordem pública de bens e valores fundamentais – *in casu* não só a existência digna, mas a própria vida e a integridade físico-psíquica em si mesmas, como fenômeno natural. 12. A possibilidade, retórica ou real, de gestão individualizada desses direitos (até o extremo dramático de o sujeito, in concreto, nada reclamar) não os transforma de indisponíveis (porque juridicamente irrenunciáveis *in abstracto*) em disponíveis e de indivisíveis em divisíveis, com nome e sobrenome. Será um equívoco pretender lê-los a partir da cartilha da autonomia privada ou do *iusdispositivum*, pois a ninguém é dado abrir mão da sua dignidade como ser humano, o que equivaleria, por presunção absoluta, a maltratar a dignidade de todos, indistintamente. 13. O Ministério Público possui legitimidade para defesa dos direitos individuais indisponíveis, mesmo quando a ação vise à tutela de pessoa individualmente considerada. Precedentes do STJ. 14. Deve-se concluir, por conseguinte, pela legitimidade do Ministério Público para ajuizar, na hipótese dos autos, Ação Civil Pública com o intuito de garantir fornecimento de prótese auditiva a portador de deficiência. 15. Recurso Especial não provido".

que simplesmente não estar acometido por determinada doença. Mesmo inexistindo na Carta Magna de 1988, o conceito último do que se deve compreender por saúde, os tratados internacionais dispõem que todos têm o direito de buscar o mais completo bem-estar físico, mental e social que possa vir a alcançar. Apesar de o atual texto constitucional ser o que melhor dispôs sobre o tema, as formas de efetivação do direito à saúde ainda é matéria controvertida.

Por ter sido elencado pelo legislador originário como um direito social, a exigibilidade deste adentra no antigo debate sobre a possibilidade de controle jurisdicional das políticas públicas. A fim de evitar os malefícios oriundos de uma Constituição Simbólica, a nova hermenêutica constitucional é hialina ao dispor sobre a força normativa da Carta Política, bem como da obrigatoriedade de obediência às suas disposições. Diante disso, vislumbro que o Judiciário possui o dever-poder de evitar o desgoverno, impedindo que a omissão ou conduta do administrador viole direito constitucionalmente previsto, ainda que para isso se tenha que adentrar no mérito do ato administrativo, sem que com isso se possa falar em ativismo judicial.

Por ser direito de todos e dever do Estado, a promoção da saúde, seja quanto ao recebimento de medicamento, a feitura de um exame ou mesmo a realização de um procedimento cirúrgico, pode ser exigível em face de qualquer dos Entes Federativos, haja vista a existência de responsabilidade solidária entre eles. Apesar de a máxima efetivação de todos os direitos sociais ainda parece ser uma questão utópica quando analisada dentro de um contexto de insuficiência de recursos, toda e qualquer política pública deve obediência ao mínimo existencial, cuja exigibilidade judicial pode ser pleiteada tanto pelo Ministério Público quanto pela Defensoria Pública.

8. REFERÊNCIAS

ALBUQUERQUE, Felipe Braga. *Direito e política*: Pressupostos para a análise de questões políticas pelo judiciário à luz do princípio democrático. Fortaleza, 2011. p. 117. Tese (Doutorado em Direito Constitucional) – Programa de Pós-Graduação em Direito, Universidade de Fortaleza, Fortaleza, 2011.

BARCELLOS, Ana Paula. *Constitucionalização das políticas públicas em matéria de direitos fundamentais: o controle político-social e o controle jurídico no espaço democrático*. In: Direitos fundamentais: orçamento e "reserva do possível". Org. Ingo Wolfgang Sarlet et al. Porto Alegre: Livraria do Advogado Editora, 2010.

BARROS, Marcus Aurélio de Freitas. *Controle Jurisdicional de políticas públicas: parâmetros objetivos e tutela coletiva*. Porto Alegre: Sergio Antônio Fabris Ed., 2008.

BLAXTER, Mildred. *Health*. 2. ed. Malden: Polity Press, 2010.

BONAVIDES, Paulo. *Ciência Política*. 7. ed. Rio de Janeiro: Forense, 1988.

BRASIL. Superior Tribunal de Justiça. *Embargos de Divergência em Recurso Especial n. 664.139/RS*. Primeira Seção. Relatora Ministra Denise Arruda. Julgamento 24 out. 2007. Diário da Justiça Eletrônico 26 nov. 2007. Disponível em: <www.stj.jus.br>. Acesso em: 4 jun. 2014.

_____. Superior Tribunal de Justiça. *Recurso Especial n. 664.139/RS*. Segunda Turma. Ministro Relator Castro Meira. Julgamento 12 maio 2005. Diário da Justiça Eletrônico 20 jun. 2005. Disponível em: <www.stj.jus.br>. Acesso em: 4 jun. 2014.

_____. Superior Tribunal de Justiça. *Recurso Especial n. 672.871/RS*. Segunda Turma. Ministro Relator João Otávio de Noronha. Julgamento 6 dez. 2005. Diário da Justiça Eletrônico 1 fev. 2006. Disponível em: <www.stj.jus.br>. Acesso em: 4 jun. 2014.

_____. Superior Tribunal de Justiça. *Recurso Especial n. 931.513/RS*. Primeira Seção. Relator Ministro Herman Benjamin. Julgamento 25 nov. 2009. Diário da Justiça Eletrônico 27 set. 2010. Disponível em: <www.stj.jus.br>. Acesso em: 4 jun. 2014.

_____. Superior Tribunal de Justiça. *Recurso Ordinário em Mandado de Segurança n. 37964/CE*. Órfão Julgador: Segunda Turma. Recorrente: Ruth Sales de Vasconcelos Benevides. Recorrido: Estado do Ceará. Ministra Relatora: Eliana Calmon. Data do Julgamento: 23 out. 2012. Diário da Justiça Eletrônico, Brasília, 30 out. 2012. Disponível em:<https://ww2.stj.jus.br>. Acesso em: 12 nov. 2013.

_____. Supremo Tribunal Federal. *Agravo Regimental no Recurso Extraordinário n. 765.198/DF*. Relator Ministro Ricardo Lewandowski. Órgão Julgador: Segunda Turma. Julgamento: 3 jun. 2014. Disponível em: <www.stf.jus.br>. Acesso em: 30 jun. 2014.

_____. Supremo Tribunal Federal. *Agravo Regimental no Recurso Extraordinário n. 607381/SC*. Relator Ministro Luiz Fux. Órgão Julgador: Primeira Turma. Julgamento: 31 mai. 2011. Diário da Justiça Eletrônico: 16 jun. 2011. Disponível em:<www.stf.jus.br>. Acesso em: 30 jun. 2014.

_____. Supremo Tribunal Federal. *Agravo Regimental no Recurso Extraordinário n. 401.482/PR*. Segunda Turma. Relator Ministro Teori Zavascki. Julgamento 04 jun. 2013. Diário da Justiça Eletrônico 21 jun. 2013. Disponível em: <www.stf.jus.br>. Acesso em: 4 jun. 2014.

_____. Supremo Tribunal Federal. *Recurso Extraordinário n. 605.533/MG*. Relator Ministro Marco Aurélio. Julgamento 1º abr. 2010. Diário da Justiça Eletrônico 29 abr. 2010. Disponível em: <www.stf.jus.br>. Acesso em: 4 jun. 2014.

BRITO, Carlos Ayres. *O humanismo como categoria constitucional*. Belo Horizonte: Fórum, 2007.

CASTRO, Ione Maria Domingues de. *Direito à Saúde no âmbito do SUS: um direito ao mínimo existencial garantido pelo Judiciário?* (Tese de doutorado). Faculdade de Direito da Universidade de São Paulo, 2012.

CINTRA, Antônio Carlos de Araújo; GRINOVER, Ada Pellegrini; DINAMARCO, Cândido Rangel. *Teoria Geral do Processo*. 25. ed. São Paulo: Malheiros, 2009.

CONSELHO NACIONAL DE JUSTIÇA. *Recomendação n. 31, de 30 de março de 2010*. Disponível em: <http://www.rnpd.org.br/download/pdf/rec31.pdf>. Acesso em: 3 jul. 2014.

DALLARI, Sueli Gandolfi. *Os estados brasileiros e o direito à saúde*. São Paulo: Hucitec, 1995.

DIDIER JUNIOR, Fredie; ZANETI JUNIOR, Hermes. *Curso de Direito Processual Civil: processo coletivo*. 5. ed. Salvador: Editora JusPodvm, 2010.

FENSTERSEIFER, Tiago. Defensoria pública, direito fundamental à saúde, mínimo existencial, ação civil pública e controle judicial de políticas públicas. In: *Revista da Defensoria Pública*. São Paulo: s.e, 2008, ano 1, n. 1, jul./dez, v. 2. Disponível em:<http://www.defensoria.sp.gov.br/dpesp/repositorio/20/documentos/outros/Revista%20n%C2%BA%201%20Volume%202.pdf>. Acesso em: 4 jun. 2014.

LIMA, Ricardo Seibel de Freitas. *Direito à saúde e critérios de aplicação*. In: Direitos fundamentais: orçamento e "reserva do possível". Org. Ingo Wolfgang Sarlet et al. Porto Alegre: Livraria do Advogado Editora, 2010.

MAGALHÃES FILHO, Glauco Barreira. *Hermenêutica e unidade axiológica da Constituição*. 3. ed. Belo Horizonte: Mandamentos, 2004.

MELLO, Celso Antônio Bandeira de. *Curso de direito administrativo*. 27. ed. São Paulo: Malheiros, 2010.

MINISTÉRIO DA SÁUDE. *Relatório Final da 8ª Conferência Nacional de Saúde*, 17 a 21 de março de 1986. Disponível em:<http://bvsms.saude.gov.br/bvs/publicacoes/8_conferencia_nacional_saude_relatorio_final.pdf>. Acesso em: 28 jun. 2014.

MORAES, Germana de Oliveira. *Controle jurisdicional da administração pública*. 2. ed. São Paulo: Dialética, 2004.

NEVES, Marcelo. *A constitucionalização simbólica*. Guarulhos: Acadêmica, 1994.

ORGANIZAÇÃO MUNDIAL DE SAÚDE. Constituição (1946). *Constituição da Organização Mundial da Saúde*: de 22 de julho de 1946. Disponível em:<http://apps.who.int/gb/bd/PDF/bd47/EN/constitution-en. pdf>. Acesso em: 24 jun. 2014.

SARLET, Ingo Wolfgang. *Da Saúde*. In: CANOTILHO, J.J. Gomes et al. Comentários à Constituição do Brasil. São Paulo: Saraiva/Almedina, 2013.

SERRANO, Mônica de Almeida Magalhães. *O Sistema Único de Saúde e suas diretrizes constitucionais*. São Paulo: Editora Verbatim, 2009.

ZAGREBELSKY, Gustavo. *El derecho dúctil: ley, derechos, justicia*. Trad. Marina Gascón. Madrid: Editorial Trotta, 2011.

CIDADANIA, SOCIEDADE E CULTURA

JOYCEANE BEZERRA DE MENEZES
*Doutora em Direito pela Universidade Federal de Pernambuco (UFPE).
Mestre em Direito pela Universidade Federal do Ceará (UFCE). Professora titular da Universidade de Fortaleza
(UNIFOR) e Professora Adjunta da Universidade Federal do Ceará (UFCE).*

1. INTRODUÇÃO

Este artigo aborda a correlação entre os conceitos de direito, cultura e sociedade. Parte-se do pressuposto de que o direito decorre da própria vivência do homem em sociedade, constituindo um instrumento de solução de conflitos. Visa dar a cada um o que é seu, ou melhor, a tratar de modo igual os iguais e de modo diferente os diferentes, na medida em que essa diferença os inferioriza.

Por ser resultado de interações sociais, haverá o direito onde houver sociedade. Como expressão da cultura, corresponde à manifestação da razão humana – é uma criação do homem. O homem dá sentido ao mundo e expressa esse sentido pela linguagem, manifestando a sua natureza cultural. Quando procura estabilizar as relações sociais, estabelecendo modelos ideais de conduta para o bem viver, experimenta o direito. Na medida em que a convivência social se torna mais complexa, o direito se institucionaliza e assume as suas características atuais.

Para tratar o tema, dividiremos o texto em quatro partes. Em primeiro lugar analisaremos o direito enquanto um fenômeno social e apresentaremos as doutrinas que explicaram o seu surgimento. Em seguida, discutiremos a possibilidade da existência de direitos inatos e universais, enfocando a problemática dos direitos humanos. Por fim, uma breve retrospectiva sobre a formação do direito brasileiro e sobre a participação de brancos, índios e negros (aqui entendidos como atores sociais) na sua consolidação.

2. DIREITO É UM FENÔMENO SOCIAL

Compreendendo o Direito como um fenômeno social, podemos reafirmar a assertiva de Ulpiano, registrada no *Corpus Iuris Civilis*, qual seja a de que "onde está o homem há sociedade; onde há sociedade, há Direito" (no latim, "*Ubi homo ibi societas; ubi societas, ibi jus*"). O direito nasce junto com as sociedades, estabelecendo-se os modelos de conduta a serem estabilizados e reproduzidos, o que repercute na própria capacidade de conservação e perpetuação destas sociedades.

No entanto, ao perguntar sobre os registros acerca das instituições jurídicas do mundo pré-histórico não teremos explicações científicas e respostas conclusivas. Mas se sabe que os primeiros textos jurídicos surgiram no mesmo período do aparecimento da escrita (Wolkmer, 2012, p. 2).

Ante a falta de informações confiáveis, seria pretensioso supor que nas sociedades mais primitivas não havia direito ou que apenas o nosso tempo apresenta um "direito racional, necessário e definitivo" (Hespanha, 2005, p. 21). Se nos dias de hoje, chegarmos a uma comunidade isolada que vive no interior da Amazônia brasileira, poderemos perceber a existência de regras de convivência social elaboradas a partir do costume local. Ainda que seus membros ignorem as leis brasileiras às quais estão sujeitos, conhecem um núcleo comum a todo sistema jurídico que é basicamente: "dar a cada um o que é seu", buscando a equidade e a justiça. Sabe-se, porém, que nas sociedades "primitivas", as normas jurídicas se misturavam com as normas religiosas e morais. Não raro, consideravam o direito como um produto da vontade dos deuses. Somente aos sacerdotes cabia a tarefa de sua interpretação e de solução dos conflitos que envolviam questões jurídicas. Hoje, cada um desses grupos de normas tem suas características e campo de aplicação melhor delimitados. Todas são, contudo, instrumento de controle social.

As práticas primárias de controle social, fundamentadas nas crenças religiosas (em revelações divinas e sagradas) eram transmitidas oralmente. O dever de obediência estava associado ao temor da vingança dos deuses, pois o ilícito se confundia com a quebra da tradição ou com a desobediência à vontade da divindade. Em paralelo, desenvolviam-se as práticas habituais que se consolidavam como costumes dotados de obrigatoriedade. O direito era apreendido pelas pessoas desde os primeiros anos de vida. Todas as instituições, especialmente a família, tinham o papel educador neste sentido. Quando as sociedades se tornaram mais complexas, esse sistema jurídico passou a ser organizado por leis. Era preciso deixar muito bem explícitos os modelos de conduta ideal e as consequências derivadas de sua desobediência. Assim, foram se desenvolvendo os sistemas jurídicos formais e surgindo o Direito tal qual se nos é apresentado nos dias de hoje[1].

O direito antigo pode ser classificado em três grandes estágios: o direito que vinha dos deuses; o direito proveniente dos costumes e o direito identificado com a lei. Mais tarde a lei assumiria um papel tão importante que não raro seria confundida com o próprio direito.

A institucionalização do direito ocidental é atribuída às civilizações grega e romana. Mas a sistemática tal qual se nos apresenta hoje é um legado que se constrói ao longo do tempo, com o destaque atribuído aos compiladores do direito positivo, na Europa do século XII. Eram os chamados jurisconsultos práticos, bons conhecedores do direito positivo vigente. Compilaram os estatutos municipais, os costumes e as decisões jurisprudenciais, firmando-se como precursores da dogmática jurídica. Embora conhecedores do conjunto das normas vigentes, não tinham qualquer preocupação com o seu fundamento.

Aquelas compilações também não tiveram a preocupação de separar os diversos campos do direito. Em conjunto, conjugavam as normas reguladoras dos mais variados interesses. A exemplo, se observarmos as chamadas ordenações portuguesas, aplicadas no Brasil no período colonial, nelas se reuniam matéria de direito administrativo, de direito penal, de direito civil etc.

Tributa-se às codificações do século XIX a tarefa de uma mais especializada separação temática do direito. Embora utilizassem o material deixado pelo direito romano, tinham a tarefa de promover: (1) A unificação das fontes do direito, pois se aplicava, à época, além do direito escrito de origem romana, leis nacionais, o direito canônico, vários costumes e praxes jurisprudenciais; (2) A sistematização dos institutos e categorias jurídicas para facilitar a compreensão e aprendizagem do Direito por todos os integrantes da vida social; (3) A adaptação dos antigos institutos à realidade da época.

Pretendia-se ainda, atribuir ao Direito uma cientificidade semelhante à que se verificava nas ciências naturais. Com essa intenção, as grandes codificações que se sucederam nos séculos XIX e XX favoreceram a identificação do direito com o direito positivo, posto e vigente em um determinado estado nacional. Cada Estado teria, por assim dizer, o seu próprio direito.

Roberto Lyra Filho diz que mais difícil do que conceituar o "direito", é dissolver as falsas ideias que existem a seu respeito. Uma delas é a de considerar o direito como sinônimo de lei ou de ordenamento jurídico. Direito está muito mais relacionado à ideia de justiça do que à ideia de lei. A lei sempre emana dos poderes do Estado, do conjunto de órgãos que regem à sociedade politicamente organizada. Para o pensamento marxista, a lei é um instrumento da classe dominante para dominar a classe trabalhadora.

Nem mesmo os juristas gostam de conceituar o direito. A tarefa não é fácil e já foi comparada à caminhada por estrada montanhosa. Por esta razão, alguns juristas preferiram o curto caminho mais fácil de identificar o direito com "a armação do Estado",

---

(1) "Nesse aspecto, nas manifestações mais antigas do direito, as sanções legais estão profundamente associadas às sanções rituais. A sanção assume um caráter tanto repressivo quanto restritivo, na medida em que é aplicado um castigo ao responsável pelo dano e uma reparação à pessoa injuriada. Para além do formalismo e do ritualismo, o direito arcaico manifesta-se não por um conteúdo, mas pelas repetições de fórmulas, através dos atos simbólicos, das palavras sagradas, dos gestos solenes e da força dos rituais desejados. Os efeitos jurídicos são determinados por atos e procedimentos que, envolvidos pela magia e pela solenidade das palavras, transformam-se num jogo constante de ritualismos. Entretanto, o direito primitivo de matriz sagrada e revelado pelos reis-legisladores (ou chefes religiosos-legisladores) avança, historicamente, para o período em que se impõe a força e a repetição dos costumes" (WOLKMER, Antônio Carlos. O direito nas sociedades primitivas. In *Fundamentos da história do Direito*. WOLKMER, Antônio Carlos. (Organizador). Belo Horizonte: Del Rey, 2012, p. 4).

uma condição básica para a estabilidade da vida em sociedade (Carnelutti, 2000, p. 13).

Os regimes totalitários como a Alemanha nazista ou a Itália fascista cometeram a infelicidade de identificar direito e Estado. Assim, é melhor evitar uma conexão tão profunda entre esses dois conceitos até porque o direito também não é sinônimo de Estado.

Podemos compreender o direito para além da lei, observando as pressões coletivas que surgem na sociedade civil e forçam posições de vanguarda. Por esta via, o direito pode surgir independente da lei. Os sindicatos, as igrejas, os partidos políticos, as associações civis em geral têm esse poder de pressão para a defesa de seus interesses específicos. O movimento de Lésbicas, Gays, Bissexuais, Transexuais e Transgêneros (LGBTT) e sua luta pelo reconhecimento da igualdade e da liberdade é um dos exemplos. Apesar de a lei brasileira não lhes permitir casar ou celebrar a união estável, os tribunais já vêm assegurando essa possibilidade. A heterossexualidade dos cônjuges ou dos conviventes já não é o único pressuposto para que haja casamento ou união estável.

A lei é apenas uma das fontes do Direito. Ela pode transportar grandes conquistas históricas ou mesmo lhes ser contrárias. Há leis brasileiras cujo conteúdo é dissonante dos avanços produzidos pelos direitos humanos. A exemplo, tem-se um antigo decreto-lei, criado em 1921 para disciplinar a entrada de imigrantes no país (Dec. lei n. 4.247). Se o aplicássemos hoje, um herói de Guerra que houvesse perdido a perna por lutar contra o regime nazista, na 2ª Guerra mundial, poderia ser proibido de entrar no país. De acordo com aquele decreto-lei, o estrangeiro mutilado e maior de 60 anos de idade não poderia entrar no Brasil. Embora essa norma não tenha sido revogada expressamente, não tem eficácia nos dias de hoje. Caiu em total obsoletismo. Tantas outras leis são simplesmente inaplicáveis pela absoluta falta de propósito. A título de exemplo, tem-se a lei n. 1.542, de 1952 que exige autorização ministerial para a celebração de casamentos de funcionários da carreira diplomática.

Há outras leis que atrasam as conquistas da liberdade e da igualdade, como se verifica no tratamento das pessoas com deficiência. Muitas vezes a lei agrava a limitação imposta pela deficiência, trazendo novas limitações. Um cego, por exemplo, ainda que seja muito bem instruído, não tem a mesma liberdade que uma pessoa que enxerga para fazer um testamento. Enquanto esta pode testar por três formas distintas, o cego somente poderá fazê-lo através de testamento público, ou seja, aquele que é feito por tabelião.

Apesar de muitos juristas não gostarem de definir o Direito, usaremos a definição proposta por Miguel Reale. Segundo ele, o direito é a vinculação que existe entre os indivíduos, atribuindo direitos a uns e deveres a outros, com vista à realização dos valores de convivência.

Relembra a dimensão social do direito, destacada na frase que iniciou esse fascículo. Por certo o direito constitui um "mecanismo regulador do comportamento dos indivíduos e dos grupos, mecanismo esse que estabelece a harmonia, delimitando os interesses, freando os impulsos e conjugando as esferas de atividade dos membros do grupo" (Albuquerque; Uchoa, 1982, p. 46).

Distintamente dos objetos naturais que são originários de fenômenos naturais, o direito é uma criação humana voltada para a realização de propósitos específicos. Quando mencionamos algo sobre o direito brasileiro, podemos lembrar o conjunto de ideias que foram geradas por mentes humanas e se materializaram em atos legislativos, regras costumeiras ou decisões judiciais.

Para facilitar o seu conhecimento, a sua aprendizagem e o processo de sua aplicação, as sociedades mais complexas utilizam um sistema jurídico externo, que se compõem daquelas normas aplicáveis para solucionar o conflito de interesses. Chamamos esse sistema de ordenamento jurídico. Em geral, os Estados ocidentais como o Brasil organizam essas normas de modo muito bem articulado e hierarquizado. Uma norma de hierarquia superior fundamenta aquela de hierarquia inferior. O processo legislativo brasileiro envolve a elaboração de Emendas Constitucionais, Leis Complementares, Leis Ordinárias, Medidas Provisórias e Decretos. A elaboração de cada tipo dessas normas segue um procedimento especifico. Sobre todas elas se encontra a Constituição da República Federativa do Brasil, a norma de superior hierarquia.

O conjunto dessas normas constitui a fonte primária do direito. Mas se dele não surgir a solução para um determinado problema apresentado ao aplicador do direito (ao juiz, por exemplo)? De algum modo a solução deverá ser produzida. Diz-se que o juiz não pode se recusar a responder sobre um conflito que lhe é submetido, alegando inexistir resposta legal. Assim, ele vai procurar solução nas medidas integradoras do sistema jurídico: nos princípios gerais de direito, na analogia e nos costumes.

Certamente haverá uma influência de fatores culturais nesse processo de aplicação do direito. Por isso, é necessário que o sistema externo do direito (o direito posto, positivo, escrito) tenha correlação com o sistema interno que realmente funciona naquela sociedade específica. Sejam esses últimos o conjunto de conhecimentos originários da história, da política, da cultura, dos costumes, do viver daquela sociedade.

Vivemos em um mundo globalizado no qual as pessoas interagem continuamente. A despeito da posição geográfica que ocupam, diferentes culturas se influenciam mutuamente. Os diversos meios de comunicação e informação contribuem para a formação de valores culturais em comum. Nesse contexto, constituímos normas de conteúdo e dimensão internacionais, ou seja, aquelas normas que vários Estados reconhecem como necessárias à boa convivência. Referimo-nos especialmente aos documentos internacionais que divulgam os chamados direitos humanos.

Os terríveis saldos das guerras mundiais ocorridas no século XX repercutiram de modo semelhante para diversas sociedades nacionais. Nessa perspectiva, torna-se mais factível compreender a importância de se reconhecerem direitos essenciais à pessoa humana. Estes são os direitos a que todo indivíduo deve ter acesso para melhor realizar-se como pessoa humana. Esses direitos se vinculam aos ideais de liberdade, igualdade e dignidade. O mais importante, todavia, é o direito a ter direitos.

3. COMO O DIREITO SURGIU?

No decorrer da história houve diversas explicações para justificar o surgimento do direito. Mas é importante lembrar que ele surge de maneira espontânea, como resultado da convivência social. Conviver significa interagir, colocar-se no lugar do outro. E nesse processo de convivência, aprendem-se limites e regras básicas do bem viver, indispensáveis ao sucesso das relações interpessoais, à conservação e à reprodução de uma sociedade.

A origem do direito institucionalizado, no entanto, difere da origem natural do direito por meio da convivência social. As explicações sobre a origem do direito institucionalizado se dividem em três grupos de doutrinas: (1) As doutrinas voluntaristas, que explicam o direito como um produto da vontade humana; (2) As doutrinas naturalistas, que explicam o direito como um fenômeno natural, independente do arbítrio ou da vontade humana; (3) As doutrinas histórico-sociológicas que compreendem o direito como um fato resultante da associação humana.

No grupo da **doutrina voluntarista**, incluem-se as *escolas autocráticas* e as contratualistas. Para os adeptos das *escolas autocráticas*, o direito é fruto da vontade do chefe do grupo social – do rei, do ditador. Essa ideia é bem representada pela famosa frase do rei Luiz XIV que dizia "o Estado sou eu" (no Francês, *L'État cest moi*).

Os adeptos das *escolas contratualistas* compreendem o direito como o resultado de um acordo celebrado entre os membros da sociedade. Para eles, os homens viviam no estado de natureza, sem conhecer qualquer forma de associação para fins de governo. Movidos pela necessidade de somarem forças para melhor se proteger e prover suas necessidades, teriam decidido estabelecer um pacto de união. Por meio desse pacto ou contrato social, teriam limitado suas vontades individuais, criado o Estado, o governo e estabelecido o direito (Albuquerque; Uchoa, 1982, p. 70-71).

As **escolas naturalistas**, por sua vez, entendiam o direito como uma criação natural. Dentre elas, havia as *correntes teológicas* para as quais o direito é fruto da vontade de Deus. E há também as *correntes racionalistas*, para as quais o direito é fruto da razão humana. Essas últimas contribuíram para laicização das concepções jusnaturalistas. Explicam que, por meio da razão, os homens identificam os valores universais que orientam sua vida em sociedade e com base neles constroem os seus sistemas jurídicos.

As **escolas histórico-sociológicas** propõem a formação do direito a partir da consciência coletiva dos povos expressa por meio de suas tradições, costumes e crenças. A *escola sociológica* considera o direito como um fato ou um fenômeno social, cujo fundamento está nas inter-relações sociais. Vivendo em sociedade, os homens vão formando consensos sobre certos valores e certos padrões de conduta ideais, institucionalizando-os como sistema normativo social. Era isso que os juristas romanos faziam quando definiam o "costume dos antigos" e lhes atribuíam valor de norma (Hespanha, 2005, p. 26).

Destaca-se a crítica oposta pelo pensamento marxista, segundo o qual, o Direito é um instrumento ideológico de dominação do proletariado pela burguesia. Por meio dele, mantêm-se as estruturas de desigualdade e os privilégios daquela classe que já domina os meios de produção. O direito burguês seria apenas a vontade da classe burguesa, elevada à condição de lei.

O direito vem da necessidade de regulamentar e estabilizar interesses contrapostos, de sorte a permitir a vida do homem numa determinada sociedade. A forma e o conteúdo dessa regulamentação sempre serão específicos para cada contexto social, considerando os valores correntes no tempo e no lugar, as forças e grupos hegemônicos, as vicissitudes sociais, econômicas, políticas, entre múltiplas outras condicionantes. As soluções jurídicas são tendencialmente contingenciais a um certo contexto ou ambiente.

Países como o Brasil reagem, por exemplo, à violência contra a mulher com uma lei especial (a Lei Maria da Penha) que impõe severas consequências jurídicas ao seu agressor. Por outro lado, há países como o Afeganistão onde as mulheres vítimas da violência doméstica são restritas em seu direito por lei. Essa lei afegã proíbe as mulheres e as crianças de testemunhar contra os parentes agressores, o que além de inviabilizar a punição dos agressores os estimulam a continuar violentos.

A união entre pessoas do mesmo sexo e a adoção de crianças por pares homossexuais também tem tratamento distinto entre países. Até 2013, apenas cerca de dez países reconheciam legalmente os efeitos jurídicos desse tipo de união e permitiam a adoção de crianças por pares homoafetivos. Outros países os negam textualmente. A Rússia, por exemplo, aprovou um projeto de lei em uma das câmaras do Parlamento que proíbe a adoção de crianças russas por casais homossexuais.

O *Relatório sobre Homofobia Patrocinada pelo Estado*, divulgado pela Associação Internacional de Lésbicas, Gays, Bissexuais e Transexuais (ILGA), registra cerca de 113 países que "autorizam" a homossexualidade. Outros 78 a consideram prática ilegal. O Irã, a Arábia Saudita, o Iêmen, a Mauritânia, a Sudão, as regiões do norte da Nigéria e o sul da Somália a consideram crime punível com pena de morte (VEJA, on-line).

O Brasil é considerado um país democrático e por isso se propõe a respeitar os direitos fundamentais da pessoa. Nesse aspecto, reconhecemos formalmente esses direitos, mas ainda lutamos por sua plena efetivação. Ainda vivenciamos severos problemas de ineficácia de alguns direitos formalmente assegurados, como à saúde e à educação. Pessoas doentes são amontoadas nos corredores dos hospitais, sem o acesso efetivo ao tratamento adequado. E muitas crianças ainda estão sem acesso à educação de qualidade.

Os problemas a que o povo brasileiro é submetido pode ser distinto do que outros povos enfrentam, mas, certamente, há muito em comum. Somos todos integrantes de uma grande família – a humanidade, cuja condição nos traz preocupações e interesses comuns.

4. HÁ DIREITOS UNIVERSAIS E INATOS AO HOMEM?

É difícil falar em um direito universal ou mesmo imutável, aplicável para todas as sociedades, independentemente da época e do lugar. A historicidade do direito é um ponto de partida que favorece qualquer análise mais crítica do fenômeno jurídico.

Na trajetória histórica por que passa cada sociedade, os direitos são estabelecidos à medida de suas necessidades. Em períodos de maior violência e opressão, a reação de luta pela liberdade e pela igualdade consolidou a cultura dos direitos humanos, na sociedade ocidental. À medida que os consensos se formam, estes definem um conjunto de direitos humanos dos quais já não abrimos mão. Conquistamos os direitos individuais, dentre os quais o direito à vida, à igualdade, à liberdade, à propriedade. Consolidamos um conjunto de direitos sociais, como à saúde, ao pleno emprego, à educação, mas ainda lutamos por sua implementação efetiva. Além disso, já dispusemos sobre o direito ao meio ambiente ecologicamente equilibrado que pertence a esta e às futuras gerações.

Conquanto o direito sirva para legitimar o consenso social, ele também precisa ser legitimado pelo consenso social. Sem essa legitimidade, alcançada a partir da convicção popular de que deve ser obedecido, o direito não cumprirá o seu papel. Não terá eficácia. Por essa razão, o sistema jurídico externo não se realizará efetivamente quando não tem correspondência com o viver social.

Para boa parte do mundo árabe, falar em direitos humanos equivale a se referir ao imperialismo americano. O povo árabe entende que o conteúdo de muitos direitos humanos não tem relação alguma com as características de sua cultura. Do contrário, expressam muitas características da cultura ocidental. Mas, na medida em que aumentam as formas de interação entre as pessoas das mais diversas partes do mundo, essas diferenças culturais tendem a ser reduzidas. Muitos interesses tornam-se compartilhados, justificando a aplicação de normas em comum. Muitas mulheres do continente africano, por exemplo, lutam pelo direito à integridade corporal e contra as práticas de mutilação genital feminina. Há também mulheres de países islâmicos que não aceitam ser submetidas à violência no âmbito familiar e à autoridade despótica dos maridos.

Se voltarmos os olhares para as primeiras declarações universais de direitos humanos, elaboradas ao longo do século XVIII, encontraremos dois importantes documentos: (1) A declaração de direitos da Virgínia (EUA), fruto da Revolução Americana, no ano de 1776; (2) A declaração dos direitos do homem e do cidadão, proclamada pela Revolução Francesa, no ano de 1789.

Inspiradas nos ideais iluministas, ambas as declarações afirmavam direitos universais a todos os homens, garantindo-se lhes igualdade e liberdade. Mas será que após a promulgação dessas declarações, todas as pessoas foram realmente tratadas com igualdade? Todos tiveram sua liberdade e dignidade respeitadas?

Os proletários americanos e europeus não conquistaram seus direitos a partir daquelas declarações. Tampouco as crianças, os negros, as mulheres, os índios e os pacientes psiquiátricos. Aqueles direitos chegaram primeiro às pessoas que tinham poder e voz para afirmá-los em sua defesa: o homem burguês, livre, proprietário, branco e do sexo masculino.

No começo do século XVIII, apenas o homem proprietário participava ativamente nas relações sociais e políticas, com direito a voz. Os negros ainda viviam o contexto da escravidão, submetidos aos seus senhores. As mulheres perdiam sua capacidade plena pelo casamento e estavam integralmente sujeitas ao domínio de seus maridos ou de seus pais. As crianças também não tinham qualquer poder de vontade, pois se submetiam de maneira total ao pátrio poder. Os índios tinham a cidadania negada e as pessoas com transtorno mental viviam a absoluta exclusão, jogados nos asilos e manicômios.

O homem branco proprietário de terras e/ou detentor dos meios de produção era o senhor dos escravos, o marido das mulheres e o pai das crianças. Era ele o sujeito que interagia socialmente para formar consensos que viriam a ser considerados os modelos normativos – os padrões ideais de conduta. Portanto, as normas continham significados que garantiam seus próprios interesses.

No entanto, a aplicação dessas normas resultou em alguma reação contrária de mulheres, negros ou índios? A história registra que sim. Sempre houve alguma reação a essa condição de exclusão. Porém as mudanças ocorreram lentamente ao longo de um amplo período de tempo. Até hoje, pessoas pertencentes a estes grupos sofrem algum tipo de discriminação ou violência, se bem que menos intensa do que ocorria antigamente.

A título de exemplo, houve certa reação à Declaração dos Direitos do Homem e do Cidadão, de 1789, que nada mencionava em relação às mulheres. Mesmo após a proclamação universal da igualdade e da liberdade, as mulheres continuaram sem poder votar, sem o acesso às instituições públicas, à liberdade profissional, aos direitos de propriedade etc.

Em 1791, Olympe de Gouges propôs à Rainha da França que apresentasse ao Parlamento, uma Declaração dos direitos da mulher e da cidadã. Pretendia instituir igualdade jurídica e legal entre homens e mulheres. Essa declaração nunca foi aprovada e a proponente completamente esquecida. Por suas posições públicas firmes em diversos temas e por suas ideias terem sido consideradas inaceitáveis para época, acabou sendo condenada à morte em 1793, durante uma das fases da Revolução Francesa. Somente em 2004, os franceses resgataram sua história para homenageá-la publicamente, usando o seu nome para identificar uma praça.

O fato importante, diz respeito à situação dos judeus na primeira parte do século XX. Como consequência dos conflitos e de perseguições diretas, muitos judeus foram expulsos dos seus países, perdendo o vínculo de cidadania. Não tinham vínculo político ou jurídico com qualquer Estado que lhes garantissem seus direitos. Sem pátria, não lhe restaria mais direito algum. Nesse contexto, o "direito a ter direitos" passou a ser uma importante bandeira de luta. Para essa luta, a contribuição da filósofa Hanna Arendt (2010) foi importante: o homem deveria ter direitos assegurados, independentemente do vínculo cidadão.

É nessa medida que se expandem os direitos humanos. A partir de conquistas históricas, propõem-se a sua proteção na esfera internacional, reconhecendo-os por meio de tratados e convenções internacionais que são incorporadas à ordem interna do país. Após o reconhecimento, o desafio seguinte está na garantia de eficácia a esses direitos. Pode-se hoje se dizer que o Estado de Direito é aquele que tem a capacidade de proteger e concretizar os direitos humanos.

Após as declarações universais, o movimento dos direitos humanos passou para uma segunda fase, atribuindo maior visibilidade aos direitos das mulheres, negros, índios, crianças, idosos e deficientes. Nesta segunda fase, observou-se a necessidade de proteção à pessoa vulnerabilizada pelos efeitos da desigualdade social.

Ainda que esses grupos vulneráveis não tenham alcançado o pleno respeito de seus direitos, no Brasil, a proteção formal por meio dos tratados e convenções internacionais é de especial valia para uma mudança de perspectiva. Mantem-se a temática em foco e se fortalece a sua fundamentação teórica. Mas a batalha pela de sua eficácia concreta ainda continua.

Observe-se que os relatórios sobre violência doméstica ainda revelam um elevado número de agressões praticadas contra idosos, mulheres e crianças. Muitos dos indígenas brasileiros também não têm seus direitos assegurados. Mais de trinta por cento das terras indígenas não foram devidamente reconhecidas como determina a Constituição Brasileira (POVOS INDÍGENAS NO BRASIL, on-line). E os negros? Apesar das leis que promovem a sua inclusão social, com a garantia de cotas no ensino superior gratuito, por exemplo, as críticas são superiores aos saldos positivos. Somente nesta década reconhecemos os direitos do trabalhador doméstico que, em sua grande maioria, são mulheres negras ou pardas.

5. A FORMAÇÃO DO DIREITO BRASILEIRO E OS ASPECTOS DA CULTURA NACIONAL

A exceção das ex-colônias inglesas, os demais países nascidos da colonização europeia foram influenciados pelo direito romano. Aproveitamos os conceitos e as instituições jurídicas criadas sob um universo cultural e uma significação moral que ressaltava.

Portanto, utilizamos instituições jurídicas que foram formadas em no contexto de uma sociedade agrícola, desigual, escravagista e patriarcal. Para aquelas instituições os interesses das mulheres, das crianças, dos escravos e dos pobres não tinham qualquer importância.

Mas o direito romano influenciou Portugal e este nos influenciou enquanto Estado colonizador. No período da Colônia, utilizávamos as mesmas leis que eram aplicadas na Coroa. Não éramos considerados como uma verdadeira nação, pois o objetivo primordial do colonizador era a prosperidade da Coroa e o controle sobre os domínios coloniais, que levavam ao desenvolvimento de uma sociedade distante das concepções de autonomia política, liberdade ou igualdade.

No Brasil, a construção de uma cultura e identidade nacionais não foi uma empreitada levada a sério pelos nossos colonizadores (CRISTIANI, 2012, p. 443). Muitas das instituições nacionais surgiram de forma imposta. Não foram construídas na rotina das relações sociais. A colonização portuguesa representou um projeto totalizante que tinha por objetivo a ocupação do chão e a exploração das riquezas do país, subjugando seus nativos – os índios. E não haveria como ser diferente, levando em consideração a própria organização da sociedade europeia.

Assim como os índios, os negros também não tiveram a mesma participação dos brancos europeus na formação da cultura jurídica brasileira. Os nativos brasileiros viviam uma organização social e política julgada "rudimentar" e "atrasada". Os portugueses trataram logo de impor sua cultura, justificando que os indígenas eram selvagens e carentes do processo civilizatório. O olhar não foi diferente em relação aos negros trazidos do continente africano. Foram jogados nas senzalas, tratados como objetos, sem que se respeitassem as suas raízes, a sua cultura, seus costumes, suas crenças e suas tradições.

As leis gerais vigentes em Portugal eram aplicadas no Brasil-Colônia, salvo casos peculiares relacionados à situação local. Nesse particular, incluíam-se as leis sobre os direitos dos índios, caracterizadas pelo aspecto etnocêntrico e integracionista. Não guardavam qualquer preocupação com a garantia dos costumes, crenças, tradições e organização social das comunidades indígenas.

Sucessivamente, tivemos as Ordenações Afonsinas (1466), as Ordenações Manuelinas (1521) e as Ordenações Filipinas (1603). Cada uma das ordenações representava a compilação de todas as leis vigentes à época, sem qualquer separação por tema ou por interesse sob regulamentação.

As Ordenações Filipinas, editadas em 1603, foram as mais importantes para o Brasil. Compunham-se das Ordenações Manuelinas reformadas, somadas às demais leis em vigor. Àquela época, já eram consideradas retrógradas, pois representavam a Idade Média nos tempos modernos (GOMES, 2006, p. 4). Mesmo assim, tiveram vigência no Brasil por mais de três séculos, até a promulgação dos diversos códigos. Suas normas de direito civil, por exemplo, vigoraram até 1916, quando foi publicado o primeiro Código Civil brasileiro, cujo conteúdo guardava fidelidade à tradição do direito português. Cerca de 900 de seus dispositivos repetiam as antigas Ordenações Filipinas.

O Código Civil, que deveria expressar a realidade da população do país, renegava a existência e qualquer influência dos indígenas, dos negros e dos pobres. Suas normas refletiam os valores privatistas de uma sociedade agrária construída em torno da família patriarcal.

De acordo com o recenseamento da população brasileira feito no ano de 1872, pouco antes da promulgação do Código Civil de 1916, registraram-se um total de 9.930.478 habitantes. Dentre eles, cerca de um milhão e meio eram escravos, um milhão eram índios e cinco milhões eram agregados às fazendas e engenhos (GOMES, 2006, p. 24). Apenas um total de trezentas ou quatrocentas mil pessoas que pertenciam às famílias proprietárias (donas de escravos, das fazendas e dos engenhos) tiveram os seus interesses contemplados pelo novo Código. Exclua-se ainda a capacidade de decisão e de participação das mulheres e crianças.

A classe média, formada pelos integrantes de famílias malsucedidas nas fazendas e ou ligadas ao comércio, tinha o papel de preservar os interesses dos fazendeiros e comerciantes, em troca de empregos burocráticos. Caminhavam juntas a burguesia rural e mercantil, associadas aos servidores da burocracia administrativa. Pouco a pouco organizavam a legislação brasileira, inspirando-se no direito estrangeiro e nas necessidades de controle social sobre negros e pobres.

Com a vinda da família real para o Brasil, a Corte Real foi transferida para o Rio de Janeiro. Por meio do Alvará de 10 de maio de 1808, o Tribunal de Relação daquela cidade foi transformado em Casa de Suplicação e seria considerado um Superior Tribunal de Justiça, a última instância para onde os recursos poderiam seguir.

> Para garantir o domínio sobre a Colônia e sufocar as pretensões locais, a Corte trouxe de Portugal os agentes públicos que comporiam, juntamente com magistrados e funcionários já em atuação no Brasil, a burocracia do judiciário. Mas sua tentativa de blindar os agentes públicos da influência da população local não foi exitosa.

Pois a formação e a organização do poder Judiciário durante a Colônia, em semelhança do que ocorreu com o governo-geral, cedia à camaradagem das relações cordiais e de parentesco (CRISTIANI, 2012, p. 451).

Houve intensa aproximação entre a elite local e os magistrados que vinham de Portugal, instaurando-se um ambiente de troca de favores, clientelismo e favorecimento, não muito diferente do que já ocorria na metrópole. Longe desse acordo permaneciam os interesses dos indígenas e dos negros. Como a elite brasileira representava uma aristocracia rural, proprietária de largas faixas de terra, com engenhos e fazendas de cana-de-açúcar, o acordo tácito celebrado com os magistrados, acabava por carrear para estes alguma propriedade. Não era incomum o casamento entre filhos dos magistrados com os herdeiros da aristocracia brasileira. Nessa intensa interação entre a burocracia do Judiciário e a elite brasileira até o século XIX, forjaram-se aspectos importantes da estrutura e do modo de funcionamento do Estado brasileiro após a independência. Suas práticas rotineiras e as expectativas da elite para o seu funcionamento colocavam o Estado e, em particular, o Judiciário longe de um modelo igualitário de proteção dos direitos do cidadão.

Com essas notas características, o Brasil seguiu até o período da República. De acordo com José Murilo de Carvalho (1987, p. 9) a grande massa da população assistiu à proclamação da República sem sequer compreender o seu verdadeiro significado. Pensavam tratar-se de mais uma marcha militar. Nesse alheamento prosseguimos, enquanto uma elite dominante continuaria exercendo a tarefa de dizer o direito.

O Estado tornava-se forte e a sociedade civil não tinha uma autonomia significativa em relação ao poder público. Até mesmo o processo de industrialização nacional se desenvolveu mediante forte financiamento, dependência e influência do setor público. Não se viu no Brasil, a atuação de uma classe burguesa independente liderando o processo de industrialização nacional como se assistiu nos países europeus. Ao final das guerras do século XX, o Estado brasileiro se tornara um grande empresário. E essa política de intervenção na economia continuaria em vigor durante os governos seguintes, passando pela Era Vargas e funcionando como um dos pilares da doutrina da segurança nacional, praticada pelos militares pós-1964 (Saraiva, 2004).

Em meio a um Estado forte, até os direitos dos trabalhadores tinha origem em atos unilaterais do governo. A Consolidação das Leis do Trabalho (Decreto Lei n. 5.452, de 1 de maio de 1943) tem origem no governo Vargas, após a criação da Justiça do Trabalho, em 1939.

Ainda que as mulheres houvessem conquistado o direito de votar na década de trinta, continuavam subjugadas à autoridade do marido ou dos próprios pais. Não tinham o reconhecimento dos seus direitos civis. Toda a disciplina jurídica da família favorecia o pátrio poder e o poder marital. Cabia aos maridos, administrar o patrimônio e o salário de suas mulheres. Até mesmo para viajar, elas precisavam de sua autorização. E mesmo que tivessem formalmente direitos políticos, sua participação na vida política era insignificante.

Com uma singela participação da mulher no cenário político, o movimento feminista exerceu alguma pressão de sorte que a Constituição de 1934 proibiria o privilégio ou a distinção por motivo de sexo. Em 1936, Bertha Lutz foi investida no cargo de Deputada Federal, gerando expectativa de maior expressão para o movimento feminista. Infelizmente, o golpe de 1937 determinou o fechamento do Congresso Nacional e não permitiu que as propostas fossem adiante.

Entre os anos de 1940 e 1960, o movimento feminista ganharia vigor. Articularam-se para fazer valer a igualdade prevista na Declaração Universal dos Direitos do Homem, promulgada pela ONU em 1948. Após tramitar por dez anos no Congresso Nacional, promulgou-se, em 1962, o Estatuto da Mulher Casada (Lei n. 4.121), deflagrando-se os direitos humanos das mulheres no Brasil. Entre as importantes conquistas estaria o reconhecimento de sua capacidade plena.

As conquistas seguintes envolveriam a paulatina ocupação do mercado de trabalho e o ingresso nas universidades para conclusão do curso superior. A despeito da franca participação que a mulher alcançou na economia e nos espaços políticos, ainda sofre problemas com violência doméstica.

A participação dos indígenas brasileiros na consolidação dos direitos foi marcada pela resistência a uma política intensamente etnocêntrica e integracionista. Grande parte da legislação brasileira sobre a matéria até a Constituição de 1988 mantinha a intenção de aculturar os índios. Por todo este período, muitas comunidades foram esbulhadas e expulsas de suas terras, sofrendo abalos na sua organização social. Muitos, porém, não perderam sua identidade étnica e o de vinculo histórico-cultural com as comunidades pré-colombianas.

O movimento indigenista conseguiu influenciar o constituinte de 1988, quando obteve o reconhecimento constitucional de sua etnia, organização social, tradições e costumes. Também conquistaram o direito sobre as terras tradicionalmente ocupadas por eles. A luta pelo exercício da etnia, reconstrução da cultura e ocupação territorial ganhou vigor a partir de 1990. E muitas comunidades passam a requerer o reconhecimento oficial.

Em 2010, dados do Instituto Brasileiro de Geografia e Estatística (IBGE, 2012) registram um total de 817.963 indígenas no Brasil. Embora com os direitos reconhecidos, vivem um quadro de exclusão que tem alto custo para o desenvolvimento, segundo informações coletadas pela Organização Nacional. No cenário de exclusão, as mulheres indígenas são ainda mais prejudicadas no Brasil e nos demais países da América Latina (ONU, on-line).

Relativamente aos negros brasileiros, embora a escravidão haja sido abolida no ano 1888, o quadro de completa desigualdade social e econômica se estendeu por todo o século XX. Segundo informações do IBGE, no período de 2003 a 2013, a renda da população negra e parda cresceu 51,4%, enquanto a da população branca aumentou 27,8%. Apesar desse crescimento, a renda dos negros ainda corresponde a apenas 57,4% da dos brancos. Enquanto a população que se declara branca teve rendimento médio de R$ 2.396,74 em 2013, a população preta e parda (seguindo a designação adotada pelo IBGE) recebeu em média R$ 1.374,79 por mês (Agência Brasil, on-line). A despeito do quadro de desigualdade social, há leis que proíbem a discriminação, criminalizando o racismo. Porém, não se pode afirmar que há efetiva igualdade entre as pessoas brancas, negras e indígenas, no Brasil. Basta observarem-se as condições gerais em que vivem.

No tocante às pessoas com deficiências, também não lhes foi dada uma atenção devida. Sujeitos que precisavam de tratamento e cura para se integrar melhor à vida coletiva e ao trabalho, somente com a Emenda Constitucional n. 1, de 1969, os deficientes alcançam a atenção do texto constitucional, com um dispositivo voltado para garantir o ensino especial para excepcionais. Adiante, em 1978, Emenda Constitucional n. 12, dedicaria maior atenção à matéria, assegurando a melhoria das condições sociais para as pessoas deficientes.

Atualmente, há uma convenção da ONU, ratificada pelo Brasil, que reconhece aos deficientes físicos, psíquicos e intelectuais, igualdade de direitos. Esta Convenção ingressou no ordenamento jurídico brasileiro de modo especial. Foi aprovada pelo Congresso Nacional com um quórum qualificado, fazendo com que suas normas tenham a mesma hierarquia de norma constitucional.

Percebe-se em todo este percurso que leva ao reconhecimento de direitos de diversos grupos, a necessidade de compreender o direito como um grande produto histórico não se limita de maneira estreita nas leis. As normas produzidas por um determinado Estado representam apenas uma fração do grande e complexo fenômeno que é o direito. Leis podem significar, como regra geral, um esforço para regular e estabilizar padrões de comportamento e convivência, contudo podem também levar a reproduzir e manter preconceitos, vícios, desigualdades e injustiças.

A título exemplificativo, podemos observar este problema com muita clareza na maneira como as mulheres foram tratados pela legislação brasileira (ou em outros países ainda hoje). Longe de expressar de forma equilibrada e igualitária o novo papel das mulheres conquistado nas sociedades industriais, a leis serviam para perpetuar ferramentas de controle e opressão masculina. Assim, cumpre a nós olhar de maneira cuidadosa e crítica os processos que levam à construção de nossas leis e a maneira como lidamos com as diversas normas que compõem o ordenamento jurídico, a fim de evitar que condenemos pessoas ou grupos a viver aprisionados nos valores sociais e culturais produzidos em contextos completamente diferentes dos atuais. É nessa perspectiva que a compreensão sobre a realidade do país pode servir para reconstruir as normas e os sentidos que damos a elas de maneira a superar preconceitos e desigualdades sociais.

6. CONSIDERAÇÕES FINAIS

O direito precisa ser compreendido como um fenômeno social inserido nos processos históricos, culturais e econômicos das diversas sociedades. As formas atuais de regulação da vida social representam apenas uma das múltiplas formas utilizadas por nós ao longo da história. Mesmo nos dias atuais, países, grupos étnicos ou comunidades indígenas ainda utilizam e maneiras diversificadas de ordenar juridicamente suas vidas.

O modelo predominante de compreensão do direito contemporâneo consiste na associação deste com as normas produzidas por um Estado. Esta institucionalização da normatividade marca as sociedades contemporâneas. O Brasil, de maneira semelhante à grande maioria dos países do mundo, adota um sistema hierarquizado de normas jurídicas em que a constituição figura como norma mais importante do ordenamento, seguido de outras espécies normativas, como as leis ou os decretos. Muito se discutiu e discute sobre as origens destas normas e sistemas, especialmente para tentar encontrar o fundamento e o conteúdo das mesmas. Não obstante, prevalece hoje o entendimento de que o direito é um produto histórico condicionado fortemente por contingências, valores e processo sociais. Isso significa que aspectos como o papel social designado para as mulheres, a escravidão ou os preconceitos dirigidos contra grupos costumam se expressar nas normas jurídicas, da mesma forma como acontece com valores como a liberdade ou a proteção à livre iniciativa.

Nesse contexto, devemos ser capazes de compreender e analisar criticamente a maneira como reproduzimos valores e representações sociais sobre pessoas e grupos para tentar superar preconceitos, desigualdade e injustiças, como no caso das mulheres, negros e das populações indígenas.

REFERÊNCIAS

AGÊNCIA BRASIL. *Renda dos negros cresce, mas não chega a 60% da dos brancos*. Disponível em: <http://agenciabrasil.ebc.com.br/economia/noticia/2014-01/renda-dos-negros-cresce-mais-que-media-mas-nao-chega-60-da-dos-brancos>. Acesso em: 10 mar. 2014.

ALBUQUERQUE, Antônio Uchoa de; UCHOA, Fernanda Maria. *Introdução ao estudo do direito*. São Paulo: Editora Saraiva, 1982.

ARENDT, Hannah. *A condição humana*. 11ed. Rio de Janeiro: Forense Universitária, 2010.

AVELAR, Lúcia. *Mulheres na elite política brasileira*. 2 ed. rev. ap. São Paulo: Fundação Konrad Adenauer: Editora da UNESP, 2001.

BODIN DE MORAES, Maria Celina. Uma ideia louvável contra a violência. *Civilística*. Ano 2, n. 4, 2013. Disponível em: <http://civilistica.com/uma-ideia-louvavel-contra-a-violencia-domestica/>. Acesso em 15 mar. 2014.

BRASIL, SENADO FEDERAL. *Relatório Violência doméstica e familiar contra a mulher*. Brasília: Senado Federal, 2013. Disponível em:<http://www.senado.gov.br/noticias/datasenado/pdf/datasenado/DataSenado-Pesquisa-Violencia_Domestica_contra_a_Mulher_2013.pdf>. Acesso em 20 fev. 2014.

CARNELUTTI, Francesco. *A arte do direito*. São Paulo: Editora Pillares, 2000.

CARVALHO, José Murilo. *Os bestializados*: o Rio de Janeiro e a República que não foi. São Paulo: Companhia das Letras, 1987.

CRETELLA JR. José. *Curso de direito romano*: o direito romano e o direito civil brasileiro. 21. ed. Rio de Janeiro: Forense, 1998.

CRISTIANI, Cláudio Valentim, O direito no Brasil colonial. In *Fundamentos da história do Direito*. WOLKMER, Antônio Carlos. (Organizador). Belo Horizonte: Del Rey, 2012.

COULANGES, Fustel. *A cidade antiga*. São Paulo: Martin Claret, 2005.

FOLHA DE SÃO PAULO. *Pacientes aguardam por internação nos corredores do HC*. Disponível em: http://www1.folha.uol.com.br/fsp/cotidiano/142350-pacientes-aguardam-por-internacao-nos-corredores-do-hc.shtml; Acesso em 09/10/2014.

GARCIA, L. P. et alii. *Violência contra a mulher*: feminicídios no Brasil. Disponível em: <http://www.ipea.gov.br/portal/images/stories/PDFs/130925_sum_estudo_feminicidio_leilagarcia.pdf>. Acesso em: 20 fev. 2014.

GOMES, Orlando. *Raízes históricas e sociológicas do Código Civil brasileiro*. São Paulo: Martins Fontes, 2006.

HESPANHA, Antônio. *Cultura jurídica europeia*. Síntese de um milênio. Florianópolis: Fundação Boiteux, 2005.

IBGE. Indicadores: trabalho e rendimento. Disponível em <http://www.ibge.gov.br/home/estatistica/indicadores/trabalhoerendimento/pme_nova/princ_carac_trab_dom.pdf>. Acesso em: 20 fev. 2014.

_____. *Os indígenas no Censo Demográfico 2010*: primeiras considerações com base no quesito cor ou raça. Rio de Janeiro: IBGE, 2012. Disponível em: <http://indigenas.ibge.gov.br/images/indigenas/estudos/indigena_censo2010.pdf>. Acesso em: 10 mar. 2014.

O GLOBO. *Nova lei afegã silencia mulheres em casos de violência conjugal*. Disponível em <http://www.acritica.net/index.php?conteudo=Noticias&id=110394 >. Acesso em: 15 mar. 2014.

ONU. *América Latina*: 23,5 milhões de mulheres indígenas são afetadas por desigualdades étnicas e de gênero. Disponível em: <http://www.onu.org.br/america-latina-235-milhoes-de-mulheres-indigenas-afetadas-pelas-desigualdades-etnicas-e-de-genero/>. Acesso em: 10 mar. 2014.

POVOS INDÍGENAS NO BRASIL. *Situação jurídica das TIs no Brasil hoje*. Disponível em: <http://pib.socioambiental.org/pt/c/0/1/2/situacao-juridica-das-tis-hoje>. Acesso em: 10 mar. 2014.

REALE, Miguel. *Lições preliminares de direito*. 27 ed. São Paulo: Saraiva, 2012.

SARAIVA, Enrique. *Estado e Empresas estatais*. Criação e crescimento. O papel das empresas estatais como instrumento de política pública. Brasília: Ministério do Planejamento, orçamento e gestão, 2004. Disponível: <http://www.planejamento.gov.br/secretarias/upload/Arquivos/dest/080707_GEST_SemInter_estado.pdf>. Acesso em: 18 mar. 2014.

SUPERINTERESSANTE. *Corpus Juris Civilis – O Direito Romano*. Disponível em: <http://super.abril.com.br/cotidiano/corpus-juris-civilis-direito-romano-445936.shtml>. Acesso em: 15 mar. 2014.

VEJA. *Homossexualidade pode levar à pena de morte em 5 países*. Disponível em: <http://veja.abril.com.br/noticia/internacional/homossexualidade-pode-levar-a-pena-de-morte-em-5-paises>. Acesso em 18 mar. 2014.

Noções de Cidadania, Dignidade da Pessoa Humana e Direitos Fundamentais

EMMANUEL TEÓFILO FURTADO
Doutor em Direito pela Universidade Federal de Pernambuco (UFPE). Mestre em Direito pela Universidade Federal do Ceará (UFC). Professor do Programa de Pós-Graduação em Direito da UFC. Desembargador do TRT da 7ª Região.

1. CIDADANIA E DIGNIDADE DA PESSOA HUMANA

O conceito jurídico e político de *cidadania* de acordo com a nova ordem constitucional instituída em 1988, qual seja, precisamente o art. 1º, inciso II, elenca a *cidadania* dentre os princípios fundantes do Estado Democrático de Direito, conectando-o à *soberania, à dignidade da pessoa humana, aos valores sociais do trabalho e da livre iniciativa, e ao pluralismo político*;

Nesta perspectiva, algumas indagações, desde já, podem ser sugeridas ao leitor para fins de reflexão, destacando: "**O que é ser cidadão?**". Por oportuno, tem-se a ilação de imediato que cidadão não se confunde com eleitor, conforme referência teórica tradicional no Brasil de atrelamento da cidadania aos direitos políticos, talvez ainda ranço dos períodos não democráticos que vivenciamos no passado;

Por outro giro, à luz da Carta Política Cidadã, não se vivencia cidadania se esta for desatrelada das respectivas condições econômicas, políticas, sociais e culturais que assegurem dignidade mínima à pessoa humana. Neste ponto, a ideia de cidadania deve estar necessariamente associada às discussões sobre as garantias dos direitos fundamentais, ou seja, às condições dignas de vida para o pleno exercício daquela.

Nessa esteira, a nova ideia de cidadania caminha *pari passu* à ideia de enriquecimento progressivo dos direitos fundamentais, conclamando o cidadão (e não apenas o eleitor) a participar da vida do Estado, reconhecendo-o como pessoa integrada na sociedade estatal.

Por conseguinte, elencam-se alguns exemplos constitucionais da nova dimensão do termo "cidadania", como o art. 5º, LXXIII, que versa sobre a ação popular a ser proposta por qualquer cidadão, significando que o funcionamento do Estado também estará submetido à vontade popular; e o art. 5º, LXXVII, dispondo sobre a gratuidade dos atos necessários ao exercício da cidadania;

Outro exemplo constitucional que se reputa importante é o do art. 205, estabelecendo como um dos objetivos fundamentais do direito à educação o preparo do indivíduo para o exercício da cidadania, denotando a dimensão ampliada do conceito de cidadania, sob a égide do Estado Democrático de Direito;

Adiante, para citar dispositivos infraconstitucionais, vislumbra-se a Lei n. 8.742/1993, que dispõe sobre a Organização da Assistência Social, estabelecendo-a como política de seguridade social do Estado não contributiva, além de direito do cidadão. E, como exemplo, cita-se a possibilidade de concessão do benefício assistencial para crianças e estrangeiros, que não votam nem podem ser votados, desatrelando-se, por vez, a noção retrógrada de cidadania da de direitos políticos, assim como a de cidadão da de eleitor.

Outrossim, a reformulação do conceito de cidadania também perpassa pelo direito fundamental de acesso à justiça, na medida em que este implica manifestação da cidadania do jurisdicionado, isto é, partícipe ativo perante este setor da função estatal. No Brasil, as dificuldades de acesso à justiça, formal e material, também passam pelo fortalecimento das funções essenciais à Justiça, concretizando os mandamentos constitucionais que assegurem assistência jurídica integral e gratuita aos que necessitam, na forma da lei.

Com efeito, a ideia de reformulação do conceito de cidadania também implica a reformulação do conceito de Democracia, ou seja, ergue-se diante do Estado Democrático de Direito a noção de **Democracia Participativa**, uma espécie de meio termo entre a democracia representativa e a democracia direta.

Nesse sentido, o princípio basilar encontra-se insculpido no art. 1º da CF/1988, quando afirma que "todo poder emana do povo, que o exerce por meio de representantes eleitos ou diretamente, nos termos desta constituição". Assim, alguns exemplos de democracia direta podem ser citados, quer seja perante a função estatal legislativa (iniciativa popular de lei, do plebiscito e do referendo), quer seja perante a função estatal executiva (a ideia de orçamento participativo).

Diante do exposto, verifica-se o fortalecimento sobremaneira da aproximação de temas como cidadania, democracia e o respeito irrestrito ao princípio da dignidade da pessoa humana.

2. OS DIREITOS FUNDAMENTAIS E O MANEJO DA TRIDIMENSIONALIDADE NORMA, VALOR E FATO

A concretização do conteúdo normativo, muitas vezes elaborado de maneira abstrata e indeterminada, é desafio constante na aplicação das normas de direitos fundamentais.

Para uma ampla compreensão e consecução dos direitos fundamentais há que se arredar qualquer postura reducionista que venha a implicar numa ótica unilateral e estanque de sua essência e de seu significado.

Daí concluir-se que cada teoria que vem à baila não deve ser desprezada, tendo um mínimo que seja de contributo a dar, uma vez que cada uma terá propiciado uma compreensão mais alargada deste ou daquele direito fundamental.

Adotando-se tal raciocínio, há de se dizer que cada teoria tem o desiderato de encorpar tópicos de aplicação das normas, embora não necessariamente cheguem a ser princípios ou postulados para a solução das questões normativas[1].

Existe, deve-se admitir, uma unidade de concepção antropológica em relação ao sentido dos direitos fundamentais, posicionando-se tal unidade na base do corpo normativo que referidos direitos fundamentais congregam.

A condição humana dá ao ser a capacidade de envergar a autonomia, a liberdade e a responsabilidade, e são tais condições ínsitas de se ser homem que ensejam o conteúdo ao princípio da dignidade da pessoa humana, princípio este que tem o escopo de catalisar primariamente a efetividade dos direitos fundamentais, permitindo, de tal forma, uma plausível aplicação dos mandamentos constitucionais pertinentes.

Há de se esclarecer que a dignidade da pessoa humana não pode ser considerada, por si só, um direito fundamental propriamente dito, mas somente feixe de normas específicas, quer sejam de essência constitucional ou não, podendo propiciar efetivos direitos individuais, ou, doutra forma, vir a gerar efeitos jurídicos independentes, do que se conclui serem as normas jurídicas as condutoras basilares de soluções jurídico-constitucionais, da hermenêutica e da aplicação da constituição vigente[2].

Importa dizer, sem querer dar valor diminuído ao princípio da dignidade da pessoa humana, ou aos demais princípios constitucionais, que os mesmos congregam a condição de princípios gerais de direito constitucional, vindo a ser considerados fontes do direito na condição de pressupostos de validade e como elementos de interpretação e integração das normas jurídicas.

Quer esteja o intérprete à frente da administração, do Legislativo ou do Judiciário, deparar-se-á com normas de direitos fundamentais incompletas, que acabam por suscitar uma veia criadora por parte do aplicador do direito, daí a fundamental importância da pré-compreensão.

E é inegável que o norte para o qual devem se mirar os aplicadores da Carta Política, no ato de criar o direito, ao mesmo tempo que o estão interpretando, há de ser o princípio constitucional da dignidade da pessoa humana, em quaisquer das frentes em que se encontrem referidos aplicadores do direito a serviço da comunidade, a saber, no Legislativo, no Executivo, ou no Judiciário.

---

(1) ANDRADE, José Carlos Vieira: *Os Direitos Fundamentais na Constituição Portuguesa de 1976*, Coimbra: Almeida, 1987. p. 129.
(2) ANDRADE, José Carlos Vieira: *Os Direitos Fundamentais na Constituição Portuguesa de 1976*, Coimbra: Almeida, 1987. p. 130.

3. NOÇÕES SOBRE PESSOA E DIGNIDADE HUMANA

Caso façamos um vislumbre sobre o conceito de pessoa nas civilizações antigas observaremos que para a compreensão que hoje se tem há larga fronteira.

Para a filosofia grega, é de sabença notória, era o homem um animal político ou social, tendo na cidadania seu escopo maior, sendo de suma importância sua vinculação ao Estado, que por sua vez se encontrava em estreita ligação com o Cosmos.

Tendo em vista que o termo *persona* tem origem latina, pode-se afirmar que inexistia na filosofia antiga a expressão para dar o significado de personalidade.

Somente com o Cristianismo, através da filosofia patrística, veio à tona o conceito de pessoa enquanto categoria espiritual, possuidora de valor em si mesmo, eivada de subjetividade e com fins absolutos, sendo, por via de consequência, detentora de direitos fundamentais ou subjetivos e consubstanciada de dignidade. Tal compreensão foi depois desenvolvida pelos escolásticos[3].

Com efeito, Fernando Ferreira dos Santos, citando Felice Bataglia, obtempera: "A Antigüidade clássica no percibió bien la existencia del sujeto, com significación ética y jurídica, fuera del Estado. Para que fuese el indíviduo reconocido como sujeto, com anterioridad e independência al ente político, y com própria dignidad y valor, para que fuesse estimado como princípio, tanto em orden jurídico como en el moral, para que se lê pudiesem atribuir inherencia y facultads que no lê vinieram de fuera, sino de dentro em la intención que el hombre puede hacer de si em si mesmo fue precisa la incomparable y única revolution del Cristianismo"[4].

Entretanto, embora não se possa negar a imensa contribuição que o Cristianismo trouxe para a compreensão de pessoa e de dignidade humana, não se pode, por outro lado, olvidar que lampejos houve em relação a tais questões, quer no período socrático, quer entre os estóicos.

Inegável que a partir do momento que tal conceito de valor diferenciado da pessoa humana veio à baila consequências se apresentaram, como a afirmação de direitos específicos de cada homem, bem assim a ideia de que o homem não se confunde com a vida do Estado. Houve, pois, daí para frente, como que um deslocamento do Direito da esfera do estado para a esfera do indivíduo, com o escopo de se encontrar o equilíbrio que deve sempre existir entre autoridade e liberdade[5].

3.1. Noção de Dignidade Humana em Kant

Toda a filosofia kantiana pode ser sintetizada em duas grandes preocupações, quais sejam, as possibilidades do conhecimento, com seus campos de aplicação e limitações, bem assim o problema do agir do homem, a moral, podendo-se acrescentar a preocupação estética, elaborada que foi na Crítica do Juízo[6].

As possibilidades do conhecimento foram examinadas na Crítica da Razão Pura, sendo, de seus debruços, o que tem mais relevo para o que ora se examina. Seu objetivo primordial era o de saber como seria possível conhecer, saber as possibilidades da razão, e não necessariamente criar uma nova metafísica. E em tal reflexão perguntava-se Kant por qual motivo a metafísica não apresentaria o mesmo grau de razão que as matemáticas, a lógica, ou a física[7].

A significação de tal pergunta é o mesmo que especular sobre a plausibilidade de a metafísica comportar formulação de juízos sintéticos *a priori*, vez que só estes são, concomitantemente, universais e necessários, acrescentando novos conhecimentos.

E lembra Ferreira dos Santos[8]: "Com efeito, o filósofo de Koenisgberg distingue as formas do conhecimento em *a priori*, ou puro e *a posteriori*, ou empírico. Aqueles independem da experiência, sendo, pois, universais e necessários, enquanto estes limitam-se aos dados oferecidos pela experiência, e, por isso, contingentes. Porém, há, ainda, os juízos sintéticos e os analíticos, que se diferenciam por adicionar ou não elementos novos à assertiva".

Para Kant, o conhecimento, em seu verdadeiro núcleo, teria posição em sede dos juízos sintéticos *a priori*, que ao mesmo tempo conseguem ser universais e necessários, o que corrobora para a evolução do conhecimento. Segundo tal raciocínio, entende Kant que a Matemática e a Física somente conseguiram atingir o patamar a que chegaram por serem juízos *a priori*[9].

Faz Kant, após tais conclusões, uma proposta de mudança de método no ato cognitivo, por ele deno-

---

(3) VAZ, Henrique C. de Lima: *Antropologia Filosófica*. São Paulo: Loyola, 1993. p. 219.
(4) REALE, Miguel: *Questões de Direito Público*. São Paulo: Saraiva, 1996. p. 4.
(5) Ibidem.
(6) CHAUÍ, Marilena. *Convite à Filosofia*. São Paulo: Ática, 1995. p. 172.
(7) KANT, Immanuel: *Crítica da Razão Pura*. São Paulo: abril, 1993. p. 32.
(8) SANTOS, Fernando Ferreira dos: *Princípio Constitucional da Dignidade da Pessoa Humana*. São Paulo: Celso Bastos Editor, 1999. p. 21.
(9) CHAUÍ, Marilena. *Convite à Filosofia*. São Paulo: Ática, 1995. p. 172.

minada de revolução copernicana. Assim, o sujeito não gira em torno dos objetos, mas, ao reverso, os objetos giram em torno do sujeito cognoscente. Dessa forma, o ato de conhecer não deve mais se curvar aos objetos, mas, pelo contrário, os objetos devem se amoldar ao conhecimento.

Tal postura é entendida como uma substituição de uma hipótese idealista por uma hipótese realista, na seara da teoria do conhecimento.

Ao passo que para o realismo, a uma realidade posta, conhecer significa tão-somente registrar o real, para o idealismo há uma interferência do espírito na elaboração do ato cognitivo, sendo, pois, o real, o resultado de um verdadeiro processo de construção, ou seja, enquanto para o idealismo o conhecer é verdadeiro ato de produção, para o realismo nada mais é que uma visão.

Destarte, não se pode dizer que o idealismo kantiano tenha cunho ontológico, vez que não concerne à coisa em si, a saber, o ser, quer no que toca à sua existência, quer à sua essência, mas, ao reverso, refere-se ao nosso conhecimento das coisas, podendo ser denominado de idealismo gnoseológico, também podendo ser considerado um idealismo transcendental, posto que não se ocupa dos objetos em si, mas da forma que podemos conhecê-los, *a priori*.

E arremata Ferreira dos Santos, citando Georges Pascal: "Idealismo transcendental é a doutrina segundo a qual todo objeto de conhecimento é determinado *a priori* pela própria maneira de nossa faculdade de conhecer"[10].

Portanto, para a filosofia kantiana do conhecimento, a revolução copernicana consiste no fato de o sujeito tornar-se elemento decisivo para o processo de elaboração do conhecimento. E o mesmo citador acima de Pascal, valendo-se desta feita do saber de Manfredo Oliveira[11], costura que "sem a ação da subjetividade, o conhecimento e a ação são impensáveis e por isso querer tematizá-los sem levantar a pergunta transcendental é cair no mais profundo dogmatismo".

Destarte, ao invés de tomar uma postura meramente contemplativa, age o sujeito cognoscente decisivamente no ato em si de conhecer. É o sujeito que conhece a própria condição necessária de plausibilidade do conhecer. Tem-se, portanto, que a experiência não vem a ser dado inexorável, que se efetivaria tão-somente como simples recepção, mas, ao contrário, transformada pelo sujeito, por intermédio da chamada mediação prévia do Sujeito Transcendental.

Obtempera Marilena Chauí[12] que "Ao falar em Sujeito Transcendental Kant está afirmando que o sujeito do conhecimento ou a razão pura universal é a condição necessária de possibilidade dos objetos do conhecimento, que, por isso, são postos por ele".

O elemento central da teoria do conhecimento de Kant está no sujeito transcendental, ou seja, a consciência enquanto tal, vale dizer, a razão universal, ao contrário do eu empírico, que é histórico e, portanto, mutável, no que se vê que também para Kant o homem é a medida de todas as coisas[13].

E admitir ser o sujeito o elemento central da teoria do conhecimento equivale a dizer que Kant trabalha com uma filosofia antropológica, por meio da qual procura o pensamento kantiano responder, mesmo que de forma oblíqua, à indagação a respeito do que é o homem.

Entretanto, há se frisar que a preocupação maior de Kant não é a investigação sobre o homem, mas, isto sim, a possibilidade de consecução da objetividade cognitiva. Não se pode negar, contudo, que o homem é para Kant um horizonte, donde ele parte e em função de quem tudo é elucubrado. Ou na sempre pertinente colocação de Paulo Bonavides[14]: "Kant faz do homem o eixo de toda a sua indagação crítica".

Por outro turno, a razão universal em Kant, vale dizer, o sujeito cognoscente e transcendental nada mais seria que não uma estrutura vazia caso fosse separado da sua sensibilidade, o que o faria nada poder conhecer. Deduz-se, pois, ser o pensamento humano jungido à sensibilidade[15].

Tão somente através das práxis se efetivará a libertação da razão em relação à autoalienação, vez que no domínio da prática passa a razão a estar a serviço de si mesma. E tal afirmação é o mesmo que dizer que não se deve procurar as normas do agir do homem na experiência, posto que com tal postura estar-se-ia a submeter o homem ao próprio homem. Ora, o que diferencia o ser humano, patenteando sua dignidade especial, é exatamente o fato de ele jamais poder ser meio para os outros, vez que é fim em si mesmo.

---

(10) SANTOS, Fernando Ferreira dos: *Princípio Constitucional da Dignidade da Pessoa Humana*. São Paulo: Celso Bastos Editor, 1999. p. 21.
(11) OLIVEIRA, Manfredo A. de: *Filosofia na Crise da Modernidade*. São Paulo: Loyola, 1992. p. 30.
(12) CHAUÍ, Marilena. *Convite à Filosofia*. São Paulo: Ática, 1995. p. 233.
(13) *Ibidem*.
(14) BONAVIDES, Paulo: *Do Estado Liberal ao Estado Social*. Belo Horizonte: Del Rey, 1993. p. 93.
(15) OLIVEIRA, Manfredo A. De: *Filosofia na Crise da Modernidade*. São Paulo: Loyola, 1992. p. 19.

Assim, na visão kantiana, há uma supremacia da razão prática sobre a razão teórica. O ser humano, enquanto livre, encontra na moralidade o eixo de sua libertação. Destarte, por conta das práxis, estamos jungidos ao reino dos fins, o que dá à pessoa a condição de ser detentor de dignidade própria, por força do que todo o resto tem significação relativa.

Efetivamente Só o homem não existe em função de outro e por isso pode levantar a pretensão de ser respeitado como algo que tem sentido em si mesmo.

Volta-se Kant para a moral, após haver estabelecido as possibilidades da razão, seus limites, o que é passível de conhecimento e como se dá o processo cognitivo.

Passa a ser seu desiderato a comprovação da existência da lei moral, que é o parâmetro para o julgamento da moralidade do agir humano. Volta-se, pois, em busca do esclarecimento do princípio supremo da moralidade.

Na obra Fundamentação da Metafísica dos Costumes Kant arreda a existência de duas razões, asseverando existir uma única razão com funções diferenciadas[16]. Preleciona que possa existir um arremate para uma crítica de uma razão pura prática, sendo possível a simultânea demonstração de sua integração com a razão especulativa num só e comum princípio.

Faz a diferenciação entre os conhecimentos empíricos e racionais, para, ao final, questionar não ser o caso de se criar uma Filosofia Moral absolutamente depurada de todo o conhecimento empírico, devendo ser uma investigação *a priori* que atenda ao racional e que seja deduzida da razão pura e não da experiência, que se conclui que na visão kantiana as condições de universalidade e necessidade da lei moral encontram-se no próprio sujeito, o que se deduz, outrossim, aí residir a revolução copernicana na ética.

O princípio da moralidade será buscado, *a priori*, exclusivamente nos conceitos da razão pura e não na natureza do homem, nem nas circunstâncias do mundo em que está inserido. Há de se acrescentar que o princípio da moralidade que Kant tem por objetivo determinar é pertinente a os seres racionais, quer sejam homens ou não. Conclui-se, portanto, que a investigação kantiana não depende do conhecimento da psicologia empírica, das regras de convivência social, ou da antropologia.

Em tal vereda, igualmente, tem-se o ser humano como horizonte, donde parte todo o pensamento e em relação a quem tudo é pensado, nada obstante se possa afirmar que ao homem retorna, vez que é tomado como fim em si mesmo.

Dessa forma, diferentemente das éticas materiais, as quais partem de determinada concepção do homem, onde se procura definir o que é o Bem, vale dizer, a matéria do Bem, a ética de Kant, por seu turno, é formal, já que não se cuida de dizer que bem deve ser atingido, nem mesmo o que deve ser feito para atingir referido bem, mas sim como se deve proceder, como se deve agir, já que a ação resulta da vontade e que apenas uma coisa há de ser considerada boa por si mesma, a saber, a boa vontade[17].

Importa que se diga que o que faz à vontade ser boa não vem a ser o fim que se possa atingir, mas exclusivamente o querer, isto é, a vontade em si mesma e considerada em si mesma, num verdadeiro agir por dever. Assim, há de se distinguir o agir conforme o dever e o agir por dever, residindo o *discrimen* em se proceder motivado ou não por alguma inclinação.

Kant anatematiza qualquer liame entre sensibilidade e razão, o que significa que não admite qualquer influência da sensibilidade, seja no cumprimento da lei, seja em sua origem, uma vez que tal aceitar seria o mesmo que calcar a moral na experiência, enquanto só a razão pode servir de finco para a mesma.

É que no pensamento kantiano ato realizado por dever traz consigo seu valor moral, não exatamente no fim que com o mesmo se quer chegar, mas na máxima determinante, o que faz concluir não depender da realidade do objeto da ação, e sim do princípio do querer[18].

Vê-se na ação moral que o móvel da vontade é o dever, enquanto o fundamento da moralidade reside no respeito à lei, definida por Kant[19] como o princípio objetivo, que tem valia para todo e qualquer ser racional, o qual deve agir em conformidade exata com referido princípio, por ser um imperativo.

Com efeito, se o valor da ação moral não está no resultado que dela se espera, somente a lei poderá determinar à vontade. Dessa forma, a lei nada mais é que o bem moral desprovido de qualquer liame com o que seja exterior à vontade, uma vez que nada a condiciona.

"Lei que deve ser universal, em que a minha máxima se torne uma lei universal; lei que tendo sua origem como um *a priori* deve valer para todo o ser racional em geral."[20]

---

(16) KANT, Immanuel: *Fundamentação da metafísica dos costumes*. Tradução Paulo Quintela. Lisboa: Edições 70, s.d., p. 18.
(17) BRITO, José Henrique Silveira de: *Introdução à Fundamentação da Metafísica dos Costumes, de I. Kant*. Porto: Edições Contraponto, 1994. p. 25.
(18) KANT, Immanuel: *Fundamentação da metafísica dos costumes*. Tradução Paulo Quintela. Lisboa: Edições 70, s.d., p. 30.
(19) KANT, Immanuel: *Fundamentação da metafísica dos costumes*. Tradução Paulo Quintela. Lisboa: Edições 70, s.d., p. 58.
(20) BRITO, José Henrique Silveira de: *Introdução à Fundamentação da Metafísica dos Costumes, de I. Kant*. Porto: Edições Contraponto, 1994. p. 25.

Por conta da racionalidade humana, o indivíduo, ao mesmo tempo que obedece às leis, tem consciência delas, tendo, outrossim, a vontade, a qual, não sendo perfeita, sujeita-se, quer à razão, quer à inclinação das sensibilidades. Em face de tal conflito, para sua determinação deve à vontade vir a ser constrangida, vez que a lei se lhe apresenta como uma obrigação, um dever.

Para Kant, a obrigação que é a representação da lei, é chamada de mandamento, enquanto a fórmula do mandamento, a maneira como ele se exprime, é o imperativo.

Na seara da moralidade são denominados de categóricos, posto que não estão subordinados a nenhum fim, ou qualquer condição, mas tão-somente à forma e ao princípio donde a ação se origina.

Referido imperativo categórico reside na fórmula que prega se dever agir em conformidade com uma máxima tal, de tal forma que se queira que ela se transforme numa lei universal. Ou seja, deve-se agir de tal sorte que a máxima da ação devesse se tornar, pela vontade do agente, em lei universal da natureza.

Pode-se afirmar, pois, que no pensamento kantiano, inexiste um fim exterior que o homem aspire atingir, mas, isto sim, o fim deve apresentar-se como fim em si mesmo. Com efeito, é o próprio Kant[21] que afirma que: "o homem, e, duma maneira geral, todo o ser racional, existe como fim em si mesmo, não só como meio para o uso arbitrário desta ou daquela vontade".

O mais surge como valor de meio frente ao homem, que é o valor absoluto. Ou seja, tudo está a serviço do homem, uma vez que é ele o fundamento do imperativo categórico. Daí se poder relembrar outra lição kantiana: "Age de tal maneira que uses a humanidade tanto na tua pessoa como na de qualquer outro, sempre e simultaneamente como fim e nunca simplesmente como meio".

Ora, sendo a humanidade fim em si mesma, posto que universal, não há como derivar da experiência, do que se conclui que a vontade de todo ser racional é vontade legisladora universal. Vale dizer, o homem fica sujeito à lei que ele próprio cria. Assim, a vontade fica não só submetida à lei, mas é, concomitantemente, legisladora em relação a esta lei moral, daí restando estampado o princípio da autonomia da vontade, que, por sua vez, é o princípio supremo da moralidade e "é definido como a 'propriedade graças à qual ela é para si mesma a sua lei (independentemente da natureza dos objetos do bem querer) e que é fundamento da dignidade da natureza humana e de toda natureza racional"

Na visão kantiana é a condição de legislador universal que nos torna pessoas, eivadas de dignidade, e detentoras de um fim em si mesmas, dando-nos a inserção enquanto membros de um reino de fins, o qual reúne todos os seres dotados de razão, sob o comando de leis comuns.

E arremata Fernando Ferreira dos Santos[22]: "O conceito de reino dos fins nos faz rememorar que, na práxis, a razão não está submetida, como na teoria, à sensibilidade; ela está, ao contrário, a serviço de si mesma. Na práxis, pois, a razão se liberta da autoalienação da teoria; aquela possui primazia sobre esta. Com efeito, 'a moralidade é a única condição que pode fazer de um ser racional um fim em si mesmo, pois por ela lhe é possível ser membro legislador num reino dos fins'.

A título de conclusão, pode-se dizer que, para Kant, o homem, como vimos, é um fim em si mesmo e, por isso, tem valor absoluto, não podendo, de conseguinte, ser usado como instrumento para algo, e, justamente por isso **tem dignidade, é pessoa**".

Não se pode deixar de admitir que tal conceito de dignidade da pessoa humana, como fim em si mesmo, não esteja enquadrado numa concepção liberal do Estado, como de fato está[23].

Efetivamente toda a reflexão ética em Kant encontra eco na liberdade. Já que o homem pertence ao mundo inteligível, não fica a depender das causas determinantes do mundo sensível e por tal razão é livre, e assim sendo tem autonomia e pode dar leis a si mesmo.

Todo o sistema da razão pura tem finco na liberdade, a qual há de ser compreendida como independência da lei da causalidade universal, sendo, negativamente, um desprendimento da natureza e de suas imposições.

Portanto, a grande finalidade do Estado seria a de definir a ordem e conseguir que a mesma seja cumprida, ao mesmo tempo propiciando ao indivíduo larga liberdade de iniciativa[24].

Conclui-se, pois, que o estado, na visão de Kant, é um estado jurídico, como recepcionado pelo individualismo e liberalismo de sua época, e cuja carac-

---

(21) KANT, Immanuel: *Fundamentação da metafísica dos costumes*. Tradução Paulo Quintela. Lisboa: Edições 70, s.d., p. 68.
(22) SANTOS, Fernando Ferreira dos: *Princípio Constitucional da Dignidade da Pessoa Humana*. São Paulo: Celso Bastos Editor, 1999. p. 27.
(23) BONAVIDES, Paulo: *Do Estado Liberal ao estado Social*. Belo Horizonte: Del Rey, 1993. p. 103.
(24) BONAVIDES, Paulo: *Do Estado Liberal ao estado Social*. Belo Horizonte: Del Rey, 1993. p. 43.

terística seria a de instituir e conseguir manter ordenamento jurídico que conseguisse contemporizar a coexistência das liberdades externas[25].

Assim é que um conceito para dignidade da pessoa humana em Kant, inserido em sua teoria liberal, implica em dar ênfase aos seus limites, em sua defesa do individualismo, o qual há de ter prevalência em relação à sociedade, caso haja conflito. Também não se pode deixar de admitir a existência de uma compreensão panorâmica das funções do Estado.

E será exatamente esse individualismo que terá peso na definição dos direitos fundamentais, que se externam, principalmente, pelos direitos da liberdade, inatos a cada pessoa, e por tal razão, de resistência ou oposição frente ao Estado.

Importa que se conclua que, ao se situar Kant como filósofo do liberalismo não se pode deixar-se induzir à rejeição absoluta de sua teoria do homem como fim em si mesmo.

Basta que se contemple a máxima "age de tal maneira que uses a humanidade, tanto na tua pessoa como na de qualquer outro, sempre e simultaneamente como fim e nunca simplesmente como meio", para se concluir que ao reverso de reverberar uma adesão ao individualismo burguês, propaga como ínsito do indivíduo a abertura para seus semelhantes[26].

3.2. Teorias sobre o Princípio da Dignidade da Pessoa Humana

Vem a doutrina constitucional mais moderna analisando o princípio constitucional da pessoa humana sob três óticas, a saber, o individualismo, o transpersonalismo e o personalismo.

Pelo viés da teoria do individualismo tem-se uma visão da dignidade humana com horizonte bastante limitado, em consonância com o liberalismo, sendo chamado, outrossim, de individualismo-burguês, voltando-se o Estado, preponderantemente, para a defesa das liberdades individuais[27].

Já pela ótica da teoria do transpersonalismo tem-se a idéia de que a essência do homem não é algo abstrato e voltado para o indivíduo de forma isolada e estanque. Ao reverso, é o indivíduo um interagente das mais diversas relações sociais. As concepções socialistas e coletivistas se encontram sob tal diapasão.

Compreende, pois, o transpersonalismo que, no momento em que se está realizando o bem comum, o bem de todos, realiza-se, *ipso facto*, a salvaguarda dos direitos e interesses individuais. Em caso de choque entre os interesses de um indivíduo e os da coletividade deve prevalecer este último. Abstrai-se, pois, o valor supremo da pessoa humana, para consumar-se a preservação da dignidade da pessoa humana através do coletivo[28].

Há, pois, uma limitação da liberdade, a bem da igualdade, assumindo-se uma compreensão de serem os interesses individuais manifestos através dos interesses da sociedade, havendo, portanto, uma primazia destes sobre aqueles.

Já com espeque na teoria do personalismo há uma total rejeição, seja da visão individualista, seja da coletivista. Incompatibiliza-se tal teoria com a idéia de que haja uma harmonia espontânea entre a sociedade e o indivíduo, bem como não concebe a subordinação absoluta do indivíduo à sociedade.

A partir de uma distinção entre o indivíduo e a pessoa, tenta a teoria do personalismo encontrar uma contemporização entre os valores individuais e os valores coletivos, pelo que, não se tem como *standart* a prevalência do indivíduo ou a supremacia do todo, mas o exame em concreto de cada caso e circunstância[29].

Nunca se deve olvidar, contudo, ser a pessoa humana a célula menor da sociedade, não podendo o Estado, nem qualquer outra instituição, desprezá-la.

Há de se considerar que a ótica da teoria personalista acaba por se contrapor a convivência em espontânea harmonia entre a sociedade e o indivíduo, onde ora prevalecem os interesses da sociedade sobre os do indivíduo, ora os do indivíduo sobre os da sociedade.

Quando se faz, pois, uma opção pela linha personalista, acaba por se estabelecer uma nítida distinção entre o indivíduo e a pessoa, deixando-se de enaltecer o individualismo que tem como horizonte o homem abstrato, em consonância com o pensamento do liberalismo burguês, para se elevar a patamar mais alto o conceito de ser humano como peça fundamental do todo que é a sociedade, congregando a forma mais lapidada do gênero, a saber, uma pessoa humana, individualmente considerada.

---

(25) *Ibidem*.
(26) SANTOS, Fernando Ferreira dos: *Princípio Constitucional da Dignidade da Pessoa Humana*. São Paulo: Celso Bastos Editor, 1999. p. 28.
(27) REALE, Miguel: *Filosofia do Direito*. São Paulo: Saraiva, 1996. p. 277.
(28) *Ibidem*.
(29) REALE, Miguel: *Filosofia do Direito*. São Paulo: Saraiva, 1996. p. 278.

3.3. O Direito Alienígena e o Princípio da Dignidade da Pessoa Humana

É inegável que uns tempos para cá o constitucionalismo moderno passou a conviver, inseparavelmente, nos mais alargados ordenamentos jurídicos, com o princípio da dignidade da pessoa humana, o que, por via de conseqüência, espraiou-se por cada ramo do direito dos respectivos mais vários ordenamentos jurídicos[30].

Com efeito vê-se da legislação espanhola que de acordo como o art. 50.1.a) ET, as modificações substanciais das condições de trabalho, sejam coletivas ou individuais, lícitas ou ilícitas, e independentemente da matéria à que afetem, "que redundem em prejuízo da formação profissional ou em detrimento da dignidade" do trabalhador, constituem causa justa para a extinção indenizada do contrato de trabalho.

Em respeito ao direito do trabalhador à formação profissional que reconhece a CE, art. 35.1, e o ET, art. 4.2.b), dada a ausência de uma obrigação legal geral de formação contínua ou permanente por parte da empresa, a aplicação do art. 50.I.a) costuma cingir-se à proteção da formação adquirida diante das modificações do contrato que transgridem os limites do poder de direção (art. 39 ET) ou do *ius variandi* (arts. 23.4 ET e 64 LCT), e assim a jurisprudência aprecia a existência do prejuízo quando a troca funcional produz a perda da própria especialização, supõe o pagamento ao trabalhador de funções que não são profissionalmente equivalentes entre si; ou constitui uma regressão profissional não causal nem temporal.

Entretanto, em algum caso os tribunais têm confirmado a violação invocada dos direitos profissionais regulados no art. 22 ET, que, embora externos ao contrato, obrigam o empresário a procurar que seu exercício seja compatível com aquele, dentro dos limites impostos pelas necessidades organizativas da empresa, Vasco 26 de fevereiro de 1991 (Colex, JL num. 304/1991) e STS 9 de abril de 1990 (Art. 3432). SSTS 11 de março de 1991 (AL num. 36/1991. Marg. 868) e 15 de março de 1991 (Colex, JL num. 303/1991), e STSJ Madri 8 janeiro de 1991 (AL num. 18/1991, marg. 447). STSJ Madri 19 de fevereiro de 1991 (AL num. 31/1991, marg. 764) e SSTS 14 de maio e 31 de janeiro de 1991 (Colex, JL num. 588 e 454/1991), entre muitas outras. Casas baamonde, formação e estabilidade no emprego...op. cit. P. 7, como é o caso da STSJ Galícia 10 de abril de 1991, onde a modificação horária impedia o trabalhador de realizar a atividade de apostolado, assim como matricular-se em cursos de Teologia; ou o da STSJ Catalunha 22 de julho de 1991, no que a supressão unilateral do horário flexível impossibilitava ao trabalhador seguir assistindo aos cursos de Diplomação em Informática.

Uma modificação substancial atenta contra a dignidade do trabalhador (art. 4.2. e ET), constitui-se "uma ofensa a sua honorabilidade e ao valor que de si mesmo tenha ou antes aos demais logre"; "uma notória deterioração do prestígio profissional, trabalhista, social e econômico"; não se recomenda ao trabalhador atividades nenhuma depois da modificação implantada, "e no que é claramente ofensivo receber um salário sem trabalhar e sem que isto exista uma razoável justificação", ou a atividade designada constitui uma "discriminação humilhante".

Trata-se, pois, de um critério ambíguo, que introduz uma considerável dose de subjetividade para a determinação da sua presença, embora precisamente isso é o que permite a sua utilização diante das situações que, objetivamente, não suporiam um atentado contra a dignidade do trabalhador, como é o caso da atribuição de funções de inferior categoria. E no que nenhum trabalho é em si mesmo degradante ou humilhante.

A diferença fundamental entre a causa prevista no art. 50. I. a) e a dos arts. 41.3 e 40.2 fundamenta-se em que a modificação substancial, por prejudicar gravemente os direitos trabalhistas do trabalhador à formação profissional e/ou à dignidade, não é simplesmente lesiva, porém constitui um incumprimento grave das obrigações contratuais do empresário, pelo que é a presença deste cumprimento, o elemento delimitador da aplicação desses mandatos[31].

---

(30) ROCHA, Carmem Lúcia Antunes Rocha: O princípio da dignidade da pessoa humana e a exclusão social. *Interesse Público*. N 4, Porto Alegre: Notadez, 1998. p. 23-48.

(31) No original, na obra de Ana Maria de Miguel Lorenzo, La Extincion Causal Del Contrato de Trabajo por Voluntad Del Trabajador, Editorial Civitas S.A. Madri 1993. p. 66/67. De acuerdo con el art. 50.1. *a)* ET, las modificaciones sustanciales de las condiciones de trabajo, sean colectivas o individuales, lícitas o ilícitas, e independientemente de la materia a la que afecten, «que redunden en perjuicio de la formación profesional o en menoscabo de la dignidad» del trabajador, constituyen causa justa para la extinción indemnizada del contrato de trabajo.

Respecto al derecho del trabajador a la formación profesional que reconoce la CE, art. 35.1, y el ET, art. 4.2.b), dada la ausencia de una obligación legal general de formación continua o permanente por parte de la empresa, la aplicación del art. 50. l. a) suele cenirse a la protección de la formación adquirida frente a las modificaciones del contrato que transgreden los límites del poder de dirección (art. 39 ET) o del *ius variandi* (arts. 23.4 ET y 64 LCT), y así la jurisprudencia aprecia la existencia del perjuicio cuando el cambio funcional produce la perdida de la propia especialización; supone la asignación al trabajador de funciones que no son profesionalmente equivalentes entre si; o constituye una regresión profesional no causal ni temporal.

Dispensável dizer que a partir de tal inserção protuberou uma nova forma de se encarar a relação sociopolítica baseada no sistema jurídico. Daí para frente o princípio constitucional da dignidade humana, nos países que efetivamente o adotaram em seus ordenamentos, passou a ser o ponto de partida e de chegada do Direito.

Nosso constituinte, ao adotar o princípio da dignidade humana, seguiu a trilha do constituinte alemão de 1959, o qual, no Título I – Dos Direitos Fundamentais – artigo primeiro, sobre a proteção da dignidade do homem, estabelece da seguinte forma:

(1) A dignidade do homem é intangível. Respeitá-la e protegê-la é obrigação de todo o poder público.

(2) O povo alemão reconhece, portanto, os direitos invioláveis do homem como fundamentos de qualquer comunidade humana, da paz e da justiça no mundo.

(3) Os direitos fundamentais a seguir discriminados constituem direito diretamente aplicável aos Poderes legislativo, executivo e judiciário.

Na Constituição Hispânica de dezembro de 1978 vê-se que restou igualmente estabelecido que a dignidade da pessoa, os direitos invioláveis que lhe são inerentes, o livre desenvolvimento de sua personalidade, o respeito à lei e ao direito dos outros são fundamentos de ordem política e paz social.

A Constituição Lusitana, de abril de 1976, posteriormente reformada em 1982 e 1989, define Portugal como "uma República soberana, baseada na dignidade da pessoa humana e na vontade popular e empenhada na construção de uma sociedade livre, justa e solidária".

Também se vê referência à expressão dignidade humana, logo no intróito, nas Cartas Políticas, da Venezuela, do Peru, da Bulgária, da Irlanda e da Índia, e no corpo das Constituições da Colômbia, de Cabo Verde, da Grécia e da China.

A Constituição Alemã elevou a proteção à dignidade humana a patamar máximo, ao estabelecê-la como direito absoluto.

Já na Carta Magna do país belga, mais especificamente em seu art. 23, restou consagrado o direito do cidadão de levar uma vida em conformidade com a dignidade humana, configurando-se verdadeiro direito autônomo. Também tal Carta Política da Bélgica assevera que referida dignidade é um direito objetivo a ser perseguido pelo legislador no momento em que ele vier a erigir outros direitos.

Extrai-se de tal texto que o direito de levar uma vida em conformidade com a dignidade humana deverá ser, a curto espaço de tempo, o justificador de todos os outros direitos.

Assim é que o Conselho Europeu de Luxemburgo lembrou, em 29 de junho de 1991, que a promoção dos direitos econômicos, sociais e culturais, como aquela dos direitos civis e políticos, e bem como aquela do respeito às liberdades religiosas e de culto, são de uma importância fundamental para a plena realização da dignidade humana e para as aspirações legítimas de todo indivíduo.

O fato é que é de entendimento comum dos constitucionalistas europeus de nomeada que a dignidade humana funcionaria como o alfa-ômega do sistema constitucional de proteção das liberdades.

E não se diga que tal pensamento seja tão recente, uma vez que do debruço sobre os prolegômenos da Declaração Universal dos Direitos do Homem depara-se com a previsão de que, o reconhecimento da dignidade, ínsita a todos os componentes da família humana e de seus direitos inafastáveis, enseja o fun-

---

Sin embargo, en algún caso los tribunales han confirmado la violación invocada de los derechos profesionales regulados en el art. 22 ET, que, aunque externos al contrato, obligan al empresario a procurar que su ejercicio sea compatible con aquél, dentro de los límites impuestos por las necesidades organizativas de la empresa, s Vasco 26 febrero 1991 (Colex, JL num. 304/1991) y STS 9 abril 1990 (Ar. 3432). SSTS 11 marzo 1991 (AL num. 36/1991. marg. 868) y 15 marzo 1991 (Colex, JL num. 303/1991), y STSJ Madrid 8 enero 1991 (AL num. 18/1991, marg. 447). w *STSJ Madrid* 19 febrero 1991 (AL num. 31/1991, *marg.* 764) y *SSTS 14 mayo y 31 enero 1991* (Colex, JL num. 588 y 454/1991), *entre otras muchas*. casas baamonde, *Formación y estabilidad en el empleo... op. cit.* p. 7. como es el caso de la STSJ Galicia 10 abril 1991, donde la modificación horaria impedía al trabajador realizar la labor de apostolado, así como matricularse en cursos de Teología; o el de la STSJ Cataluna 22 julio 1991, en el que la supresión unilateral del horario flexible imposibilitaba al trabajador seguir asistiendo a los cursos de Diplomado de Informática.

Una modificación sustancial atenta contra la dignidad del trabajador (art. 4.2. *e)* ET), si constituye «una ofensa a su honorabilidad y al valor que de si mismo tenga o ante los demás logre»; «un notorio deterioro del prestigio profesional, laboral, social y económico»; no se encomienda al trabajador actividad alguna trás la modificación implantada, «y a que ofensivo es claramente recibir un salario sin trabajar y sin que en ello exista una razonable justificación», o la actividad encomendada constituye una «discriminación vejatoria».

Se trata, pues, de un criterio ambiguo, que introduce una considerable dosis de subjetividad para la determinación de su presencia, aunque precisamente eso es lo que permite su utilización ante situaciones que, objetivamente, no supondrían un atentado contra la dignidad del trabajador, como es el caso de la asignación de funciones de inferior categoría, y a que ningún trabajo es en si mismo degradante o vejatorio.

La diferencia fundamental entre la causa prevista en el art. 50. l. a) y la de los arts. 41.3 y 40.2, estriba en que la modificación sustancial, por perjudicar gravemente los derechos laborales del trabajador a la formación profesional y/o a la dignidad, no es simplemente lesiva, sino que constituye un incumplimiento grave de las obligaciones contractuales del empresario, por lo que es la presencia de este incumplimiento el elemento delimitador de la aplicación de esos preceptos.

damento da liberdade, da justiça e da paz mundial. É de se lembrar que no mesmo texto contempla-se a assertiva de que todos os seres humanos nascem livres e são iguais em dignidade e em direitos.

Congrega, pois, a dignidade humana, o respeito que merece o homem, daí não haver que se reclamar por dignidade humana, muito menos negociá-la. Há, portanto, uma natural e absoluta imposição da dignidade humana, com o que tão-somente a vida poderá ser digna de ser vivida[32].

Sendo, pois, o primeiro dos fundamentos de uma Carta Política a preservação da dignidade da pessoa humana é de se concluir que a plêiade de direitos fundamentais erigidos numa carta constitucional não externa uma postura de concessão voluntarista e positivista do legislador constituinte, como se fosse uma simples graça do príncipe, uma concessão do poder estatal, mas ao reverso, estampa a ratificação de um conjunto de direitos intangíveis e inalienáveis, anteriores mesmo ao próprio estado, aos quais este está jungido e tem a obrigação de respeitar, direitos que se ligam e nascem da própria dignidade da pessoa humana, externando uma faceta intocável dessa dignidade[33].

Destarte, ao se reconhecer o princípio da dignidade da pessoa humana como fundamento do estado desnuda-se o pressuposto antropológico essencial em que se escoram e donde surgem os direitos fundamentais, também chamados de direitos humanos.

É de se afirmar que mesmo que não conste explicitamente em Carta Política a alusão ao princípio da dignidade da pessoa humana, nem por tal razão não há de preponderar o respeito e a primazia da referida dignidade no atual momento histórico em que nos enquadramos.

E em todo e qualquer sistema que erija direitos fundamentais, por via de consequência, não há como não estar presente, ainda que de forma indireta e implícita, a busca da preservação da dignidade do homem, e, consequentemente, evidencia-se que tal ordenamento adota, inexoravelmente, o princípio da dignidade da pessoa humana[34].

3.4. Princípio da Dignidade da Pessoa Humana no Direito Brasileiro

Embora se tenha visto que desde a Declaração Universal dos Direitos do Homem já se apregoava o respeito à dignidade humana é certo que tem sido nas Constituições mais recentes que relevo e mesmo até menção explícita ao princípio em baila têm sido observados.

Assim é que, no sentido que de último vem sendo assimilado, é recente o louvor mais expressivo ao princípio da dignidade da pessoa humana, encontrando tal princípio fundamento na integridade e inviolabilidade da pessoa humana, contemplada numa ótica mais elevada, que transcende a compreensão restrita de um ser aquinhoado com um físico[35].

É de se admitir, pois, que doutrina e jurisprudência não têm se dedicado à matéria na proporção de sua importância, o que é facilmente perceptível, seja por um vislumbre nas publicações restritas a respeito do referido princípio, seja por conta de um panorama na jurisprudência de nossos pretórios.

Oxalá mude a curto prazo tal cenário.

Da contemplação de nossa Constituição Federal vê-se que foram seguidos os novos ventos do constitucionalismo moderno, uma vez que restou consignado como um dos fundamentos da República Federativa do Brasil a dignidade humana, que tomou a feição de elemento conformador do Estado Democrático.

Efetivamente, já no art. 1º do Texto Maior tem-se:

> Art. 1º A República Federativa do Brasil, formada pela união indissolúvel dos Estados e Municípios e do Distrito Federal, constitui-se em Estado Democrático de Direito e tem como fundamentos:
> (...)
> III- a dignidade da pessoa humana;
> (...).

É de se concluir que dar fundamento ao Estado na dignidade da pessoa humana patenteia o reconhecimento do valor do homem enquanto ser livre, ao mesmo tempo que o próprio Estado reconhece ter suas pilastras na observância do princípio em baila em favor do ser humano, abrangendo tal princípio não somente os direitos individuais, mas os direitos outros, de natureza econômica, social e cultural.

Assim, o fato de a Constituição Federal haver asseverado que um dos fincos do Estado Democrático é a dignidade da pessoa humana não só implica

---

(32) DELPERÉ, Francis: O Direito à Dignidade Humana. *Direito Constitucional- Estudos em homenagem à Manoel Gonçalves Ferreira Filho*. São Paulo: Dialética, 1999. p-159-162.
(33) COSTA, José Manuel M. Cardoso da. O Princípio da Dignidade da Pessoa Humana na Constituição e na Jurisprudência Constitucional Portuguesas. *Direito Constitufional- Estudos em homenagem à Manoel Gonçalves Ferreira Filho*. São Paulo: Dialética, 1999. p. 191-199.
(34) ROCHA, Carmem Lúcia Antunes Rocha: O princípio da dignidade da pessoa humana e a exclusão social. *Interesse Público*. N 4, Porto Alegre: Notadez, 1998. p. 23-48
(35) *Ibidem*.

no reconhecimento da liberdade, mas também na garantia, a ser propiciada pelo próprio estado, de condições mínimas de existência à pessoa humana, o que deve ser observado pela ordem econômica, de tal sorte que sejam espancadas extremas desigualdades que venham a ocorrer no seio da sociedade, cujo Texto Maior anatematiza o desrespeito à dignidade do homem[36].

É, pois, bastante profunda a idéia de dignidade humana, remontando aos mais basilares direitos, a começar pelo próprio direito à vida.

Há de se dizer que a dignidade da pessoa humana, como insculpida em nossa Carta Política, é uma referência constitucional unificadora de todos os direitos fundamentais, devendo, por tal razão, seu conteúdo ser compreendido com caudalosa valoração que encare seu sentido normativo-constitucional, afastando-se, tanto quanto possível, uma noção superficial da essência do próprio homem, de tal sorte que se arrede qualquer idéia apriorística do homem, sendo inaceitável que se estabeleça um reducionismo do verdadeiro sentido da dignidade humana à restrita defesa dos direitos tradicionais, deixando-se de lado os direitos sociais, ou simplesmente fazer menção a tal princípio tão-somente para edificar a teoria do núcleo da personalidade individual, olvidando quando a questão for a garantia das bases do existir do homem[37].

É indispensável, pois, para a harmonização de tal desiderato constitucional, que a ordem econômica tenha por escopo a propiciação a todos de uma vida digna, bem como possa a ordem social corroborar para a implementação de uma justiça social, a educação, por sua vez, vir a dar lugar ao pleno desenvolvimento da pessoa humana, bem como o necessário embasamento para que venha a exercer a cidadania, tudo não com vagos enunciados, mas, isto sim, como delimitadores e norteadores do conteúdo da norma eficaz da dignidade da pessoa humana.

Vê-se, pois, que ao elencar o Texto Maior o princípio da dignidade da pessoa humana, escora para os direitos e garantias fundamentais do indivíduo, e fundamento do Estado Democrático de Direito, não quis externar mera declaração de princípios, mas que tal princípio fosse fonte produtora de efeitos jurídicos na interpretação e na aplicação das leis e dos outros princípios constitucionais[38].

Assim, tem-se que a pessoa humana é um mínimo intangível a ser protegido por todo ordenamento jurídico, tendo o princípio da dignidade da pessoa humana um caráter absoluto, posto que, mesmo que em determinadas situações se faça a opção pelo valor da coletividade, tal escolha não deverá, tanto quanto possível, ferir ou sacrificar o valor humano[39].

O esperado é que se possa encontrar o ponto de equilíbrio quando a empreitada for a de escolher entre a prevalência dos interesses do indivíduo ou do interesse social. É este o desafio para a filosofia prática e a política, qual seja, desvendar onde se encontra a plena harmonia e o equilíbrio entre o resguardo dos direitos e interesses do indivíduo e a preservação dos direitos e interesses da sociedade.

A propósito é a já mencionada teoria do personalismo, que, ao contrário das demais, quais sejam, a do individualismo e a do transpersonalismo, procura contemporizar os interesses do indivíduo e da sociedade, almejando alcançar o ponto de equilíbrio, para o que evita as absolutizações. É, portanto, a constante busca do que toca o indivíduo e do que toca o todo. Há, pois, com tal postura mediadora, um reconhecimento de que a harmonia da ordem social com o interesse de cada indivíduo reside no valor que se presta à pessoa humana[40].

O norte há de ser aquele que indica para a postura de que o indivíduo deve ceder lugar ao todo até o momento em que não venha a ser escoriado o valor da pessoa humana, a saber, a plenitude do homem enquanto homem, posto que, sempre que se aspirar olvidar a esfera da personalidade, estar-se-á aberto para a consumação de conduta arbitrária.

Destarte, o princípio da dignidade da pessoa humana assegura um mínimo necessário ao homem tão só pelo fato de ele congregar a natureza humana, sendo todos os seres humanos contemplados de idêntica dignidade, tendo, portanto, direito de levar uma vida digna de seres humanos.

É da perfeita compreensão do sentido de dignidade humana que o intérprete poderá detectar a existência de normas ou atos infraconstitucionais que não se

---

(36) CARVALHO, Kildare Gonçalves *apud* SANTOS, Fernando Ferreira dos: *Princípio Constitucional da Dignidade da Pessoa Humana*. São Paulo: Celso Bastos Editor, 1999. p. 78.
(37) CARVALHO, Kildare Gonçalves *apud* SANTOS, Fernando Ferreira dos: *Princípio Constitucional da Dignidade da Pessoa Humana*. São Paulo: Celso Bastos Editor, 1999. p. 79.
(38) MELLO, Celso Antônio Bandeira de: Licitações nas estatais em face da Ec n. 19. *Boletim de Direito Administrativo*. N. 12, out/dez. São Paulo: NDJ, 1998. p. 774.
(39) SANTOS, Fernando Ferreira dos: *Princípio Constitucional da Dignidade da Pessoa Humana*. São Paulo: Celso Bastos Editor, 1999. p. 79.
(40) FARIAS, Edilson: *Colisão de Direitos*. Porto Alegre: Fabris. p. 47.

coadunam com a escolha do constituinte de respeito ao ser humano.

Conclui-se, pois, que o comentado princípio da dignidade da pessoa humana tem relevante papel na estrutura constitucional como fonte jurídico-positiva dos direitos fundamentais, dando unidade e coerência ao conjunto dos mencionados direitos fundamentais.

Há, portanto, uma especificação e densificação do princípio fundamental da dignidade da pessoa humana no elenco de direitos e garantias fundamentais insculpidos no título II da Constituição Federal de 1988.

Dessa forma, quer se contemplem os direitos individuais e coletivos, quer se abebere dos direitos sociais ou dos direitos políticos, reside nos direitos fundamentais a concretização do elevado princípio da dignidade da pessoa humana.

Como visto do pensamento de Kant, é o sujeito o primeiro, o centro do conhecimento, vale dizer, a condição necessária e suficiente de possibilidade de existência e do sentido do conhecimento, sendo inconcebível conhecimento e ação sem a ação da subjetividade.

Contudo, o sujeito transcendental de Kant, ou seja, a consciência enquanto tal entendida como razão universal, nada mais é que uma simples estrutura vazia, a qual, desvinculada da sensibilidade, impedida fica de conhecer. Daí se concluir que o pensamento é dependente da sensibilidade, ou na expressão de Manfredo de Oliveira, citado por Ferreira dos Santos[41], "pode-se dizer que a teoria é para Kant, a dimensão da autoalienação da razão".

Via de consequência, tão somente por intermédio da práxis a razão conseguirá desvencilhar-se dos grilhões da autoalienação na teoria, uma vez que, como o domínio da prática, a razão restará a serviço de si mesma. Verifica-se, portanto, que para Kant há uma prevalência da razão prática sobre a razão teórica. A libertação do homem e a plena implementação da condição de um ser livre residiria na moralidade. Tem-se, pois, que a ação livre é uma ação por finalidade e não por mera causalidade. Por força da práxis pertence o homem ao reino dos fins, daí ser a pessoa humana um ser eivado de dignidade própria.

A dignidade humana residiria, dentre outras, no fato de ele homem, por conta dessa dignidade especial, não poder servir de meio para os outros, mas, ao contrário, é fim em si mesmo. É o que literalmente diz Kant[42], em sua obra Fundamentação da Metafísica dos Costumes: "o homem, e, duma maneira geral, todo ser racional, existe como fim em si mesmo, não só como meio para uso arbitrário desta ou daquela vontade".

Deduz-se, portanto, que devendo o indivíduo agir de tal forma que sua ação venha a se tornar lei universal, sua humanidade há de ser usada, tanto em relação à pessoa do agente como de qualquer outro, sempre como fim e nunca tão somente como meio.

Vale dizer, pois, que cada homem é fim em si mesmo. Ao asseverar a Carta Política que a dignidade da pessoa humana é fundamento da República Federativa do Brasil vem de imediato a conclusão que o estado existe em função e para o bem das pessoas, e não o contrário. E aqui entenda-se que não só o estado deva existir em função das pessoas, mas, outrossim, o próprio Direito tem igualmente tal desiderato de existência em prol do homem[43].

O fim buscado, pois, é a dignidade, a dignidade do homem. Há, pois, de se reconhecer na juridicidade da norma esse escopo de propiciação da dignidade humana. Tal não sendo reconhecido é de se admitir que tal norma é ilegítima.

Na própria disposição constitucional se vê que obrou com acerto o constituinte ao por o capítulo dos direitos fundamentais antes da organização do estado.

Daí que toda qualquer ação do estado há de ser mensurada sob o cajado da constatação ou não de que cada pessoa foi tomada como fim em si mesmo, ou somente como instrumento e meio para outros objetivos, cuidado que tem sentido para viabilizar a ação em termos de constitucionalidade, posto que escoriada não poderá ser a dignidade humana.

É de se considerar, outrossim, que o mencionado respeito à dignidade humana, focalizado pela idéia de democracia, implica numa forma diferenciada de se enxergar o que venha a ser liberdade, justiça, igualdade e segurança, vislumbre que jamais poderá olvidar a condição humana de meio e nunca de objeto para a implementação de tais valores, sendo, ao reverso, o ser humano, escorado em sua dignidade, o próprio destinatário de tais aspiradas conquistas[44].

Também deve ser considerado que a dignidade dimensiona a racionalidade jurídica, tendo o conhecimento jurídico, como objeto imediato, a dignidade humana cristalizada na ordem normativa.

---

(41) SANTOS, Fernando Ferreira dos: *Princípio Constitucional da Dignidade da Pessoa Humana*. São Paulo: Celso Bastos Editor, 1999. p. 91.
(42) KANT, Immanuel: *Fundamentação da metafísica dos costumes*. Tradução Paulo Quintela. Lisboa: Edições 70, s.d., p. 68.
(43) FARIAS, Edilson: *Colisão de Direitos*. Porto Alegre: Fabris. p. 51.
(44) GUERRA FILHO, Willis Santiago: *Ensaios de Teoria Constitucional*. Fortaleza: Ed. Universidade Federal do Ceará, 1989. p. 52.

O só fato de se considerar o homem como fim em si e que a existência do estado seria em função do homem não implica, *ipso facto,* numa ótica individualista da dignidade da pessoa humana, vale dizer, que o estado não possuiria um fim próprio. Entretanto, seu fim coincide com os fins multifários de todos os indivíduos[45]. Da mesma sorte a consideração do indivíduo como fim em si mesmo, com direitos fundamentais e anteriores ao estado não implica que, frente a um conflito entre o indivíduo e o estado sempre se dê prevalência ao indivíduo.

Assim é que, ao se adotar uma concepção personalista, não se pode fechar os olhos à necessidade de uma coexistência de harmonia entre indivíduos e a sociedade, não sendo de se esperar que sempre os interesses dos indivíduos prevaleçam sobre os interesses da sociedade, nem muito menos que os interesses da sociedade sempre prevaleçam sobre os interesses dos indivíduos.

Ao reverso, o esperado é a contemporização entre os valores individuais e os valores coletivos, inexistindo um predomínio do interesse individual sobre o interesse coletivo, nem muito menos o predomínio do interesse coletivo sobre o interesse individual.

Cada caso e cada circunstância há de propiciar uma postura diferenciada, a qual redundará, quer na absoluta harmonização de ambos os interesses, quer na prevalência de um sobre o outro.

Ao se adotar uma concepção personalista de dignidade humana há que ser feito um *discrimen* pessoa e indivíduo. Não há, pois, com tal postura, uma intenção de exaltação do individualismo, do homem em abstrato, o que é próprio do liberalismo-burguês, mas, ao reverso, o que se procura elevar é a condição do ser humano enxergado como parte imprescindível do todo que é a sociedade, sendo, portanto, forma do mais alto gênero, a saber, uma pessoa no sentido mais amplo da palavra[46].

Enquanto o homem abstrato congrega uma unidade em si mesma fechada, o ser humano é encarado como entidade aberta.

Dessa forma pode-se afirmar inexistir valor que supere o do ser humano, daí que, em caso concreto, o valor coletivo não deve ferir o valor da pessoa humana. É, pois, a pessoa, um *minimun,* o qual nem o estado, nem qualquer outra instituição pode ultrapassar. É lógico que referido *minimun* deve ser apurado em cada situação concreta na qual existir colisão entre interesses diferenciados, não podendo, igualmente, ser olvidada a realidade histórica. É, pois, a pessoa, um conceito aberto, e nunca fechado[47].

Neste diapasão é a pessoa o valor último e supremo da democracia, que tem o condão de dimensionar e de humanizar. É, outrossim, a raiz antropológica constitucionalmente estruturante do Estado de Direito, o que não passa necessariamente por uma idéia fixista de dignidade da pessoa humana. Ao reverso, sendo a pessoa uma unidade aberta gera uma integração pragmática.

E arremata Fernando Ferreira dos Santos[48]: "Saliente-se, ainda, pelo caráter intersubjetivo da dignidade da pessoa humana, defendido por W. Maihofer, citado por Pérez Luño, na elaboração de seu significado parte-se da situação básica (*Grundsituation*) do homem em sua relação com os demais, isto é, da situação do ser com os outros (*Mitsein*), em lugar de fazê-lo em função do homem singular encerrado em sua esfera individual (*selbsein*). O que, ressaltamos nós, tem particular importância na fixação, em caso de colisão de direitos fundamentais de dois indivíduos, do *minimun* invulnerável, além de, como destacou Pérez Luño, contribuir para o estabelecimento dos limites e alcance dos direitos fundamentais.

Relembre-se, neste momento, a decisão do Tribunal Constitucional espanhol que, precisando justamente o significado da primazia da dignidade da pessoa humana (art. 10.1 da Constituição espanhola), sublinhou que a dignidade há de permanecer inalterável qualquer que seja a situação em que a pessoa se encontre, constituindo, em conseqüência, um *minimun* invulnerável que todo estatuto jurídico deve assegurar".

Pode-se, pois, admitir que a dignidade da pessoa humana é um princípio absoluto enquanto se finca no fato de a pessoa ser um *minimun* invulnerável, o qual todo o estatuto deve assegurar, e mesmo que em caso concreto venha a se fazer uma opção pelo interesse coletivo, tal ato de escolha nunca deverá ferir o valor da pessoa humana em jogo.

Ferreira dos Santos admite sua posição distanciada de Robert Alexy, para a seguir obtemperar: "Distanciamo-nos, pois, do pensamento de Robert Alexy, que...rejeita radicalmente, a existência de princípios absolutos, chegando a afirmar que se os há, impõe-se modificar o conceito de princípio[49].

---

(45) BOBBIO, Norberto: *Direito e Estado no pensamento de Immanuel Kant,* Brasília: Ed. Universidade de Brasília, 1192. p. 133.
(46) SANTOS, Fernando Ferreira dos: *Princípio Constitucional da Dignidade da Pessoa Humana.* São Paulo: Celso Bastos Editor, 1999. p. 93.
(47) CANOTILHO, J. J. Gomes: *Direito Constitucional.* Coimbra: Coimbra Editora, 1994. p. 362-363.
(48) SANTOS, Fernando Ferreira dos: *Princípio Constitucional da Dignidade da Pessoa Humana.* São Paulo: Celso Bastos Editor, 1999. p. 94.
(49) *Ibidem,* p. 94-95.

Entendendo como princípio absoluto aquele que, em caso de colisão, tem que preceder a todos os princípios, Robert Alexy adverte que poder-se-ia pensar que o art. 1º, § 1º, da Lei Fundamental alemã traz um princípio absoluto. No entanto, diz ele, tal impressão reside no fato de que a norma da dignidade da pessoa humana é tratada em regra, e, em parte como princípio. Absoluto, então, não é o princípio, mas a regra. No entanto, não especifica quando a norma da dignidade da pessoa humana é uma regra e quando é um princípio. O que nos leva a levantar, pelo menos, uma objeção: se a distinção entre regras e princípio é de natureza lógica, como pode uma mesma norma ser em um momento um princípio e, em outro, uma regra[50]?

Exemplificando o seu pensamento, acrescenta que os princípios podem referir-se a bens coletivos ou a direitos individuais. Ora, diz ele, se um princípio se refere a bens coletivos e é absoluto, as normas de direito fundamental não podem fixar-lhe nenhum limite, inexistindo, em consequência, direitos fundamentais. Se, de outro lado, um princípio absoluto se refere a direitos individuais, a ausência de balizas jurídicas conduzirá, em caso de colisão, a uma contradição, pois todos os direitos dos indivíduos fundamentados por um princípio terão que ceder frente ao direito de outro indivíduo fundamentado pelo mesmo ou outro princípio.

Vê-se, portanto, que o emprego da dicotomia do autor alemão citado por Ferreira Santos fica inserido nas concepções individualista e transpersonalista da dignidade da pessoa humana, das quais diz o autor nacional discordar.

É de se relembrar que na concepção personalista não existe, a princípio, prevalência do indivíduo sobre o todo ou vice-versa. Busca-se a solução caso a caso, em conformidade com as circunstâncias, podendo-se ora dar prevalência de um sobre o outro, ora chegar-se a uma contemporização. Pode-se dizer ser tal princípio um mandado de otimização. Ora, sendo a pessoa humana um *minimum* intangível, o fato de se optar, em certa circunstância, pelo valor coletivo jamais poderá ferir ou sacrificar o valor da pessoa. É em tal sentido que ele se apresenta como um princípio absoluto.

A doutrina reconhece duas dimensões constitutivas na dignidade da pessoa humana, a saber, uma negativa e outra positiva. A negativa é a que impede que a pessoa venha a ser objeto de humilhações ou ofensas. E exemplifica Ferreira dos Santos[51]: "Daí o nosso texto constitucional dispor, coerentemente, que "ninguém será submetido a tortura nem a tratamento desumano ou degradante" (art. 5º, III, CF) Com efeito, "a dignidade – ensina Jorge Miranda – pressupõe a autonomia vital da pessoa, a sua autodeterminação relativamente ao Estado, às demais entidades públicas e às outras pessoas".

No pensar de Canotilho[52] impõe-se "a afirmação da integridade física e espiritual do homem como dimensão irrenunciável da sua individualidade autonomamente responsável; a garantia da identidade e integridade da pessoa através do livre desenvolvimento da personalidade; a libertação da "angústia da existência" da pessoa mediante mecanismos de socialidade, dentre os quais se incluem a possibilidade de trabalho e a garantia de condições existenciais mínimas".

Afonso da Silva, citado por Ferreira dos Santos[53], conclui ser inaceitável "um sistema de profundas desigualdades, uma ordem econômica em que inumeráveis homens e mulheres são torturados pela fome, inúmeras crianças vivem na inanição, a ponto de milhares delas morrerem em tenra idade. Aliás, a nossa Constituição, em seu art. 170, *caput*, dispõe, expressamente, que "a ordem econômica, fundada na valorização do trabalho e na livre iniciativa, tem por fim assegurar a todos existência digna..."

E após tal citação vale-se da Encíclica *Gaudium et Spes* para lembrar que escoria a dignidade da pessoa humana "tudo quanto se opõe à vida, como seja toda a espécie de homicídio, genocídio, aborto, eutanásia e suicídio voluntário; tudo o que viola a integridade da pessoa humana, como as mutilações, os tormentos corporais e mentais e as tentativas para violentar as próprias consciências; (...) as condições de vida infra-humanas, as prisões arbitrárias, as deportações, a escravidão, a prostituição, o comércio de mulheres e jovens; e também as condições degradantes de trabalho, em que operários são tratados como meros instrumentos de lucro e não como pessoas livres e responsáveis.[54]"

Lembrada a dimensão negativa da dignidade da pessoa humana, tem-se que sua feição positiva subentende o pleno desenvolvimento de cada pessoa, o qual se dá pelo reconhecimento da total autodisponibilidade, sem que existam interferências externas,

---

(50) SANTOS, Fernando Ferreira dos: *Princípio Constitucional da Dignidade da Pessoa Humana*. São Paulo: Celso Bastos Editor, 1999. p. 95.
(51) *Ibidem*.
(52) CANOTILHO, J. J. Gomes: *Direito Constitucional*. Coimbra: Coimbra Editora, 1994. p. 363.
(53) SANTOS, Fernando Ferreira dos: *Princípio Constitucional da Dignidade da Pessoa Humana*. São Paulo: Celso Bastos Editor, 1999. p. 96.
(54) *Gaudim et Spes*. p. 37.

bem como pressupõe a autodeterminação surgida da livre projeção histórica da razão do homem, o qual não nasce com uma predeterminação da natureza.

Daí estarem no corpo constitucional, enquanto objetivos fundamentais da República Federativa do Brasil, a erradicação da pobreza, da marginalização e a redução das desigualdades sociais e regionais, bem como a promoção do bem de todos, como se vê no art. 3º, III e IV da Carta Política.

3.5. A Interpretação dos Direitos Fundamentais através do Princípio da Dignidade da Pessoa Humana

Pelo que até então se desenvolveu não fica de difícil conclusão que a atual Carta Magna deu ao princípio da dignidade da pessoa humana a compleição de núcleo essencial dos direitos fundamentais, sendo por conta daquele princípio que estes direitos fundamentais se dispuseram da forma constante no texto constitucional.

Tendo tal estrutura de núcleo fundamental, em hipótese algum poderá vir a ser escoriado, uma vez que congrega o verdadeiro coração do direito, o qual, uma vez destruído, o direito deixaria de existir[55].

Posto que referida postura de núcleo essencial está atrelada a toda idéia de direitos fundamentais, incompatíveis seriam todas e quaisquer construções constitucionais que fossem de encontro a direito subjetivo individual, o que aconteceria caso fosse adotada a prisão perpétua ou a pena de morte, duas sanções que se chocariam com os direitos à liberdade e à vida, os quais, por suas vezes, têm escora no princípio da dignidade humana[56].

Assim como temos a forma de hermenêutica constitucional de interpretação conforme a constituição, podemos afunilar tal maneira de interpretar a norma constitucional e em determinadas situações fazer uma interpretação conforme os direitos fundamentais constitucionalmente garantidos, os quais se escudam em valores e princípios constitucionais, de tal sorte que mencionados direitos fundamentais conformem a decisão de qualquer instância judicial, observando, assim, o sistema jurídico hierárquico-axiológico.

É de se notar que tal interpretação conforme os princípios constitucionais, mormente o da dignidade da pessoa humana, se prestam a corroborar para o chamado ativismo judicial, que em nada mais consiste senão no comprometimento do Poder Judiciário com a construção política do desenvolvimento social[57].

É consenso hodierno que o Judiciário já não mais pode ser um mero executor de funções jurídicas, técnicas e secundárias, mas, ao reverso, há de ser um inovador da ordem jurídica e social, exercendo papel ativo, eivando suas decisões de efeitos notoriamente políticos.

Deduz-se, portanto, que o aqui examinado princípio da dignidade da pessoa humana há de ser observado tanto pelos administradores públicos, enquanto gestores da coisa pública, quanto pelos legisladores na confecção do corpo normativo, bem assim pelo aplicador da lei no exercício da função jurisdicional, haja vista que nenhum dos membros do Executivo, do Legislativo ou do Judiciário tem autorização da Carta Magna para fechar os olhos ao princípio que dignifica a pessoa humana, residindo neste um dos espeques do Estado Social e Democrático de Direito.

Não é de difícil dedução, pois, que o magistrado ou administrador que, efetivamente comprometidos com a obrigação a eles imanente de realizar os fins do estado, regulem suas decisões com base no princípio da dignidade da pessoa humana, estão dando cumprimento ao valor maior da justiça social, de realização tão almejada pela Constituição Federal.

Da mesma sorte, a função legiferante não estaria, em absoluto, descomprometida com a implementação de tal elevado princípio desde que aberta para ouvir os mais legítimos anseios da sociedade.

Uma vez verdadeiramente observado pelos agentes políticos o princípio da dignidade da pessoa humana como amálgama dos direitos fundamentais insertos na Carta Política, esta se transformará em força ativa, com o condão de instalar a paz e a harmonia social, buscas maiores do direito.

Conclui-se, pois, ser o princípio da dignidade da pessoa humana a fonte jurídico-positiva dos direitos fundamentais, fonte de natureza ética, propiciando unidade de sentido, valor e concordância prática ao sistema dos direitos fundamentais, valor básico e fundamentador dos direitos humanos, sendo referidos direitos fundamentais a expressão mais imediata da dignidade humana.

Por tal razão tem-se que os direitos fundamentais são a centralidade dentro do sistema constitucional, apresentando não só um caráter subjetivo, mas também uma função estruturante, sendo condição indispensável para o pleno estabelecimento do estado democrático de direito.

---

(55) SANTOS, Fernando Ferreira dos: *Princípio Constitucional da Dignidade da Pessoa Humana*. São Paulo: Celso Bastos Editor, 1999. p. 104.
(56) CANOTILHO, J. J. Gomes: *Direito Constitucional*. Coimbra: Coimbra Editora, 1994. p. 619.
(57) PARMO, David Wilson de Abreu: Interpretação Tópica e Sistemática da Constituição. DOBROWULSKI, Sílvio, org. *A Constituição no Mundo Globalizado*. Florianópolis: Diploma Legal, 1999. p. 47-77.

E lembra Ferreira Santos[58]: "Daí, outrossim, a fundamentalidade destes direitos, tanto formal como material. Ou seja, as normas de direito fundamental ocupam o grau superior da ordem jurídica; estão submetidas a processos dificultosos de revisão; vinculam imediatamente os poderes públicos; significam a abertura a outros direitos fundamentais".

No mesmo diapasão há de se compreender o porquê de o constituinte haver estabelecido a vedação de deliberação de proposta de emenda que pretenda abolir os direitos e garantias individuais, como se vê no parágrafo 4º, IV, do art. 60 da CF, bem assim a não exclusão de outros direitos decorrentes do regime e dos princípios adotados pela Carta Magna, ou dos tratados internacionais de que faça parte à República Federativa do Brasil, como se assenta nos §§ 1º e 2º do art. 5º da Carta Política Brasileira.

Destarte, toda e qualquer interpretação dos preceitos constitucionais e legais deverá ser feita com espeque nas normas constitucionais que elevam os direitos fundamentais.

Ferreira Santos[59], arrematando com Canotilho e Perez Luño, obtempera: "Com razão, Canotilho fala "que a interpretação da Constituição pré-compreende uma teoria dos direitos fundamentais". E, nas palavras de Perez Luño, "para cumplir sus funciones los derechos fundamentales están dotados de uma especial fuerza expansiva, o sea, de uma capacidad de proyectar-se, a través de los consedguintes métodos o técnicas, a la interpretación de todas làs normas 'del ordenamiento jurídico. Así, nuestro Tribunal Constitucional há reconocido, de forma expressiva, que los derechos fundamentales son el parámetro de conformidad con el cual deben ser interpretadas todas las normas que componen nuestro ordenamiento".

3.6. Dignidade da Pessoa Humana e Isonomia

De tudo o que acima se mencionou a respeito do princípio constitucional da dignidade da pessoa humana impõe-se agora que se faça um cotejo em relação ao princípio da isonomia.

Em que pese não se venha a tratar do referido princípio da igualdade na presente quadra, não há como, ainda que em lampejo, deixar de se realizar um exame da isonomia à luz da dignidade humana.

Ora, viu-se que o respeito à dignidade humana é a busca mais frenética da República Federativa do Brasil. E tal dignidade humana há de ser estendida a todo ser humano, enquanto pessoa.

A partir do momento em que a dignidade humana é preservada para parte da população, que pode ter acesso a alimentação, moradia, saúde, educação, segurança, previdência, transporte, dentre outros, e que outra expressiva gama de pessoas da mesma nação fica tolhida de tal acesso, escoriou-se duplamente a Carta Política, a uma pelo fato de não se respeitar o princípio da dignidade humana em relação aos mencionados relegados, e a outra pelo fato de não se implementar a isonomia, vale dizer, ao se dispensar tratamento diferenciado a alguns em relação a outros, todos, igualmente, pessoas, e portanto detentoras do direito de preservação de suas dignidades de pessoas humanas e do direito de tratamento isonômico.

Dessa forma, dignidade da pessoa humana e isonomia são princípios constitucionais que caminham próximos, sendo que o primeiro antecede o segundo, vez que todo ser humano é credor de ver preservada sua dignidade e por tal razão, em relação a outro ser humano, há de merecer igual tratamento, pena de estar sendo diminuído em sua dignidade em relação ao que está sendo beneficiado, e ao mesmo tempo estar sendo vilipendiado em seu direito de usufruir, em situações iguais, de tratamentos iguais.

Assim, é o princípio da isonomia uma confirmação do princípio da dignidade da pessoa humana, posto que, se para A, enquanto indivíduo e pessoa, há de ser preservada sua dignidade, B, igualmente indivíduo e pessoa há de merecer o mesmo tratamento, pena de se olvidar, num primeiro plano a dignidade com a qual B deve ser tratado, e num segundo plano restar ferido o princípio constitucional que determina que os iguais devem ser tratados igualmente.

Em situação prática, pois, em que se trata A de forma mais benéfica que B, sem nenhuma razão plausível para tanto, protuberam duas feridas ao espírito de nossa Carta Política, a saber, fere-se a dignidade humana daquele que se vê em igualdade de condições que o outro sendo prejudicado por razão injustificável, e fere-se o princípio da isonomia, que determina que os iguais hão de ser tratados igualmente, por uma única razão, qual seja, toda pessoa humana deve ser respeitada em sua dignidade, e o fato de ser passada para trás por tal ou qual razão é uma ferida de morte em sua dignidade humana, vez que o prejudicado não é, em absoluto, menos humano e menos pessoa, a ponto de ter que tolerar o *discrimen*.

Assim, numa sequência lógica, pode-se dizer que os valores que uma sociedade adota ao longo de caudaloso processo de sedimentação, ora maior, ora não

---

(58) SANTOS, Fernando Ferreira dos: *Princípio Constitucional da Dignidade da Pessoa Humana*. São Paulo: Celso Bastos Editor, 1999. p. 98.
(59) *Ibidem*, p. 98-99.

tão elastecido para valores mais basilares, servem de pano de fundo para que venham à baila os princípios, que pairam acima das normas, externando o espírito do ordenamento jurídico. Referidos princípios, na seara constitucional, têm lugar de relevo na Constituição Federal, devendo ser o norte de aplicação do Direito pelo intérprete da lei. O princípio da dignidade humana, inegavelmente, desfruta de posição hierárquica privilegiada na Constituição Federal, sendo verdadeiro ponto de partida para os demais princípios e via de conseqüência para as normas, vez que, preservando-se o ser humano em sua dignidade, tudo o mais é possível.

Daí que, ao nosso ver, o princípio da isonomia é uma ratificação do princípio da dignidade humana. É como se o constituinte afirmasse que sendo devida a observância da dignidade humana para A, a partir do momento que para B, que é igualmente uma pessoa, deixa de se dar, em certa circunstância, tratamento igual ao que se dá a A, fere-se a dignidade humana de B, uma vez que a própria idéia de generalidade da norma e do princípio restou espancada, e por via de conseqüência vilipendiou-se outro princípio conseqüente do princípio da dignidade humana, a saber, o princípio da isonomia.

Assim, há que se tratar igualmente A e B porque ambos são pessoas, e, portanto, detentoras de dignidade humana. A partir do momento em que, em situação idêntica, sem as exceções em que o estudo da isonomia permite o *discrimen*, trata-se A de forma diferenciada em relação a B, numa primeira ótica o que restou depauperado foi a dignidade humana de B, posto que, não obstante ser pessoa humana, merecedora em idêntica forma que A do respeito a sua dignidade, foi nesta escoriado ao ser passado para trás com o injustificado privilégio que se deu a A, ocasião em que se feriu, outrossim, o princípio da isonomia.

Dessa forma, a cronologia seria: valor; princípios constitucionais; princípio da dignidade da pessoa humana; princípio da isonomia, se quisermos dar uma ordem ao estudo a que nos propusemos.

Se a lei está em função do homem e a serviço da regulamentação de sua vida em sociedade, estar a serviço do homem é, num primeiro plano, preservar sua dignidade enquanto ser humano, idéia da qual deverão partir todos os demais regramentos que nortearão a vida do cidadão num estado democrático de direito.

4. CONSIDERAÇÕES FINAIS

No terreno arenoso das conclusões, sugere-se a potencialização dos mecanismos de Democracia Direta como forma de fuga às acomodações do cidadão perante o assistencialismo estatal e aos "vícios" da representatividade. Também se pode afirmar, peremptoriamente, a consolidação do significado atual e ampliado do termo cidadania, desatrelando-o do conceito tradicional e eminentemente político.

O princípio da dignidade da pessoa humana, de matriz kantiana, se mostra como principal instrumento teórico-valorativo do ordenamento jurídico-constitucional brasileiro. Neste ponto, mostram-se interligados e interdependentes as noções jusfilosóficas de cidadania, dignidade e democracia.

Por fim, tem-se a ilação de que o Estado Democrático de Direito, permanentemente em construção pela democracia participativa, está sendo erigido sob novos pilares eleitos pela Carta Política de 1988, principalmente gravitando em torno da noção reformulada e ampliada de cidadania e do respeito à dignidade da pessoa humana.

REFERÊNCIAS

ANDRADE, Chistiano José de. *O Problema dos Métodos da Interpretação Jurídica*. São Paulo: Revista dos Tribunais, 1992.

ANDRADE, Manuel A Domingues de. *Ensaio sobre a Teoria da Interpretação das Leis*. Coimbra: Arménio Amado Ed., 1987.

ANDRADE, Vera Regina Pereira de. *Dogmática jurídica – escorço de sua configuração e identidade*. Porto Alegre: Livraria do Advogado, 1996.

BARROS, Alice Monteiro de: AIDS no Local de Trabalho- Um enfoque de Direito Internacional e Comparado Síntese Trabalhista n. 148. Porto Alegre: Síntese, 2001.

BOBBIO, Norberto et alii. Dicionário de Ciência Política. Trad. Carmem C. Varriale et alii. TJniverçidade de Brasília.

_____. *Teoria do Ordenamento Jurídico*. 4. ed. Trad. SANTOS, Maria Celeste Cordeiro Leite dos. Brasília: Edunb, 1994.

_____. *O Futuro da Democracia*. São Paulo: Paz e Terra, 1992.

_____. *Teoria Geral da Política – A Filosofia Política e as Lições dos Clássicos*; organizado por Michelangelo Bovero; Tradução Daniela Beccaccia Versiani. Rio de Janeiro: Campus, 2000.

_____. *Direito e Estado no pensamento de Immanuel Kant*, Brasília: Ed. Universidade de Brasília, 1992.

BONAVIDES, Paulo. *A Constituição Aberta*. 2. ed. São Paulo Malheiros, 1996.

_____. *Do Estado Liberal ao Estado Social*. Belo Horizonte: Del Rey, 1993.

_____. *Curso de Direito Constitucional*. 6. ed. São Paulo: Malheiros, 1996.

BONAVIDES, Paulo e ANDRADE, Paes de. *História do Direito Constitucional do Brasil*. 2. ed. Brasília-DF: Paz e Terra, 1990.

BRITO, José Henrique Silveira de: *Introdução à Fundamentação da Metafísica dos Costumes, de I. Kant*. Porto: Edições Contraponto, 1994.

CALDAS, Roberto de Figueiredo: *Trabalho Escravo Jornal da OAB Nacional*, São Paulo: Editora da OAB, n. 99, outubro de 2002.

CANOTILHO, J. J. Gomes. *Fundamentos da Constituição*. Coimbra: Coimbra Editora, 1991.

_____. *Direito constitucional*. 5. ed. 2ª reimp. Coimbra: Almedina, 1992.

_____. *Constituição Dirigente e Vinculação do Legislador*. Coimbra: Coimbra Editora, 1994.

CARVALHO, Márcia Haydée Pasto de. *Hermenêutica Constitucional*. Florianópolis: Livraria e Editora Obra Jurídica, 1997.

CHAUÍ, Marilena. *Convite à Filosofia*. São Paulo: Ática, 1995.

COSTA, Célio Silva. *A Interpretação Constitucional e os Direitos e Garantias Fundamentais na Constituição de 1988*. Rio de Janeiro: Líber júris, 1992.

COSTA, José Manuel M. Cardoso da. *O Princípio da Dignidade da Pessoa Humana na Constituição e na Jurisprudência Constitucional Portuguesas. Direito Constitucional- Estudos em homenagem à Manoel Gonçalves Ferreira Filho*. São Paulo: Dialética, 1999.

DELPERÉ, Francis. *O Direito à Dignidade Humana. Direito Constitucional- Estudos em homenagem à Manoel Gonçalves Ferreira Filho*. São Paulo: Dialética, 1999.

GAUDIM et Spes.

GUERRA FILHO, Willis Santiago: *Ensaios de Teoria Constitucional*. Fortaleza: portuguesa. São Paulo: Editora Mestre Jou, 1968.

KANT, Immanuel. *Doutrina do Direito*. Trad. BINI, Edson. São Paulo: Ícone, 1993.

_____. *Crítica da Faculdade do Juízo*. Trad. ROHDEN, Valério & MARQUES, António. Título Original: Critik der Urteflskraft und Schriften. 2. ed. Rio de Janeiro: Forense Universitária, 1995.

_____. *Crítica da Razão Pura*. Trad. SANTOS, Manuela Pinto dos & MORÚJÃO, Alexandre Fradique. Título original: Kritik der reinenvernunft. 3. ed. Lisboa: Fundação Calouste Gulbenkian, 1994.

_____. *Fundamentação da metafísica dos costumes*. Tradução Paulo Quintela. Lisboa: Edições 70, s.d.

MELLO, Celso Antônio Bandeira de: *Conteúdo Jurídico do princípio da Igualdade*. São Paulo: Malheiros, 1993.

_____. *Elementos de Direito Administrativo*. São Paulo: Revista dos Tribunais, 1980.

_____. *Licitações nas estatais em face da Ec n. 19*. Boletim de Direito Administrativo. N. 12, out/dez. São Paulo: NDJ, 1998.

_____. *Princípio da Isonomia: Desequiparações Proibidas e Desequiparações Permitidas*. Revista Trimestral de Direito Público, SP: Malheiros, n. 1, 1993.

MELLO, Celso D. de Albuquerque. *Direito Constitucional Internacional*. Rio de Janeiro: Renovar, 1994.

_____. FALCÃO, Alcino Pinto & SÜSSEKIND, Arnaldo. *Comentários à Constituição*. Rio de Janeiro: Freitas Bastos, 1990. v. l.

MELLO, Oswaldo Aranha Bandeira de. *A teoria das Constituições Rígidas*. 2. ed. São Paulo: Bushatsky, 1980.

PARMO, David Wilson de Abreu. *Interpretação Tópica e Sistemática da Constituição*. DOBROWULSKI, Sílvio, org. *A Constituição no Mundo Constitucionales*, 1995.

REALE, Miguel. *Lições Preliminares de Direito*. São Paulo: Saraiva, 1999.

_____. *Teoria Tridimensional do Direito*. 5. ed. São Paulo: Saraiva, 1994.

_____. *Questões de Direito Público*. São Paulo: Saraiva, 1996.

_____. *Filosofia do Direito*. São Paulo: Saraiva, 1996.

ROCHA, Carmem Lúcia Antunes Rocha. *O princípio da dignidade da pessoa humana e a exclusão social*. Interesse Público. N. 4, Porto Alegre: Notadez, 1998.

ROCHA, Lincoln Magalhães da. *A Constituição Americana – Dois Séculos de Direito Comparado*. Rio de Janeiro: Edições Trabalhistas, 1987.

SANTOS, Fernando Ferreira dos: *Princípio Constitucional da Dignidade da Pessoa Humana*. São Paulo: Celso Bastos Editor, 1999.

VAZ, Henrique C. de Lima: *Antropologia Filosófica*. São Paulo: Loyola, 1993.

POR UMA NOVA CONCEPÇÃO JURÍDICA DE CIDADANIA

CHRISTIANNY DIÓGENES MAIA
Doutora em Direito Constitucional pela Universidade de Fortaleza – UNIFOR.
Mestre em Direito Constitucional pela UFC. Advogada.

INTRODUÇÃO

A Constituição Federal de 1988 instituiu a República Federativa do Brasil como um Estado Democrático de Direito, prevendo o regime político democrático e estabelecendo entre seus princípios fundamentais a cidadania e a dignidade da pessoa humana.

Nesse sentido, não é mais possível conceber o Estado brasileiro como um Estado em que diversas parcelas da sociedade estão excluídas do efetivo exercício da cidadania. Com efeito, após 15 anos da promulgação da nossa Lei Maior é ainda possível constatar a existência de grupos cujos direitos políticos, além de outros, encontram-se prejudicados, evidenciando-se, desse modo, a necessidade de um estudo sobre a cidadania, com o intuito de contribuir para as discussões acerca do tema, e, mais do que isso, para a consolidação do Estado Democrático de Direito.

Os principais responsáveis por pautar as discussões sobre cidadania são os novos movimentos sociais, que representam os setores excluídos da sociedade, do acesso aos bens públicos e da participação política, que passaram a lutar, de forma cada vez mais organizada, por seus direitos. Mas, não só os movimentos sociais têm demonstrado interesse pela cidadania como prática social e política, mas também as correntes políticas tradicionais e em especial as forças de esquerda inserem essas preocupações como foco principal de seus discursos políticos.

O enfoque central do presente trabalho, por meio da pesquisa doutrinária, legislativa e jurisprudencial e análise comparativa dos autores, se insere no atual conceito atribuído à cidadania, com a Constituição de 1988 e o surgimento de um Estado Democrático de Direito.

O primeiro capítulo do texto, mais histórico e político, explica a ligação do tema com a luta pelos direitos humanos. Logo após esses breves comentários, será iniciada a abordagem jurídica sobre o tema, no capítulo segundo, denominado *A cidadania na ordem jurídica nacional*. Esse capítulo problematiza o conceito de direitos políticos e o próprio conceito de cidadania, utilizando como principais referenciais teóricos os constitucionalistas Gérson Marques de Lima e José Afonso da Silva e o jusfilósofo Eduardo Bittar, demarcando o tema sob o aspecto da atual Constituição, além de comentários a dispositivos da legislação infraconstitucional. O último capítulo discute as novas formas de participação popular e a construção de uma democracia participativa que potencialize o exercício da cidadania. Por fim, as conclusões sobre o tema.

1. O DEBATE ATUAL SOBRE CIDADANIA

A necessidade de compreender o conceito atual de cidadania veio como herança do processo de formação das democracias modernas. Há algum tempo, o tema cidadania passou a ser mais ventilado no mundo contemporâneo, inclusive no Brasil. Ele aparece na fala de quem detém o poder político, na produção intelectual e nos meios de comunicação, e também junto às camadas desprivilegiadas da população, lembra a cientista social Covre (2003, p. 7).

As lutas sociais observadas em diversos países, ao longo dos séculos XIX e XX, foram as principais responsáveis pelo caráter reivindicatório da cidadania, tal como a conhecemos hoje. A cidadania aparece na pauta de diversos movimentos sociais. Atualmente, uma variedade de atitudes caracteriza sua a prática.

Pode-se afirmar que todos esses anos de evolução acabaram por confirmar que a cidadania de fato só pode se constituir por meio de acirrada luta quotidiana por direitos e pela garantia daqueles que já existem. Problemas recorrentes, como as violações dos direitos humanos, as ineficiências no campo social e o processo de pauperização manifestado na periferia do capitalismo, mostram que a cidadania exige mais do que o simples ato de votar ou de pertencer a uma sociedade política.

Mas, então, o que é ser cidadão? Para muitos, o cidadão confunde-se com o eleitor, mas quem já teve alguma experiência política sabe que o ato de votar não garante nenhuma cidadania, se não vier acompanhado de determinadas condições de cunho econômico, político, social e cultural, como lembra ainda Covre (2003, p. 9). Desse modo, afirma a autora que a cidadania é o próprio direito à vida em sentido pleno, e completa sua definição, explicando que: "Trata-se de um direito que precisa ser construído coletivamente, não só em termos do atendimento às necessidades básicas, mas de acesso a todos os níveis de existência, incluindo o mais abrangente, o papel dos homens no Universo" (COVRE, 2003, p. 11).

Assim, a ideia de cidadania deve estar associada às discussões sobre as garantias dos direitos fundamentais, ou seja, às condições dignas de vida para o pleno exercício daquela. Será visto a seguir como a atual ordem jurídica está construindo essa "nova" concepção de cidadania.

2. A CIDADANIA NA ORDEM JURÍDICA NACIONAL

Tradicionalmente, o conceito jurídico de cidadão esteve ligado aos direitos políticos. Considerava-se cidadão aquele que estivesse gozando plenamente de seus direitos políticos, confundindo-se, muitas vezes, com o conceito de eleitor, ou seja, com o *status* de votar e de ser votado. Essa ideia de cidadania, restrita aos titulares desses direitos, revela uma forma de tornar mais abstrata a relação povo/governo, como lembra Silva (2002, p. 139), em contradição a si próprio (SILVA, 1998, p. 347), quando afirma que os direitos de cidadania se adquirem mediante alistamento eleitoral na forma da lei, denotando, assim, a visão tradicionalista sobre o conceito. No entanto, o autor, ao discorrer sobre os fundamentos do Estado brasileiro, entre estes a Cidadania, afirma que aqui a cidadania está num sentido mais amplo do que o de titular de direitos políticos, pois *"Qualifica os participantes da vida do Estado, o reconhecimento do indivíduo como pessoa integrada na sociedade estatal"* (SILVA, 1998, p. 108). Para Silva (1998, p. 346), os direitos políticos constituem-se na disciplina dos meios necessários ao exercício da soberania popular, enquanto Covre (2003, p. 15) assinala o que segue sobre os direitos políticos:

> Os direitos políticos dizem respeito à deliberação do homem sobre sua vida, ao direito de ter livre expressão de pensamento e prática política, religiosa etc.
>
> Mas, principalmente, relacionam-se à convivência com os outros homens em organismos de representação direta (sindicatos, partidos, movimentos sociais, conselhos, associações de bairro etc.) ou indireta (pela eleição dos governantes etc.), resistindo à imposição dos poderes (por meio de greves, pressões, movimentos sociais).

Percebe-se, então, a amplitude do conceito de direitos políticos atribuída por Covre (2003), que, por sua vez, também implica uma amplitude do conceito de cidadania, aqui construído.

As discussões no âmbito da Sociologia, da Pedagogia e da Ciência Política levaram a uma evolução, a uma ressignificação do conceito de cidadania, que, por sua vez, influenciaram a ideia jurídica anterior sobre cidadania, repensando-se também o tradicional significado a ela atribuído.

O discurso político da modernidade confunde o Homem com o Cidadão, mas o homem não é cidadão em si mesmo, somente o é em relação ao Estado, e só ao Estado moderno. Assim, conclui Silva (2002, p. 140) que ser cidadão consiste em ser titular de direitos.

Deve-se superar a dimensão tradicionalista que marca a concepção conceitual de cidadania e, como propõe o renomado filósofo Bittar (2004, p. 11), expandindo-se o sentido do vocábulo em direção às fronteiras das grandes querências sociais, dos grandes dilemas da política contemporânea, dos grandes desafios histórico-realizativos dos direitos humanos. Bittar (2004, p. 10) lembra ainda que:

> A ampliação dos horizontes conceituais da idéia de cidadania faz postular, sob este invólucro, a

definição de uma realidade de efetivo alcance de direitos materializados no plano do exercício de diversos aspectos da participação na justiça social, de reais práticas de igualdade, no envolvimento com os processos de construção do espaço político, do direito de ter voz e de ser ouvido, da satisfação de condições necessárias ao desenvolvimento humano, do atendimento a prioridades e exigências de direitos humanos etc.

Sobre o atual conceito jurídico de cidadania, discorre o professor Marques de Lima (2002, p. 97) que: "Os chamados direitos de cidadania passaram a ser todos aqueles relativos à dignidade do cidadão, como sujeito de prestações estatais, e à participação ativa na vida social, política e econômica do Estado. Participação não só política, mas também social e econômica".

Portanto, a ideia de cidadania significa algo mais que simplesmente direitos e deveres políticos, ganhando a dimensão de sentido segundo o qual é possível identificar nas questões ligadas à cidadania as preocupações em torno do acesso às condições dignas de vida. É impossível pensar um povo capaz de exercer plenamente a sua cidadania, sem que lhes sejam garantidas as condições elementares a uma vida digna. Por isso, conclui Bittar (2004, p. 19): "Toda a questão da cidadania encontra-se profundamente enraizada na discussão de proteção dos direitos fundamentais da pessoa humana, na medida em que não se deve falar em cidadania se não puder falar em acesso efetivo a direitos fundamentais da pessoa humana".

A nova ideia de cidadania se constrói sob o influxo do progressivo enriquecimento dos direitos fundamentais. A Constituição de 1988, que assume as feições de uma Constituição dirigente, incorpora essa nova dimensão da cidadania quando, no seu art. 1º, inciso II, adota-lhe como um dos fundamentos do Estado Democrático de Direito, em que é constituída a República Federativa do Brasil (SILVA, p. 141). Portanto, o conceito de cidadão na nova ordem constitucional possui um sentido mais amplo que o tradicional conceito associado ao eleitor, indicando-os como participantes da vida do Estado, reconhecendo-os como pessoas integradas na sociedade estatal.

Outros artigos da Constituição refletem a nova dimensão do termo cidadania, deixando, portanto, bem claro, a intenção do legislador constituinte de afastar o sentido tradicional atribuído ao termo, como é o caso do art. 1º, que conecta a cidadania aos princípios da soberania popular e da dignidade da pessoa humana. No art. 5º, temos o inciso LXXIII, que fala da ação popular, a qual pode ser impetrada por qualquer cidadão, significando que o funcionamento do Estado estará submetido à vontade popular; e o inciso LXXVII, dispondo sobre a gratuidade dos atos necessários ao exercício da cidadania, regulado pela Lei n. 9.265/1996, que considera como atos de cidadania, dentre outros, os pedidos de informações ao poder público, em todos os seus âmbitos, objetivando a instrução de defesa ou a denúncia de irregularidades administrativas na órbita pública, bem como quaisquer requerimentos ou petições que visem a garantias individuais e a defesa do interesse público.

Como se vê, para praticar ato de exercício da cidadania e, portanto, ser considerado cidadão, não é necessário estar no gozo dos direitos políticos, pois, do contrário, poder-se-ia pensar que os condenados criminalmente não podem peticionar em defesa de seus direitos individuais ou requerer informações a órgão público. No art. 68, § 1º, fica clara a distinção entre os conceitos de cidadania e de direitos políticos ao mencionar cada um dos termos, quando afirma que não será objeto de delegação ao Presidente da República a elaboração da legislação pertinente à nacionalidade, à cidadania e aos direitos individuais, políticos e eleitorais. No art. 205, a cidadania se relaciona com os objetivos da educação. Ressalte-se que os dispositivos constitucionais supracitados, que claramente adotam uma dimensão mais ampla do conceito de cidadania, são apenas alguns dos artigos em que esse novo conceito de cidadania está inserido.

Há, ainda, dispositivos legais infraconstitucionais, que comungam da mesma dimensão atribuída à cidadania pela Constituição Federal, cujos exemplos são ilustrados a seguir:

> Art. 1º, § 3º do Código de Trânsito Brasileiro: "os órgãos e entidades componentes do Sistema Nacional de Trânsito respondem, no âmbito das respectivas competências, objetivamente, por danos causados aos cidadãos em virtude de ação, omissão ou erro na execução e manutenção de programas, projetos e serviços que garantam o exercício do direito do trânsito seguro".
>
> Art. 1º, da Lei 8742/93 (Lei Orgânica da Assistência Social): "A assistência social, direito do cidadão e dever do Estado, é política de seguridade social não contributiva, que provê os mínimos sociais, realizada através de um conjunto integrado de ações de iniciativa pública e da sociedade, para garantir o atendimento às necessidades básicas".
>
> Art. 16, da Lei Complementar 75/93 (Lei Orgânica do Ministério Público): "A lei regulará os procedimentos da atuação do Ministério Público na defesa dos direitos constitucionais do cidadão".

Ora, se cidadãos fossem somente aqueles que podem votar e ser votados, todas as demais pessoas que não possuem tal *status* estariam desamparadas pelo Estado, em caso de danos causados por seus próprios órgãos e entidades do Sistema Nacional de Trânsito. Pelo mesmo motivo, também estariam desamparados das políticas assistenciais, dever do Estado para com todas as pessoas que delas necessitam para viver. Ainda pelo mesmo motivo, não teriam seus direitos constitucionais defendidos pelo Ministério Público, quando fosse o caso. Confirma-se, portanto, por meio desses dispositivos, que a intenção do legislador constituinte foi a de ampliar a dimensão da cidadania, pois vivemos num Estado Democrático de Direito.

2.1. Cidadania e Ação Popular

A ideia de cidadão encontrada na lei da ação popular, ainda é restrita. O § 3º do art. 1º da Lei n. 4.717/1965, estabelece que a prova da cidadania, para ingresso em juízo, será feita com o título eleitoral, ou com documento que a ele corresponda.

A Lei n. 4.717/1965 fundamenta-se na Constituição da República de 1946. Esta, bem como as Cartas de 1967 e 1969, não elenca expressamente como princípio fundamental a cidadania, pois não havia na época um compromisso formal do Estado em fomentar a cidadania. Era um período difícil aquele em que foi editada a Lei da Ação Popular, em pleno regime ditatorial, quando a ideia de cidadania e de participação política era a mais restritiva possível, como lembra Marques de Lima (2002, p. 101). Aliás, até mesmo a distinção entre cidadania e nacionalidade dava, apenas, seus primeiros passos. Somente com as Constituições de 1967 e 1969 é que ficaram nítidas, no direito nacional, as diferenças entre o nacional e o cidadão. Este, tendo em vista a Constituição da República de 1988, tem amplos direitos e deveres, pois agora o Estado fomenta a cidadania em obediência a um princípio fundamental.

É verdade incontroversa que a ação popular é um direito de todo cidadão, inserido no rol de direitos e garantias fundamentais, do art. 5º da Carta Magna, devendo ser considerado e interpretado em sentido amplo, como todo direito fundamental.

A ação popular surge do princípio republicano, pois o patrimônio estatal é público, pertence ao povo e por este deve ser fiscalizado. Não se pode olvidar que o beneficiário da ação popular é o povo, na medida em que tem por finalidade anular ato lesivo ao patrimônio público, à moralidade administrativa, ao meio ambiente etc.

O Estado brasileiro assumiu compromisso de estimular o exercício da cidadania em seu grau máximo, como se expôs anteriormente, pelos arts. 1º, inciso II; 5º, incisos LXXIII e LXXVII, entre outros. O verdadeiro fundamento de nossa Constituição, a cidadania, não pode ter suas formas de exercício restritas por uma interpretação que relega a um segundo plano uma diretriz básica do sistema constitucional brasileiro. Portanto, a Lei n. 4.717/1965 precisa ser interpretada à luz da Constituição da República atual, sob pena de negar-se, indevidamente, o exercício de direitos individuais garantidos pela Lei Maior. Dessa forma, é inconteste a não recepção do § 3º do art. 1º da Lei n. 4.717/1965 pela Constituição de 1988.

A consideração central sobre a questão em tela é saber se ação popular é um direito político. Penso que não. O art. 14 da Constituição da República enumera os direitos políticos e não inclui entre eles a ação popular. A ação popular está garantida aos cidadãos no capítulo dos direitos individuais. Deve, portanto, ser considerada como exercício da cidadania em sentido lato, ou seja, em consonância com os princípios fundamentais da República brasileira. Deve-se lembrar que o art. 15 da Constituição da República, que suspende os direitos políticos dos condenados criminalmente, é norma vedativa, não podendo, pois, ser interpretada extensivamente, segundo os bons princípios hermenêuticos. Deve a suspensão referida recair apenas sobre os direitos políticos, assim definidos pela própria Constituição. Por outro lado, o art. 5º, inciso LXXIII, sendo direito individual garantido pela Constituição da República, deve ser interpretado o mais amplamente possível.

Por todo o exposto, a legitimidade para propor ação popular não deve ser restrita a quem vota ou é votado, pois não se trata de direito político, mas direito fundamental do cidadão que, mesmo condenado criminalmente ou analfabeto, contribui para a formação da riqueza nacional. Repita-se que não se pode partir de uma lei ordinária, que há muito tempo necessita de reformulação, para contrariar a Constituição da República que, como já se disse, produziu um Estado comprometido, fundamentalmente, com o exercício da cidadania.

Entendo que o § 3º do art. 1º da Lei n. 4.717/1965 não foi recepcionado pela atual Constituição. Pensar de outra forma implica o não reconhecimento da condição de cidadão ao analfabeto que não fez o alistamento eleitoral ou ao condenado criminalmente. Dessa maneira, a legitimidade para ajuizar ação popular deve ser franqueada a todos os cidadãos, exigindo-se, apenas, os requisitos ordinários compatíveis com o ajuizamento de qualquer outra ação. Solução esta que se coaduna com a interpretação teleológica e sistemática da Constituição da República e afirma a condição de cidadão a todos aqueles que devem ser tutelados pelo Estado, confirmando, assim, o sentido amplo e atual do significado da cidadania.

2.2. Cidadania e Acesso à Justiça

Restringir o sentido do termo cidadania ao *status* de votar e ser votado implica também limitar o direito de acesso à justiça dos cidadãos, já que, se assim fosse, muitos estariam excluídos de ingressar com ação popular. Mas não somente nesse aspecto é possível relacionar o termo cidadania ao direito de acesso à justiça, já que o pleno exercício da cidadania implica também o direito que tem o cidadão de participar das atividades do Estado, provocando todos os Poderes da República para a garantia de seus direitos.

Marques Lima (2002, p. 96) lembra que:

> O problema do acesso à justiça passa, ainda, por uma questão política, de poder mesmo, na medida em que implica manifestação da cidadania do jurisdicionado, participação ativa perante um setor da função estatal. De fato, não se compreende o lado ativo da cidadania sem o direito de participar das atividades e funções do Estado, dentre as quais se inclui a jurisdicional.

O Poder Judiciário é o poder que, em última instância, deve garantir os direitos dos cidadãos, por vezes negados pelos outros poderes estatais, bem como por particulares. No entanto, a negação ao direito e garantia de acesso à justiça é um outro problema do nosso país, que também nega a condição plena do ser cidadão. Calcula-se que 70% da população dos Estados de São Paulo e do Rio de Janeiro não tem acesso à justiça civil, por falta de recursos materiais e de assistência gratuita, por outro lado, a população carente constitui a principal "clientela" do sistema de justiça penal (SABADELL, 2002, p. 184). O censo penitenciário de 1993 indicou que 98% dos presos não têm condições econômicas para contratar um advogado, dois terços dos detentos são negros ou mulatos, 76% analfabetos ou semianalfabetos e 95% encontram-se na faixa de pobreza absoluta (MINHOTO, 2000 apud SABADELL, 2002, p. 159 e 184). Um outro problema ligado ao acesso à justiça, diz respeito ao tratamento pelo sistema jurídico. Vários estudos indicam que a atuação dos órgãos do Estado favorece, em geral, membros das camadas superiores, por razões que podem ir da corrupção passiva até fatores como o preconceito (SABADELL, 2002, p. 185).

Essa situação condicionada pela forte desigualdade social é uma negação ao exercício da cidadania, que depende, como já foi visto, para o seu exercício pleno por parte dos cidadãos, de condições básicas para uma vida digna, ou melhor, para o seu pleno exercício, depende de que sejam garantidos os direitos fundamentais da pessoa humana.

3. CIDADANIA ATIVA E DEMOCRACIA PARTICIPATIVA

O conceito de cidadania está vinculado ao princípio democrático. A democracia representativa reproduz a primeira manifestação da cidadania que qualifica os participantes da vida do Estado – o cidadão, indivíduo dotado do direito de votar e ser votado (SILVA, 2002, p. 139). Não se concebe mais a cidadania como o simples direito de votar e ser votado, já que a participação da vida política de um país não se restringe ao aspecto eleitoral. A própria definição de direitos políticos não se confunde mais com o simples direito de votar e ser votado, lembra Marques Lima (2002, p. 97/98), que define o direito político como um direito à participação, manifestação de intensa atividade democrática, afirmando que:

> A concepção restritiva negaria o caráter de cidadão, por exemplo, às crianças e a todos quantos não possam votar e ser votados; e, consequentemente, o Estado estaria desobrigado de lhes prestar assistência, bem como de permitir que eles participassem de suas decisões, o que, obviamente, é um contrassenso, um paradoxo inaceitável no atual estágio.

Logo, se fosse negada a cidadania àqueles que não podem votar e ser votados, uma parte considerável da população brasileira não seria tutelada pelo Estado. O novo significado da cidadania vem exigindo a reformulação do próprio conceito de Democracia, buscando-se, hoje, um meio termo entre a democracia representativa e a democracia direta, que vem a ser a democracia participativa, ou semi-direta. O princípio básico desse novo sistema está contemplado no parágrafo único do art. 1º da Constituição Federal, *in verbis*:

> Art. 1º (...)
> Parágrafo único. Todo poder emana do povo, que o exerce por meio de representantes eleitos ou *diretamente*, nos termos desta Constituição (grifo nosso).

Ao proclamar pela primeira vez em nossa história constitucional que o povo pode exercer o poder também diretamente, a Constituição introduziu o princípio da democracia participativa.

O art. 14 da Carta Magna determina que a soberania popular será exercida pelo sufrágio universal e pelo voto direto e secreto, com valor igual para todos, e também, nos termos da lei, mediante o plebiscito, o referendo e a iniciativa popular da lei, institutos regulamentados logo depois da Lei n. 9.709/1998. O art. 29 da mesma Carta, que trata da organização municipal, em seus incisos XII e XII, torna obrigatória a inclusão de associações representativas no planejamento municipal e garante a iniciativa popular de lei nessa esfera federativa.

O Estatuto da Cidade (Lei n. 10.257/2001) garantiu a gestão democrática da cidade (art. 43), determinando para isso a utilização, entre outros, dos seguintes instrumentos: órgãos colegiados de política urbana, debates, audiências e consultas públicas, conferências sobre assuntos de interesse urbano, iniciativa popular de projetos de lei e de planos, programas e projetos de desenvolvimento urbano. Determinou também, no art. 44, que a gestão orçamentária participativa no âmbito municipal, prevista na alínea "f" do inciso III do art. 4º, incluirá a realização de debates, audiências, consultas públicas sobre as propostas do plano plurianual, da lei de diretrizes orçamentárias e dos orçamentos anuais, como condição obrigatória para sua aprovação pela Câmara Municipal. Finalmente, no art. 45, fixou como obrigatória a inclusão, nos organismos gestores das regiões metropolitanas e aglomerações urbanas, da participação da população e de associações representativas dos vários segmentos da comunidade, de modo a garantir o controle direto de suas atividades e o pleno exercício da cidadania.

Com a proclamação do exercício direto do poder pelo povo, nossa legislação constitucional ofereceu a base legal para o real ingresso do povo no exercício efetivo da função legislativa e da produção e gestão das políticas governamentais.

No âmbito específico da função legislativa, a democracia participativa significa que, além dos direitos políticos já garantidos ao povo pela democracia representativa, quais sejam, o de eleger pelo voto direto e secreto seus representantes parlamentares, é possibilitado ao cidadão uma participação política mais abrangente e mais eficaz: a elaboração, a apresentação, a discussão e a votação de projetos de lei. Isso se materializa juridicamente pelos institutos da iniciativa popular de lei, do plebiscito e do referendo.

Na esfera da produção e gestão de políticos governamentais, a democracia participativa dá direitos ao povo de dividir com o poder executivo a administração da coisa pública, inclusive no que tange à destinação dos recursos públicos. O ponto alto desse compartilhamento da administração tem se dado no chamado orçamento participativo, experimentado quase exclusivamente na esfera municipal, mas cujos princípios e procedimentos poderão ser perfeitamente estendidos às outras duas esferas da federação.

Só numa democracia de participação ampliada do povo no processo legislativo e no processo governamental, o exercício da cidadania pode ultrapassar o mero discurso sobre a cidadania e fazê-la uma prática concreta no cotidiano das sociedades democráticas. Em outras palavras, a idéia abstrata de cidadania só se materializa de fato em cidadania ativa num regime democrático que vá além da mera representação, para ingressar no terreno vivo da participação popular. Nesse novo contexto, a cidadania ativa é a realização autêntica da soberania popular, tornando-se um ato mais importante do que a atividade eleitoral pura e simples. A cidadania ativa supõe, necessariamente, a participação popular com possibilidade de transformação de formas do poder de alguns em poder de todos.

O cidadão é, portanto, o sujeito ativo responsável pela história, com direitos e aptidões de participar das decisões do Estado, deste exigindo e reivindicando posturas e atitudes efetivas para a satisfação das necessidades e anseios sociais e individuais (MARQUES DE LIMA, 2002, p. 99).

Como foi visto, o Estado em que vivemos propõe uma forma democrática de fazer política, através das formas diretas de participação popular nas decisões políticas do Estado, estabelecidas na Constituição e em leis infraconstitucionais, confirmando, assim, a intenção de ampliar a concepção de cidadania, também através das formas de participação do povo. Porém, para que o povo verdadeiramente exerça seu papel de cidadão, participando ativamente dos destinos políticos de sua cidade, seu estado e seu país, é necessário que viva dignamente, ou seja, que tenha seus direitos fundamentais efetivados, condição preliminar para o pleno exercício da cidadania.

CONCLUSÃO

Talvez por vivermos a poucos anos numa democracia, ainda não aprendemos a ser cidadãos. O povo não se sente responsável pelos destinos do Estado, porque está acostumado ao assistencialismo e aos "vícios" da representatividade. Por isso, é preciso investir em medidas educacionais que priorizem o exercício da cidadania, ao mesmo tempo em que devem ser potencializados os mecanismos de democracia direta para que o povo possa emancipar-se e sentir-se verdadeiro sujeito da história, pois, embora tenha conquistado o Estado Democrático de Direito, na realidade, ainda falta muito para uma real democracia, em que todos possam exercer sua cidadania plenamente.

Durante a pesquisa, refletiu-se acerca do significado de cidadania e chegou-se à conclusão de que a ideia de cidadania está diretamente ligada às discussões sobre a luta pelos direitos humanos e a garantia dos direitos fundamentais, pois somente um povo que possua efetivamente todas as condições básicas a uma vida digna será capaz de exercer plenamente o seu direito de cidadania, participando ativamente da vida política de seu país. Concluiu-se também, que o significado do termo cidadania proposto pela Carta Magna reflete uma ideia bem mais ampla do que seu conceito tradicional, que associava cidadão ao eleitor.

Além disso, a cidadania, assim considerada, promove um grande debate sobre Democracia, Participação Popular e Estado Democrático de Direito, na medida em que defende um espaço cada vez maior para a construção da Democracia Participativa, potencializando os instrumentos de Democracia Direta, e, assim, consolidando o Estado Democrático. Acreditamos que somente numa autêntica democracia participativa, o exercício da cidadania pode ultrapassar o mero discurso, tornando-se uma prática concreta no cotidiano das sociedades democráticas. Lembrando sempre a construção de espaços democráticos, em que se efetive a cidadania associada a políticas públicas garantidoras das necessidades básicas a uma vida digna.

Por fim, reitera-se o desejo de estar fomentando, com este trabalho, o debate sobre a cidadania envolvendo os temas aqui desenvolvidos, tão importantes para as discussões da atualidade, numa sociedade que busca se afirmar enquanto Estado Democrático de Direito.

REFERÊNCIAS BIBLIOGRÁFICAS

BITTAR, Eduardo C. B. *Ética, Educação, Cidadania e Direitos e Humanos*. Barueri/SP: Manole, 2004.

COVRE, Maria de Lourdes Manzini. *O que é Cidadania*. São Paulo: Brasiliense, 2003. (Coleção Primeiros Passos).

MARQUES DE LIMA, Francisco Gérson. *Fundamentos Constitucionais do Processo – sob a perspectiva da eficácia dos direitos e garantias fundamentais*. São Paulo: Malheiros, 2002.

SILVA, José Afonso da. *Poder Constituinte e Poder Popular – estudos sobre a Constituição*. 1. ed. 2ª tiragem. São Paulo: Malheiros, 2002.

_____. *Curso de Direito Constitucional Positivo*. 15. ed. rev. e atual. São Paulo: Malheiros, 1998.

Cidadania, Igualdade e Direitos Humanos: Uma Abordagem Histórica da Proteção Internacional e Nacional do Direito das Pessoas com Deficiência

Luiz Rogério da Silva Damasceno
Mestrando em Direito pela Universidade Federal do Ceará (UFC).
Especialista em Direito Público pela Universidade de Brasília (UnB).
Professor da Faculdade Vale do Jaguaribe.
Procurador Federal da Advocacia-Geral da União (AGU).

1. INTRODUÇÃO

A população brasileira tem grande parcela formada por pessoas com algum tipo de deficiência. Segundo os dados do Censo de 2000, 14,5% dos brasileiros apresentam impedimentos corporais como deficiência, daí a importância do estudo da evolução do sistema protetivo destinada a esta parcela da população. Em termos mundiais, o assunto também é de suma importância, pois é grande o contingente de deficientes que encontram diversas barreiras para sua plena integração na sociedade.

Nos últimos tempos, notadamente a partir da segunda metade do século XX, percebe-se um progressivo aumento e aperfeiçoamento do sistema protetivo internacional e nacional dos direitos dos deficientes, conferindo à pessoa com deficiência o *status* de cidadão do mundo, o que foi propiciado quando houve uma aproximação dessa temática com a teoria dos direitos humanos.

Em razão dessa aproximação com a temática dos direitos humanos, cujo ápice foi o advento da Convenção da ONU sobre o Direito das Pessoas com Deficiência em 2007, essas pessoas com deficiência passaram a ser consideradas dignas de proteção especial, carecedoras de medidas de combate e eliminação de todas as formas de discriminação, bem como credoras de políticas públicas que propiciem o seu pleno desenvolvimento, sua inclusão social e seu bem-estar.

No Brasil, a proteção ao deficiente ganhou nova significação principalmente após o advento da Constituição Federal de 1988. Diversas leis e decretos passaram a regulamentar os direitos dessa significativa parcela da população, promovendo e integrando o deficiente na vida cotidiana, na escola, no trabalho etc., procurando, então, reduzir as barreiras sociais e propiciar a realização da cidadania plena dessas pessoas historicamente esquecidas.

Forte nisso, estudaremos neste texto a evolução da proteção internacional e nacional dos direitos das pessoas com deficiência, abordando previamente a evolução do próprio conceito de deficiência que, conforme se verá, passou por significativas modificações desde o advento dos movimentos organizados da sociedade civil que buscam a melhoria da qualidade de vida e o reconhecimento da dimensão cidadã dessas pessoas.

2. CONCEITO DE DEFICIÊNCIA: DO PARADIGMA BIOMÉDICO AO PARADIGMA SOCIAL

Durante muito tempo a deficiência foi enxergada exclusivamente sob um prisma biomédico (BARBOSA, L. *et al.* 2009 p. 378), ou seja, deficiente era a pessoa que detinha alguma anomalia ou doença geradora de uma desvantagem natural, a qual, por sua vez, gerava as situações de desigualdade.

A partir de então, os impedimentos corporais passaram a ser vistos não mais como fruto do azar ou como um castigo divino, pois, segundo o paradigma biomédico, a descrição de "corpos com impedimentos"[1] (DINIZ et al, 2009, p. 65 e 67) passou a ser explicada com base na embriologia e na genética. Tal perspectiva biomédica fez surgir práticas de reabilitação ou curativas que eram oferecidas e até mesmo impostas aos corpos, com o intuito de reverter ou atenuar os sinais da anormalidade.

A deficiência era um problema que precisava ser resolvido e a pessoa deficiente precisava se adaptar às condições impostas pela chamada cultura da normalidade, que no estrangeiro é conhecida pela expressão *disablism*[2] (DINIZ, 2007, p. 9).

O "corpo com impedimentos" tornou-se alvo do poder biomédico, cujo principal objetivo era normalizá-lo (BARBOSA et al, 2009, p. 378). Os impedimentos corporais passaram, então, a ser objeto de classificação pela ordem médica, cuja finalidade era descrever as lesões e as doenças como desvantagens naturais e indesejadas.

Segundo Lívia Barbosa *et al* (2009, p. 378):

> A natureza monstruosa e subversiva encontrada em um corpo com impedimentos quando contrastado a um corpo sem impedimentos foi docilizada pelo discurso biomédico (FOCAULT, 2001). O *modelo biomédico da deficiência* passou a descrever os impedimentos corporais como um desvio da natureza, expresso na restrição de sentidos, capacidades ou habilidades, e que deveria ser controlado pelo poder médico (CANGUILHEM, 1995; HUGUES, 2002).

Ainda acerca do paradigma biomédico, DINIZ *et al*, 2009, p. 66, explica que esse modelo sustenta que há uma relação de causalidade e dependência entre os impedimentos corporais (desvantagem natural) e as desvantagens sociais vivenciadas pelas pessoas com deficiência, o que historicamente traduziu a visão de que a pessoa com deficiência era vítima de uma tragédia pessoal e/ou de sua família.

Esse modelo médico estava tão arraigado que até a Declaração dos Direitos das Pessoas Deficientes, aprovada em Assembleia Geral da ONU em 1975, estabelecia em seu art. 6º que "As pessoas deficientes têm direito a tratamento médico, psicológico e funcional, incluindo-se aparelhos protéticos e ortóticos, à reabilitação médica e oficial, educação, treinamento vocacional e reabilitação, assistência e aconselhamento, serviços de colocação e outros serviços que lhes possibilitem o máximo envolvimento de sua capacidade e habilidades e que acelerem o processo de sua integração social".

Vê-se, portanto, que o modelo médico é aquele que considera a deficiência como um problema do indivíduo, diretamente causado por uma doença, trauma ou condição de saúde, que requer cuidados médicos prestados na forma de tratamento individual por profissionais. Assim, o tratamento da deficiência está destinado a conseguir a cura ou uma melhor adaptação da pessoa e uma mudança de conduta[3].

Na pouca doutrina brasileira existente sobre o tema, o paradigma biomédico sempre se mostrou predominante. Por exemplo, temos Pontes de Miranda (1974, p. 333) para quem as pessoas com deficiência são aquelas que "por falta ou defeitos físicos ou psíquicos, ou por procedência anormal (nascido, por exemplo, em meio perigoso) precisam de assistência". Manoel Gonçalves Ferreira Filho (1975, p. 78), por sua vez, assevera que pessoa com deficiência é "aquela que por motivos físicos ou mentais se encontram em situação de inferioridade em relação aos chamados normais".

Por outro lado, esse modelo biomédico predominou, até recentemente, na legislação brasileira para fins de concessão do Benefício de Prestação Continuada (BCP). Por exemplo, o Decreto n. 1.774, de 1995, que regulamentava a Lei n. 8.742/1993, definia a pessoa portadora de deficiência como sendo "aquela incapacitada para a vida independente e para o trabalho, em razão de anomalias ou lesões irreversíveis, de natureza hereditária, congênitas ou adquiridas, que impeçam o desempenho das atividades da vida diária e do trabalho".

Como se vê, a legislação estava impregnada pelo paradigma biomédico, cabendo à perícia médica do INSS simplesmente avaliar "corpos com impedimentos" e aferir se a deficiência seria uma limitação corporal do indivíduo para interagir socialmente, e não o contrário. O foco, portanto, estava na deficiência.

Assim, viver num "corpo com impedimentos" não expressava uma diversidade ou forma singular de estar no mundo – tal como se deve entender a diversidade racial, geracional ou de gênero – em razão dos

---

(1) Insta salientar que a expressão "corpo com impedimentos" é utilizada a partir da premissa de que nem todo impedimento pode ou deve ser considerado como deficiência. Conforme será exaustivamente visto a seguir, a deficiência surge em decorrência da intercessão entre os impedimentos e as barreiras sociais.

(2) O *disablism* é resultado da cultura da normalidade, em que os impedimentos são alvos de opressão e discriminação. Ressalte-se que *disablism* é uma expressão nova ainda sem tradução para a língua portuguesa.

(3) BARTALOTI, Celina de Camargo. *Inclusão social das pessoas com deficiência*: utopia ou realidade? São Paulo: Paulus, 2006. p. 18.

imperativos estabelecidos pela cultura da normalidade, contudo não podem ser negados os avanços trazidos pelo paradigma biomédico ao trazer conceitos científicos para a definição de deficiência.

Acerca dessa questão da diversidade, onde a deficiência deveria ser apenas uma forma de estar no mundo e, portanto, um corolário da diversidade, bastante interessante é a lição dada por FIORIN (2010, p. 218) que vê a deficiência sob o prisma do direito à diferença:

> Vivemos em uma sociedade que, via de regra, olha o diferente com olhos de estranheza, reprovação e desprezo. A diferença é vista com "maus olhos". Uma visão essencialista de identidade sugere que há um conjunto de características que todos devem compartilhar, de modo fixo e imutável.

Mais a frente, ainda tratando do direito à diferença a autora arremata:

> Assim é que as pessoas com deficiência, historicamente, receberam tratamento pejorativo e discriminatório, sendo consideradas pessoas incapazes para o trabalho e para a vida em sociedade, devendo, portanto, permanecer isoladas. A diferença, no caso, foi construída de modo negativo, operando através da exclusão ou marginalização do "outro". Ao invés, *a diferença deveria ser tida "como fonte da diversidade, heterogeneidade e hibridismo, sendo vista como enriquecedora*[4]".

Desse modo e como crítica à doutrina da medicalização do corpo (modelo biomédico), surge o paradigma[5] social, que traz novos contornos para a ideia de deficiência, procurando aproximá-la da cultura dos direitos humanos.

O chamado paradigma social revoluciona o conceito de deficiência e representa uma forma de libertação dos "corpos com impedimentos" dos saberes biomédicos. Nesse sentido, leciona DINIZ (2007, p. 23) a anormalidade é um julgamento estético e, portanto, um valor moral sobre os estilos de vida, não o resultado de um catálogo (médico) universal e absoluto sobre os "corpos com impedimentos".

Com efeito, a deficiência não deveria ser entendida como um conceito meramente biomédico, mas como uma forma de opressão social ao "corpo com impedimentos" (*disablism*), ou seja, o conceito de corpo deficiente ou pessoa com deficiência devem ser entendidos em termos políticos/sociais e não mais estritamente biomédicos (DINIZ, *et al*, 2009, p. 65).

O modelo social de deficiência prega que a desvantagem não é fruto dos contornos do corpo, mas sim resultado de atitudes e práticas que discriminam o "corpo com impedimentos" (DINIZ, *et. al*, 2009, p. 21). São as barreiras sociais que, ao ignorar os corpos com impedimentos, provocam a experiência da desigualdade.

A esse respeito, é bastante ilustrativa a lição de WERNECK, 2005, p. 27:

> De acordo com o modelo social, a deficiência é a soma de duas condições inseparáveis: as sequelas existentes no corpo e as barreiras físicas, econômicas e sociais impostas pelo ambiente ao indivíduo que tem essas sequelas. Sob essa ótica, é possível entender a deficiência como uma construção coletiva entre indivíduos (com ou sem deficiência) e a sociedade.

Para um melhor entendimento do que prega o modelo social de deficiência, LOPES (2009, p. 92) menciona uma interessante fórmula matemática[6] criada para ilustrar o impacto do ambiente em relação às funcionalidades do indivíduo:

Deficiência = Limitação Funcional x Ambiente

Exemplifica LOPES (2009, p. 93) que se for atribuído valor zero ao ambiente por ele não oferecer nenhum obstáculo ou barreira, e multiplicado por qualquer que seja o valor atribuído à limitação funcional do indivíduo, a deficiência terá como resultado zero. Vejamos:

0 Deficiência = 1 Limitação Funcional x 0 ambiente
0 Deficiência = 5 Limitação Funcional x 0 Ambiente

Logicamente que, no exemplo descrito, a deficiência não desaparece, mas, em razão da ausência de barreiras, ela deixa de ser uma situação problema, e a recoloca como uma questão resultante da diversidade humana.

Em sentido inverso, a fórmula traduz a ideia de que a deficiência é agravada pelas barreiras existentes

---

(4) WOODWARD, Kathryn. *Identidade e diferença*: uma introdução teórica e conceitual. In: SILVA, Tomaz Tadeu da (org.). Identidade e diferença. A perspectiva dos Estudos Culturais. Petrópolis/RJ: Vozes, 2000.

(5) Paradigma deve ser compreendido aqui com o mesmo sentido que foi adotado por Thomas Khun (A Estrutura das Revoluções Científicas, 1962), ou seja, como uma matriz disciplinar (ciência, filosofia, teologia etc.) ou uma rede de conceitos que sustenta uma concepção de mundo numa determinada época.

(6) MEDEIROS, Marcelo. *Pobreza, Desenvolvimento e Deficiência*. Paper apresentado na Oficina de Alianças para o Desenvolvimento Inclusivo. Nicarágua: Banco Mundial, 2005.

pelo meio onde a pessoa está inserida, sendo mais potencializada ainda quanto mais severa for a limitação funcional da pessoa com deficiência, tal como pode se perceber pelas aplicações da equação abaixo:

| 1 Deficiência = 1 Limitação Funcional x 1 Ambiente |
| 25 Deficiência = 5 Limitação Funcional x 5 Ambiente |

Como se vê, para o modelo social a deficiência em si não torna a pessoa com deficiência incapacitada, mas sua relação com o ambiente sim. Logo, é o ambiente/meio que é deficiente, pois este não possibilita o acesso de forma plena a estas pessoas, não proporcionando equiparação de oportunidades.

Não há dúvida de que grande parte das barreiras encontradas pela pessoa com deficiência é imposta pela sociedade. Além disso, a discriminação exclui e joga estas pessoas para a margem. O paradigma social na medida em que tira o foco da discussão do "corpo com impedimentos", colocando-o para o campo da crítica social da deficiência do ambiente em que se vive, representa uma revolução do tema e joga luzes nos debates em torno dos direitos das pessoas com deficiência.

A garantia da igualdade entre pessoas com e sem impedimentos não se exaure no fornecimento de bens e serviços biomédicos, pois, tal como são tratadas as questões raciais e de gênero, **a deficiência é uma questão de direitos humanos (DINIZ, 2007, p. 79)**, podendo, portanto, serem exigidas políticas públicas necessárias à sua implementação.

Como se vê, a maior virtude do advento do modelo social, pelo menos sob o ponto de vista jurídico, talvez tenha sido tratar a questão social das pessoas com deficiência como um tema de proteção dos direitos humanos, fazendo com que seus direitos passassem a gozar de proteção jurídica em tratados internacionais. Logo, a observância dos direitos das pessoas com deficiência deixa de ser um problema de interesse particular do Estado, passando a ser matéria regulada pelo Direito Internacional.

Noutra senda, não se pode olvidar da importância da adoção de um documento internacional, de cunho específico, para tratar dos direitos das pessoas com deficiência, o que reflete o que acima foi dito acerca da aproximação do paradigma social com a questão dos direitos humanos. Segundo DHANDA, a Convenção da ONU (Nova Iorque) sobre os Direitos das Pessoas com Deficiência "assinalou a mudança da assistência para os direitos" (p. 45). Por isso, é

> [...] importante observar que a CDPD é um instrumento de direitos humanos e, portanto, uma lei universal. Embora as provisões explícitas da CDPD enunciem direitos das pessoas com deficiência, a filosofia que informa esses direitos, assim como o procedimento seguido para se chegar ao texto da Convenção, não podem se limitar apenas à deficiência. Desse modo, a CDPD pode ser apresentada como membro mais recente da família do direito internacional dos direitos humanos. Nesse sentido, é necessário obter familiaridade com ela não somente para compreender o que ela promete às pessoas com deficiência, mas também compreender sua contribuição para a jurisprudência dos direitos humanos em geral (DHANDA, 2008, p. 44).

Eis um importante passo dado na direção da efetiva inclusão desse grupo, de forma plena e igualitária, no seio da sociedade civil e política.

E foi justamente o modelo social que a Convenção de Nova Iorque de 2007 e seu protocolo facultativo procurou adotar para conceituar deficiência. Já em seu preâmbulo a Convenção reconhece que a deficiência é um conceito em evolução e que resulta da interação com as barreiras sociais, *in verbis*:

> Reconhecendo que a deficiência é um conceito em evolução e que a deficiência resulta da interação entre pessoas com deficiência e as barreiras devidas às atitudes e ao ambiente que impedem a plena e efetiva participação dessas pessoas na sociedade em igualdade de oportunidades com as demais.

Mais a frente, veremos o impacto que essa positivação causou no ordenamento jurídico brasileiro. Por ora, revela-se suficiente o que foi dito até aqui acerca da evolução do conceito de deficiência.

3. PROTEÇÃO INTERNACIONAL DOS DIREITOS DAS PESSOAS COM DEFICIÊNCIA

Embora a humanidade sempre tenha convivido com a existência de pessoas com as mais diversas limitações, a proteção internacional aos direitos das pessoas com deficiência apresenta um histórico bastante recente de lutas e de reconhecimento.

De um passado de exclusão, onde a deficiência era enxergada como estigma ou castigo divino, passando posteriormente pelo tratamento segregado dentro de instituições hospitalares, chega-se ao momento atual de afirmação e de luta pela inclusão social.

O modelo de exclusão era predominante na Antiguidade e na Alta Idade Média (Feijó *et al*, p. 2-3). Nesse período não havia diferenciação entre Direito, Moral e Religião, o que era decorrência de uma visão organicista da realidade, onde o mundo da cultura e o da natureza se confundiam. Justamente por isso, a pessoa que não fosse considerada "normal" (cultura da normalidade) deveria ser posta à margem e excluída da *polis*⁽⁷⁾.

Em vários momentos, essa visão excludente e preconceituosa chegou inclusive a ser positivada na legislação de alguns povos como, por exemplo, no Código indiano de Manu[8] (1.500 a. C), onde as pessoas com deficiência eram proibidas de suceder, tal como determinado em seu art. 612: "os eunucos, os homens degradados, os cegos, surdos de nascimento, os loucos, idiotas, mudos e estropiados, não serão admitidos a herdar".

Para os antigos hebreus (Lopes, 2009, p. 24), a deficiência aparecia como um sinal de impureza. No Levítico, havia expressa disposição nesse sentido:

> O homem de qualquer das famílias de tua linhagem que tiver deformidade corporal, não oferecerá pães ao seu Deus, nem se aproximará de seu ministério; se for cego, se coxo, se tiver nariz pequeno ou grande, ou torcido; se tiver pé quebrado ou a mão; se for corcunda (...).
>
> Todo homem da estirpe do sacerdote Arão, que tiver qualquer deformidade (corporal), não se aproximará a oferecer hóstias ao Senhor, nem pães ao seu Deus; comerá todavia dos pães que se oferecem no santuário, contanto, porém, que não entre do véu para dentro, nem chegue ao altar, porque tem defeito e não deve contaminar meu santuário (Lev. 21:21-23).

Praticamente, foi apenas a partir do início do Século XX que a sociedade começou a se sensibilizar e a se envolver positivamente em relação às pessoas com deficiência. Aos poucos as políticas de inclusão foram sendo concebidas, influenciada, segundo FLÁVIA LEITE (2012, p. 01), pelos seguintes fatores: uma filosofia social de valorização da pessoa humana, engajamento da sociedade civil na busca do bem-estar comum motivada pelo progresso técnico e científico e, fundamentalmente, em razão das ações destruidoras ocasionadas pelas Grandes Guerras Mundiais.

Nesse sentido, ARAÚJO (2011, p. 8) explica que

> "Um importante divisor de águas para o estudo da proteção da pessoa com deficiência foi a ocorrência das duas guerras mundiais, o que fez aumentar, desgraçadamente, o número de pessoas com deficiência de locomoção, de audição e visão."

Desse modo, após o término da Segunda Guerra Mundial, a sociedade deparou-se com o problema de milhares de soldados vítimas de deficiências ocasionadas pelos combates. Com o fim da Guerra por volta de 1945, os soldados mutilados retornaram para seus lares como heróis e, cientes de tal condição, passaram a exigir serviços de reabilitação, infraestrutura e acessibilidade das cidades para sua integração.

A partir de então, a ONU (Organização das Nações Unidas), juntamente com outras organizações de âmbito internacional (Unicef, OIT, OMS, Unesco, etc.), criaram programas assistenciais na tentativa de solucionar os danos sofridos pela população vítima das atividades de guerra. O problema foi tão grave que se fez necessária a concentração de esforços em programas de reabilitação dessas pessoas (LOPES, 2009).

Com o advento da Declaração Universal dos Direitos Humanos, de 1948, consagrou-se como núcleo inderrogável um conjunto de direitos inerentes a todo e qualquer ser humano, independentemente de sua nacionalidade, sexo, idade, raça, credo ou condição pessoal e social. A dignidade humana é proclamada como valor fundamental, passando a sociedade, a partir de então, a criticar o modelo de isolamento das pessoas com deficiência.

Nesse prumo, a partir da década de 50 do Século XX, foram aprovados vários documentos internacionais de proteção a pessoas com deficiência, dentre os quais está a Recomendação n. 99 da Organização Internacional do Trabalho (OIT), de 1955, que trata da "Reabilitação das Pessoas Deficientes".

No mesmo período (1958), temos a Convenção n. 111[9] acerca da "Discriminação em Matéria de Emprego e Profissão", a qual, embora não seja específica para pessoas com deficiência, traz para o âmbito internacional, de modo pioneiro, a definição do que se deve entender por discriminação nas relações de trabalho. Ademais, ela vincula os Estados membros no compromisso de formular e aplicar uma política nacional de ação afirmativa que promova a igualdade de oportunidades e tratamento em matéria de emprego e profissão.

Em 1971, foi aprovada pela Assembleia Geral da ONU a Declaração dos Direitos de Pessoas com Deficiência Mental[10]. Essa declaração trouxe a im-

---

(7) Feijó *et al* (p. 3), citando Laís Vanessa Carvalho de Figueiredo (2007), informa que na Antiguidade, na Grécia e em Roma, o corpo belo era cultuado como presente dos deuses. Isso gerou a ideia de que a aparência boa era a do corpo perfeito e a ruim era a do corpo imperfeito. Como reflexo dessa ideia, os antigos criaram leis que legitimaram práticas excludentes e segregadoras em relação às pessoas com deficiência.

(8) Assis *et al* (1992), citado por Lopes (2009, p. 23).

(9) Essa Convenção foi ratificada pelo Brasil em 1965.

(10) Resolução n. 2.856, 26ª Assembleia Geral de 1971.

portante afirmação de que as pessoas com deficiência intelectual devem gozar dos mesmos direitos que os demais seres humanos, advertindo ainda que a mera incapacidade para o exercício pleno dos direitos não pode servir de mote para supressão completa de seus direitos.

Pouco tempo depois, em 1975, foi aprovada a Declaração dos Direitos das Pessoas Deficientes. Em seu texto, é afirmado que as pessoas deficientes gozam dos mesmos direitos civis e políticos, econômicos, sociais e culturais que os demais seres humanos, além de que as mesmas têm direito a adoção de medidas tendentes a promover sua autonomia.

Em 1976, foi provada pela Assembleia Geral das Nações Unidas uma importante resolução que proclamou o ano 1981 como o Ano Internacional das Pessoas Deficientes (AIPD), adotando como lema o seguinte *slogan*: "Participação Plena e Igualdade". Visando a preparação para o referido ano, foi criado um Comitê Consultivo formado por 23 países que tinha por finalidade preparar uma minuta de um plano de ação mundial sobre este tema para atuação das nações.

O referido Comitê elaborou um Relatório que analisou os diversos obstáculos enfrentados pelas pessoas com deficiência, propondo soluções para que os mesmos fossem removidos e/ou evitados. Nesse sentido, segue trecho do mencionado documento onde se ressalta a preocupação com a remoção de barreiras e falta de planejamento dos ambientes:

> (...) foi reconhecido que os obstáculos mais significativos à participação plena eram as barreiras físicas, os preconceitos e as atitudes discriminatórias, e que devem ser desenvolvidas atividades para remover essas barreiras. Foi também reconhecido que a sociedade, ao desenvolver seus ambientes modernos, tendia a criar barreiras novas e adicionais, a menos que as necessidades de pessoas deficientes fossem levadas em consideração nos estágios de planejamento.

Depois do Ano Internacional, a Assembleia Geral da ONU declarou o decênio 1983 a 1992 como a Década das Nações Unidas para as Pessoas com Deficiência, com a finalidade de executar ações do Programa de Ação Mundial relativo a Pessoas com Deficiência, baseado no seguinte tripé: prevenção, reabilitação e equiparação de oportunidades.

Em 1983, a OIT editou a Convenção n. 159[11] que trata da "Reabilitação Profissional e Emprego de Pessoas Deficientes". Segundo Maria Aparecida Gugel (2006, p. 59), esse documento tinha por objeto a reabilitação profissional da pessoa com deficiência, de modo que ela viesse a obter e conservar um emprego digno (artigo 1 – 2). Acresça-se ainda que tinha por finalidade que os Estados implementassem políticas de igualdade para os trabalhadores com deficiência que passarem pelo procedimento de reabilitação.

Depois disso, vários estudos e debates continuaram sendo travados no âmbito da ONU acerca dos direitos das pessoas com deficiência, contudo não havia ou eram tímidas as medidas de âmbito regional. Contudo em 1999, a Organização dos Estados Americanos (OEA) editou a Convenção Interamericana para a Eliminação de Todas as Formas de Discriminação contra as Pessoas Portadoras de Deficiência[12] – ou Convenção da Guatemala como ficou conhecida.

A Convenção da Guatemala caracterizou-se por sua originalidade na definição de pessoa com deficiência com base no modelo social de direitos humanos e foi o primeiro documento regional que assumiu o caráter vinculante no tocante aos direitos das pessoas com deficiência. Trouxe também importante definição acerca de discriminação contra pessoas com deficiência, prevendo a possibilidade de discriminações positivas ensejadoras de ações afirmativas.

Em 2001, a Organização Mundial da Saúde promoveu uma revisão em seu critério de classificação internacional sobre o tema da deficiência, utilizando para tanto novos parâmetros – corpo, indivíduo e sociedade –, e publicando a *International Classification of Functioning, Disability and Health* (ICF), que no Brasil se chama "Classificação Internacional de Funcionalidade, Deficiência e Saúde" (CIF).

Esta classificação traz uma alteração substancial relativamente à classificação anterior, a qual era pautada no critério biomédico. Passa a usar o termo "deficiência" para expressar o fenômeno multidimensional resultante da interação entre as pessoas e seus ambientes físicos e sociais, ou seja, adota de forma explícita o modelo social de deficiência. Acerca da importância do advento da CIF leciona LOPES (2011, p. 46):

> Os conceitos apresentados na CIF introduzem um novo paradigma de pensar e trabalhar a deficiência, uma vez que esta última é concebida não apenas com uma consequência de má saúde ou de uma doença, mas também como resultante do contexto do meio ambiente físico e social, causada e/ou agravada pelas diferentes percepções culturais e atitudes em relação a deficiência, pela disponibilidade de serviços e de legislação.

---

(11) Essa Convenção somente foi ratificada pelo Brasil no início dos anos 90, promulgada por meio do Decreto n. 129, de 22.05.1991.

(12) Tal convenção foi promulgada no Brasil por intermédio do Decreto n. 2.956, de 08.10.2001.

Dessa forma, a referida classificação não somente constitui um instrumento medido do estado funcional dos indivíduos, como também passa a permitir a avaliação das suas condições de vida e a fornecer subsídios para a formulação de políticas públicas de inclusão social.

Nesse momento, a comunidade internacional sentiu a necessidade de elaboração de um documento que tratasse de maneira ampla e com caráter vinculante dos direitos das pessoas com deficiência. O surgimento de novos conceitos e a ampla luta pelo reconhecimento e efetivação de direitos desse seguimento engendrou o ambiente favorável para surgir, em 2006, a "Convenção sobre os Direitos das Pessoas com Deficiência", também chamada de Convenção de Nova York sobre os Direitos das Pessoas com Deficiência.

A Convenção de Nova York sobre os Direitos das Pessoas com Deficiência e seu protocolo facultativo foram assinados em março de 2007, pautando e introduzindo em seu texto uma mudança definitiva de paradigma do modelo médico e assistencial para o modelo social.

Traçando um breve histórico, a Convenção da ONU sobre os Direitos das Pessoas com Deficiência levou quatro anos para ser elaborada e teve a participação de 192 países membros da ONU e de centenas de representantes da sociedade civil de todo o mundo[13]. Em 13 de dezembro de 2006, em sessão solene da ONU, o texto final do tratado foi aprovado, sendo firmado pelo Brasil e mais 85 nações em 30 de março de 2007.

No Brasil, sua ratificação pelo Congresso Nacional deu-se pelo **Decreto Legislativo n. 186/2008** e sua promulgação se deu através do **Decreto n. 6.949, de 25 de agosto de 2009**, tendo sido a primeira convenção internacional sobre direitos humanos a ser incorporada com status de Emenda Constitucional, uma vez que seguiu os termos do novo **§ 3º, do art. 5º, do Texto Constitucional de 1988**.

Diante disso, tem-se que, no plano formal, o texto deste tratado foi incorporado à Constituição gozando da mesma supremacia que as demais normas constitucionais do texto magno, com todas as repercussões que isso representa.

A partir de então, a comunidade internacional passou a contar com um importante instrumento de efetivação dos direitos humanos dessas pessoas, permitindo a exigência da igualdade de direitos e de respeito às diferenças.

5. PROTEÇÃO DOS DIREITOS DAS PESSOAS COM DEFICIÊNCIA NO BRASIL

Em termos constitucionais, a proteção jurídica conferida às pessoas com deficiência variou bastante nos textos normativos brasileiros.

A primeira Constituição brasileira a tratar do tema de forma ainda bem embrionária foi a de 1934. Em seu art. 138, a referida Carta dispunha acerca de uma proteção inespecífica à saúde mental, como regra programática. Para ilustrar, trazemos à colação o dispositivo referido:

Art. 138. Incumbe à União, aos Estados e aos Municípios, nos termos das leis respectivas:

a) assegurar amparo aos desvalidos, criando serviços especializados e animando os serviços sociais, cuja orientação procurarão coordenar;

b) estimular a educação eugênica;

c) amparar a maternidade e a infância;

d) socorrer as famílias de prole numerosa;

e) proteger a juventude contra toda exploração, bem como contra o abandono físico, moral e intelectual;

f) adotar medidas legislativas e administrativas tendentes a restringir a moralidade e a morbidade infantis; e de higiene social, que impeçam a propagação das doenças transmissíveis;

g) cuidar da higiene mental e incentivar a luta contra os venenos sociais.

A Constituição de 1937 praticamente não trouxe inovações, já que simplesmente reproduziu o mesmo dispositivo (art. 138) da Constituição anterior.

Por sua vez, a Constituição de 1946 fez uma referência ao trabalhador que se tornasse inválido (art. 157, XVI), sendo repetida, nesse tocante, pela Constituição de 1967.

Depois disso tivemos duas importantes previsões. A Emenda Constitucional n. 01, de 1969, que, em seu art. 175, trouxe a preocupação com a "educação de excepcionais" e, principalmente, a Emenda Constitucional n. 12, de 1978, que, em seu artigo único, inovou no ordenamento pátrio, uma vez que passou a tratar dos direitos da pessoa "portadora de deficiência" como uma questão constitucional.

A EC n. 12, de 1978, foi um verdadeiro marco evolutivo dessa temática, pois disciplinou e sistematizou diversos aspectos dos direitos das pessoas com deficiência, tais como a educação especial e gratuita; a assistência, reabilitação e reinserção na vida econômica e social do país; a proibição de discriminação,

---

(13) YOSHIDA, Camila Sayuri. *A incorporação da convenção dobre os direitos das pessoas com deficiência na normativa nacional e a tutela desses direitos em âmbito trabalhista*. Curitiba, 2012. p. 45.

inclusive quanto à admissão ao trabalho e a salários, e a acessibilidade a edifícios e logradouros públicos.

Por fim, a Constituição Federal de 1988 trouxe um amplo rol de dispositivos específicos sobre o assunto. Dentre eles temos os seguintes: art. 7º, XXXI, proibição de discriminação na contratação e quanto a salários; art. 37, VIII, reserva de percentual de cargos e empregos públicos para as pessoas com deficiência, visando a promover sua integração no serviço público; art. 205, V, direito ao benefício assistencial; desde que comprovada a necessidade; art. 208, III, garantia em face do Estado de atendimento educacional especializado às pessoas com deficiência; art. 244, necessidade de adaptação de logradouros e prédios públicos, bem como veículos de transporte coletivo, a fim de garantir o acesso às pessoas com deficiência.

No plano infraconstitucional, existem diversos diplomas normativos que trataram ou tratam dos direitos das pessoas com deficiência, cujo norte fundamental é inclusão social dessas pessoas, dentre os quais destacamos exemplificativamente os seguintes:

- Lei n. 4.169, de 4 de dezembro de 1962 – Oficializa as Convenções Braille para uso na escrita e leitura dos cegos e o Código de Contrações e Abreviaturas Braille.
- Lei n. 7.405, de 12 de novembro de 1985 – Torna obrigatória a colocação do símbolo internacional de acesso em todos os locais e serviços que permitam sua utilização por pessoas portadoras de deficiências e dá outras providências.
- Lei n. 7.853, de 24 de outubro de 1989 – Dispõe sobre o apoio às pessoas portadoras de deficiência, sua integração social, sobre a Coordenadoria Nacional para Integração da Pessoa Portadora de Deficiência – CORDE, institui tutela jurisdicional de interesses coletivos ou difusos dessas pessoas, disciplina a atuação do Ministério Público, define crimes, e dá outras providências.
- Lei n. 8.160, de 8 de janeiro de 1991 – Dispões sobre a caracterização de símbolo que permita a identificação de pessoas portadoras de deficiência auditiva.
- Lei n. 8.213, de 24 de julho de 1991 – Dispõe sobre cotas em empresas para trabalhadores reabilitados ou portadores de deficiência.
- Lei n. 8.899, de 29 de junho de 1994 – Concede passe livre às pessoas portadoras de deficiência no sistema de transporte coletivo interestadual.
- Lei n. 8.989, de 24 de fevereiro de 1995 – Dispõe sobre a Isenção do Imposto sobre Produtos Industrializados – IPI, na aquisição de automóveis para utilização no transporte autônomo de passageiros, bem como por pessoas portadoras de deficiência física, e dá outras providências. (Redação dada pela Lei n. 10.754, de 31 de outubro de 2003).
- Lei n. 10.048, de 8 de novembro de 2000 – Dá prioridade de atendimento às pessoas que especifica, e dá outras providências.
- Lei n. 10.098, de 19 de dezembro de 2000 – Estabelece normas gerais e critérios básicos para a promoção da acessibilidade das pessoas portadoras de deficiência ou com mobilidade reduzida, e dá outras providências.
- Lei n. 11.133, de 14 de julho de 2005 – Institui o Dia Nacional de Luta da Pessoa Portadora de Deficiência.
- Lei n. 13.145, de 7 de julho de 2015 – Conhecida por Estatuto da Pessoa com Deficiência essa legislação traz diversas garantias às pessoas com deficiência, com reflexos nas mais diversas áreas do Direito. A lei estabelece a prioridade de atendimento nos órgãos públicos e dá ênfase às políticas públicas nas áreas de educação, saúde, trabalho, infraestrutura urbana, cultura e esporte para as pessoas com deficiência.

Existem ainda diversos outros diplomas legislativos que tratam de forma geral ou específica dos direitos das pessoas com deficiência. Não convém aqui elencar e descrever todos, posto que objetivo deste estudo é apenas demonstrar a crescente produção normativa a nível nacional da proteção a pessoa com deficiência.

Percebe-se também que, principalmente após o advento da Constituição Federal de 1988, houve um significativo incremento legislativo com objetivo de assegurar e dar efetividade aos direitos dessa parcela da população, o que revela o quanto foi importante a consagração desta proteção a nível constitucional.

Cumpre observar que durante muito tempo a legislação brasileira não apresentou um conceito de deficiência. A definição[14] de pessoa portadora de deficiência como "aquela que apresenta, em caráter permanente, perdas ou anormalidades de sua estrutura ou função psicológica, fisiológica ou anatômica, que gerem incapacidade para o desempenho de atividade, dentro do padrão considerado normal para o ser humano" apareceu pela primeira vez apenas com

---

(14) Art. 3º do Decreto n. 914, de 1993.

o advento do **Decreto n. 914, de 6 de setembro de 1993**[15], o qual, em que pese ter representado um significativo avanço, recebeu severas críticas da doutrina por ter estabelecido um conceito fechado para deficiência (ARAÚJO, 2007, p. 15).

O Decreto n. 914/93 sofreu alteração com a edição do **Decreto n. 3.298, de 20 de dezembro de 1999**, que regulamentou a Lei 7.853, de 24 de outubro de 1989[16]. Com efeito, este regulamento traz uma nova e detalhada definição de deficiência e de pessoa portadora de deficiência, segundo a qual:

Art. 3º Para os efeitos deste Decreto, considera-se:

I – **deficiência** – toda perda ou anormalidade de uma estrutura ou função psicológica, fisiológica ou anatômica que gere incapacidade para o desempenho de atividade, dentro do padrão considerado normal para o ser humano;

II – **deficiência permanente** – aquela que ocorreu ou se estabilizou durante um período de tempo suficiente para não permitir recuperação ou ter probabilidade de que se altere, apesar de novos tratamentos; e

III – **incapacidade** – uma redução efetiva e acentuada da capacidade de integração social, com necessidade de equipamentos, adaptações, meios ou recursos especiais para que a pessoa portadora de deficiência possa receber ou transmitir informações necessárias ao seu bem-estar pessoal e ao desempenho de função ou atividade a ser exercida.

Art. 4º É considerada **pessoa portadora de deficiência** a que se enquadra nas seguintes categorias:

I – **deficiência física** – alteração completa ou parcial de um ou mais segmentos do corpo humano, acarretando o comprometimento da função física, apresentando-se sob a forma de paraplegia, paraparesia, monoplegia, monoparesia, tetraplegia, tetraparesia, triplegia, triparesia, hemiplegia, hemiparesia, ostomia, amputação ou ausência de membro, paralisia cerebral, nanismo, membros com deformidade congênita ou adquirida, exceto as deformidades estéticas e as que não produzam dificuldades para o desempenho de funções; (Redação dada pelo Decreto n. 5.296, de 2004)

II – **deficiência auditiva** – perda bilateral, parcial ou total, de quarenta e um decibéis (dB) ou mais, aferida por audiograma nas freqüências de 500HZ, 1.000HZ, 2.000Hz e 3.000Hz; (Redação dada pelo Decreto n. 5.296, de 2004)

III – **deficiência visual** – cegueira, na qual a acuidade visual é igual ou menor que 0,05 no melhor olho, com a melhor correção óptica; a baixa visão, que significa acuidade visual entre 0,3 e 0,05 no melhor olho, com a melhor correção óptica; os casos nos quais a somatória da medida do campo visual em ambos os olhos for igual ou menor que 60º; ou a ocorrência simultânea de quaisquer das condições anteriores; (Redação dada pelo Decreto n. 5.296, de 2004)

IV – **deficiência mental** – funcionamento intelectual significativamente inferior à média, com manifestação antes dos dezoito anos e limitações associadas a duas ou mais áreas de habilidades adaptativas, tais como:

a) comunicação;

b) cuidado pessoal;

c) habilidades sociais;

d) utilização dos recursos da comunidade; (Redação dada pelo Decreto n. 5.296, de 2004)

e) saúde e segurança;

f) habilidades acadêmicas;

g) lazer; e

h) trabalho;

V – **deficiência múltipla** – associação de duas ou mais deficiências.

Alguns doutrinadores criticam essa postura do poder público em tentar estabelecer um conceito para deficiência por meio de decretos, julgam-na antidemocrática (Janaína Penalva *et al*, 2012, p. 263), já que na sua edição não há uma ampla participação principalmente dos grupos da sociedade civil que atuam na defesa dos direitos das pessoas com deficiência.

Já outros, numa crítica mais formalista (ARAÚJO, 2007), sustentam que o Decreto n. 5.296/2004 não poderia ter definido quem é pessoa com deficiência e, desse modo, quem está enquadrado no sistema constitucional da proteção. Somente a lei em sentido estrito poderia fazê-lo, de modo que o decreto ao tratar do assunto o fez de forma a inovar na ordem jurídica, transbordando de sua finalidade meramente regulamentadora de uma legislação preexistente.

Nada disso, contudo, ofusca o que aqui pretendemos demonstrar. O reconhecimento dos direitos das pessoas com deficiência no Brasil passou a contar cada vez mais com diversas previsões normativas, seja na Constituição, seja em leis, seja em decretos regulamentadores, propiciando uma maior inclusão social dessas pessoas como corolário do reconhecimento de sua cidadania plena.

5. CONCLUSÃO

A proteção dos direitos das pessoas com deficiência vem experimentando uma evolução bastante sig-

---

(15) Tratou da Política Nacional para a integração da pessoa com deficiência.

(16) O referido decreto teve, posteriormente, sua redação alterada com o advento do Decreto Legislativo n. 5.296, de 2 de dezembro de 2004, que regulamentou a Lei n. 10.048, de 8 de novembro de 2000, que dá prioridade de atendimento às pessoas que especifica.

nificativa ao longo dos últimos anos, mormente após o final da Segunda Grande Guerra Mundial, que teve como resultado negativo dos combates militares um grande número de pessoas mutiladas que tiveram que retornar para seus lares e conviver com as mais variadas sequelas.

De um passado de exclusão, onde as pessoas com deficiência eram jogadas para margem da sociedade, evolui-se até o estágio atual de luta pela inclusão e integração, onde a deficiência deixa de ser vista como um problema ou como um "mal" a ser suportado por seu portador ou por sua família, passando a ser vista como uma singularidade corporal ou simplesmente um modo diferente de viver.

E essa evolução protetiva coincide com o surgimento do paradigma médico da deficiência. Em que se pese esse modelo não ter afastado de vez a visão preconceituosa que sempre imperou acerca das pessoas deficientes, ele surge para desmitificar as origens e as causas da deficiência, mostrando que esta não é fruto de maldições ou castigos divinos, mas sim decorrentes de malformações genéticas ou puro infortúnios da vida (acidentes etc.).

O modelo médico de deficiência foi, de fato, um avanço, mas ainda insuficiente. Eis que surge o modelo social da deficiência, pregando que os impedimentos corporais por si só não ocasionam as desvantagens sofridas pelas pessoas com deficiência. Na verdade, tais desvantagens são fruto de opressão social imposta pela cultura da normalidade (*disablism*), ou seja, uma condição imposta por ambientes sociais pouco sensíveis à diversidade corporal. Desse modo, a deficiência decorre da interação dos impedimentos corporais com as barreiras estabelecidas pelo ambiente social.

É nesse cenário que a luta pela afirmação dos direitos das pessoas com deficiência ganha força e, por meio de diversas cartas e convenções internacionais, a questão passa a ser tratada como um tema de direitos humanos, mais precisamente de Direito Internacional dos Direitos Humanos.

Observou-se também que, pouco a pouco, os tratados internacionais foram se afastando do modelo biomédico de deficiência e, caminhando em outro sentido, passaram a adotar o modelo social. De um modo geral, o modelo social de deficiência ganhou força no cenário político dos direitos sociais, terminando por ser adotado pela Convenção de Nova York sobre os Direitos das Pessoas com Deficiência.

Pois bem, cume dessa evolução protetiva dos direitos dos deficientes foi alcançado justamente com o advento da Convenção de Nova York sobre os Direitos das Pessoas com Deficiência, aprovada pela ONU ao final de 2006 e ratificada pelo Brasil, em conjunto com seu protocolo facultativo, em 9 de julho de 2008, pelo **Decreto Legislativo n. 182/2008**.

A peculiaridade neste caso ocorreu por conta de que a referida Convenção ter sido o primeiro tratado de direitos humanos aprovado com quórum de emenda constitucional, seguindo, portanto, o tramite estabelecido pelo novel **§ 3º, do art. 5º, da Constituição Federal de 1988**.

Assim, a Convenção da ONU incorporou-se ao ordenamento pátrio com o *status* de emenda constitucional, trazendo, por conta disso, o conceito de deficiência para o interior do corpo normativo do texto fundamental. Dessa circunstância decorrem vários efeitos, mas o principal deles é levar o intérprete constitucional a fazer uma releitura da própria Constituição e de toda legislação infraconstitucional à luz do conceito de deficiência adotado pela Convenção.

Como visto, a Convenção da ONU adotou o modelo social de deficiência, definindo pessoas com deficiência como aquelas que "têm impedimentos de longo prazo de natureza física, mental, intelectual ou sensorial, as quais, em interação com diversas barreiras, podem obstruir sua participação plena e efetiva na sociedade em igualdade de condições com as demais".

Por fim, nesta temática dos direitos das pessoas com deficiência, não podemos jamais nos esquecer do imperativo transcultural formulado por Boaventura de Souza Santos, no sentido de que se tem o direito à igualdade, quando a diferença inferioriza; e se tem o direito à diferença, quando a igualdade descaracteriza[17]. Assim, todos nós, pessoas com ou sem deficiência, temos o direito de ser iguais e, ao mesmo tempo, diferentes.

REFERÊNCIAS

BARBOSA, Lívia; DINIZ, Debora; SANTOS, Wederson. Diversidade corporal e perícia médica: os novos contornos da deficiência para o Benefício de Prestação Continuada. *Revista Textos & Contextos*, v. 8, n. 2, p. 377-390, jul./dez. 2009.

BARROSO, Luis Roberto. *Curso de direito constitucional contemporâneo*: os conceitos fundamentais e a construção do novo modelo. São Paulo: Saraiva, 2009.

BARTALOTI, CELINA DE Camargo. *Inclusão social das pessoas com deficiência*: utopia ou realidade? São Paulo: Paulus, 2006.

---

(17) SANTOS, Boaventura de Souza (org.). *Reconhecer para libertar*. Os caminhos do cosmopolitismo multicultural. Rio de Janeiro: Civilização Brasileira, 2003.

BASTOS, Juliana Cardoso Ribeiro. Panorama e concretização constitucional da assistência social. *Revista de Direito Constitucional e Internacional*, v. 83, p. 211, abr.2013.

CANOTILHO, José Joaquim Gomes. *Direito Constitucional e Teoria da Constituição*. 4. ed. Coimbra: Livraria Almedina, 2000.

CARVALHO, Lúcio; ALMEIDA; Patrícia. Direitos humanos e pessoas com deficiência: da exclusão à inclusão, da proteção à promoção. *Revista Internacional de Direito e Cidadania*, n. 12, p. 77-86, fev. 2012.

DHANDA, Amita. Construindo um Novo Léxico dos Direitos Humanos: Convenção sobre os Direitos das Pessoas com Deficiências. SUR – *Revista Internacional de Direitos Humanos*. Ano 5, Número 8, São Paulo: Junho de 2008.

DINIZ, Debora. *O que é deficiência*. São Paulo: Brasiliense, 2007 (Coleção Primeiros Passos; 324).

_____; BARBOSA, Lívia; SANTOS, Wederson Rufino dos. Deficiência, direitos humanos e justiça. *Revista internacional de direitos humanos*. V. 6; n. 11; p. 65-77, des. 2009.

FEIJÓ, Alexsandro Rahbani Aragão. *Direitos humanos e proteção jurídica da pessoa portadora de deficiência*: normas constitucionais de acesso e efetivação da cidadania à luz da Constituição Federal de 1988. Brasília: Secretaria Especial de Direitos Humanos, 2002.

_____; PINHEIRO, T. S. P. M. A Convenção da ONU sobre o direito das pessoas com Deficiência e Seus Efeitos no Direito Internacional e no Brasileiro. In: CONPED/UFF. (Org.). *Direito internacional dos direitos humanos*. 1. ed. Florianópolis: FUNJAB, 2012, v. 1, p. 239-257.

FERREIRA FILHO, Manoel Gonçalves. *Comentário à Constituição brasileira*. São Paulo: Saraiva, 1975. vol. 3.

FIORIN, Ana Paula Baroni. Igualdade, diferença e inclusão, na perspectiva das pessoas com deficiência. *Direitos Culturais*, Santo Ângelo, v. 5, n. 8, p. 217-230, jan/jun. 2010.

GOMES, A. L. Benefício de Prestação Continuada: direito da Assistência Social para pessoas idosas e com deficiência. *Cadernos de Estudos*: desenvolvimento social em debate, Brasília, DF, n. 2, p. 60-64, dez. 2005. Sup.

LIMA PENALVA DA SILVA, Janaína; DINIZ; Débora. Mínimo social e igualdade: deficiência, perícia e benefício assistencial na LOAS. *Revista Katálysis*, vol. 15, núm. 2, p. 262-269, jul/dez. 2012.

LEITE, Flávia Piva Almeida. A convenção dobre os Direitos das pessoas com deficiência: amplitude conceitual a busca por um modelo social. *Revista de Direito Brasileira*, v. 3, p. 31, jul. 2012.

LOPES, Laís Vanessa Carvalho de Figueirêdo. Convenção sobre os direitos das pessoas com deficiência da ONU e seu protocolo facultativo e a acessibilidade. *Dissertação de Mestrado em Direito*, São Paulo, PUC, 2009.

MESQUITA, Maíra de Carvalho Pereira. Benefício assistencial ao deficiente: impedimentos de longo prazo? *Jus Navigandi*, Teresina, ano 18, n. 3627, 6 jun. 2013. Disponível em: <http://jus.com.br/artigos/24641>. Acesso em: 13 out. 2013.

MIRANDA, Pontes de. *Comentários à Constituição brasileira de 1967 com emenda n. 1*. São Paulo: RT, 1974. t.VI.

PIOVESAN, Flávia. *Direitos humanos e o direito constitucional internacional*. São Paulo. Saraiva, 2009.

RIBEIRO DOS SANTOS, Maria Lúcia; FACHIN, Zulmar. Pessoas com deficiência: proteção constitucional e análises hermenêuticas. *Revista Ideias & Inovação*. V. 01, n. 02, p. 73-84, maio. 2012.

SANTOS, Wederson; DINIZ, Debora; PEREIRA, Natália. Deficiência e perícia médica: os contornos do corpo. *Reciis*, v. 3, n.2, p. 16-23, jun. 2009.

SARLET, Ingo Wolfgang. *A eficácia dos direitos fundamentais*: uma teoria geral dos direitos fundamentais na perspectiva constitucional. 10. ed. rev. atual. e ampl. 3. tir. Porto Alegre: Livraria do Advogado Editora, 2011.

_____. Igualdade como direito fundamental na Constituição Federal de 1988: aspectos gerais e algumas aproximações ao caso das pessoas com deficiência. In: FERRAZ, Carolina Valença et al. *Manual dos direitos da pessoa com deficiência*. São Paulo: Saraiva, 2012.

WERNECK, Claudia. *Manual sobre desenvolvimento inclusivo*. Rio de Janeiro: WVA Editora, 2005.

Produção Gráfica e Editoração Eletrônica: LINOTEC
Projeto de Capa: FABIO GIGLIO
Impressão: RENOVAGRAF